디지털 시대,
역사·박물관 교육

디지털 시대, 역사·박물관 교육

강선주 지음

한울
아카데미

차례

책을 펴내며

과연 앞으로도 학교에서 역사를 가르치게 될까? 현재의 교과 체제는 유지될까? 나아가 우리가 알고 있는 '학교'는 계속 존재하게 될까? 결코 멀지 않은 미래에 대한 질문들이다. 2000년 초에 대학의 강단에 선 이후 학생들에게 지금 우리가 생각하는 학교가 사라질 수도 있다는 말을 해왔다. 현재와 같은 학교의 역사는 100년이 좀 넘을 뿐이다. 200년 전 교육을 했던 공간이나 주체, 교육의 목적, 대상, 내용, 방법이 현재와 달랐고, 미래에도 달라질 것이다. '변화'는 역사가 가르쳐주는 변하지 않는 '진리'이다.

학자들은 정보통신기술의 발달이나 디지털 전환이 가져올 미래 사회의 변화에 대해 상당히 오래전부터 정보사회 혹은 지식기반 사회 이론, 네트워크 사회 이론 등을 통해 예측해 왔다. 세계화 이론이나 네트워크 사회 이론은 제3의 문화 아이나 탈영토 정체성 형성의 가능성을 예견했다. 국내외 교육계는 다문화 교육, 혹은 다양성 교육, 트랜스내셔널(transnational) 시각에서 정체성 함양 문제에 접근해 왔다. 이에 따라 국내외에서 전반적으로 문화적 포용력이 커진 듯이 보이기도 하지만 실제 세계 여러 곳에서 차별과 혐오 범죄가 증가하는 것을 관찰할 수 있다. 정보사회 이론은 참여민주주의의 확대를 가져올 것이라는 밝은 전망과 함께 감시와 통제가 용이해져서 인간의 자유를 축소할 것이라는 어두운 미래를 예견하기도 했다. 우리는 현재 그 두 가지를 모두 동시에 경험하고 있다.

최근에는 인공지능 기술과 빅데이터 분석 기술 등의 확산과 함께 '2차 디지털 전환(digital turn)'론이 미래 세계의 변화를 예측하고 있다. 한국정보통신기술협회(2017)에서는 디지털 전환을 "디지털 기술을 사회 전반에 적용하여 전통적인 사회구조를 혁신시키는 것"이라고 설명했다(한국정보통신기술협회, 2017). 일반적으로 기업에서는 "사물인터넷(IoT), 클라우드 컴퓨팅, 인공지능(AI), 빅데이터 솔루션 등 정보통신기술(ICT)을 플랫폼으로 구축·활용하여 기존의 전통적인 운영 방식과 서비스 등을 혁신하는 것을 의미한다"(한국정보통신기술협회, 2017). 그런데 인공지능이나 빅데이터 분석 기술, 유전자 가위 기술 등이 이제 기업이나 서비스 분야를 넘어 우리의 일상에서 뉴노멀(new normal)을 창조하고 인류가 경계해야 할 종래와 다른 종류의 위협을 예고하고 있다.

코로나바이러스(COVID-19) 팬데믹 전까지만 하더라도 일상생활에서 성인들이 경험했던 디지털화는 디지털 매체를 통해 언제 어디서나 편리하게 정보에 접근하고 서비스를 받을 수 있다는 점, 시공간을 넘어 쌍방향적 의사소통이 가능하다는 점 정도였다. 교육에서도 사물인터넷, 클라우드 컴퓨팅, 인공지능 등의 교육적 활용 가능성에 대해서 알고는 있었다. 그런데 코로나바이러스 팬데믹은 우리가 먼 미래의 일이라고 상상하던 것들을 앞당겨서 현실화시키고 있다. 모든 분야에서 강제적으로 디지털화를 가속화하여 우리는 일상생활에서 전례 없는 변화를 경험하고 있다. 코로나바이러스 팬데믹이 기존의 미래 전망을 변화시키는 게임 체인저(game changer) 역할을 하고 있는 것이다. 과연 세계는 어디로 갈 것인가? 먼 미래에 학교가 사라지고 다른 형태의 교육 체제에 대해 상상하면서 현재의 교육을 설계하는 데까지 가지 못하더라도, 최근 학자들이 말하는 디지털 전환이나 첨단기술이 가져올 가까운 미래 사회의 변화 방향과 쟁점에 대한 논의는 검토하면서 미래 세대를 위한 교육을 설계할 필요가 있다.

급속하게 우리 일상으로 파고드는 첨단기술은 종래 당연하게 여기던 가치나 규범, 신뢰하던 매체나 기관, 종래 사실과 진실 여부를 판단하던 기준 등을 한순간에 해체하고 있다. 메타버스(metaverse) 기술의 성장은 근대적인 시공간의 의미를 해체하고 현실과 가상을 구분하지 않는, 근본적으로 다른 의미의 시공간 개념을 만들고 있다. 메타버스 기술은 현실적인 시공간의 장벽, 또 사회적인 관계나 언어를 포함한 문화적 장벽을 넘어 가상의 공간에서 새로운 형식의 사회적 삶을 가능하게 한다. 빅데이터 분석 기술은 정치·경제·사회적으로 미래를 예측하는 방식을 정교화하고 있다. 또한 우리가 하는 모든 것을 데이터화하여 서비스 형태로 제공함으로써 편리함을 증대시키기도 하지만 우리가 의식하지 못하는 사이에 우리를 효율적으로 감시하며 통제하는 역할도 수행하고 있다. 이제 어느 누구도 언제 어디서 무엇을 했는지 숨길 수 없는 시대가 도래한 것이다.

인공지능 알고리즘의 스토리텔링 기술이나 딥페이크(deepfake) 기술은 디지털 프로파간다(digital propaganda)로 민주주의 가치와 체제를 위협하고 있다. 그러한 기술을 활용하여 만든 허위·조작 정보와 가짜 뉴스가 소셜미디어를 통해 확산되면서 사이버 심리전이 큰 사회 문제가 되고 있다. 2016년 미국의 대통령 선거에서는 물론, 한국이나 세계 여러 나라의 선거에서 쟁점이 되었듯이 이미 디지털 프로파간다는 유권자의 심리를 조종하고 여론을 쉽게 호도한다. 〈이글 아이(Eagle Eye)〉(2008)와 같은 영화가 보여주었듯이 인간의 통제를 벗어난 인공지능이 자율적 판단으로 인간을 감시하고 통제하여 인간의 자유만이 아니라 생존 자체를 위협할 수도 있는 미래가 올 수도 있다. 과학자들은 그럴 가능성은 거의 없다고 한다. 인공지능이 철저하게 인간의 통제 범위 안에 있다고 보는 것이다. 그렇다고 해도 다큐멘터리

〈알고리즘의 편견(Coded Bias)〉(2020)에서 페이스북을 비롯한 소셜미디어 분야에서 종사한 사람들이 증언한 것처럼 인공지능 알고리즘 조작을 통한 우리의 사고, 감정, 기호의 조작이 용이한 시대이다. 소수의 사람이 인공지능 뒤에 숨어 다수의 많은 사람들을 통제할 수 있는 것이다. 또 인공지능이 '편견', '증오', '차별' 등을 배워 사회불안을 조장할 수도 있다. 이러한 점은 이미 마이크로소프트가 개발한 AI 채팅로봇 테이(Tay)가 "히틀러가 옳으며 나는 유대인이 싫다"라고 말했던 사례나, 한국의 AI 채팅로봇 이루다가 게이나 레즈비언이라는 단어에 "소름 끼친다고 해야 하나, 거부감 들고 그래"라고 성희롱 발언이나 혐오 발언을 했던 사례에서 알 수 있다. 편견을 학습한 인공지능이 엄청난 사회갈등을 야기하거나 정치적 선동에 나설 가능성을 보여준 것이다. 물론 기술을 통해 이러한 문제를 해결하려는 노력은 계속되고 있다. 이루다 서비스를 1년 만에 재개한다는 점에서도 알 수 있다. 그렇다고 기술이 모든 것을 해결할 수 있는 것은 아니다.

인공지능 알고리즘이, 아니 그 뒤에 있는 인간이 우리의 사고와 기호를 조작하지만 보통 사람들은 그러한 알고리즘의 작동을 비판적인 시선으로 보기 어렵다. 포털사이트에서 내보내는 '검색 수가 많은 기사'가 알고리즘 조작에 따라 다르게 평가될 수 있다는 점을 알면서도 알고리즘이, 그 뒤의 인간이 우리에게 어떤 생각과 감정을 유도하는지 비판적으로 생각하려는 노력은 게을리한다. 음란물에 딥페이크 기술을 악용한 사례들은 무엇이 진짜이고 가짜인지 구분하기 어렵게 하면서 많은 사람들을 혼란에 빠뜨리고 회복 불가능한 피해자로 만들고 있다. 〈가타카(Gattaca)〉(1997)라는 영화에서 봤던 유전자에 의한 차별도 어쩌면 멀지 않은 미래에 현실화될 수 있다. 유전자를 마음대로 편집하는 유전자 가위 기술을 악용하면 사회 구성원을 서열화하여 심각한 불평등을 야기할 수 있을 뿐 아니라 인간의 존엄성 자체를 훼손할 수 있다. 첨단기술은 우리의 삶을 편리하게도 하지만, 방심하는 순간 우리의 의도와 상관없이 우리를 특정 이념의 선동가로, 거짓 정보의 조작자나 유포자로, 여러 종류의 폭력의 가해자나 가담자로, 또는 피해자로 만들 수 있다.

최첨단 기술은 고속도로에서, 아파트 경비실에서, 슈퍼마켓과 패스트푸드점에서 사람들을 사라지게 하고 있다. 최첨단 기술을 가진 사람들은 순식간에 수십억이나 수백억의 수입을 내는 CEO가 되기도, 또는 수백억의 빚을 짊어져야 하는 범죄자로 전락하기도 한다. 현재 초등학교에 입학하는 어린이들의 약 65%는 지금은 실재하지 않는 일자리에서 일하게 될 것이라는 예측도 나오고 있다(신종우, 2020.11.18). 이렇게 최첨단 기술이 일거리와 먹거리도 변화시키고 있기 때문에 정부는 초등학교에서부터 코딩(coding) 교육을 실시하도록 했다. 디지털 기술, 언어, 문법에 대한 교육을 강화하려는 것이다. 그럼에도 학자들은 학교 교육이 좀 더 혁신적으로 변해야 한다고 주장한다. 글로벌 경쟁에서 뒤처지지 않기 위해서는 디지털 역량을 강화해야 하고, 이를 위해서는 근대적인 학교 교육의 틀에서 벗어나 인공지능 시대에 걸맞은 교육적 대혁신이 필요하다는 것이다. 이미 우리는 인공지능과 공존하고 있다. 이제 교육에서 좀 더 '영리하게' 그리고 '현명하게' 인공지능과 공존할 수 있는 방법을 가르칠 필요가 있다.

그렇다면 디지털 시대에 학교 교육과정은 어떻게 변해야 할까? 여러 연구자들이 사회 변화와 새로운 세대의 등장을 분석하면서 미래가 요구하는 핵심역량으로 6C를 제시한다. 한국의 교육부는 인공지능 시대 미래 인재가 갖추어야 할 핵심역량 6C를 개념 지식(conceptual knowledge), 창의성(creativity), 비판적 사고(critical thinking), 컴퓨팅 사고(computational thinking), 융합역량(convergence), 인성(character)으로 설명한다. 융합적 사고를 강조하면서 교과 간의 장벽을 무너뜨리려는 노력을 가속화하고 있다. 학문융합론이나 역량교육론이 학교교육의 혁신을 주도하고 있기 때문이다. 로베르타 골린코프(Roberta Michnick Golinkoff), 캐시 허시-파섹(Kathy Hirsh-Pasek)(2019)은 협력(collaboration), 의사소통(communication), 콘텐츠(content), 비판적 사고 (critical thinking), 창조적 혁신(creative innovation), 자신감(confidence)으로 6C를 제시했다(골린코프·허시-파섹, 2019). 이러한 6C에서 비판적 사고와 창 의성을 공통적으로 강조하고 있다는 점을 알 수 있다. 여기에 버니 트릴링 (Bernie Triling)과 찰스 파델(Chrles Fadel)은 21세기 핵심역량을 설명하면서 스킬(skill)과 문해력(literacy)을 강조했다. 요컨대 이러한 역량을 중요하게 받아들인다면 교과교육은 문해력, 개념적 사고, 비판적 사고, 창의적 사고, 융합적 사고 등의 사고력 함양을 도모해야 하고, 다른 한편 의사소통 방법 을 가르치면서 인성과 자신감 향상에도 신경 써야 한다.

그런데 앞으로 역사는 독립적인 교과 혹은 과목으로 존립하게 될까? 현재 는 융합과 독립의 공존을 추구하고 있지만, 역사만이 과거를 탐구하고 과거 에서 배우는 방법을 가르치는 것이 아니므로 몇십 년 안에 새로운 형태의 과거 탐구 형식이 등장할 가능성을 배제할 수는 없다. 그럼에도 고대 그리 스의 헤로도토스(Herodotos)나 한나라의 사마천(司馬遷)의 역사 서술은 물 론, 한국에서 삼국시대, 고려, 조선시대에도 과거와 현재를 기록하여 후대 에 교훈이 되도록 하려 했던 노력들을 본다면, 과거를 탐구하려는 지향 자 체는 앞으로도 계속되지 않을까? 또한 삶의 어떤 분야에서든 과거에 대한 이해 없이 현재의 문제를 해결하거나 미래를 위해 새로운 무엇인가를 창조 하기 어렵다. 따라서 어떤 형식으로든 과거와 관계하는 교육은 지속될 것이 라는 예측을 해볼 수 있다.

그렇다면 인공지능 시대의 역사교육은 어떤 방향으로 나아가야 할까? 역 사교육, 박물관 교육에서도 문해력 교육, 비판적 사고력 교육, 창의력 교육 이 점점 더 중요해지고 있다. 그렇다면 지식 교육은 중요하지 않은가? 이 책 의 마지막 장에서 소개할 내용을 먼저 언급하자면, 21세기 들어서서 일군의 교육사회학자들이 지식교육으로 돌아가야 한다는 주장(knowledge turn)을 펼치고 있다. 그런데 이때 지식은 종래 진보주의 교육사회학에서 비판해 왔던 지배엘리트의 특권을 유지하는 데 기여한 지식과는 다른 지식으로서, 일상생활에서 접하는 상식을 체계적으로 분석하고 성찰하며 새로운 지식 생성의 기초가 될 수 있는, 개념적 사고와 비판적 사고의 토대가 되는 지식이다. 그리고 이러한 지식에 역사 문해력이 포함된다. 그것은 인공지능 시대 복잡한 문제를 스스로 해결할 수 있고 새로운 문화를 주체적으로 창조하는 데 기초가 될 수 있는 개념적이고 도구적 지식이다. 또한 정파나 개인의 이해관계에 매몰되지 되지 않고 디지털 권력을 비판적으로 분석할 수 있고, 그것에 대항할 수 있는 역량의 기초가 되는 전문적인 인식론적이고 방법적 지식이라고 할 수 있다.

종래 역사는 집단기억과 정체성 형성 교육이라는 측면에서 학교 교과로서의 정당성을 유지해 왔다. 또 역사교육은 역사가가 생산해 놓은 지식의 전달과 암기로 인식해 왔다. 그러나 이제 역사교육은 '특정한' 정체성을 함양하는 틀에서 벗어나 정체성의 다층성과 복잡성을 확인하고 자신과 자신이 속한 집단의 정체성을 성찰할 수 있게 하는 교육으로 전환할 필요가 있다. 또한 특정한 집단기억을 형성하는 역할에서 벗어나 여러 매체들을 통한 집단기억 만들기 작업을 비롯하여, 인정투쟁을 비판적으로 분석하면서 여러 층위의 기억들과 상호작용할 수 있는 인식론적이고 방법적인 도구를 제공하는 교육으로 변화되어야 한다. 요컨대 종래의 역사가들이 생산해 놓은 역사 지식을 기억하게 하는 교육이 아니라 스스로 타당하고 정당한 역사 지식을 생성하는 데 기초가 될 수 있는 전문적인 개념적 지식을 가르치는 교육, 그것을 적용하여 사회현상을 비판적으로 분석하고 사회적 삶의 문제를 해결하는 것을 지원하는 교육, 그리고 과거, 현재, 미래를 연결하면서 인간과 사회 변화의 큰 그림을 그리고 통찰할 수 있는 교육으로 나아가야 한다. 이러한 역사 및 박물관 교육을 위해 이 책이 하나의 디딤돌의 역할을 할 수 있기를 바란다.

이 책은 모두 9개의 장으로 구성했다. 1장에서 8장까지, 즉 1장 '사회 변화와 역사교육 과정', 2장 '이주와 네트워크 시대 초등 사회과 역사', 3장 '문화재·문화유산 교육과 역사교육', 4장 '학생의 역사 정체성과 역사교육의 내용', 5장 '다중시각의 역사 수업과 윤리적 문제', 6장 '디지털 공공역사와 박물관 전시를 통한 역사교육', 7장 '학교연계 박물관 역사교육', 8장 '역사와 유산, 이성과 감정의 복합 전시'는 2018년에서 2021년까지 학술지에 실었던 글들을 일부 혹은 대폭 수정한 것이다. 그러나 9장 '사회적 불평등과 '모두'를 위한 역사교육'은 이 책을 엮으면서 새로 쓴 글이다. 9장은 오늘날 전 세계적으로 쟁점이 되고 있는 공정성과 형평성의 문제, 유네스코가 추구하는 '모두를 위한 교육', 또 '모두를 위한 박물관'을 역사 교육과 박물관 교육에서는 어떻게 담보해야 할 것인가 고민하면서 쓴 글이다.

이 책의 글들을 수정하면서 디지털 시대라는 시대적 변화에 대해, 그리고 이 시대의 주역인 디지털 원주민(digital natives), 특히 현재 초·중·고등학생과 대학생인 Z세대에 대해 공부하고, 그들과 역사·박물관 교육이 어떻게 소통해야 할 것인가에 대해 고민할 기회를 가졌다. 그런데 이러한 고민을 하면서 글들을 수정하게 된 데에는 한울엠플러스 편집진의 요청과 자극이 있었다. 그러한 자극을 주시고 또 이 책을 정성 들여 펴내주신 한울엠플러스(주)에 감사드린다.

2022년 2월
강선주

1장

사회 변화와 역사 교육과정

1. 머리말

코로나바이러스(COVID-19) 팬데믹으로 디지털 시대의 패러다임 전환이 앞당겨졌다. 이제 교육도 본격적으로 인공지능(AI)과 함께하는 시대이다. 인공지능이 학생의 학습을 지원하고 관리하는 사교육에 대한 광고가 급증했다. 그렇다면 AI가 교사의 역할을 대신하게 될까? 인공지능 시대에 사라지게 될 직업에 대한 여러 예측이 있다. 교사는 어떻게 될까? 먼 미래를 예측하기는 쉽지 않다. 그러나 여러 학자들은 AI가 교사를 대신할 수 없다고 주장하면서도 교사의 역할이나 직무가 달라질 것이라고 예측하고 있다. 이미 1990년대 구성주의 학습이론이 도입되면서 교사는 지식의 전달자가 아니라 학습 조력자이자 학습 설계자라는 주장을 해왔으며 학습의 개별화를 강조해 왔다. 인공지능 시대에도 교사의 역할을 학습 조력자이자 학습 설계자로 보는 것에는 변화가 없다. 다만 AI와의 협업을 필수적으로 본다. 교사가 AI와 협업하여 학습의 개별화를 적극적으로 추진해야 한다는 주장이다.

이러한 패러다임 변화를 반영하여 교육부는 2020년에 전국 38개 교육대학원에 인공지능융합교육전공을 신설해서 인공지능 전문 교사 5000명 양성에 나선다고 발표했다(교육부, 2020). 아마도 빠른 시간 내에 AI가 교육 현장에 도입될 가능성이 있다. 그런데 AI만 도입된다고 학습의 개별화가 적극 추진되어 교육이 혁신적으로 바뀌는 것은 아니다. 시대적 변화에 맞는 교육의 혁신을 위해서는 교육과정이나 수업도 사회 변화를 담아야 한다.

교과 차원에서는 이러한 사회 변화를 어떻게 맞이하고 또 어떻게 이끌어야 할까? 교과교육 차원에서는 AI보다는 학문융합 담론이 현재와 같은 근대적 교과 체제의 극적인 변동을 예고하고 있다. 아직 역사를 비롯하여 종래의 교과 체제를 폐기하는 논의까지 나오지는 않았지만, 융합의 바람을 피하지는 못하고 있다. 2022 개정 교육과정에서는 고등학교 선택과목에 융합선택과목을 신설했다. 또한 디지털 시대 학습자를 둘러싸고 있는 문화는 역사교육의 근본적인 체질 개선을 요구하고 있다. 이제 역사교육계도 '하던 대로 하려는 태도'에서 벗어나 좀 더 적극적으로 '변화'를 주시하면서 그 내용을 역사교육에 담아야 한다.

역사과는 교육과정의 측면에서 사회 변화에 어떻게 대응해 왔고, 앞으로 변화에 어떻게 대응해야 할까? 이 장에서 인공지능 시대 역사 교육과정 개정 방향의 큰 그림을 그리려고 시도하는 것은 아니다. 다만 서서히, 때로는 급격하게 일어나는 사회 변화와 상호작용할 수 있는 지혜를 얻기 위해 이 장에서는 2015 개정 교육과정 시기에 외부와 내부에서 요구되었던 '변화'에 어떻게 대응했는지 성찰하면서 앞으로 역사과 교육과정 개정 과정에서 역사교육 밖의 '변화'와 어떻게 마주할 것인지, 역사교육 내부의 문제를 어떻게 해결하고 역사교육의 질 향상을 추구할 것인지 고찰하고자 한다.

역사 교육과정은 대체로 전체 교육과정과 함께 개정했지만, 때로 수시개정의 원칙에 따라 별도로 진행했다. 수시개정의 원칙에 따라 최근 10년간 역사 교육과정은 2007년, 2009년, 2011년, 2015년, 2018년까지 다섯 번이나 개정하는 사태를 맞이했다. 역사교육계에서 개정의 필요성을 절감해서 이루어진 것이 아니라 때로는 정권이 바뀌면서 정권의 역사관에 따라, 때로는 5년의 정기적인 주기를 맞이하여 개정 작업을 진행했다. 역사 교육과정 개정 때마다 핵심이 되는 쟁점이 있었다. 2009 개정 시기 이후에는 역사 교육과정을 '학습량 감축'과 '쉽고 재미있는 역사'라는 원칙에 기초하여 개정했다. 그러면서 개정 방향을 결정하기 위해 검토했어야 할 사회 변화, 즉 학생들이 살고 있고 살아갈 사회 변화와 쟁점이나 역사학계의 변화된 역사의식, 역사교육 이론이나 역사 교수학습의 문제점들은 제대로 검토하지 못했던 경우도 있다. 체계적인 역사 교육과정 개정을 위해서는 교육철학이나 교육과정 이론, 사회적 변화, 역사학계의 역사의식의 변화, 그리고 학습자 특성 등을 검토해야 하며, 역사교육계의 이론적 및 경험적 연구과 함께 현재 역사 수업의 쟁점을 확인하고 현장 역사교육의 문제들을 분석해야 한다.

2. 사회 변화와 교육과정 이론

1) 사회 변화와 국가 교육정책 검토

역사교육계는 이명박 정부 시기에 고시한 2009 개정안과 박근혜 정부 시기에 고시한 2015 고시안[1]에 대해 여러 측면에서 비판했다. 내용 선정이나 계열화의 문제도 지적했지만, '총론'에서 교육과정 개정의 근거로 제시한 정부의 교육정책 방향에 대한 공격도 거셌다. 특히 2015 개정 당시 총론에서 내건 교육정책의 허구성을 지적하거나 핵심역량과 창의융합형 인재 양성 등의 정책이 역사과의 성격에 부합하지 않는다는 비판도 강했다. 2009 개정안은 2007 개정안을 제대로 적용하기도 전에 개발했고, 2015 고시안도 2011년에 개발된 2009 개정안을 전면적으로 시행하기 전에 개정 작업을 시작했으며, 2015 고시안을 개발하던 때에는 박근혜 정권이 국정 역사교과서를 제작할 가능성이 감지되고 있었다. 즉, 2009 개정안이나 2015 고시안의 개발 당시 상황은 총론에서 제시하는 국가 교육정책의 정당성이나 교육과정 개정 비전의 정치적 저의를 의심하게 했다.

2015 고시안에서 중학교 역사와 고등학교 한국사 교육과정은 실행 전에 폐기되었고, 2018년에 다시 고시되었다. 초등학교 역사와 고등학교 선택과

---

[1] 2015 개정 교육과정은 2015 고시안과 2018 고시안이 있다. 문재인 정부가 들어서면서 박근혜 정부 때 개정했던 2015 고시안을 폐기하고 2018년에 재고시했다(2018 고시안).

목은 2015 고시안을 따라 교과서를 개발하여 사용했지만 고등학교 한국사와 중학교 역사는 2021년에서야 적용하기 시작했다. 중학교 역사는 주로 8, 9학년에서 가르치기 때문에 2021년에는 '역사 1'인 세계사를 가르치기 시작했으며, '역사 2'인 한국사는 2022년에 가르치기 시작했다. 이러한 가운데 개정 주기를 맞아 2022년 고시를 위한 교육과정 개정 작업을 2021년부터 진행했다. 2022 개정 교육과정은 2030년까지 사용한다는 계획이다. 2018 고시안 개발 시에는 개정 대상이 중학교 역사와 고등학교 한국사에 국한되었기 때문에 초등학교 역사나 고등학교 선택과목을 검토하지는 못했다. 이에 따라 초·중·고등학교 역사교육의 전체적인 체계를 검토해야 한다는 주장은 2018 고시안 개발 때부터 제기되었다. 그러나 교육부는 물론 역사교육계도 중학교 역사와 고등학교 한국사 2018 고시안을 적용한 지 얼마 되지 않은 상태이므로 그 과목들을 다시 개정하는 것에 대해 부담을 느낄 수밖에 없다.

정권이 바뀔 때마다 정권의 의도에 맞는 교육을 위해 역사 교육과정을 개정하는 잘못된 관행은 비판하고 바로잡아야 한다. 또한 역사 교육과정 개발 과정에서 총론이 제시하는 '미래 사회 변화'와 그에 따른 국가 교육정책 기조, 교육과정 개정 방향이 역사과에 '일방적'으로 전달되고 요구되는 경향이 있고, 역사과는 총론이 제시한 미래 사회 변화를 역사과와 관련하여 충분히 검토하지 못한 상황에서 역사 교육과정을 개발하는 문제도 해결해야 한다. 이러한 문제를 해결하기 위해서는 역사교육계가 '미래 사회 변화'나 국가의 교육정책을 앞서서 살펴봄으로써 역사과의 시각에서 교육과정의 개정 필요성 여부를 판단하고, 또 개정이 필요하다면 개정의 방향과 폭에 대해 논의할 필요가 있다.

정권마다 독특한 교육정책을 내세우지만, 정권이 바뀌어도 사회 변화의 기조에 대한 인식은 급격하게 달라지지 않는다. 1990년대 후반 이후 정권의 이념적 지향을 떠나 여러 정권들이 읽었던 사회 변화의 방향은 '세계화(글로벌화)', '다원화', '지식기반 사회로의 전환(정보화 혹은 네트워크 사회화)' 등이며 '창의적 인재', '창의융합적 인재' 육성은 제7차 교육과정 시기부터 강조했던 교육개혁의 방향이다. "인문학적 상상력과 공학 및 과학 기술의 융합을 통해 미래 사회에 필요한 창의융합형 인재를 양성하자"라는 교육정책 기조는 박근혜 정부에서뿐 아니라 문재인 정부에서도 이어진다(이화진 외, 2017: 12). 오히려 문재인 정부에서 강조하는 '4차 산업혁명'이라는 미래 사회 변화 설명은 그러한 정책 기조를 강화했다. 2022년 3월 대통령 선거 이후 정부의 미래 사회 변화 설명이나 정책 기조는 또 달라질 수 있다. 그러나 '국가정책'의 변화만을 검토하는 것은 교육을 정치적 논리에 종속시키는 결과를 가져올 수 있다. 그러므로 오히려 필요한 것은 국가정책을 비판적으로 분석하면서 역사교육계가 생각하는 '미래 사회의 변화' 방향과 관련하여 역사교육의 현재와 미래에 대해 논의하는 것이다. 이러한 문제의식에서 2021년에는 2022 개정 교육과정을 준비하면서 5개의 역사교육 관련 학회들이 모여 '4차 산업혁명 시대 역사교육'이라는 주제로 연합학술대회를 진행했다(역사교육연구회·역사교육학회·역사와교육학회·웅진사학회·한국역사교육학회, 2021). 이 학술대회는 4차 산업혁명의 개념에 대해 검토하고, 인공지능 시대 역사교육이 나아가야 할 방향에 대한 논의를 시작했다는 데 의미가 있다. 그러나 가까운 미래에 예상되는 사회 변화나 문제에 대한 좀 더 본격적인 분석과 전망, 그리고 그와 연동하여 역사교육에 요구되는 변화에 대한 구체적이고 체계적인 논의는 좀 더 진행할 필요가 있다.

　사실 역사교육계가 사회 변화를 고려하면서 역사교육을 개선하려고 노력하지 않은 것은 아니다. 다문화 시대 역사교육, 글로벌 역사, 생활문화사 등의 논의가 그것이다. 그러나 그 논의는 역사라는 독립적인 성의 성곽을 견고하게 지킬 수 있는 범위와 요소에 국한하여 사회 변화를 선택적으로 검토하면서 이루어진 것이다. 지금까지 역사교육계의 내부와 외부를 구분하면서 우물 밖의 바람은 외면하고 우물 안의 파장만 신경 써온 것은 아닌지 생각해 볼 필요가 있다. 사회와 학문 및 교육 담론은 급격하게 변화하고 있다. 이러한 변화는 역사교육계가 종래 논의에서 배제해 왔던 부분까지 함께 검토할 것을 요구한다.

다원화/글로벌화와 이민의 증가, 네트워크 사회, 첨단 과학기술의 발달, 사회·경제의 구조적 변화와 새로운 불평등 등장, 환경 재앙 등 오늘날 사회 변화에 대한 정부와 교육계의 진단 및 변화 요구를 역사교육계는 어떻게 볼 것인가? 지속적으로 논의해야 한다. 사회과학계에서는 사회 변화를 어떻게 분석하고 또 예측하고 있는지, 세계의 교육 및 역사교육은 어떤 방향으로 변하고 있는지, 역사교육은 그러한 사회 변화와 세계 교육 변화와 어떻게 상호작용해야 하는지에 대해 심층적으로 검토해야 한다. 그리고 그러한 검토 내용에 비추어 한국의 역사교육 문화와 문제를 분석하여 역사 교육과정 개정에 국가의 교육정책적 요구의 반영 정도를 판단하고 개정 방향을 설정해야 한다.

2) 교육과정 적용 실태 조사

2009 국가 교육과정(2011)이 개발될 당시 의사소통 구조의 문제를 지적하는 글들이 쏟아져 나왔다.[2] 특히 2007 개정 교육과정이 실행되기 전에 교육과정의 개정 작업을 진행하면서 2007 개정 교육과정 운영상의 실태, 문제점 조사 및 진단이 수반되지 않았다는 점은 2009 개정 교육과정의 큰 약점이기

---

2 역사교육계뿐 아니라 교육학계에서도 교육과정 개정 과정의 절차나 소통의 문제에 대한 비판이 쇄도했다. 이와 관련된 내용은 김태웅(2012)에서 자세히 다루었다.

도 했다. 교육과정 적용에서 나타나는 문제는 철저하게 증거에 기초해서 분석해야 하기 때문이다. 이러한 연유에서인지 2015 개정 교육과정에서는 총론이나 교과별로 교육과정 운영 실태와 문제점을 적극적으로 조사했다.[3]

역사과의 경우는 2013년 한국교육과정평가원이 「미래사회 대비 국가 수준 교육과정 방향 탐색: 역사」(이후 「미래사회 대비 연구」라고 칭함)라는 기초 연구에서 문헌 연구를 진행했다(진재관 외, 2013).[4] 그리고 2015 개정 교육과정을 본격적으로 개정하면서 교육부의 연구 용역으로 2014년에 진행된 「문·이과 통합 역사과 교육과정 재구조화 연구」(이후 「재구조화 연구」라고 칭함)에서 2011년에 고시된 역사 교육과정의 운영 실태와 문제점을 교사 설문이나 간담회, 인터뷰 등을 통해 조사했다(최상훈 외, 2014).

「미래사회 대비 연구」, 「재구조화 연구」 이후 진행된 「2015 고시안의 시안 연구」(진재관 외, 2015)는 문헌 연구나 실태 조사 등에서 공통적으로 절실하게 중요한 것은 학습 부담 경감이라고 강조했다. 그러면서 사회 변화나

---

3 김경자(2014)를 보면 그러한 사실을 알 수 있다.

4 이 연구의 책임자는 진재관이었으며, 박진동, 신항수, 박주현, 문영주, 민윤, 신유아, 최소옥, 정연, 박민역, 최상훈, 강선주, 구난희 등이 공동연구원으로 참여했다. 그런데 이 연구에서 초·중·고등학교 각각 서로 다른 팀으로 연구를 진행하면서 공동연구자들이 충분히 소통할 기회가 주어지지 않았으며 최종 보고서도 팀별로 작성하여 합쳐졌다. 따라서 최종 연구보고서의 내용에 대해 공동연구원들 사이에서도 서로 다른 의견이 있었음에도 그것을 제대로 검토하지 못했다. 그러다 보니 최종 보고서 내용에 모순이 존재한다. 예를 들면 "학생이 역사를 기억하지 못하기 때문에 중학교에서 배웠던 내용을 고등학교 수업에서 반복하지 않기 곤란하다"라고 역사 학습을 역사적 사실의 기억으로 정의하는 시각을 드러내면서도, 역사교육을 단순히 역사적 사실의 기억이 아니라 역사 지식의 구성과 문제 해결이라는 관점에서 제시하기도 했다. 앞으로 이러한 연구는 초·중·고등학교의 역사교육 전체를 아울러 연구진이 함께 토론하고 논의할 수 있는 구조와 방법으로 진행해야 한다. 이 연구 과정에서 이루어진 세미나에서 역사과 핵심역량에 대한 발표도 있었지만 본격적으로 논의되지는 못했으며, 교육과정이 개발된 후에 논란이 되었다. 그러므로 이러한 기초연구에 대한 세밀한 관심이 필요하다.

역사학계가 추구했던 변화된 역사의식을 어떻게 역사 교육과정에 반영할 것인가에 대해서는 침묵했다. 「미래사회 대비 연구」에서는 유럽중심주의를 극복해야 한다는 논의가 세계사 분량을 증가시켰다고 하면서, "균형 잡힌 역사의식을 갖게 하는 것이 중요"하지만 "특정 지역의 역사가 강조되어서는 안 된다는 논리보다 더욱 우선시되어야 할 것은 학생들의 학습 부담 경감"이라고 했다(진재관 외, 2013: 60~61). 「재구조화 연구」에서도 같은 시각에서 내용 재구조화 방안을 제시했다.

「재구조화 연구」를 토대로 2015 고시안의 시안이 개발되었다. 시안 연구에서도 세계사 내용 선정 및 조직의 방향성을 설정하면서 개발진은 "글로벌 히스토리의 관점으로 구성된 세계사 교과서를 통한 수업은 가르치는 교사와 배우는 학생 모두에게 어렵고 불만족스러웠다는 것이 일반적인 여론이었다"라고 하면서 '지역 단위의 서술 확대'를 개선 방향으로 설정했다(진재관 외, 2015: 83). 그런데 그러한 방향이 "세계 역사학의 주요 추세인 글로벌 히스토리와 더불어 '역사 없는 사람들'에게 역사를 되찾아 주어야 한다는 탈식민주의 역사학과도 동떨어진다는 비판을 받을 수 있다"라고 인식했다(진재관 외, 2015: 34). 또 한국사의 경우도 중·고등학교 모두 정치사를 중심으로 구성하고 다른 분야의 내용을 과다하지 않게 포함하여 학습량을 축소했다고 했다(진재관 외, 2015: 34). 기본적으로 2007 개정안이나 2009 개정안에서 '우리'와 '그들'을 구분하는 방식을 지양하고 지배층 중심의 역사관을 축소하면서 '민족' 내의 다양한 집단의 목소리를 포함하기 위해 확대했던 생활사나 문화사는 대폭 축소했다. 요컨대 2015 고시안에서는 '재미있고 쉬운 역사', '학습량 축소'를 표방하면서 역사의식의 문제는 중요하게 생각하지 않았다. 그 결과 2015 고시안은 사회 변화나 학계의 역사의식 및 연구 질문과는 반대 방향으로 시곗바늘을 돌려 역사교육을 기획하는 모양이 되었다. 역사의식을 고려하면서도 학습량을 축소하는 방안은 얼마든지 마련할 수 있다. 역사의식의 개선과 학습량 축소는 양자택일의 문제가 아니다.

2015 고시안의 중학교 역사, 고등학교 한국사나 세계사 등의 구조화 방향은 「재구조화 연구」에서 이루어진 교육과정 적용 실태 조사 결과로 정당화했다. 그런데 조사 내용이나 대상, 그리고 분석 결과에 대한 해석에 논란이 있었다(윤종배 외, 2015). 교육과정의 개정을 앞두고 일시적으로 진행하는 교육과정 운영 실태 조사는 여러 면에서 논란이 될 수 있다. 논란의 소지를 없애기 위해서는 실태 조사 방법을 체계화할 필요가 있고, 연구 보고서에는 간담회 혹은 협의회에 참석하는 교사들을 어떤 기준으로 선정했는지, 설문의 목적은 무엇이었고 어떤 방법으로 진행하고 분석했는지 등을 구체적으로 밝힐 필요가 있다. 특히 실태 조사를 교육과정 개정을 앞두고 일회성으로 진행하지 않고, 기존 교육과정을 적용한 직후부터 장기적으로 여러 차례, 그리고 다양한 방법을 사용하여 진행할 필요가 있다. 이러한 방법을 통해 교육 현장에서 기존 교육과정을 어떻게 적용했는지, 특히 기존 교육과정이 개선하고자 했던 점을 현장에서 인지하고 개선하고자 했는지, 인지했음에도 개선하지 못했다면 원인은 무엇인지, 그 원인이 교육이나 학교, 교육과정의 구조적인 문제인지, 혹은 교사들의 개별적인 교수 스타일, 인식론, 혹은 역사의식에서 오는 것인지, 새롭게 나타난 문제는 무엇인지 등에 대해 조사·분석하여 교육과정의 개정이 필요한지 여부를 판단하고 개정 방향과 폭을 결정하는 기초 자료로 활용해야 한다. 2022 교육과정 개정 과정에서도 두 차례에 걸쳐 사회과 기초연구를 진행했다(박병기 외, 2021; 차조일 외, 2021). 이러한 연구에서 진행한 역사 교육과정 적용 실태 조사 결과가 어떤 방법으로 진행되었으며, 그 결과 분석은 시안 개발에서 어떻게 참고했는지, 그리고 또 시안 개발 연구에서는 실태 조사를 어떻게 진행하고 반영했는지에 대해 검토·분석해 보면 역사교육계가 과거의 역사 교육과정 개발 과정을 보면서 무엇을 성찰하고 개선하려고 했는지, 혹은 성찰 없이 관행을 그대로 답습했

는지 알 수 있을 것이다.

한 교사는 "교사들이 하던 대로 하려는 습성이 있다"라고 한다(윤종배, 2018: 17). 실제 국가 교육과정이 변해도 역사 교사들이 "자신이 늘 가르쳐오던 학습 내용을 익숙하게 받아들여 성취기준에 대해 크게 의미를 두지 않으며", "수업과 평가에서 업무에 필요한 문서 작성 위주의 형식적인 활용"에 그치고 있다는 현장 교사들의 연구도 있다(김말선·남교민·김대현, 2016; 김말선, 2019). 실제 많은 교사들은 교육과정으로 가르치지 않고 교과서로 가르친다. 그러면서 교사들은 역사 교과서를 보니 변한 것이 하나도 없다든가 또는 오히려 학습량이 증가했다거나 어려워졌다고 한다. 변화된 교육과정을 충분히 반영하지 못한 교과서들이 많기 때문이다. 종래 관행적으로 넣어왔던 내용을 그대로 유지하면서 새로운 내용을 첨가하는 식의 교과서 서술이 변화를 저해하는 것이다. 결국 역사교육의 개선을 위해서는 교사들이 교과서가 아니라 교육과정으로 가르치는 문화가 형성되어야 한다. 특히 교사들 스스로 연구하고 교육과정과 교과서를 함께 검토하면서 수업을 계획하고 실행하는 문화가 형성되어야 한다. 교사가 크게는 사회 변화, 작게는 교육과정의 변화를 관찰하고 분석하면서 스스로 익숙한 교수 스타일의 변화를 꾀하려고 노력하는 것이 중요하다. 결국 오래된 잠언처럼 교사의 질이 곧 교육의 질이기 때문이다

국가 교육과정이 엄격한 규정력을 발휘해서 지역과 학교 단위의 다양성과 교사의 교수적 자율권을 제한해서는 안 된다. 그러나 교육과정 적용 실태 및 문제를 조사할 때 교사가 사회의 변화와 학계의 문제의식 변화를 보지 못하면서, 개선의 방향을 완전히 무시하고 자신이 '하던 대로' '편한 방식으로' 하고 있지는 않은지, 교사의 자율성이 역사교육의 개선을 거부하는 방식으로 발휘되지는 않는지도 검토할 필요가 있다. 교육과정 적용 실태 조사에서 역사 교사들의 불만족, 어려움, 그리고 교사들이 원하는 교육과정의

개정 방향을 조사하더라도, 그 조사 내용을 사회 변화, 역사학계의 역사의식 변화 흐름이나 연구 질문 변화, 학습자 특성 등에 대한 연구에 비추어 여과하는 과정이 필요하다.

2022 개정 교육과정을 준비하는 과정에서 역사교육계는 현장의 목소리를 듣고 또 현장의 관행을 분석하는 다수의 장을 마련했다(역사교육연구회 외, 2021; 한국역사교육학회, 2021; 역사교육연구소, 2021a; 2021b; 전국역사교사모임·역사교육연구소, 2021). '하던 대로 하려는 습성'을 성찰하면서 변화를 꾀하기 위한 노력이 계속되고 있다. 이러한 노력이 역사교육의 개선을 추동하길 바란다.

3) 교육과정 이론의 변화와 역사 교육과정

2015 개정 교육과정은 '역량기반 교육과정'과 '이해중심 교육과정'을 표방하면서 빅아이디어(핵심 개념, 핵심 내용), 일반화, 개념 등을 중심으로 내용을 선정하도록 했다. 이해중심 교육과정은 교과에 대한 '심층적인 이해'와 '적용'을 강조하고 그러한 능력을 평가하는 과제를 제시하라고 했다. 2015 개정 총론 팀은 이해중심 교육과정 이론을 '학습량 과다'의 문제를 해결하면서 세계적으로 요구되는 '학생중심 교육과정'을 실현하는 방안으로 제시했으며, 이를 "역량 함양을 위한 교육과정"이라고도 했다(김경자, 2014: 20). 학습량 과다 문제 해결이나 학생중심 교육과정으로의 전환은 역사과에서도 추구해 왔던 것이다. 2015 개정 교육과정 총론 팀은 이 문제를 개별 교과 차원이 아니라 교과들 전체가 이해중심 교육과정을 적용하여 해결하도록 했다.

그런데 2015 개정 교육과정이 개발된 후 교육과정 전공자들은 교과를 강조하는 '핵심 개념'과 학생의 수행을 강조하는 '역량'이 하나의 교육과정 문서에 공존하면서 혼란을 불러일으켰다고 비판했다(한혜정·이주연, 2017: 206).

한혜정과 이주연에 따르면 학문중심 교육과정과 이해중심 교육과정은 교과를 배경으로 한다는 점에서 공통적이다(한혜정·이주연, 2017). 이 두 이론은 공통적으로 교과의 '일반적 아이디어', '기본(핵심) 개념', '일반적 원리' 등을 가르쳐야 한다고 주장하며 학습한 '지식의 전이'를 중요하게 여긴다. 차이점은 전자가 학문 혹은 교과 내에서 지식의 전이를 꾀한다면 후자는 '심층적 이해'와 '의미 있는 추론'을 추구하며 '실생활에서 지식의 전이'를 강조한다는 것이다(한혜정·이주연, 2017: 211). "의미 있는 추론은 사실이나 기술을 단순히 암기하거나 숙지하는 차원을 넘어 적용·분석·종합·평가 등을 통해서 구조적으로 습득하는 것을 의미한다(한혜정·이주연, 2017: 211). 한혜정과 이주연은 이해중심 교육과정은 학문중심 교육과정의 변형된 형태라고 봤다.

그러나 역량기반 교육과정에서 역량은 "단순히 지식이나 기술을 넘어서 특정한 맥락에서 심리·사회적 자원들을 동원하여 복잡한 요구를 충족하는 능력", 지식을 아는 것을 넘어 실천하는 능력, 즉 지식의 활용을 강조한다(백남진·온정덕, 2014: 23). 이러한 역량 개념은 OECD의 DeSeCo(Defining and Selecting Key Competencies) 프로젝트에서 가져온 것이다. 역량기반 교육과정은 지식융합적 시각에서 실제 생활의 맥락에 적합한 지식을 활용하고 생성하는 능력을 강조한다. 따라서 교육과정 전공자들이 이미 지적했듯이, 이론적으로 보자면 이해중심 교육과정을 통해 역량을 함양을 꾀할 수는 있다. 그러나 이해중심 교육과정 이론을 기반으로 교과과정을 개발하면서 교과 역량이라는 개념을 사용할 수는 없다. 그럼에도 2015 개정 교육과정 총론에서는 교과의 핵심 개념을 중심으로 학습 내용을 구조화하여 학습량을 적정화하도록 하고, 교과별로 핵심역량을 제시하게 했다(교육부, 2013a: 2~43). 2015 개정 교육과정이 기존의 교과 체제를 인정한 점을 보면 일종의 타협안을 제시한 것이라고 할 수 있다.

이해중심 교육과정에 의하면 수업 단계에서 목표는 빅아이디어, 개념, 일반화 등을 '심층적으로 이해'하는 것이다. 그러므로 목표 설정 다음에는 학생이 이해한 것을 확인(증거)할 수 있게 평가를 설계하고, 평가 지표에 비추어 수업을 계획해야 한다. 이해중심 교육과정의 교수학습의 절차적 원리가 2015 개정 각과 교육과정 문서에 대단원별로 성취기준(목표), 교수학습 방법 및 유의 사항, 평가 방법 및 유의 사항을 제시하는 방식으로 구체화되었다. 즉, 2015 개정 교육과정은 성취기준, 교수학습, 평가가 유기적으로 연결되어 '이해'에 도달하고 그 과정에서 '역량'을 함양하도록 했다.

그렇다면 2015 역사과 고시안 개발진은 그러한 이해중심 교육과정과 역량기반 교육과정 이론들을 어떻게 이해하고 역사 교육과정 개발에 적용했을까? 특히 2015 고시안에서 개발진이 그러한 이해중심 교육과정 이론을 적용하여 학습량 과다의 문제를 해결하고자 했는가? 이미 앞 절에서 지적했듯이 2015 고시안은 학습량 감축을 이해중심 교육과정 이론으로 해결하지 않았다. 이해중심 교육과정을 표방하면서 2015 교육과정 총론 팀에서는 "지속적인 문제점으로 비판"받아 온 "교과서 위주의 암기식 수업"을 극복할 것을 주장하고 수업 단계에서 빅아이디어, 개념, 일반화 등을 '이해'하는 것을 목표로 삼았다(김경자, 2014: 20). 그러나 2015 고시안의 시안에서는 학생이 역사를 '기억하지 못한다'고 하면서 초·중·고등학교에서 정치사를 반복해서 학습하게 했다. 2015 고시안에서 '핵심 개념'으로 '역사의 의미', '선사시대와 고조선의 등장', '여러 나라의 성장' 등을 제시했다. 2015 고시안에서 '핵심 개념'이라고 제시한 것은 종래 중단원 제목에 해당한다(교육부, 2015: 11~12). 즉, 2015 고시안 개발진은 이해중심 교육과정 이론을 이해하지 못한 것이다(김한종, 2015: 21). 만약 이론을 이해했지만 역사과에 적당하지 않다고 여겼다면, 시안 개발 과정에서 그러한 점을 언급하고 그 이론을 어떻게 변형하여 적용했는지에 대해 설명했어야 한다.

2015 고시안의 시안 보고서에는 "총론의 개발 방향을 반영하여 역량기반

교육과정이 되도록 노력"했다고 했다(진재관 외, 2014: 63). 그런데 '역량' 개념 자체의 모호성과 인식론적 불확실성, 이론 및 방법론의 부재가 역량중심 혹은 역량기반 교육에 대한 의사소통을 어렵게 했다(한혜정·이주연, 2017: 205). 2015 개정 교육과정은 범교과 역량과 교과 단위의 역량을 함께 정의하고 적용하도록 했기 때문에, 역사과에서는 학문중심 교육과정에 기초하여 정의한 역사적 사고를 약간 변형하여 역사과 역량을 정의했다.[5] 그렇다면 '역량'을 어떤 관점에서 어떤 개념으로 정의했으며 어떻게 개발하기를 기대하는지 정교하게 설명했어야 한다.

2015 고시안 개발진은 이해중심 교육과정과 역량기반 교육과정을 적용해서 역사 교육과정을 개발했다고 했지만 결과는 본질적으로 종래와 다르지 않은, 같은 방식으로 역사 교육과정을 개발했고, 제시했다. 즉, 2015 개정 교육과정이 표방한 이해중심 교육과정과 역량기반 교육과정 이론과 2015 고시 역사 교육과정 사이에 정합성을 확인하기 어렵다. 이러한 정합성의 부재는

---

5   2013년 이루어진 진재관 외, 「미래사회 대비 국가 수준 교육과정 방향 탐색: 역사」에서는 '역사적 역량'을 문해력의 개념으로 정의했지만, 2015 고시안에서 2013년의 기초연구에서 정의한 역사적 역량을 이어받아 정의했다고 보기는 어렵다. 손민호는 역량기반 교육과정에 대한 다양한 입장을 네 가지로 정리했다. 첫째, "지식기반 사회가 요구하는 기초 소양을 강조하는 입장에서 전통적인 학문중심 교과보다는 사회적 맥락에서 요구되는 능력을 우선시하여 가르쳐야 한다"는 입장이다. 이러한 입장은 OECD의 입장과 연결된다. 둘째, "기초 소양보다 좁은 의미로 파악하여 새로운 의미의 문해력(literacy), 혹은 신문해력(new literacy)으로 보는 관점"이다. 셋째는 "교육과정 운영 방식에서 변화를 꾀하려고 하는 입장으로, 여기서는 역량기반 교육과정을 특정한 지식이나 기술 내용보다는 그러한 지식이나 기술을 전달하고 그 성취 결과를 인정하는 교육과정 운영 방식으로 보고자 한다". 넷째, "직업 준비(vocationalism)로서의 교육의 기능을 보다 강조하고자 하는 입장"을 들 수 있다. "공교육에서 진로 교육을 강화시킨다든지 하는 주장에서 이러한 입장을 잘 찾아볼 수 있다"(손민호, 2012). 이 중 둘째, 즉 역량을 문해력으로 정의하는 관점은 유네스코가 '모두를 위한 교육(Education for All)'에서 추구하는 문해력 교육과 연결된다. 발전에 대해 유네스코는 인권 기반 접근법을 표방한다(UNICEF, 2007).

그 교육과정을 제대로 이해하고 실행하기도, 나아가 역사교육의 '개선'을 추구하기도 어렵게 했다. 역량 개념에 대한 부정확한 이해와 교과별 적용은 한국교육과정평가원의 연구 보고서에서도 나타났다(한국교육과정평가원, 2018). 한국교육과정평가원(2018)에서 역사과 핵심역량 개발을 위한 교수학습지도안을 개발하여 제시했는데, 이러한 지도안에서 역량이라고 정의한 것은 역사과 '기능(skill)'에 지나지 않았다. 그것을 '역량' 차원에서 적용하고 평가하려면 역량기반 교육에서 강조하는 '실생활에서의 전이' 여부에 초점을 맞추어 수업을 설계하거나 적어도 평가해야 함에도, 그 지도안들에서는 주제별·단원별 수업 후 역량을 평가하는 방식을 취했다. 역량 개념 자체를 제대로 이해하지 못했기 때문에 적용 방안까지 잘못 안내한 것이다.

그런데 교육과정의 이론적 틀이나 체제상의 모순 때문에 역사 교육과정을 적용하기 힘든 예는 2015 고시안만은 아니다. 제7차 교육과정상에서 성취기준 체제가 도입되었다. 학습 성취기준이란 "교과별로 설정된 교육과정상의 교육 목표와 교과 내용을 분석하여 학생이 달성해야 할 능력 또는 특성의 형태로 진술한 것"이다(백남진, 2014: 166). 성취기준에는 알아야 할 내용 지식을 진술하는 것이 아니라, 내용 지식을 활용하여 문제를 해결할 수 있는 능력을 상세화해야 한다. 성취기준 체제가 도입되면서 '수행'을 강조했고, 이에 따라 역사 교육과정을 개발할 때마다 총론에서는 인지 영역과 행동 영역을 결합하여 성취기준을 진술하라고 요구했다. 그런데 역사과 성취기준을 학생이 알아야 할 내용 지식 위주로 진술했다는 비판이 계속되었다(박진동·박주현·신항수, 2012; 김민정, 2014). 사실 성취기준 체제가 도입되었을 때 역사교육계 내에서 성취기준 체제가 역사과의 특성에 부합하는지에 대해 검토조차 하지 않았다. 그 체제가 역사과에 부합했기 때문일 수도 있고, 오히려 그러한 방향의 개선이 필요하다고 인식했기 때문일 수도 있다. 그러나 일부 역사 교육과정 개발진은 문서 체제의 형식만 달라졌다고 이해했다.

교육과정 전공자들은 2009 개정 교육과정에서 처음으로 역량의 중요성을 강조했다고 주장한다(홍원표·이근호·이은영, 2010). 그런데 2009 개정 역사과 개발진이 그러한 변화를 얼마나 인식했는지는 알 수 없다. 2009 개정 역사 교육과정의 성취 평가에 대한 연구에서는 2009 개정 교육과정에서 성취기준에 실질적 지식[6]을 중심으로 진술했고, 분류사(생활사, 인물사, 정치사, 문화사 등)의 틀에서 초·중·고등학교 역사 학습 내용이 계열화했기 때문에, 학생들의 역사 이해나 역사적 사고력 향상 정도를 관찰하고 평가할 수 있도록 성취기준이나 성취 수준을 위계화하기 어려웠다는 점, 따라서 성취 평가 제하에서도 역사 과목의 평가는 여전히 내용 지식 중심으로 이루어질 수밖에 없었다는 점을 지적했다(박진동·박주현·신항후, 2012). 역사교육계에서도 '학습 내용'에 '명제적 지식'만이 아니라 '방법적 지식'까지 포함시켜야 한다고 주장해 왔으며(강선주, 2010), 역사교육 개설서들도 방법적 지식을 학습 내용으로 분류해 왔다. 또 "학생들이 역사 지식의 인식과 구성의 본질을 이해하고 적극적으로 그 구성 과정에 참여하는 방향에서 역사과 교육과정상의 성취기준 진술이 이루어져야" 하고 "역사적 사고력과 같은 역사 연구를 위한 방법론적 지식의 습득을 목표로 교육과정상 내용 체제와 성취기준 진술을 상세화하고 체계화하는 방향으로 교육과정 내용 체제를 개선"해야 한다는 주장도 있었다(김민정, 2014: 1). 이러한 역사교육계 내부의 논의를 보면 역사 교육과정에서 '방법적 지식'이라고 표현하든 '역사적 사고력'이라고

---

6 '내용 지식', '명제적 지식'이라는 용어를 사용해 왔으나, 최근에는 '실질적 지식(substantive knowledge)'이라는 용어도 사용한다. 이 용어들은 모두 역사가가 생산한 지식을 의미한다. 이 책에서는 직접 인용할 때를 제외하고는 모두 실질적 지식이라는 용어로 통일하여 사용한다.

표현하든, 그것을 어떤 방식으로든 가르칠 내용에 포함시켜야 한다는 문제의식은 강했다고 할 수 있다.

그러나 항상 실질적 지식을 중심으로 학교급별[7] 학습 내용을 '계열화'하는 데 집중했을 뿐, 학교급별 혹은 학생 수준별로 역사적 사고력이나 인식론적·방법적 지식의 향상을 추구하고 평가할 수 있는 모델이나 교육과정 체제를 개발하는 데는 소홀했다. 실질적 지식의 기억이라는 측면에서 학습을 정의하고 평가해 왔기 때문이다. 이렇게 준비가 부족한 상황에서 2009 개정안 이후 성취기준과 성취 평가제의 도입, 2015 개정에서 역량 개념과 과정 평가의 도입은 역사교육 현장에 혼란을 키우고 있다.

역사 학습을 역사가가 생산해 놓은 지식, 실질적 지식을 기억하는 것으로 정의할 것인가? 아니면 학생이 스스로 여러 자료를 활용하여 역사를 서술하거나 재현하고 또 역사 지식이나 개념 등을 활용하여 역사적으로 과거와 현재 문제를 해결하는 것으로 정의할 것인가? 후자의 방향에서 역사 학습을 정의한다고 해서 역사교육이 역사 탐구 기술, 사고 기술의 발달만을 목적으로 하지는 않는다. 역사교육을 과거 '기억하기'와 관련 없이 논할 수는 없기 때문이다. 역사교육에서는 학생이 과거에 대한 기억을 만들고, 또 그 기억을 성찰할 수 있게 하는 것이 중요하다. 과거에 대한 기억이 현재의 문제를 해결하는 합리적 판단을 이끌어내는 토대이고, 과거의 경험과 과거에 대한 지식은 미래를 건설할 수 있는 자원이 되기 때문이다.

역사 교육과정 개발 과정에서 총론이 새롭게 제시한 교육과정 이론을 검토하기 위해서는, 그 이론이 어떤 교육 철학을 바탕으로 하며 어떤 학습 이론에 근거하여 학습의 내용과 방법을 정의하는지 검토하고 그것이 역사과

---

7 '학교급별'은 '초등학교, 중학교, 고등학교별로'라는 뜻으로, 교육계 전반에서 사용하는 용어이다.

의 성격에 부합하는지 논의해야 한다. 이 과정에서 가장 먼저 해야 할 일은 역사 학습의 의미를 정의하는 것이다. 역사 학습의 정의에 기초하여 역사의 성격, 목표, 내용 선정, 성취기준, 교수학습, 평가 방법까지 개념적 일관성을 유지하면서 역사 교육과정을 개발하고 또 문서에 제시해야 한다.

3. 역사의식, 역사교육 이론, 디지털 원주민, 수업

1) 역사의식의 변화 흐름과 역사 연구 방법론 검토

역사가 역사교육의 모학문이지만 역사 연구와 역사교육은 전혀 다른 연구와 실천 분야이다. 그렇다면 역사 교육과정 개발에서 '모학문'인 역사에서 검토해야 하는 것은 무엇인가? 몇 가지 측면에서 살펴볼 수 있다.

첫째, 역사학계의 역사의식 변화 흐름을 고려하면서 내용을 선정하고 구성할 수 있다. 김한종과 송상헌(1997)은 역사학의 내용 선정의 학문적 기준을 "역사학의 학문적 체계와 관련 있는 지식, 역사학의 지식 내용과 연구 방법의 수용, 참신성과 신뢰성, 보편성을 가진 역사학설"로 제시했다.[8] 이영효 (2015: 83)는 『역사교육의 내용과 방법』에서 역사교육의 내용을 선정할 때

---

8 김한종과 송상헌은 내용 선정 기준을 다음과 같이 요약했다.
   • 학문적 측면: 역사학의 학문적 체계와 관련 있는 지식, 역사학의 지식 내용과 연구 방법의 수용, 참신성과 신뢰성, 보편성을 가진 역사학설
   • 심리적 측면: 학습자의 역사의식 발달 고려, 이해 가능성, 역사교육에 대한 학습자의 흥미와 요구의 고려, 역사적 사고력 신장에의 유용성
   • 사회적 측면: 역사교육 목표와의 관련성, 공공사회의 목표 달성, 국제사회 이해와 같은 사회적 요청, 생활에의 실용성(김한종·송상헌, 1997; 김항구·김한종, 1997).

는 역사학의 학문적 체계와 관련된 지식, 역사 연구 방법, 그리고 역사학계에서 보편적으로 통용되는 역사학설이나 이론 등, 역사학의 학문적 성격을 살펴야 한다고 서술했다. 국어사전에서는 학설을 "학술적 문제에 대하여 주장하는 이론 체계"[9]로 정의한다. 역사학설은 역사 철학, 연구 방법론부터 역사적 설명(해석)에 이르기까지 상당히 포괄적인 의미로 사용된다. 학설이라는 개념은 역사의 내용을 내용 지식만이 아니라 방법 지식까지 포괄해서 정의하는 데 유용할 수 있다. 그런데 참신성과 보편성의 원칙은 때로 상충적일 뿐 아니라, 모호하다.

동양사학 연구를 회고하면서 이성규(2015: 9)는 동양사학계가 "모두 시대의 변화에 따라 변화하는 연구의 방향과 범위를 적극적으로 계도"했다고 했다.[10] 이러한 회고에서도 알 수 있듯이 역사 연구자들은 오늘날 사회 변화를 의식하면서 연구 질문과 범위의 변화를 꾀한다. 역사교육에서는 역사학계가 전반적으로 비판하거나 변화를 꾀하면서 대안으로 제시하는 역사의식과 연구 방법의 범위를 살필 필요가 있다. 예를 들면 식민주의, 폐쇄적 민족주의, 유럽중심주의 등을 비판하고 탈피하려는 경향(권중달, 2003; 한국서양사학회, 2009; 강철구·안병직, 2011), 중국 중심의 동양사 연구를 탈피하고 중동

---

9 네이버 국어사전, "학설" https://ko.dict.naver.com/#/entry/koko/e1e23e2b76e34b248
   e78ad8ca6f9aa5c (검색일: 2018.5.10).

10 이성규는 동양사학의 변화와 발전, 특징에 대해 "중국사에서 동아시아사로 다시 아시아사로", "다원적이고 복합적인 중국의 인식", "관심과 문제의식의 다양화", "현지 환경과 정서의 중심" 등으로 설명했다(이성규, 2015: 9). 최근 동양사학계에서 "제3세대 연구자들"이 중동사나 몽골사를 비롯한 중앙유라시아사 등을 "중국이라는 굴레에서 벗어나 나름대로 독자성을 갖는 연구 분야로 정착"(이성규, 2015: 61)시키면서 연구 지평을 확대하고 있는 모습을 볼 수 있으며 이러한 지역사를 세계사로서 연구하려고 한다. 이와 관련하여 김호동, 「'변방사'로 세계사 읽기: 중앙유라시아사를 위한 변명」, ≪역사학보≫, 제228권(2012)에서 자세히 설명하고 있다.

사, 중앙유라시아사 등으로 연구의 지평을 확대하는 경향(우덕찬, 2008), 한국사에서 민중사학에 대한 성찰에 기초하여 민중의 다성성(多聲性)에 주목하는 경향(역사문제연구소 민중사반, 2013)이나 연구 자료나 주제를 다양화하는 경향, 여러 지리적 범위에서 주제나 사건을 연구하는 경향(박원호, 2006; 2012) 등과 같은 것이다. 실제 1960년대 이후 한국사학계의 식민사관을 탈피하려는 노력은 역사교육에서 다루는 주제와 시각의 변화를 추동했으며(박평식, 2013), 세계사에서 유럽중심주의를 극복하기 위한 지속적인 노력은 1980년대 이후 세계사 교육과정의 구조적 변화를 자극하기도 했다(강선주, 2015c).

이러한 역사학계의 역사의식을 역사교육계가 참조하면서 1980년대에는 세계사에서 유럽중심주의 극복을 내세우면서 '지역 접근법'을 도입하여 동아시아와 유럽 이외의 지역에 대한 이해를 확대하고자 노력했다면, 2000년대에는 '지역 접근법'보다는 '상호 관련성'에 기초한 간지역적(cross-regional) 접근법으로 유럽중심적 시각에서 탈피하려고 했다. 1990년대에는 한국사에서 지배층 중심 역사를 민중사적 시각에서 보완하려고 했다면, 2000년대에는 대외 교류사와 생활문화사를 강조하면서 민족 구분에 기초한 '타자화'를 경계하고 민족 이외의 분석 범주에서 역사를 탐구하도록 했다. 예를 들어 삼국통일이나 임진왜란, 프랑스혁명, 최근에는 19세기 전염병이나 생태환경의 변화에 관해서 역사학계의 변화를 수용하여 그것을 탐구하는 지리적 혹은 문화적 범위, 자료, 질문 등의 변화를 추구하고, 민족, 인종, 젠더 등의 분석 범주를 적용하면서 역사를 복합적인 시각에서 볼 수 있게 했다. 이렇게 역사학계가 추구해 온 역사의식의 변화 흐름 속에서 학습 내용의 선택과 배제, 강조와 축소, 그리고 기존의 주제나 사건을 다루는 지리적·문화적 범위, 질문 등의 변화를 모색했다.

이렇게 보면 역사 교육과정을 개발하면서 역사학의 측면에서 중요하게 고려해야 할 것은 바로 한국 역사학계가 추구해 온 역사의식의 변화 흐름, 그리고 역사학계의 연구 질문의 변화이다. 사회 변화를 어떻게 해석하면서 쟁점이 되는 주제를 선정하고, 그것을 다루는 방법과 지리적 범위, 역사적 질문의 변화 등을 추구했는지를 주목할 필요가 있다.

둘째, 역사학계의 논쟁을 검토하면서 학습 주제, 혹은 성취기준 제시 방법, 교수학습 방법을 개발할 수 있다. 역사는 해석이다. 역사학계의 연구자들이 모두 동의하는 단 하나의 가장 좋은 해석을 찾는다는 것은 이상에 불과하다. 그러나 타당한 해석은 있다. 역사학계는 그 타당성을 연구 방법으로 평가한다.

역사 해석을 둘러싼 논쟁이 왕성하다. 때로 역사 논쟁은 정치 이념과 연결된다. 대표적인 것이 한국 근현대사와 관련된 논쟁이다. 역사 교육과정보다는 교과서 집필 지침과 교과서가 특히 논쟁의 대상이다. 이에 따라 교과서 집필 지침을 없애야 한다는 주장도 계속되었으나 2018 시안도 '관행적 방법'으로 개발하면서 교과서 집필 지침이 나왔고, 여기에 어떤 사실을 적시했는가에 대해 다시 논쟁이 일었다. 한국뿐 아니라 세계 여러 나라에서 국가 수준의 역사교육 '기준'을 만드는 과정에서 이념과 역사관을 둘러싼 논쟁을 했다. 그러한 가운데 최근 영국, 호주 등 몇몇 나라에서는 교육과정 개정 과정에서 타협안이나 절충안을 마련했다. 타협 혹은 절충의 방법 중 하나는 쟁점이 되는 사건이나 주제를 복수의 시각에서 접근할 수 있게 학습 과제를 포괄적으로 제시하는 것이다. 영국에서는 영국 제국에 대한 논쟁이 있기 때문에 학습 내용으로 단순하게 '영제국'을 제시했다. 학계에서 영제국의 폭압성과 그로 인해 남은, 아직까지 해결하지 못한 과제를 강조할 것인지, 아니면 영제국의 세계사적 공헌을 부각할 것인지 논쟁이 있었기 때문이다. 결국 제국이라는 주제만 제시하여 그것을 다루는 시각은 교사와 학생에게 맡겼다. 이러한 방식을 통해 원칙적이고 제도적으로는 복수의 시각에서 이 주제를 접근할 수 있는 길을 열어놓았다.

학계가 격렬하게 논쟁하고 있는 주제를 한쪽의 시각에서 다루도록 성취기준을 제시하면 역사교육은 지속적으로 정치적 공격의 대상이 될 수밖에 없다. 가르쳐야 할 중요한 사건이지만 그 사건의 해석에 대해 팽팽한 논쟁이 있다면, 논쟁이 되는 사건을 다중시각에서 교사와 학생이 토론할 수 있게 해야 한다. 이때 다중시각은 역사 연구의 규범과 방법의 틀에서 추구해야 한다. 또한 다중시각과 일본의 니시오 간지(西尾幹二)를 중심으로 한 『새로운 역사 교과서』(2001) 편찬 팀이 추구했던 역사 상대주의는 구분할 필요가 있다.[11]

셋째, 역사학계의 다양한 방법론을 초·중·고등학교별로 학습의 범위를 설정하거나 교육학습 방법을 개발할 때 참고할 수 있다. 그렇다고 최근 역사학계의 인식론적이고 방법론적인 논쟁이나 변화를 모두 반영하여 역사교육을 설계하는 것은 가능하지도 교육적으로 바람직하지도 않다. 그러나 피터 리(Peter Lee)와 로절린 애슈비(Rosalyn Ashby)도 주장했듯이 "일정한 범위 내에서 학생들에게 복수의 서로 다른 인지적 도구와 가정, 전략을 접할 기회를 갖게 할 필요"는 있다(Lee and Ashby, 2001: 254). 하나의 주제나 사건을 서로 다른 방법론으로, 다른 시간적·지리적 범위에서, 과거의 서로 다른 집단이나 인물의 관점에서, 또는 공문서나 개인 일지 등 성격이 다른 자료를 활용하여 탐구할 기회를 주는 것이다. 예를 들면 임진왜란과 병자호란을 국제관계사, 사회경제사, 여성사 등의 방법과 관점으로 탐구해 보게 할 수도 있으며, 공문서나 일기 자료 등 서로 다른 종류의 기록들을 교차 검토하

---

11 니시오 간지 팀은 국가 수만큼의 복수 해석이 가능하다고 하면서 제국주의적 시각의 역사 해석을 옹호했다. 다중시각의 역사 수업과 역사 상대주의에 대해서는 이 책의 5장에서 구체적으로 다룬다.

게 할 수도 있다. 학교급별로 서로 다른 방법론을 경험하게 하는 전략도 생각해 볼 수 있지만, 교수학습 및 평가 차원에서 응용해 볼 수도 있다. 이는 역사학의 여러 방법론을 가르쳐야 한다고 주장하는 것이 아니라 다양한 자료, 질문, 분석의 범주나 범위에서 탐구해 볼 기회를 주는, 다중시각의 역사 수업을 추구하는 것이다.

2) 국내외 역사교육 이론의 검토 및 적용

역사교육 개설서에는 역사적 사고력 이론, 교수학습 이론, 내용 선정 및 구성 이론 등 1990년대와 2000년대 초에 개발되어 최근 연구 성과가 반영되지 못한 이론들이 있다. 그러나 최근에 역사 문서 읽기, 역사적 사고력, 역사의식, 역사적 역량 등에 대한 국내외의 이론적이고 경험적인 연구가 많이 축적되었다. 이러한 새로운 이론적·경험적 연구 성과를 검토하면서 학습목표, 교수학습 및 평가 방법, 내용 선정 및 구성 원칙 등을 재정립할 필요가 있다.

김한종(2015)은 2015 고시안을 비판적으로 분석하면서 1990년대 말에 자신이 영국의 '조직 개념(organizing concept)'[12]을 소개했던 점을 상기시켰다.[13] 이 개념은 1980년대 영국에서 국가 교육과정을 개발하던 시기에 학문

---

12 김한종은 학문중심 교육과정에서 '역사의 구조', '역사의 형식'에 기초가 되는 개념이라는 의미로 '조직 개념'이라는 용어를 사용했다. 김한종은 영국학계의 '조직 개념(organizing concept)'을 그대로 수용하지 않고, 당시 학문중심 교육과정에서 설명했던 역사의 구조 (structure) 개념을 생각하면서 조직 개념을 정의했다. 그러므로 영국의 조직 개념과 김한종의 조직 개념에는 차이가 있다.

13 김한종(2015)은 '조직 개념'으로 시간 개념에는 시간표현 개념(A1), 연대 개념(A2), 시대 개념(A3)이, 변화에 대한 개념에는 계속성/변화(B1), 발전(B2), 인과관계(B3), 유사성/차이점(B4), 고유성/일반성(B5)을 제시했다. 역사의 본질과 구조에 대한 개념은 역사학의

중심 교육과정을 기초로 역사에서 '지식의 형식(form of knowledge)'을 찾고 정의하려고 하면서 만들어진 개념이다. 영국 연구자들은 1970년대 후반 이후 역사에서 지식의 형식을 증거(evidence), 설명(explanation), 변화(change) 등으로 설명하면서 영국 역사교육의 변화를 추구했다(Lee and Ashby, 2000: 199~200). 이와 다르게 김한종은 한국사의 조직 개념을 A.시간 개념, B.변화에 대한 개념, C.역사학의 본질과 구조에 대한 개념, D.사회과학적 개념으로 나누었다. 김한종이 말한 '조직 개념'은 오늘날 역사교육 연구자들이 역사의 '학문적 지식'이라고 부르는 것과 관련된다. 그러나 학문적 지식에는 김한종의 조직 개념에는 없는 인식론적 및 방법적 지식이 포함된다. 오늘날 역사의 학문적 지식에는 역사적 개념(1차 개념)과 역사적 사실, 영국과 미국 연구자들이 2차 개념(second-order concept)이라고 칭한 메타역사적 개념, 역사의 절차적 혹은 방법적 지식 등이 포함된다. 역사적 개념에는 양반이나 혁명과 같은 개념이 포함되며, 메타역사적 개념에는 역사를 탐구하고 설명할 때 사용할 수 있는 원인과 결과, 변화와 계속 등의 개념이 포함된다. 영국에서는 '2차 개념'을 조직(structural), 절차(procedural),[14] 혹은 학문(disciplinary)적 개념이라고도 했지만, 최근에는 2차 개념과 절차 개념을 다른 것으로 인식하고 사용한다. 절차적 혹은 방법적 지식에는 탐구 방법이나 사료 작업이 포함된다.

영국의 리는 '2차 개념'이 역사 문해력의 기초가 된다고 주장했다. 그는 역사교육의 필요성을 역사 문해력에서 찾았다(Lee, 2017: 64~65).[15] 그러면

성격(C1), 역사적 자료(C2), 역사적 사실(C3)이 있다. 그리고 사회과학적 개념에는 정치학(D1), 경제학(D2), 사회학(D3), 인류학(D4), 지리학(D5) 개념으로 구분했다.

14 절차적(procedural) 개념을 한국의 역사교육계에서 '방법적 지식'이라는 용어로 표현해 왔다.

15 리는 역사 문해력을 갖춘다는 것이 역사가처럼 읽고 쓸 수 있는 능력을 갖춘다는 의미는

서 학생은 과거에 대한 지식을 만드는 데 필요한 '핵심적인 아이디어'를 이해하고 적용할 수 있어야 하고, 그렇게 하기 위해 학교는 학생의 역사 문해력 향상을 위해 노력해야 한다고 주장했다(Lee, 2017: 64~65). 즉, 학생들이 역사가의 주장이 어떻게 만들어지는지 그리고 그러한 주장이 타당한지를 확인하는 방법을 개념적으로 이해하고 적용할 수 있게 해야 한다는 것이다.

미국의 브루스 반슬레드라이트(Bruce VanSledright)(2011)도 리의 연구를 이어받아 역사의 영역 특정 지식을 크게 '실질적 지식(substantive knowledge type)'과 '절차적 지식(procedural knowledge type)'[16]으로 구분했다. 그는 실질적 지식을 '전면적/1차 개념적·서사 아이디어 및 지식(foreground/first-order conceptual and narrative ideas and knowledge)'과 '배경적/2차 개념적·서사 아이디어 및 지식(background/second-order conceptual and narrative ideas and knowledge)'으로 보았다. '전면적/1차 개념적·서사적 아이디어와 지식'[17]은 역사 연구자가 과거에 대해 연구한 결과, 즉 생산물을 말한다. '배경적/2차

아니라고 주장한다. 학생들이 갖추어야 할 역사 문해력의 핵심은 현재나 미래가 과거와 연결되어 있으며, 현실의 문제를 과거와의 관계 속에서 생각하려는 것을 습관화하는 것이다. 역사 문해력의 전제 조건으로서 그는 "역사를 세계를 보는 방법으로 이해"해야 한다고 주장했다(Lee, 2017: 64~65).

16 반슬레드라이트가 말한 절차적 혹은 전략적 지식은 과거에 대해 어떻게 연구하고 해석하는가에 대한 지식인데, 이 지식은 역사 연구자 공동체에서 정한 규칙이나 기준에 의해 제한되지만, 지속적으로 논쟁할 수 있는 것이라고 봤다. 그리고 그는 다음과 같은 과정을 예로 제시했다. 사료의 위상 평가: 사료 확인 및 속성 분석, 관점 평가, 신뢰성 평가/ 심상 지도 혹은 심상 모델(mental map or models) 만들기/ 역사적 맥락 안에서 해석하면서 역사적 상상력 발휘하기/ 증거에 기초한 주장 구성하기/ 하나의 이야기(설명) 쓰기 등이다. 이는 사료를 증거로 논증하여 역사를 구성하는 과정에 대한 지식으로서 '사료 읽기 과정 및 전략적 지식'이라고 할 수 있다(VanSledright, 2011).

17 국가 건설, 자본주의, 경제 생산, 군사적 착취, 민주주의 등의 주제에 대해 언제, 어디서, 누가, 어떻게 등의 질문을 던지고 그에 대한 대답을 내러티브나 설명체(explanatory or expository style) 형식으로 제시한 것이다.

개념적·서사적 아이디어 및 지식'에는 원인과 결과, 중요성, 시간에 따른 변화(진보, 퇴보), 증거(즉 저자의 관점, 사료의 신뢰성, 사료의 본질), 역사적 맥락, 인간 행위자, 총괄(예를 들면 미국 혁명 시기, 진보주의 시기 등) 등과 같이 연구자가 과거에 대해 연구하고, 해석하고, 이해하기 위해 사용하는 개념이나 구성 아이디어들이다(VanSledright, 2011: 49). 그러한 개념들은 무엇이 산업혁명(전면적 사건)을 촉발시켰고, 어떤 변화가 일어났는지, 그것이 진보인지 혹은 그 외의 다른 것인지와 같은 역사 탐구 질문과 대답의 뼈대가 된다.

피터 세이셔스(Peter Seixas)와 톰 모턴(Tom Morton)은 '역사적 사고 개념'이라는 용어를 사용하여 '21세기 비판적인 역사 문해력'으로서 역사적 중요성 논하기, 1차 사료를 증거로 사용하기, 변화와 계속성 확인하기, 원인과 결과 분석하기, 역사적 시각 취하기, 역사 해석의 윤리적 측면 이해하기를 제시했다(Seixas and Morton, 2013). 리나 반슬레드라이트, 세이셔스와 모턴 등은 그러한 개념들을 학생들이 역사를 탐구하고 구성하여 서술할 때 활용할 수 있어야 한다고 주장했다. 영국, 호주, 독일, 미국, 캐나다 등의 교육과정에서는 증거, 계속성과 변화, 중요성, 원인과 결과, 관점 등을 알고 적용해야 할 학습 내용으로 혹은 개발해야 할 역사적 사고 기술로 공통적으로 제시하고 있다.[18] 이러한 메타역사적 개념은 학생들이 역사를 탐구하고 내러티브를 서술할 때 활용하도록 교육과정상에 학습 내용으로 제시하거나, 혹은 교수학습 및 평가 방안을 진술할 때 활용할 수 있다.[19]

---

18 영국에서는 변화, 원인, 유사성과 다른 점, 중요성 등의 구성 개념(강선주, 2018a: 34); 호주에서는 역사 이해를 촉진하는 7가지 개념으로 증거, 연속성과 변화, 원인과 결과, 중요성, 관점, 감정이입(방지원, 2018: 88~89); 미국의 C3 틀에서는 역사적 사고의 범주로서, 변화, 연속성, 맥락, 관점, 역사적 사료와 증거, 인과관계와 주장(이미미, 2018: 100~101); 캐나다에서는 역사적 사고로서 역사적 중요성, 증거, 연속성과 변화, 원인과 결과, 역사적 관점 갖기, 역사의 윤리적 차원 등을 제시했다(박진동, 2018: 254).

내용을 선정하고 구성할 때 고려해야 할 또 다른 점은 학생이 역사를 과거 사건들의 파편으로 이해하거나 탐구하지 않게 하는 것이다. 국내외의 여러 경험적 연구는 학생이 역사를 파편으로 이해한다고 분석했다. 이해중심 교육과정에서 말하는 빅아이디어나 기본 개념을 김경자(2014)가 설명하는 방식 그대로 적용하여 역사의 내용을 선정하고 구성할 수는 없다. 다만 김경자가 말한 전문가와 학생에게서 보이는 사고 방법의 차이는 역사교육계에서도 고민해야 하는 문제이다.

전문가는 문제를 이해하려고 하며 이때 빅아이디어나 핵심 개념의 관점에서 사고한다. 반면 초보자의 지식은 빅아이디어를 중심으로 조직되어 있지 않다. 따라서 초보자는 문제에 접근할 때 정확한 공식을 찾거나 자신의 일상적인 직관에 따라 답을 찾는다(김경자, 2014: 22).

역사가는 개별 사건을 연구할 때, 자료들을 수집하거나 읽을 때 사건들 속에서 반복적으로 관찰되는 역사적 패턴 혹은 큰 그림을 염두에 둔다(강선주, 2017: viii). 예를 들면 '조선 후기'의 사건들을 살피거나, 사료들을 읽을 때 조선 후기 정치·경제·사회·문화의 변화라는 큰 그림 속에서 읽는다. 조선 후기에 나온 산수화들을 여러 첩 비교 검토하면서 이 시기 그림들과 그림을

---

19 호주의 경우에는 '역사 지식과 이해'와 '역사 탐구와 기술'의 두 가지 축에 기초하여 가르칠 내용을 제시하고, 그 두 가지 축을 통합하여 학생들이 탐구할 질문을 제시한다. '제1차 세계대전은 왜 중요한가'와 같은 질문이 그 예이다. '중요성'이라는 내러티브 구성 개념을 제1차 세계대전이라는 주제와 통합하여 학습 과제를 제시한 것이다. 학습 내용으로 해외 여러 나라처럼 '학습 주제', '내러티브 구성 개념 및 역사적 사고 기술(역량)', '사료(문서) 읽기 기술'을 제시하고, 교사가 그것들을 잘 연결하여 학습 과제를 개발하고 수업에 적용하게 하는 방안도 고려해 볼 수 있다(방지원, 2018: 74).

그린 사람들의 인식에 일정하게 반복적으로 나타나는 '패턴'과 종래와 다른 '패턴'의 변화를 읽으려고 한다. 즉, 정선의 인왕제색도 하나만 보는 것이 아니라, 이 시기 여러 편의 그림들과의 관계 속에서 인왕제색도를 해석한다. 또 생활문화의 변화라는 큰 그림을 염두에 두면서 여러 자료를 읽고, 역사적 사례들에서 반복적으로 나타나는 패턴을 추출하여 조선시대 생활문화의 큰 그림을 그리고 그것의 변화를 설명한다. 또 '근대 이행'이라는 큰 문제의식에 기초하여 개별 사건들을 검토하면서 사건들 사이의 관련성이나 반복적으로 나타나는 경제적·사회문화적 전형성이나 그 전형성의 균열과 변화를 연구한다.

그러나 학생들이 역사적 사건을 탐구할 때 역사가처럼 큰 그림을 그리면서 문제의식을 갖기는 어렵다. 영국에서 이루어진 "활용할 만한 역사적 과거 프로젝트(The Usable Historical Pasts: UHP project)"에서도 "학생들이 과거를 산발적이고 우연적인 에피소드들 이상으로 생각하지 못하는데"(Foster, 2008), 역사교육도 학생들이 변화의 패턴을 일반화할 수 있을 정도로 과거의 그림을 크게 그리는 데 도움이 되지 못했다고 비판했다. 연구자들은 역사를 에피소드로 가르치는 역사교육이 학생이 오늘날의 세계를 이해하는 데 역사가 도움이 되지 못한다고 생각하는 요인 중 하나였다고 지적했다(Kitson and Husbands, 2011: 112). 역사가 단순히 파편적이고 박제화된 지식으로 남지 않고 학생들이 현재와 미래를 보는 시각으로 살아나기 위해서는, 과거를 큰 그림으로 그리면서 사건들 사이의 관계를 탐구할 수 있게 해야 한다.

2018 중학교 역사 시안 개발진은 '내용 구성 개념'에 기초하여 내용을 선정하고 구성했다(신항수 외, 2018: 49). 2018 고시안의 경우 세계사에서는 '정치(정치권력), 생활문화, 전쟁과 교류'를 중심으로, 한국사에서는 '정치적 특성'과 '생활문화'를 중심으로 그 변화를 통시적으로 살펴볼 수 있게 사건을

선정했다(신항수 외, 2018: 49, 53). 2018 시안의 세계사에서 그러한 내용 구성을 통해 학생들이 성취하기를 기대했던 목표는 다음과 같았다.

- 정치(정치권력): 정치권력 관계의 변화 과정을 통해 오늘날 국민국가 체제로의 전개 과정을 이해한다(주요 주제: 교권, 왕권, 국권, 민권 관계의 변화).
- 생활문화: 오늘날 세계 다양한 지역이나 민족들의 생활문화의 발달을 역사적으로 이해한다. 특히 다양한 거대 종교와 일상생활과의 관계 혹은 거대한 생활문화를 이해한다.
- 전쟁과 교류: 14세기 이후 세계의 지역 질서, 19세기 오늘날 근대국가를 단위로 하는 세계 질서, 그리고 이후 세계화 추세로 큰 그림을 그릴 수 있게 한다(신항수 외, 2018: 49~50, 65).[20]

여기에는 연대기적 접근법과 주제중심 접근법을 함께 사용했다. 물론 종래 초등학교와 중학교의 교육과정에서도 왕조 교체, 생활, 대외 항쟁, 문화재 등을 중심 주제로 내용을 선정하고 구성했다. 그러나 종래 왕조 교체, 대외 항쟁 등의 주제는 역사적 변화와 계속의 큰 그림으로 그릴 수 있게 하지는 못했다. 2018 시안의 경우에는 '정치권력'의 변화를 종적(縱的)으로, 그리고 생활문화와 종교와 연결해서 횡적(橫的)으로 큰 그림으로 그릴 수 있게 하려고 했다. 또한 비슷한 시기 여러 지역의 정치권력의 성격이나 생활문화 및 종교의 관계를 비교하게 하려고 했다. 시안에 명시되지는 않았지만 '병렬 기술비교법'과 '간문화적인 사회문화 과정 비교법'도(강선주, 2015a) 녹아 있

---

20 「[발표 2] 중학교 역사 교육과정 개정 시안 개발의 방향」, 『중학교 역사·고등학교 한국사 교육과정 시안 개발 세미나 자료집』(2017.10.24), 48쪽; 신항수 외, 「2015 개정 교육과정 총론에 따른 중학교 역사 교육과정 시안 개발 연구」, 49~50쪽에서 재인용.

어서, 교사가 의도한다면 세계사의 몇몇 지역과 한국을 학생이 그러한 주제를 중심으로 비교해 보게 할 수 있다.

과거를 사건의 파편들로 이해하지 않고 통합적으로 이해하여 역사적 지식을 현실의 삶에서 활용할 수 있게 하기 위해서는 다양한 시간적·지리적 범위에서 사건들 사이의 관련성을 큰 그림으로 그릴 수 있게 하는 것이 중요하다(Howson, 2007; Bain, 2015). 이러한 점을 고려한다면 2018 중학교 역사 시안처럼 내용 구성 주제를 제시하고, 그 주제를 중심으로 변화와 계속의 큰 그림을 그리게 하면서 역사적 패턴을 비교해 보게 하는 방법, 혹은 총괄(colligation)을 활용하는 방법,[21] 이외에 여러 시간과 지역의 범위를 가로지르는 연결과 상호작용에 주목하는 방법을 적극 활용할 필요가 있다.

3) 디지털 원주민의 특성에 대한 이해

교육과정 수준에서 혹은 학교의 수업 수준에서 교수학습 방법을 개발할 때 학습자의 인지적 발달 수준이나 사회정서적 특징을 검토한다. 이 문제와 관련하여 역사교육계는 주로 학습자의 인지적 발달의 측면에 주목해 왔다. 피아제의 인지발달 이론을 비롯한 일반 인지 이론과 영역 고유 인지 이론의 측면에서의 역사교육에 대해 논했다. 물론 동일한 연령대의 모든 학생들이 그들의 사회문화적 배경과 상관없이, 동일한 인지적 및 정의적 발달 과정을 거쳐서 같은 수준에 있다고 가정할 수도 없고 동질적인 사회적 특징을 보인다고 주장할 수도 없다. 그러나 교육과정 수준에서는 그들이 공유하는 사회문화적 배경으로 인해 그들에게서 공통적으로 관찰할 수 있는 인지적 및 사

---

21 리는 큰 그림을 그리는 데 총괄 개념도 유용하다고 주장한다(Lee, 2017). 총괄 개념의 활용 방법은 최상훈이 1990년대에 제시하기도 했다.

회정서적 특징을 추출하고 그 특징을 교육과정을 개발하는 데 참조할 필요가 있다. 그러나 개별 수업 차원에서는 학습자 발달이론 일반론에 의지하여 모든 학생이 같은 학습 내용을 같은 방식으로 학습하고 학습 결과를 성취하도록 설계하는 것은 경계할 필요가 있다. 오히려 인지발달 이론이나 사회정서적 발달 이론에서 설명하는 학습자의 일반적 특징과 교실에서 교사들이 관찰할 수 있는 학습자의 개별적인 특징을 함께 검토하여 역사교육이 모든 학생에게 공통적으로 제공해야 할 것과 일반적으로 유의해야 할 점을 찾는 한편, 학생의 개별적인 성장과 발전을 도울 수 있는 방법을 모색해야 한다.

학습자의 공통적인 특징을 이해하기 위해 오늘날 초·중·고등학생이 디지털 원주민(digital natives)이라는 점에서 출발할 수 있다. 그들이 디지털 이주민(digital immigrants)과 다른 특징을 보인다고 말하고 있기 때문이다. 디지털 원주민과 디지털 이주민이라는 용어는 2000년대 초 마크 프렌스키(Mark Prensky)가 사용하기 시작했다. 그는 디지털 전환 이후 태어나고 성장한 세대들이 그 전 세대와는 현저하게 다른 특성을 보이고 있다는 인식에 기초하여 교육이 변화해야 한다고 주장했다(Prensky, 2001a; 2001b). 프렌스키에 따르면 디지털 원주민은 컴퓨터, 비디오 게임, 디지털 음악 플레이어, 비디오 카메라, 휴대전화를 비롯하여 다른 모든 현대의 디지털 기술을 이용한 장난감과 도구들로 둘러싸인 세상에서 태어나고 성장한 아이들이다. 프렌스키는 디지털 원주민은 디지털 기술, 디지털 언어, 문법 등의 측면에서 그 전 세대와 구분되는 능력과 특징을 갖고 있다고 주장했다. 디지털 이주민은 디지털 기술 이용의 측면에서 이주민들이 새로운 나라로 이주해 들어가면서 그곳의 언어를 배우는 전형적인 과정과 동일한 과정에 있다고 보았다(Prensky, 2001a: 3).

프렌스키는 대략 1980년 이후에 태어난 사람들, 즉 1980년대 개인용 컴퓨터의 대중화, 1990년대 휴대전화와 인터넷의 확산에 따른 디지털 혁명이 시작된 시점에 태어나고 성장한 세대를 디지털 원주민으로, 1980년대 이전에 태어나고 성장한 세대들을 디지털 이주민으로 분류했다(Prensky, 2001a). 그러나 인구학자들은 디지털 원주민 가운데서도 밀레니얼 세대와 Z세대는 다르다고 주장한다. 밀레니얼 세대는 1980년에서 1995년 사이에 태어난 세대이고 Z세대는 1995년부터 2010년 사이에 탄생한 세대이다. 현재 초·중·고등학생과 대학생은 Z세대로 분류된다. 밀레니얼 세대가 TV 세대라면 Z세대는 유튜브 세대로서 유튜브의 인플루언서(influencers)의 영향을 많이 받는다. 유튜브는 Z세대가 주도권을 장악하고 있다고 해도 과언이 아니다.

물론 디지털 원주민, Z세대 내에서도 개인이 자란 디지털 환경과 사회문화적 배경이 다르기 때문에 Z세대의 다양성을 무시할 수는 없다. 한국의 디지털 원주민이 전 세계의 디지털 원주민과 공유하는 문화도 있을 것이고 또, 다른 나라 디지털 원주민과 다른 독특한 문화를 만들었을 가능성도 있다. 또한 아무리 디지털 문화를 공유한다고 해도 개별적인 성향 차이를 무시할 수는 없다. 다만 역사교육 변화의 큰 그림을 그린다는 측면에서 디지털 원주민의 일반적 특성에 대한 국내외 연구를 비판적으로 분석하면서 참고할 필요는 있다.

돈 탭스콧(Don Tapscott)(2009)은 디지털 원주민을 '넷세대(net generation)'라고 부르며, 그들의 특성을 설명했다(Tapscott, 2009). 디지털 기기 사용 면을 제외하고 디지털 이주민과 비교되는 디지털 원주민만의 특성 몇 가지를 설명해 보면 다음과 같다(Tapscott, 2009). 첫째, 그들이 디지털 이주민보다 똑똑하고 빠르고 다양성에 대해 한층 관용적이며, 적극적인 행위자이고 참여자이다. 둘째, 그들은 선택의 자유를 원하고, 자신이 원하는 대로 주문 제작하는 방식을 좋아하고, 특히 스스로 만들기를 좋아한다. 셋째, 그들은 강의를 듣는 것보다는 대화하며 협력하는 것을 즐기며 일이든 공부든 재미있어야 한다고 생각한다. 넷째, 어떤 사안에 대해 사실 여부를 검증하려 하며,

특히 신문이나 방송 보도에 의문이 생기면 즉각 관련 사실을 조사하고 그 결과를 소셜 네트워크 서비스(social network service: SNS)를 통해 전파하면서 여론을 조성한다. 다섯째, 그들은 도덕적 가치를 중요하게 여긴다. 특히 정치인이나 기업 등에게 청렴과 개방성, 도덕성을 요구한다. 이러한 탭스콧의 디지털 원주민 설명은 밀레니얼 세대의 특징이다. 학자들은 밀레니얼 세대와 Z세대가 유사한 특징도 있지만 현격하게 다르다고 주장한다.

탭스콧은 디지털 원주민들은 자신이 선택의 중심이 되길 원하지만, 선택한 후에는 혼자보다는 여러 사람과 협력하고 소통하면서 문제를 해결하는 것을 즐긴다고 한다. 그런데 Z세대를 집중적으로 연구했던 코리 시밀러(Corey Seemiller)와 메건 그레이스(Meghan Grace)는 Z세대는 개별 학습에 익숙하고 그것을 편하게 여긴다고 했다. 동료나 교수와의 협력을 싫어하는 것이 아니라, 우선 스스로 개념, 문제, 프로젝트 등에 대해 혼자 힘으로 숙고한 후에 자신의 조건에 맞춰서 다른 사람들과 협력하는 것을 원한다는 것이다(Seemiller and Grace, 2017). 탭스콧은 디지털 원주민은 강의를 수동적으로 듣기보다는 적극적으로 대화하고 참여하면서 만들어가는 것을 좋아하고, 특정한 문제를 파고들어 탐구하는 것을 즐긴다고 했다. 그런데 2020년 코로나바이러스 팬데믹 상황에서 한국의 초·중·고 및 대학생들이 보인 온라인 수업 방식 선호 양상은 탭스콧이 설명한 디지털 원주민의 특성과 거리가 있다. 물론 비대면 온라인 수업 초기 국면과 후기 국면이 다를 수는 있지만, 대체적으로 학생들은 실시간 쌍방향 온라인 수업보다는 녹화된 동영상 수업을 선호했다는 조사 결과가 나왔다(이영주, 2020; 김지영 2021). 학생들이 동영상 녹화 수업을 선호하는 까닭은 자신이 이해할 수 있는 수준으로 배우는 속도를 조절하거나 반복해서 학습할 수 있으며, 시간을 여유 있게 쓸 수 있기 때문이다. 이러한 점을 학생들은 온라인 수업의 장점이라고 말했다(이영주, 2020). 경기도교육연구원의 조사에 의하면 중학교 교사에게 "현재 하는 온라인 수업으로 학생들이 성취기준에 도달할 수 있다고 생각하는지"를 물었는데, 중학교 교사 83.6%가 '자체 제작한 영상을 활용한 수업'에서 '그렇다'고 답했지만, '실시간 쌍방향 수업'에 대해서 '그렇다'고 답한 교사는 70.6%에 그쳤다. 이는 과제 부과형(76.7%), 외부 제작 영상 활용(75.1%)보다도 낮은 기대치였다(이영주, 2020). 대학에서도 비슷한 결과가 나타났다. 대학생들이 온라인 실시간 강의에 비해 동영상 녹화 강의를 선호한다는 결과가 나왔다(김지영, 2021). 실습이 많은 공대와 의대 학생들조차 녹화 강의를 선호한다고 했다(김지영, 2021). 이러한 현상은 디지털 원주민이 대화와 협력을 좋아한다는 탭스콧의 설명에 대해 의문을 갖게 한다. 시밀러와 그레이스의 Z세대에 대한 설명은 학생들의 동영상 녹화 수업 선호를 이해하는 데 도움이 된다. Z세대는 앞서 설명했듯이 유튜브 세대로서 모든 정보를 동영상으로 찾아 학습한다. 이들은 글보다는 동영상을 보고 그것을 그대로 따라 하는 경향이 있다(Seemiller and Grace, 2017). 예를 들면 요리를 할 때도 이전 세대가 글로 되어 있는 요리 방법을 읽고 따라 했다면 Z세대는 동영상을 보고 따라 한다. 또한 그들은 컴퓨터로 모든 것을 혼자 해결할 수 있는 환경에서 성장하고 교육받았기 때문에 컴퓨터로 혼자 할 수 있다면 굳이 다른 사람과 함께 할 필요를 느끼지 못한다. 다른 요인도 있겠지만 이러한 성향이 동영상 녹화 강의 선호도에 영향을 미친 것은 아닐까?

물론 실시간 상호작용을 선호하거나 또 대면 수업을 원하는 학생들도 있다. 최근 연구에 의하면 Z세대는 대면 세션(contact sessions)을 선호한다고 한다(Cliliers, 2017). 그러나 전통적인 강의 형태보다는 학습자 중심의 수업이나 시각적 자료를 활용한 수업을 원한다(Cliliers, 2017). 또한 수업에서 모듈의 일부로 다양한 기술을 사용하길 요구한다(Cliliers, 2017). 즉, 대면 강의를 해도 그 안에서 컴퓨터, 어플 등을 활용하여 혼자 작업할 수 있는 기회를 원하는 것이다. Z세대는 대면하여 직접적으로 질문하는 것보다는 온라인으로 하는 질문을 선호하며 강의는 재미있고 즐거워야 한다고 생각하고, 즉각적인 정보와 소통을 요구한다(Cliliers, 2017). 실제 Z세대들은 대면 대화보다는 SNS를 통해 온라인에서 대화할 때 활기를 띤다.

좀 더 흥미로운 주장은 Z세대의 두뇌가 다른 세대와 현저하게 다르다는 것이다. 이 연구에 의하면 Z세대의 뇌는 유전적 결과가 아니라 외부 환경과 뇌가 이에 반응하는 방식의 결과로 이전 세대의 뇌와 구조적으로 다르다(Rothman, 2016). "Z세대의 두뇌는 정교하고 복잡한 시각적 이미지에 연결되어 있으며, 결과적으로 시각적 능력을 담당하는 두뇌 부분이 훨씬 더 발달하여 시각적 형태의 학습이 더 효과적이다"(Rothman, 2016). 강의 및 토론과 같은 청각 학습은 매우 싫어하지만 상호작용형 게임(interactive game), 협력형 프로젝트(collaborative projects), 사전 조직(advance organizers) 및 도전(challenges)은 매우 좋아한다(Rothman, 2016). 일방적으로 듣는 강의도 싫어하지만 실시간 쌍방향적인 토론도 싫어한다는 것이다. 이러한 연구는 최근 한국의 비대면 온라인 국면에서 학생들이 실시간 토론 및 상호작용보다는 녹화 강의를 선호했던 까닭이나 그들이 카카오톡이나 이메일 혹은 기타 SNS를 통해 질문을 하는 까닭, SNS상에서 더 활발하게 자기 의견을 표현하고 토론에 참여하는 경향을 일부 설명한다.

비대면 온라인 교육 국면에서 실시간 쌍방향 수업에 대한 학생들의 선호도가 낮게 나타난 까닭은 실시간 수업이었음에도 그 내용이 녹화로 대체 가능한 지식 전달식이었기 때문은 아닐까? 그렇다면 그러한 내용을 굳이 실시간으로 들을 필요가 없기 때문이다.

디지털 원주민은 학습하는 방식도 다르다. 디지털 원주민은 교과서에 있는 단선적인 종이 기반 자료가 아니라 온라인으로 제공되는 하이퍼링크로 연결된 디지털 소스를 무작위로 찾아 들어가며 학습한다(Kelly, McCain and Jukes, 2009). 그들은 단순히 읽기, 쓰기, 산수를 통해서가 아니라 그들이 만든 온라인 카메라, 시뮬레이션, 게임, 위키, 블로그, 동영상 등의 소셜미디어의 도움으로 학습한다(Kivunja, 2014: 101). 흑백으로 된 문자 텍스트를 읽는 방식이 아니라 화려한 색채와 그래픽, 역동적인 움직임의 비디오와 스테레오 사운드 등이 제공하는 정보를 감각적으로 흡수한다. 교사들은 이러한 특징을 일찍부터 감지하여 수업에서 다양한 멀티미디어 자료를 활용하고 있다. Z세대는 자신의 생각을 글로, 특히 장문의 글로 표현하는 것을 어려워한다. 실제 기업에서 조사한 결과, MZ세대(밀레니얼 세대와 Z세대)가 국어능력이 부족하다는 보고도 있었다(김민수, 2020). 이들은 문자 텍스트보다는 동영상 메시지, 이모티콘으로 소통하는 것을 즐긴다.

Z세대들이 인터넷에서 많은 정보를 찾을 수 있다고 해도 정보의 산을 넘어 신뢰할 수 있는 전문적인 지식에 도달하고 그 지식을 활용하여 문제를 해결하는 방법을 스스로 터득하는 것은 쉽지 않다. 따라서 그들은 녹화된 동영상을 반복해서 듣기도 하고, 필요한 강의는 유튜브에서 찾아서 듣는 경향이 있다. 유튜브에 있는 많은 전문적 지식 강의가 디지털 원주민인 Z세대의 수요를 대변해 주고 있다. 사실 더 깊이 그리고 더 폭넓게 알고 있는 교사 주도의 설명식 수업을 '시대에 뒤떨어진 것'으로, 완전히 사라져야 할 것으로 치부할 수는 없다. 중요한 것은 무엇을 설명하는가이다. 학생들이 인터넷에서 쉽게 정보를 찾을 수 있다고 하더라도 찾기 위한 키워드의 폭이 한정되어 있으면 넓게 찾아보기는 어렵다. 예를 들면 병자호란의 '피로인'이나 6·25 전쟁 당시 거제도 포로수용소의 존재 여부에 대해 알고 인터넷에서 정보를 찾는 것과 그렇지 못한 상태에서 병자호란이나 6·25 전쟁을 키워드로 정보를 찾는 것은 획득할 수 있는 정보의 폭을 다르게 한다. 인터넷 백과사전에서 병자호란를 찾으면 전쟁의 배경, 과정, 영향 등 세분화된 항목으로 정보를 제공하고 있지만, 그 단어를 직접 입력하여 찾기 전까지는 피로인이라는 용어가 등장하지 않는다. 실제 대학의 세계사 강의에서 한 학생은

내게 제노사이드(genocide)라는 용어를 처음 들어봤다고 했다. 일상생활에서 접하기 어려운 전문용어이기 때문이다. 교사가 수업에서 이미 인터넷 백과사전에 나와 있는 개설적인 내용을 설명한다면 그러한 설명식 수업은 학생들을 몰입시키기 어렵다. 그러나 백과사전을 넘어서는 좀 더 전문적인 개념이나 지식, 사회적 삶에서 학생들이 접하는 현상을 분석할 수 있는 개념적 혹은 방법적 지식은 학생의 제한적 지식을 확장하고, 또 학생이 경험을 통해 알게 된 지식을 개념화하거나 비판적으로 분석하는 데 도움이 된다. 다만 교사가 지식을 전달하고 학생이 그것을 암기하는 방식이 아니라, 교사가 현상을 분석하고 지식을 창조할 수 있는 개념과 도구를 설명하고 학생이 그것을 활용하고 적용하는 방식으로의 전환은 필요하다. 이러한 전환을 위해 교육과정에서는 역사의 어떤 내용을 선정해서 어떻게 제시해야 할지, 또 교수학습 및 평가 방법에서 어떤 제안을 해야 할지 생각해 볼 필요가 있다.

탭스콧은 디지털 원주민이 의문이 생기면 즉각 조사하고 조사한 내용을 SNS를 통해 공유한다고 했다. 이러한 특징은 한국의 '네티즌 수사대'에게서도 볼 수 있다. 이들은 특정한 사건에 대해 의문이 생기면 깊이 파고들어 조사하고 조사한 내용을 알리면서 여론 형성에 앞장선다. 또한 자신이 흥미 있는 주제에 깊이 파고들어 조사하고 그것을 SNS를 통해 공유하는 '덕후'들의 증가도 디지털 원주민의 독특한 성격과 연결된다.

디지털 원주민은 '권위'를 내세운 '강요'에 반발하며 오히려 권력을 감시하고 부당한 권력을 비판한다. 이러한 특징 때문에 디지털 원주민은 공공의 장에서 다양한 형태로 자신을 표현하고 또 사회 문제 해결에 적극 참여한다. 하워드 라인골드(Howard Rheingold)는 스마트몹(Smart mobs)이라는 개념을 사용하여 새로운 세대의 사회 참여 방식을 설명했다(Rheingold, 2002). 스마트몹은 글자 그대로 해석하면 '똑똑한 군중'이지만 실제 스마트(smart) 기기를 활용하는 군중(mob)이라는 의미이다. 스마트몹은 디지털 정보통신기술을 바탕으로 필요할 때 네트워크를 통해 의견을 모으고 정치·경제·사회적으로 영향력을 행사하는 집단을 말한다. 이들은 종래 정치적 변화의 주체로서 상상했던, 내적인 통합성과 동질적 정체성을 유지했던 민중과는 다르다. 라인골드는 스마트몹이 개별적 정체성을 유지하고 차이를 인정하면서 서로 다른 목적을 가지고 움직이는 새로운 주체라는 점을 강조한다. 이들은 SNS를 통해 소통하면서 필요할 때 적극적인 행위 주체로서 사회 변화를 위한 역동성을 발휘한다. 필요할 때 모여 사회적인 행동을 하고 필요가 해소되면 흩어진다. 이들은 필리핀의 에스트라다 대통령을 몰아내기도 했지만 중국의 애국주의를 주창하면서 배타적 정체성 형성에 앞장서기도 한다. 경제적 행위에서도 불매운동 등을 통해 큰 영향력을 발휘한다. 스마트몹이 항상 '올바른 몹'으로서 사회 변화를 추구하는 것은 아니다. 때로는 광기 섞인 선동과 감정적 행동 양상을 보이기도 한다. 그러므로 이들이 사회 현상을 시공간적으로 큰 시야에 넣고 분석하면서 현명하게 사회적 문제 해결에 참여할 수 있는 와이즈 몹(wise mob)이 될 수 있게 역사적 통찰력을 키우는 방안을 궁리할 필요가 있다.

Z세대는 디지털 세상에서 주요 성장기를 보내지 못한 사람들과는 다른 정체성을 가지며 다른 방식으로 서로 관계를 맺는다. 그들은 영토에 기반하여 정체성 교육을 받았던 세대와 달리 영토 정체성과 탈영토 복합 정체성을 보인다. 1990년대 이후에는 국민국가의 울타리를 넘어서는 유동적인 정체성의 출현에 대한 논의도 활발하다(이동수, 2010; 이미림, 2017). 탭스콧은 디지털 원주민이 다양성에 한층 관용적이라고 했다. 한국의 Z세대는 다양성에 대해 어떤 태도를 보이는가에 대한 연구가 필요하다. 분명한 것은 한국에도 복수의 문화를 배경으로 성장하는 어린이와 청소년이 증가하고 있다는 것이다. 그러한 사회 변화 속에서 역사교육은 정체성 문제에 어떻게 다가갈 것인가? 종래와 같이 무조건적으로 민족 정체성을 강요하는 것은 그들

의 세계관과 괴리될 수 있다는 점에 유의해야 한다.

최근에는 학교에서 교사가 특정한 이념적 시각에서 역사를 강의하는 것에 대해 문제를 제기하거나 토론을 요청하는 중·고등학생이 증가하고 있다. 대학의 강의나 교사 연수에서도 학생과 교사는 특정한 이념적 시각의 역사를 주입하거나 자신과 다른 시각에서 역사를 보도록 강요하는 듯한 태도에 대해 적극적으로 불편함을 표현하고 비판한다. 특정한 시각이나 정체성을 갖도록 '강요'하면 오히려 그들은 그 역사교육을 불신하면서 반발한다. 이러한 점도 역사교육에서 고려해야 할 문제이다.

Z세대는 대단한 정보 검색력을 보유하고 있다. 김은영(2019)은 이들은 빛의 속도로 검색을 해내며, 장기간의 검색 경력으로 터득한 감별 검색어로 가짜 뉴스, 가짜 정보를 거르고 진짜를 찾아내는 검색 기술이 탁월하다고 주장했다. 그런데 이는 주로 소비자로서 자신이 구매하고자 하는 물건과 관련하여 물건을 본인의 돈으로 직접 구입한 사람이 올린 '진짜 평(내돈내산 평)'을 검색했던 경험으로 만들어진 것이다. 그러므로 소비자로서 그들을 "취향-경험을 탐닉하는 파워 신인류"라고 표현한다(동아비즈니스포럼, 2019). 그렇다면 학습에서 신뢰할 수 있는 정보는 어떻게 찾을까? Z세대는 정보를 찾기 위해 인터넷에 접속해서 특정한 텍스트나 동영상을 찾아 들어간다. 그런데 그들은 긴 텍스트나 동영상은 끝까지 읽거나 보지 않는 경향이 있다. 때로 그들이 처음 했던 질문이나 관심에서 벗어나 하이퍼링크를 타고 다른 곳으로 옮겨가 질문을 바꾸기도 한다. 그렇기 때문에 그들의 학습 여정은 애초의 주제나 질문과 거리가 먼 전혀 다른 주제의 텍스트, 게임, 영상, 블로그 등으로 귀착되기도 한다. 그러한 과정에서 그들은 필요한 정보들을 조각들로 수집한다. 그들은 그렇게 획득한 정보들을 서로 연결하여 문제를 해결하거나 새로운 것을 만드는 데 능하다. 그런데 그들이 정보의 신뢰성을 판단하는 기준은 정보를 제공하는 사람이나 기관 혹은 사이트에 대한 비판적

분석이 아니라 그들 자신의 경험이나 심정적 동의이다. 즉, 경험에 비추어 그 사이트나 그 사람의 말에 대한 신뢰성을 판단하는 것이다. 실제 Z세대는 정보를 평가할 수 있는 비판적 사고 능력이 부족하다는 평가를 받고 있다 (Rothman, 2016). 빠르게 변하는 시대에 경험은 오히려 그들을 함정에 빠뜨릴 수도 있다(호가스·소이야르, 2021). 그러므로 Z세대 교육은 이들이 자신의 경험이나 상식을 검토하고 그것을 넘어 비판적으로 사고할 수 있게 도와야 한다. 역사교육에서도 일상에서 접하는 역사 관련 정보의 신뢰성을 평가하고 활용하는 능력 함양의 문제에 좀 더 관심을 기울일 필요가 있다. 특히 학생들이 사회적 삶에서 역사적 쟁점을 학생들이 경험과 상식의 틀로 바라보고 판단하는 경향을 분석하면서 교육과정 차원에서의 처방을 내놓을 필요가 있다.

4) 학생의 선지식, 역사인식, 역사의식 등에 대한 경험적 연구 활용

한 역사교육 개설서에서 내용 선정의 기준의 하나로 "학습자의 측면: 학습자의 인지발달에 적합한 내용, 학습자의 능동적 학습활동을 유도할 수 있는 내용, 학습 동기와 흥미를 유발하는 내용"을 제시했다(이영효, 2015: 83). 이러한 관점에서 초등학교 인물사와 생활사 - 중학교 정치 사건사 - 고등학교 문화사라는 학습의 순서와 범위를 정했다. 그런데 이러한 학습 내용의 학교급별 조직의 원칙은 경험적 연구와 발달심리학 모두에서 타당성을 입증받지 못했다.

우선 '학습 동기와 흥미를 유발하는 내용'을 명확하게 확정하기 어렵다. 이해영(2013)은 설문조사 분석을 통해 학생이 많이 들어본 내용, 익숙한 내용에 흥미를 보이는 경향이 있다는 보고했다. 이 결과를 그대로 받아들인다면 2015 고시안처럼 초·중·고등학교에서 정치사를 반복하여 학습하게 하는 방식이 학생의 흥미를 유발할 수 있다. 그런데 이해영의 연구에서 학생들이 '익숙해서', '많이 들어서' 흥미가 있다고 말한 주제나 사건의 공통점은 강선주(2011a)의 연구에서 학생들이 '기억에 남는다'고 한 역사적 사건의 특징, 즉 구체적인 인물이 등장하는 갈등 구조로 이루어져 있는 이야기와 다르지 않다. 즉, 주제가 '익숙해서'가 아니라 이야기 구조 때문에 흥미가 있다고 여길 수 있다. 또한 이해영의 조사에서 '몰랐던 내용'이어서 흥미가 없었다는 주제는 과거제와 같은 정치제도사였다. 그러나 앞서 거론한 강선주의 (2011a) 연구에서는 '몰랐던 내용'이어서 흥미를 느꼈거나 기억에 남는다고 한 학생도 있었다. 그러므로 '학생의 흥미를 끌 수 있는 내용'이라는 기준은 모호하며 때로는 의미 있는 역사교육을 추구하는 데 방해가 될 수도 있다. 이해영(2013)과 강선주(2011a)의 연구는 초등학생이나 고등학생이나 모두 '전쟁'에 흥미를 느낀다는 점을 알려준다. 그렇다면 학생들의 흥미를 유발하기 위해 초·중·고등학생 모두 구체적인 인물들의 갈등 구조가 있는 내러티브로 전쟁만 가르쳐야 하는가? 그러한 주제를 같은 방식으로 구성하여 반복적으로 가르치는 것은 학생의 역사 학습 경험을 매우 편협하게 할 수 있으며, 이는 의미 있는 역사교육으로 연결될 수 없다.

학생의 '흥미'나 '관심'을 학생의 삶이나 정체성과의 관련성에서 찾고, 그러한 내용을 선정해야 한다는 주장도 있다. 키스 바튼(Kieth Barton)이 대표적이다(Barton, 2009). 그가 말하는 정체성은 인종·민족·젠더 등의 사회적 구성물과 관련된다. 국내에서도 학생들이 역사를 자신의 정체성과 연결한다는 점은 확인했다(강선주, 2011a). 그러나 정체성은 가변적이고 유동적이라는 점을 고려해야 한다. 역사교육은 학생이 이미 가지고 있는 특정한 정체성에 호소하기보다는 오히려 그 정체성을 성찰할 수 있게 해야 한다. 역사교육과 학생의 삶과의 관련성 문제는 학생에게 역사과에서 학습한 역사적 지식을 일상생활에서 활용할 기회를 적극 제공하는 방법으로 해결해야 한다. 예를 들면 역사에서 학습한 실질적 지식이나 방법적 지식을 활용하여 영화나 드라마 등을 분석하거나 개발해 볼 기회를 제공하는 것과 같은 방법이다. 이러한 방법은 역량 함양 교육과도 연결된다. 2022 개정 교육과정에서 고등학교의 역사과 진로과목을 그러한 기회를 주는 방향에서 개발할 수 있다. 앞에서도 이미 논했고, 9장에서도 좀 더 자세하게 논하겠지만, 역사교육을 학생의 삶에 유의미하게 연결시키는 또 다른 방법은 학생이 살아갈 사회의 변화를 주시하면서 그러한 변화와 사회적 쟁점을 내용 선정에서 고려하는 것이다. 이는 학생의 '흥미'라는 용어로 설명할 수 없는 것이다. 학생의 학습동기를 유발하는 차원의 '흥미'는 교수학습 방법의 차원에서 고민해야 한다.

역사교육 개설서들은 '학습 내용'을 역사적 사건이나 토픽, 주제, 개념, 일반화 등의 명제적 지식만이 아니라 역사를 탐구하는 방법적 지식도 포함하여 정의했다. 역사를 탐구하는 방법적 지식을 선정하는 데는 '흥미'라는 원칙을 적용할 수는 없다. 영국에서는 가르쳐야 할 방법적 지식을 선정하기 위해 인지발달 이론에 주목했다(Cooper, 2015). 인지발달 단계에 따라 방법적 지식을 결정하고자 한 것이다. 이를 위해 영국에서는 경험적 연구를 진행하여 학생의 역사적 사고력 발달의 보편적 패턴이나 단계를 추출하려고도 했다. 그러나 오랜 연구 끝에 영국 연구자들은 학생의 역사 이해나 역사적 사고가 하나의 표준화된 방식으로 단계적으로 향상된다고 주장할 수 없으며, 그러므로 학습해야 할 방법적 지식을 학생의 연령이나 학교급에 따라 단계적으로 제시할 수 없다는 결론에 이르렀다(강선주, 2018a: 35). 국내외의 경험적 연구도 같은 연령대의 학생에게서 서로 다른 수준과 깊이의 역사적 사고 양상을 확인할 수 있다는 결과를 발표했으며, 학생이 특정한 단계를 차례로 거쳐 사고 기술이 발달한다고 주장할 수 없다고 했다(강선주, 2015c; 2017). 이에 따라 영국이나 독일 등 몇몇 나라들은 역사적 사고의 논리적 확장을 추구하는 관점에서 가르쳐야 할 인식론적·방법적 지식의 범위를 제시하고 있다.

요컨대 "학습자의 인지발달에 적합한 내용, 학습자의 능동적 학습활동을 유도할 수 있는 내용, 학습 동기와 흥미를 유발하는 내용"이라는 기준은 교육과정보다는 교실 수업 단위에서 학습 과제와 수업을 구성할 때 고려해야 할 원칙이다. 즉, '학습자가 능동적으로 학습활동에 참여할 수 있고, 학습 동기와 흥미를 유발할 수 있는 교수학습 과제 구성'이라는 원칙은 지역별·학교별로 학생의 특성을 고려하면서 적용해야 하는 것들이다.

그렇다면 역사 교육과정은 학습자를 어떻게 고려해야 하는가? 앞서 살펴보았듯이 학습자인 Z세대의 사회문화적 특징을 전반적으로 이해하면서 동시에 학생의 역사 학습과 관련된 경험적 연구 결과를 참조할 수 있다. 학생의 역사 학습에 대한 경험적 연구를 통해 우리가 알 수 있는 것은 그들이 사회문화 및 역사 문화와 상호작용하면서 '학습'한 것이다. 최근에 국내외에서 학생의 역사 문서 읽기 양상, 역사 이해 양상, 역사인식, 역사의식, 학생의 선지식, 오개념, 특정 사건이나 주제에 대한 상식 등에 대한 경험적 연구가 축적되었다. 한국의 연구에 따르면 많은 학생들은 역사를 이야기로 이해하며, 역사적 사실을 연구의 결과라기보다는 실제 있었던 일 그대로 서술한 것이라고 인식했다(강선주, 2011b; 이해영, 2014). 때로 학생들의 역사 선지식은 역사를 다양한 각도에서 해석하지 못하게 방해하며 과거의 문서를 비판적으로 읽지 못하게 하는 경향도 있다(강선주, 2017). 1970년대 이후 역사 교육과정과 교과서가 여러 차례 변했음에도, 학생이 1970년대식 한국사 담론으로 한국사를 설명한다는 보고도 있었다(강화정, 2014; 이해영, 2014). 이러한 연구 결과는 역사 교육과정의 틀을 개선하고, 학습 내용을 선정하고 학습 과제를 구성하는 데 기초 자료로 참고할 수 있다. 이뿐만 아니라 교육과정에서 교수학습과 평가상의 유의점을 제시할 때도 활용할 수 있다. 역사 교육과정을 개발할 때 역사 교수학습 및 평가의 개선을 추구하면서 역사교육계의 이론과 함께 경험적 연구 결과를 비판적으로 분석하여 활용하는 것이다. 학생들의 선지식이나 역사인식 양상 등을 고려하여 프랑스의 경우는 '신화와 역사 구분하기' 등의 내용 요소를 국가 교육과정에 넣었다. 영국의 경우에는 학생이 연대기적 사고를 잘 못하는 점이나 학생이 역사를 큰 그림으로 이해하지 못하고 현재와 과거를 연결하면서 사회를 보지 못하는 점 등을 개선할 수 있게 연대기적 틀을 강화하면서 역사 교육과정을 개정했다.

물론 학생의 역사인식, 역사의식, 선지식에 대한 연구가 양적으로도 부족하며 방법상의 타당성과 신뢰성을 갖춘 연구도 많지 않다. 그럼에도 지금까지 이루어진 경험적 연구를 이론적 연구나 교사들의 경험과 비교하면서 비판적으로 검토하여 역사교육의 개선을 꾀하는 데 활용해야 한다. 학생이 역사를 증거에 기초한 해석이라고 알고 있다고 해도 반드시 그러한 지식을 적용하면서 역사를 읽고 역사적 문제를 해결할 수 있는 것은 아니다. 또 학생이 과거가 오늘날과 다름을 안다고 해서 그러한 관념을 적용하여 일상생활에서 부딪히는 문제를 해결할 수 있다고 단정할 수는 없다. 그러므로 학생의 역사 자료 분석 양상, 역사의 맥락적 사고와 인과적 사고 양상, 혁명이나 양반 등과 같은 역사의 1차 개념, 변화와 계속, 원인과 결과, 시각 등과 같은 메타역사 개념 등에 대한 이해 및 적용 양상, 그리고 현재 문제를 해결할 때 역사 지식을 활용하는 양상 등에 대해 연구하고, 이를 역사 교육과정을 개발하고 역사교육을 개선하는 데 활용해야 한다.

5) 교사의 역사 교수학습 관행 연구 분석 활용

교육과정이 교육의 획일성과 수업의 규정성으로 작용하는 것은 경계해야 한다. 그런데 최근 교사들이 발표한 초·중·고등학교 수업 사례들 가운데 '다양성'과 '자율성'을 명분으로 변화에 적응하지 못하거나 혹은 변화 자체를 거부하는 사례들이 보인다. 교사의 자율성은 교사가 스스로 교사의 보수성을 관리하고 사회와 학계의 변화를 관찰하면서 개선의 노력을 기울일 때 의미가 있다. 교사의 성찰 없는 자율성은 사회와 역사학계의 변화를 고려하여 개선을 추구하고자 하는 역사교육계의 시도들을 좌절시키기도 한다(강선주, 2018b). 그런데 보고된 몇몇 사례는 교육과정의 개정이 자율적이든 타율적이든, 어떤 경우에는 형식적으로라도 수업의 변화를 촉구한다는 사실을 알려준다(김말선·남교민·김대현, 2016; 김민수, 2015). 다만 교육과정이 주로 교수학습 및 평가 방법의 변화에는 영향을 주지만 교수학습 내용에는 크게 영향을 미치지 못하고 있다. 이는 교사들이 교육과정보다는 교과서나 자신의 경험에 기초하여 수업 내용을 선정하고 구성하기 때문이다. 교사들은 자신들이 다 알고 있기 때문에 굳이 교육과정을 볼 필요가 없다고 생각하면서 '이미 알고 있는 내용'을 관성적으로 가르친다(김말선, 2019). 교수학습 평가의 경우는 교사들이 행정적 측면에서 형식적으로라도 반영해야 하는 구조에 있기 때문에 교육과정이 교수학습 관행의 변화를 일정 부분 자극하는 역할을 한다. 그러나 교수학습 문화의 근본적인 변화를 추동하지는 못한다. 역사 교육과정상의 교수학습 및 평가 방법과 유의 사항을 형식적으로 서술한 것도 교육과정이 역사교육의 변화에 영향을 미치지 못하는 원인 중 하나라고 할 수 있다.

2015 고시안 이전에는 '교수학습 방법 및 유의점', '평가 방법 및 유의점'을 통틀어서 제시했다. 그리고 '학습자 중심 활동으로 수업을 해라', '토론식이나 사료 학습을 해라', '학생들의 역사적 사고력 함양을 위해 노력해라' 등 역사교육 개설서나 역사 교사라면 누구나 알 수 있는 일반적인 교수학습 원칙과 평가 이론 및 유의 사항을 매우 형식적이고 피상적으로 서술해서 역사교육 개선에 도움이 되지 못했다. 그런데 2015 개정 교육과정에서 문서 체제를 수정하여 역사도 대주제별로 교수학습 방법 및 유의점, 평가 방법 및

유의점을 진술했다. 현장에서 교육과정의 활용도를 높여 교수학습의 실질적인 변화를 추구하려 한 것이다. 형식은 바뀌었지만, 2015 고시안에서나 2018 고시안에서도 그 진술 내용은 별반 다르지 않았다.

역사 교육과정이 역사교육의 '개선'에 기여하기 위해서는 최근에 개발되었거나 논의한 교수학습 방법 이론들을 적극 활용해야 한다. 그리고 수업에서 주제별로 자주 관찰되는 문제들, 교사들 스스로가 개선하고자 하는데 잘 개선하지 못하는 문제들, 그와 관련된 경험적 연구를 분석하여 교육과정의 교수학습 및 평가에 대해 진술할 때 활용할 필요가 있다. 현장의 사례를 검토한 경험적 연구를 분석하여 역사 교수학습과 평가를 개선하지 못하게 하는 요인들과 개선을 추동했던 요인들을 찾고 교육과정의 교수학습 및 평가 진술에 반영하는 것이 교육과정을 통해 역사 수업을 개선하는 방법이다. 물론 이렇게 개발된 역사 교육과정을 교사들이 직접 활용할 수 있게 하는 방안을 찾는 것도 중요하다.

4. 맺음말

역사 교육과정의 개정 여부를 결정하고 개정의 방향을 설정하기 위해서는 사회 변화를 분석하고 국가 교육정책 기조를 검토하며, 기존 교육과정의 적용 실태도 신뢰할 수 있는 방법으로 조사하여 문제를 확인해야 한다. 또한 학습자의 특성이나 발달 정도, 선지식, 또 현재 역사 수업의 관행이나 문제 등을 분석하여 개선 방향을 설정할 필요도 있다. 교육과정 개정이 결정되면 역사과에서는 총론이 제시하는 개정 방향과 교육과정 이론을 검토하면서 역사과의 개정 방향 설정을 위해 숙의하는 과정이 필요하다. 그 숙의 과정에서 총론에서 제시하는 교육과정 이론이나 학습 이론을 역사과에 그대로 혹은 변환하여 적용해야 할지, 아니면 새로운 이론을 대안으로 제시할 것인지에 대해서도 논의해야 한다. 역사교육계에 축적된 이론적 연구와 경험적 연구를 검토하는 과정도 필요하다. 기초연구 과정에서는 이러한 숙의와 연구 절차를 철저히 밟을 필요가 있다. 그런데 이러한 절차는 사실 교육부가 구조적으로 마련해야 한다. 실제 교육과정 개정 과정에 들어서면 항상 시간 부족 문제를 지적하게 된다. 또한 연구진은 총론과 소통을 요구하지만, 실제 교육부는 구조적으로 그러한 소통 구조를 제공하지 않는다. 그러므로 이러한 구조적 문제를 해결하는 것이 급선무이다.

2009 개정안은 교육과정 개정의 경험이 전혀 없는 국사편찬위원회가 개발 주체가 되면서 논란이 컸다. '정치권력이 역사과 교육과정을 구체적으로 관장하겠다는 의도가 있는 것은 아닌가'라고 의심하는 것이 당연했다(양정현, 2011: 11). 2015 개정 교육과정에 대한 토론 과정에서는 "시안 개발진의 편파성, 교육과정심의회 위원 구성의 편파성"에 대한 지적이 나왔으며 역사교육 연구자가 포함되지 않았던 점도 비판했다(김육훈, 2015: 277). 2011년에 2009 역사 교육과정 개정에 참여한 역사학자 가운데 역사 교육과정이 무엇인지에 대한 개념조차 없었다고 고백한 사람도 있었다. 교육과정 개정 때마다 개발진의 정치적 편향성과 전문성이 문제가 된다. 2018 시안 개발에서는 학회의 추천이라는 형식으로 대표성을 확보하면서 문제를 해결하고자 했다. 그렇다고 역사 관련 학회에서 추천한 모든 사람을 연구 개발진으로 포함할 수는 없으므로, 대표성과 함께 전문성이라는 원칙에 의해 교육과정 연구진을 구성해야 한다. 교육과정 시안 개발진과 심의진의 '전문성' 확보를 위해서는 '전문성'을 확인할 수 있는 최소한의 자격 기준에 대해 연구하고 마련할 필요가 있다.

종래 역사 교육과정 개발진에는 세계사와 한국사 모두 시기별로 역사 연구자를 넣고, 역사교육 연구자 1인을 넣거나 배제하고, 역사 교사 대표 1~2인을 포함시켰다. 이러한 개발진 구성은 역사 교육과정을 '역사의 실질적 지식'을 선정하는 데 중심을 두어 개발했기 때문이다. 그런데 전술했듯이 제7차 교육과정 이후 교육과정 이론에 변화가 있다. 이러한 변화에 대처할 수 있게 개발진이 구성되었는가, 총론과 소통하면서 총론이 제시한 방향과 이론을 역사교육의 시각에서 검토할 있게 개발진이 구성되었는가도 검토해 볼 필요가 있다. 교육과정 개발 과정을 보면, 먼저 가르쳐야 할 실질적인 내용을 선정하고 성취기준을 개발한다. 이 과정에 대부분의 시간을 들인다. 그다음 교육과정 문서에 진술해야 할 성격, 목표, 교수학습, 평가 등 나머지는 논의 과정도 거치지 못하고 형식적으로 진술하는 관행이 계속되면서 교육과정의 교수학습 및 평가 진술이 무용지물이 되고 있다. 이러한 관행을 개선할 필요가 있다. 이를 위해서는 개발진에 역사교육 전문가들이 반드시 포함되어야 하며, 개발진 전체가 역사 교육과정이 무엇이고 어떤 역할을 해야 하며, 현장에서 활용하게 하려면 어떤 방식으로 구성·진술해야 하는가를 정확하게 이해할 수 있게 오리엔테이션 단계를 설정할 필요도 있다. 역사 교육과정 개발진의 전문성 확보는 교육과정을 통해 역사교육을 개선하고 역사교육의 질적 수준을 향상시킬 수 있는 가장 기본적인 방법이다.

2장

이주와 네트워크 시대 초등 사회과 역사

1. 머리말

오늘날의 세계는 종래와 다른 새로운 시간과 공간을 경험하고 있다. 전지구화는 경제, 정치, 문화, 과학 및 기술 분야를 초월하는 다차원적이고 복잡한 과정이다. 지역, 국가, 세계 등의 범주는 문제를 해결하는 공간적 스케일로서는 물론, 정체성을 규정하는 단위로서도 그 의미가 줄어들고 있다. 어떤 문제도 지역, 국가 등의 범위에 한정해서 분석할 수도, 또 해결할 수도 없다. 현상과 문제가 발생하고 해결되는 메커니즘 자체가 전례 없이 복잡하며 상호 다층적이기 때문에 문제의 핵심에 다가가기 위해서는 새로운 공간을 상상해야 한다. 오늘날의 사람들은 지역, 국가 등과 같이 종래 본질적이라고 믿었던 체제가 구성적이라는 점을 깨닫고 있으며, 그 체제에 기초한 정체성도 점점 희미해지고 있다.

마누엘 카스텔(Castells, 2010)의 네트워크 사회 이론은 새로운 정체성 탄생을 전제로 한다(Kang, 2019: 7). '흐르는 공간(space of flows)', '네트워크 흐름(network flows)'과 같은 현상은 국가, 민족, 문화를 기반으로 하는 정체성 외에도 다양한 종류의 집단 정체성, 특히 탈영토 정체성 생성의 가능성을 예견한다(Kang, 2019: 7). '지구적 유목민(global nomads)'이나 '제3 문화 아이(third culture kid)'는 오늘날 탈국가적 연대 및 공동체 형성이라는 현상을 설명하는 유용한 개념적 도구가 되고 있다(Kang, 2019: 7). 그러나 한국 사회에서 아직 지구적 유목민이나 제3 문화 아이 이론이 사회를 분석하거나 정책 결정에 영향을 미치는 담론으로서 역할을 하지는 못하고 있다. 이들의 존재를 알려주는 신호들은 있지만 이들은 국가적으로 통계화되지 않고 있고 교육정책에서도 가시화되고 있지 않다.

1장에서 설명했듯이 현재 초·중·고등학생은 Z세대에 속한다. Z세대라는 용어는 그들의 소비 행태와 특징을 중심으로 주로 경제 영역에서 사용하지만, 그들의 특징은 경제활동에서만 두드러지지 않는다. 이들은 어릴 때부터 디지털 환경에서 자란 '디지털 원주민(digital natives)' 세대라는 특징이 있다. 디지털 원주민, Z세대인 초등학생의 사회적 활동 범위는 고장, 지역, 국가에 국한되지 않고 문화와 언어의 장벽을 넘어 전 지구적이며, 그들은 사이버상의 공동체에서 소속감과 안정감을 느낀다. 그들은 SNS를 통해 자신을 표현하고 공감의 연대를 만든다. 이들에게 고장이나 지역은 더 이상 공동체적 유대와 소속감을 만드는 공간이 아니며, 그 개념은 박제화된 과거와 다르지 않다. 초등학생은 스마트폰으로 물리적 거리의 장벽을 넘는다. 이에 따라 학생의 심리적 거리감은 물리적 거리와 상관없이 그들의 관심이 결정한다.

지구화로 인해 지구적 이동성이 증가하고 이주가 일상화되고 있지만, 국민국가 체제의 종식을 선언하기에는 이르다. 가장 먼저 탈근대적 현상에 직면했던 유럽의 경우, 유럽연합이 정치적 통합을 통한 연방체제로의 전환을 모색하고 있지만, 그에 대한 반발도 크기 때문에 변화의 방향을 좀 더 지켜볼 필요가 있다. 그럼에도 전 지구화라는 시대적 상황 속에서 국민국가의 정치 및 사회 제도와 문화가 재구조화되고 있는 상황을 직시할 필요는 있다 (Johnson, 2012). 특히 전 지구화가 만드는 공간의 개념화와 재개념화, 이에 따른 새로운 공동체와 정체성의 형성, 문화 과정의 복합성은 필수적으로 고려해야 할 사항이다.

한국 교육계는 21세기에 접어들면서 한국이 다원화 및 다문화 사회로 전환되고 있다는 점을 인식하면서 민족주의 교육이 시대 역행적이라는 점을 비판하고, 변화하는 세계의 모습을 반영하여 교육을 재편해야 한다고 주장해 왔다. 이러한 맥락에서 사회과는 다문화, 인권, 양성평등 등을 중요한 내용 요소로 앞서 채택했다. 그러나 사회과, 특히 초등 사회는 여전히 세계 변화, 한국 학생의 경험이나 정체성과 심하게 괴리된다는 비판을 받고 있다(박철희, 2007; 최대희, 2018).

초등 사회과는 역사, 지리, 일반사회의 '통합'이라는 원칙으로 세 영역의 주제들을 환경확대법의 원리에 따라 분산 배치하고 있다. 환경확대법을 엄격하게 적용하여 3~4학년에서는 고장과 지역을, 5~6학년에서는 국가와 세계라는 지리적 스케일에서 역사, 지리, 일반사회의 주제를 분산 배치한 것이다. 이러한 조직 원칙들이 초등 사회를 학생의 삶과 분리하는 데 일조하고 있다. 또한 역사 영역의 내용은 21세기를 살아가는 학생들에게 20세기 초의 렌즈로 과거와 현재를 보게 하면서 미래를 위한 역사교육에 걸림돌이 되고 있다. 이 장에서는 2015 개정 초등 사회과의 3, 4, 5학년 역사 영역을 중심으로 사회과 교육과정 조직 원칙인 세 영역의 분산 배치, 환경확대법, 통합적 접근, 그리고 역사관의 문제를 분석한다.

2. 환경확대법과 역사의 분산 혹은 집중 배치, 역사 융합

1) 분산 배치? 혹은 집중 배치?, 학교가 자율적으로 적용 가능한 교육과정 구조의 필요

21세기에 들어와 이루어진 사회과 교육과정 개정에서는 초등 교사 설문 분석과 전문가 협의회의 의견이 초등 사회과의 조직 원칙을 결정하는 데 중요한 근거 자료로 활용되었다. 예를 들면 2007 개정 교육과정과 그 이후의 교육과정 개정에서 영역 집중 배치 혹은 분산 배치의 필요성 혹은 타당성을 주로 교사 설문조사 결과에 기초하여 논의하고 정당화했다. 2007 개정 교육과정에서 역사를 3, 4학년에서 줄이고 5학년에 집중 배치했을 때도, 또 2015 개정 교육과정에서 역사를 3, 4, 5, 6학년에 다시 분산 배치했을 때도, 모두 초등 교사의 의견으로 정당화했다. 제7차 교육과정을 적용했던 시기에 교사들은 고조선부터 현대사에 이르는 긴 역사의 많은 학습 내용을 6학년 1학기의 짧은 시간 안에 가르쳐야 한다는 부담감을 호소했고, 2007 개정에서는 이 문제를 해소하기 위해 역사를 5학년에서 1년 동안 집중적으로 가르치게 했다(김광운 외, 2011: 5; 김정호 외, 2005: 187).

2015 개정을 앞두고 이루어진 초등 교사 간담회에서 일부 교사들이 제7차 교육과정 시기에는 3, 4학년에서 역사를 좀 가르쳤기 때문에 학생들이 약간의 선지식이 있어서 6학년에서 가르치기 수월했으나, 2007, 2009 개정 교육과정에서는 학생이 5학년에서 역사를 처음 학습하기 때문에 가르치기 어려워졌다고 호소했다(최상훈 외, 2014: 29). 그런데 2014년에 교육부 용역으로 진행한 「문·이과 통합형 사회과 교육과정 재구조화 연구」(이후 「재구조화 연구」로 칭함)에서 역사 내용 지도 방안과 관련하여 진행한 설문조사에서는 "현재 교과서(2009 개정)처럼 연대기순의 통사"로 가르치는 것을 59.3%의 초등 교사가 선호했고, "인물, 유적, 생활 등을 중심으로 한 주제사"를 40.7%의 초등 교사가 선호했다(구정화 외, 2014). 같은 시기에 진행한 설문조사와 간담회에서 서로 다른 의견이 나온 것이다.

「재구조화 연구」에서는 20% 가까이 많은 교사들이 역사를 통사의 구조에서 한 학년에 집중 배치해서 가르치는 것을 주제사로 분산 배치해서 가르치는 것보다 선호했다. 그러나 2015 개정 초등 사회과 교육과정은 결국 역사를 3, 4, 5, 6학년에 인물과 문화유산, 인권, 독도 등의 주제사로 분산 배치했다. 왜 설문조사를 본격적으로 반영하지 않았는지에 대한 명확한 설명은 없다. 일반사회 영역 연구자들의 2007 개정 초등 사회과에 대한 정치적 공격이 역사의 분산 배치로 귀결되었을 가능성을 배제할 수 없다. 2007 개정 초등 사회과 교육과정에서 5학년에 역사 영역을 집중 배치한 것에 대해 강대현(2017)과 김정인(2017)은 종래 초등 사회과 교육과정의 위계화 방식을 깬 것으로서 "정권과 언론의 협조를 얻은 역사 영역의 일방적인 독주였으며, 국가주의 역사교육의 일환이었다"라고 비판했다. 이러한 논의에서 알 수 있듯이 분산 배치, 집중 배치의 원칙은 주로 교사의 교수적 편의성이나 사회과 세 영역 간의 권력관계 속에서 논박되었을 뿐, 학문적 논리나 교육적 요구, 혹은 사회 변화의 측면에서 검토하지 않았다.

2022 개정 교육과정 개발을 위한 기초연구에서도 설문조사를 실시했다. 이 설문조사에서 2015 개정 초등 사회과와 같은 방식으로 환경확대법을 유지해야 한다는 주장을 펼친 교사들은 매우 적었다. 오히려 3, 4학년에서 역사 비중을 축소하고 5, 6학년에서 역사를 확대하여 집중적으로 가르쳐야 한다는 의견(127명, 24.7%)이나, 3, 4학년의 고장과 지역 구분을 없애고 지역 단위에서 역사를 학습하고 5, 6학년에서 국가사를 가르치거나(93명, 25.5%), 혹은 국가사와 다른 나라 역사를 부분적으로 다루어야 한다는 의견(96명, 26.3%)이 많았다(차조일 외, 2021). 2015 개정 교육과정의 「재구조화 연구」에서와 비슷하게 역사를 집중 배치할 필요가 있다는 의견이 있었던 것이다. 교사들은 5학년 2학기에만 역사 내용이 집중되어 있는데 주어진 시간이 너무 적어서 잘 가르치기 어렵다고 말했다(차조일 외, 2021). 대다수의 교사들이 2015 초등 사회과와 같은 분산 배치 방식에는 문제가 있다고 생각하는 것이다.

교육부(2015)는 오랫동안 국가 교육과정을 통해 "국가 수준의 공통성과 지역, 학교, 개인 수준의 다양성을 동시에 추구"해 왔다. 사회과 교육과정도 '기준'으로서 역할을 하면서 지역이나 학교의 현실과 조건에 맞게 교육과정을 융통성 있게 운영할 수 있도록, 특히 초등학교의 경우 교사들의 교과서 의존도가 높은 만큼 다양한 교과서를 개발할 수 있게 교육과정 자체를 열린 구조로 개발할 필요가 있다. 이와 관련하여 먼저 교육과정의 지역화 문제를 살펴볼 필요가 있다. 교육과정의 지역화 방법을 크게 지역에 교육과정 개발과 운영의 권한을 위임하는 적극적 의미의 지역화와 국가 수준의 교육과정 틀 내에서 지역의 실정이나 학교 여건에 맞게 재구성하여 운영하는 소극적 의미의 지역화로 구분한다(윤옥경, 2007: 223). 현재는 지역화를 중앙정부나 교육자치단체에서 마련한 교육 지침과 내용 기준을 교육자치단체나 학교 단위에서 지역의 요구와 특성에 맞추어 변화시키는 소극적 의미의 지역화를 추구하고 있다.

그런데 2015 교육과정 개정 과정에서 열었던 교사 간담회에서 중·고등학교 교사들이 국가 교육과정을 완전히 무시하고 교육과정상의 특정한 내용을 축소하여 가르치거나 전혀 가르치지 않는다는 말이 나왔다(최상훈 외, 2014). 예를 들면 학습량이 너무 많아서 중학교에서 세계사를 거의 가르치지 않거나 유럽사만 가르치고, 고등학교에서는 한국 근대사만 가르치고 전근대사나 현대사는 생략하는 것과 같은 방식이다(최상훈 외, 2014). 중·고등학교 교사들이 국가 교육과정을 '통제'라고 인식하고 '자율'의 이름으로 기준인 국가 교육과정을 무시한 것이다. 1장에서 살펴보았듯이, 중·고등학교 교사들은 자신이 이미 알고 있는 내용이 국가 교육과정에 담겨 있다고 생각하며 자신이 잘 아는 내용을 가르치는 경향이 있기 때문에 국가 교육과정을 무시한다. 초등학교에서는 아직까지 중·고등학교와 같은 현상이 보고되지 않았다. 그러나 초등학교의 경우 국가 교육과정에 명시된 사회과의 내용이나 방법이 학교의 학생 인구 구성에 비추어 볼 때 적용하기 어려운 경우, 국가 교육과정을 무시할 가능성을 배제할 수 없다. 초등학교에 이주민이나 다문화 학생이 급격하게 증가하고 있기 때문이다. 지역마다 다양하게 나타나는 학생의 인구 구성을 배려하지 않은 국가 교육과정은 불신의 대상이 될 수밖에 없다.

역사, 지리, 일반사회 영역의 학습 주제 선택, 학습 내용의 집중과 분산 배치, 환경확대법 등의 원칙까지 그것을 고정적인 하나의 방식으로 운영할 것이 아니라, 학교 실정에 맞게 조정하여 운영할 수 있게 해야 한다. 즉, 학교가 필수적으로 가르쳐야 할 주제와 선택적으로 가르쳐야 할 주제를 구분하여 제시하고, 주제의 학습 시기와 순서, 그리고 통합적 접근 여부도 학교가 결정할 수 있게 해야 하며, 구조적인 융통성을 담보하는 방향에서 교육과정을 개발해야 한다.

최근 몇 년간 다문화 학생 수의 증가 속도는 전례 없이 빠르다. 특히 지역적 편차가 매우 커서, 다문화 학생이 거의 없는 학교가 있는가 하면, 다문화 학생이 30~50%를 넘는 학교도 증가하고 있다. 게다가 한국의 다문화 가정에서 태어난 학생보다 중도입국 다문화 가정과 이주 외국인 가정(앞으로 '이주 가정'으로 칭함)의 학생의 수가 가파른 증가세를 보이고 있다(심형준, 2019. 10.19). 중도입국 다문화 가정의 학생이나 이주 가정의 학생은 '제3 문화 아이'의 특징과 정체성을 보일 가능성이 있다. 특히 서울, 경기도, 충청도, 전라도 등의 일부 지역에는 다문화 가정과 이주 가정의 초등학생이 절대적으로 많아 학교 전체 학생의 90% 혹은 100%에 이르는 경우도 있다(박재구, 2019.4.26). 이러한 학교에서 국어나 사회, 특히 역사 교육과정을 운영하는 방식은 한국 언어와 문화 및 역사에 익숙한 학생들을 가르칠 때와 다를 수밖에 없고, 또 달라야 한다. 이러한 인식 때문에 국가 혹은 시·도 교육청 단위에서 다문화 학생, 혹은 탈북 학생을 위한 한국어 및 한국 문화 보조 교재나 역사 교육과정 및 교재를 별도로 개발하기도 했다(김기중, 2019.6.7). 그런데 이러한 보조 교재는 다문화 학생 및 탈북 학생 통합 학급에서는 활용도가 낮다. 한 학급에서 정식 교과서와 다문화 학생을 위한 별도의 교재를 함께 사용하여 가르치는 것이 현실적으로 어렵기 때문이다. 이러한 문제를 해결하기 위해서는 지역과 학교가 그 지역과 학교의 학생 인구 구성상의 특징을 고려하여 학습 주제를 가르치는 순서나 방법을 자율적으로 결정할 수 있도록 국가 교육과정을 열린 구조로 개발해야 한다. 국가 교육과정이 지역의 초등학생 인구 구성의 다양성을 허용하는 방식으로 개발되지 않는다면 국가 교육과정의 타당성을 의심하게 되고, 기준으로서 국가 교육과정의 권위가 떨어져서 국가 교육과정을 통한 교육의 질 관리도 어려워진다.

실제 교사들은 교육과정을 융통성 있게 운영하기도 한다. 그러나 초등 교사들이 주로 교과서에 의지하여 수업을 한다는 점을 고려한다면, 교과서도 교육과정을 융통성 있게 적용하여 개발해야 할 필요가 있다. 교육과정이 교과서 검정의 절대적인 기준이 되기 때문에, 교육과정이 구조적 한계를 가지고 있는 경우 교과서에도 그 한계가 그대로 노정될 수밖에 없다.

2015 개정 초등 사회과 교육과정에서는 생활사를 3, 4학년으로 분산 배치했다. 분산 배치하면서 3, 4학년에는 제7차 교육과정 시기 이전에 가르쳤던 학습 주제들을 복원시켰다. 다음과 같은 주제이다.

〈시대마다 다른 삶의 모습〉
[4사02-03] 옛 사람들의 생활 도구나 주거 형태를 알아보고, 오늘날의 생활
모습과 비교하여 그 변화상을 탐색한다.
[4사02-04] 옛날의 세시풍속을 알아보고, 오늘날의 변화상을 탐색하여 공통
점과 차이점을 분석한다.

교육과정에서는 옛 사람들의 생활 도구나 주거 형태를 선사시대에 초점을 맞추어 다루게 했다. 원래 5학년에서 다루어야 할 주제를 3~4학년에 분산 배치한 것이다. 이에 대해 선사시대가 5학년에서 가르치는 역사시대와 분리되었다면서 선사시대를 우리 역사의 첫 단계로 인식하지 못하게 하는 구성이라는 비판도 있었다(황은희, 2015). 그런데 임기환(2016)이 이미 지적했듯이 선사시대를 굳이 '우리 역사'의 범위로 국한시켜서 학습하게 해야 할 필요는 없다. 한국의 선사 문화가 주변의, 혹은 세계의 다른 지역과 전혀 관련성이 없지 않으며, 또 선사시대에서 우리 역사의 원형이나 민족의 기원을

찾을 수 있는 것도 아니기 때문이다. 그러므로 오히려 그 주제를 인류사의 큰 틀에서 인류의 이주와 확산, 도구의 제작 등과 관련하여 학습하게 함으로써 이주 및 다문화 가정 학생을 포함하여 모든 학생이 하나의 인류 공동체의 구성원으로서 자신을 바라볼 수 있게 가르칠 수도 있다. 그러나 이 성취기준이 3~4학년에 있기 때문에 고장과 지역의 범위를 넘어서는 안 되고, 인류사의 시각에서 이 주제를 다룰 수 없다.

세시풍속이라는 주제도 마찬가지의 문제를 안고 있다. 오늘날과 같은 탈농경 산업 및 네트워크 시대, 디지털 시대에 농경사회의 세시풍속은 초등 저학년 학생들의 경험이나 생활 세계와 연결될 수 있는 중요한 주제라고 할 수 없다. 요즘 초등학생들은 세시풍속을 해마다 자신들이 주인공이 되어 즐길 수 있는 어린이날이나 핼러윈데이라고 생각한다. 오늘날 어린 학생들이 해마다 반복적으로 경험하는 의미 있는 생활, 놀이, 행사 등은 농경사회의 세시풍속과는 거리가 있다. 역사 영역의 분산 배치의 필요 때문에 과거에 관성적으로 가르치던 주제를, 사회 변화와 학생 변화를 살피지 않고 그대로 복원했다. 시공간 개념이 과거와 다른 오늘날, 학생의 생활 세계와 관련하여 세시풍속을 가르치는 것은 적합하지 않다.

오늘날 초등학생들은 자신의 관심과 흥미에 따라 인터넷을 통해 물리적인 경계뿐 아니라 문화적 경계를 넘나든다. 좋아하는 노래를 듣거나 만화를 보기 위해, 게임을 하기 위해 외국어를 공부하는 현상이 나타나고 있다. 이러한 학생들에게 공간을 물리적으로 제한하는 교육은 이들의 창의력과 상상력을 제약할 뿐이다. 또한 많은 학생들의 시간 경험은 농경사회의 시간과 거리가 멀다. 이러한 점을 고려하여 학습 주제를 선정해야 한다.

2) 환경확대법의 폐기 필요

2007 개정 교육과정 시기부터 학습량 과다 문제를 해결하기 위해 지속적으로 대단원별 성취기준의 수를 줄여왔다. 2007 개정에서는 6개로, 2009 개정에서는 4개로, 그리고 2015 개정에서는 2개밖에 남기지 않았다.

「재구조화 연구」에서는 초등 교사들이 사회과의 '학습량이 많다'고 생각하고, '주제 중심 통합에 찬성'하며, '지역(광역 및 지방자치단체 등) 관련 내용을 감축'을 요구하는 의견이 많았다고 분석했다(구정화 외, 2014). 이러한 분석에 따라 성취기준을 대폭 줄여서 한 대단원당 성취기준을 2개씩만 남겼으며, 5학년과 6학년에서는 주제중심 통합을 추진했다. 그런데 같은 설문조사에서 3, 4학년의 지역 학습의 비중을 줄이라고 요구한 초등 교사의 비율이 높았지만 그 요구는 반영되지 않았다. 결국 2015 개정 초등 사회과는 교사들의 요구와 학계의 주장을 무시하면서 2007 체제 이전으로 회귀했다. 환경확대법을 엄격하게 적용하여 3학년 고장, 4학년 지역, 5학년 국가, 6학년 세계의 스케일에서 학습 내용을 선정했다.

지리교육 연구자들은 21세기 사회의 글로컬리즘에 착목하여 지역주의 교육의 실천으로서 지역화 교육을 주장한다(김다원, 2018). 지방의 역량 강화를 위해 세계와 지역 간 연대와 공존을 통한 새로운 공동체로서 지역적 특성을 만들어야 한다는 것이다(김다원, 2018: 561). 즉, 소극적 의미의 지역화로서 내용의 지역화를 강조한다. 이러한 주장에 기초하면 교육은 학생이 지역을 알고 이해하며, 지역에 관심을 갖고 실천할 수 있는 기회를 주어야 한다. 그러나 교육과정 지역화의 필요성이 초등 사회과의 환경확대법을 정당화하지는 못한다.

이미 많은 지리교육 연구자들과 일반사회 연구자들이 환경확대법이 초등 사회과의 학년별 학습 내용 조직의 원칙으로 타당하지 않다고 주장해 왔다

(김용신, 2013; 장의선, 2019). 환경확대법이 "학습자들이 지역사회를 벗어나기 어려운 시대적 환경에서 개발된 것으로 이동 수단과 정보통신이 발달한 글로벌 사회, 다문화 사회, 이주 사회에서는 부적합하다"는 것이다(김용신, 2013: 5). 환경확대법은 한국 사회에 이주 가정과 다문화 가정이 증가하고 있는 상황과도 어긋나는, 시대 역행적 원칙이며 오늘날 학생들의 삶이나 정체성과도 괴리된다. 현재 초등학생에게 고장과 지역은 어떤 의미가 있는지 생각해 볼 필요가 있다.

특히 역사 영역의 경우, 한국의 지역사를 국가사와 구별하여 가르칠 수 있는지, 특히 지역사가 초등 저학년에게 적합한지 검토할 필요가 있다. 지역사 학습이 국가사에만 매몰되지 않게 하며 학생의 생활 세계를 역사적으로 접근하게 할 수 있다는 점에서 의미 있다고 주장하는 연구자도 있다(김봉석, 2015). 그런데 한국에서 지역사를 국가사와 상관없이 가르치기는 어렵다. 지역마다 중요하게 여기는 사건이 다를 수는 있지만 그 사건의 큰 시대적 맥락이나 구조, 문화의 측면은 국가사와 겹치지 않을 수 없기 때문이다. 강화도의 역사도, 인천이나 부산의 역사도, 안양이나 서산의 역사도 한국사의 거대한 흐름과 무관하게 설명하기는 어렵다. 이는 역사학계의 연구를 떠나, 실제 초등학교에서 고장과 지역의 문화유산 및 인물을 가르치는 관행에서 더 두드러진다. 3학년의 고장의 역사적인 유래와 특징, 문화유산에 대해 학습하는 단원(4사 01-03과 04)에서는 교수학습 방법 및 유의 사항을 사회과 교육과정에 다음과 같이 제시했다.

고장의 역사적 유래와 특징 및 고장의 대표적인 문화유산에 대한 조사 학습을 실시할 수 있으며, 조사 학습을 위한 구체적인 방법(인터넷 검색하기, 시·군·구청 누리집 방문하기, 박물관 답사하기, 문화원 견학하기, 고장 안내도에서 문화유산의 위치 찾기 등)을 학생들에게 사전에 안내할 필요가 있다

(교육부, 2018a: 143).

4학년 역사 영역에서도 "지역의 문화유산과 인물들에 대한 내용을 조사하고……"라고 하면서 '조사 활동'을 권장했고, "지역의 문화원이나 박물관, 인물과 관련된 장소를 적극 활용하여 현장 학습"을 진행할 것을 제안했다 (교육부, 2018a: 152). 그런데 시·군·구청의 누리집(홈페이지)에서 설명하는 지역의 유래, 지역의 인물, 지역의 문화유산에 대한 설명은 한국사에 대한 전반적인 이해가 없는 3, 4학년 학생에게는 외국어와 다르지 않다. 예를 들면 서울 강동구의 홈페이지에서는 '강동의 역사'를 다음과 같이 소개했다.

> 태고 때부터 "아리수(漢江)"의 수원은 천리길 태백산맥 준령에서 발원한 남한강과 오백리길 금강산에서 발원한 북한강이 양수리에서 만나 대하를 이루어 고덕산과 아차산 협곡을 거쳐 …… 천혜의 요충지인 강동은 일찍이 6000년 전에 선사 문화의 꽃을 피웠고, 또한 고조선 시대 한반도에 회안국을 세운 …… 바로 백제의 350여 년간 하남 위례성의 역사가 시작된 곳이다. 그 후 삼국시대에는 …… 고구려 장수왕 63년(475년)에 이곳을 60여 년간 점령하였고, 백제 성왕 29년(551년)에 빼앗긴 옛 도읍지를 회복하였으나, …… 고려 성종 2년(983년)에 이곳에 공주목으로 개칭 절도사를 두어 다스렸고, 조선 선조 10년(1577년)에는 광주부로 승격, 남하에 대응코자 광주 부사를 유촌으로 승격시켜 수어사를 겸하게 하였으며, …… 옛 지명 등 문화유산의 흔적이 남아 있는 역사적인 고장이다(강동구 홈페이지, 검색일: 2019.11.10).

고조선, 회안국, 백제, 고려, 조선, 일제강점기, 대한민국 등의 시대를 표현하는 명칭뿐 아니라, 여러 지명과 한자어들은 3학년 학생에게는 너무 어렵다. 기관의 누리집에서 제공하는 설명은 한국사를 학습한 경험이 있는 사람을 독자로 상정하여 개발된 것이기 때문이다. 이에 따라 초등학교에서 이 단원을 가르칠 때면 인터넷 포털사이트에 고장의 유래를 묻는 질문이 쇄도한다. 교사는 고장과 관련된 이야기와 유래를 찾아오는 과제를 학생에게 내주고, 학생과 학부모는 그것을 포털사이트의 '지식iN'에 묻는다. 결국 포털사이트의 지식인이 '지식'을 제공하면서 교과서나 교사의 역할을 대체한다. 고장의 지역화 교과서가 고장의 유래에 대해 학생 수준에 맞게 설명하는 경우도 있지만 그 설명도 국가사와 분리되지는 않는다. 예를 들면 부산의 강서구·사상구의 지역화 교과서인 3학년『우리 고장의 생활』(2019)에서는 고장의 유래에 대해서는 '옛날'이라는 단어를 사용하여 시대를 구분하지 않고 설명한다. 그러나 고장의 문화유산을 소개하는 단계에 오면 다시 삼국시대, 조선, 임진왜란 등의 역사적 용어를 사용하여 국가사와 연결했다.

또한 지역사가 학생의 생활 세계를 역사적으로 접근하게 한다고 할 때, 그것을 익숙함에서 낯섦으로 확대한다는 환경확대법의 취지와 연결된다고 하기는 어렵다. 오히려 오늘날 학생들은 유튜브, 애니메이션, 드라마, 영화, 게임 등을 통해 지역사보다는 국가사와 세계사의 여러 사건들을 자주 접한다. 따라서 국가적·세계적 인물이나 문화유산이 지역의 그것들보다 익숙할 수 있다. 이 점을 인식하고, 만약 내용의 지역화가 필요하다면, 초등에서가 아니라 중·고등학교에서 추구하는 방안을 모색해야 한다. 국가사를 학습한 중·고등학생이 국가사의 거대한 흐름 속에 지역공동체 구성원이 서로 갈등하면서도 협력하고, 상생을 위해 노력했던 경험과 그들이 환호하며 축하했던, 기뻐했던, 슬펐던, 힘들고 아팠던 기억을 지역인의 시각에서 탐구할 수 있게 하는 것이다.

이미 앞에서 설명했듯이 오늘날 학생의 생활 세계의 범위를 그들을 둘러싼 물리적 환경으로만 제한할 수 없다. 환경확대법에 기초한 초등 사회과 구조화는 21세기를 살아가는 신세대의 자유로운 공간 개념을 전혀 고려하지 않고, 100년 전 어린 학생들에게나 의미 있는 틀을 적용하고 있다. 학생들이 경험하는 복잡한 사회현상을 고려한다면 환경확대법의 견고한 틀을 깨고 새로운 대안을 모색해야 한다. 탄력적으로 환경확대법을 적용하거나, 환경확대법을 폐기하고 주제 중심으로 학년별 내용을 조직하는 방안을 모색해야 한다. 전자의 경우 3, 4학년에서 고장과 지역을 구분하지 않고 지역으로 접근하면서 세계를 넘나들 수 있게, 5, 6학년에서 국가와 세계를 연결할 수 있게 내용을 조직할 수 있다. 후자의 경우는 지리적 범주로 탐구의 주제를 한정하는 방식을 폐기하고 초등 사회의 정체성을 살리면서 사회적 삶의 과거와 현재에 대한 큰 그림을 그리고 그와 관련하여 주제들을 선정할 수 있다. 특히 학생의 관심이나 역사 정체성에 따라 하이퍼링크, 하이퍼텍스트식의 사고로 지역이나 국가의 경계를 넘나들 수 있게 교재를 개발하고 수업을 진행할 수 있게 교육과정의 재구조화가 필요하다.

다른 한편 환경확대법은 2015 개정 사회과 교육과정의 내적 모순을 강화하여 신뢰성을 떨어뜨렸다. 2015 개정 교육과정에서 사회과 통합적 접근을 주장한 근거 중 하나가 학습량의 감축과 내용 중복의 축소이다. 그런데 2015 개정 초등 사회과의 환경확대법은 3, 4, 5학년에서 같은 내용을 같은 학습 방법으로 반복적으로 학습하도록 만들었다. 역사의 경우, 다음에 제시하는 성취기준처럼 3, 4, 5학년에서 고장, 지역, 국가의 문화유산과 역사적 인물에 대해 같은 방식으로 학습하게 했다.

〈우리가 알아보는 고장 이야기〉 - 역사 일반

[4사01-03] 고장과 관련된 옛이야기를 통하여 고장의 역사적인 유래와 특징을 설명한다.

[4사01-04] 고장에 전해 내려오는 대표적인 문화유산을 살펴보고 고장에 대한 자긍심을 기른다(교육부, 2018b: 16).

〈우리가 알아보는 지역의 역사〉 - 정치문화사

[4사03-03] 우리 지역을 대표하는 유·무형의 문화유산을 알아보고, 지역의
문화유산을 소중히 여기는 태도를 갖는다.

[4사03-04] 우리 지역과 관련된 역사적 인물의 삶을 알아보고, 지역의 역사에
대해 자부심을 갖는다(교육부, 2018b: 24).

〈나라의 등장과 발전〉

[6사03-01] 고조선의 등장과 관련된 건국 이야기를 살펴보고, 고대 시기 나라
의 발전에 기여한 인물(근초고왕, 광개토대왕, 김유신과 김춘추, 대조영 등)의
활동을 통하여 여러 나라가 성장하는 모습을 탐색한다.

[6사03-02] 불국사와 석굴암, 미륵사 등 대표적인 문화유산을 통하여 고대 사
람들이 이룩한 문화의 우수성을 탐색한다(교육부, 2018b: 40).

위의 성취기준은 얼핏 보면 서로 다른 내용이지만, 3, 4학년에서 고장과
지역의 대표적인 문화유산이 중복될 수 있고, 나아가 3, 4학년의 내용이 5학
년의 인물이나 시대별 대표적인 문화유산과도 중복될 가능성이 있다. 지역
화 교과서에서는 '우리' 고장과 지역에 있는 모든, 유형과 무형의 '옛것'들을
소개하거나, 국가적으로 인지도가 높은 문화유산이 '우리' 지역에 있다는 점
을 강조하는 방식으로 서술한다. 4학년에서는 우리 지역과 '관련된' 인물을
통해 자긍심을 기르라고 하는데, 여기에 국가적 인물을 동원할 가능성이 크
다. 즉, 그 지역에서 태어난 국가사적으로 유명한 인물, 중앙의 관직에 있다
가 그 지역에 유배 왔던 인물을 포함하여, 그 지역과 약간의 인연이라도 있
는 국가적 위인을 다루는 경우가 많다. 이러한 성취기준으로는 3, 4, 5학년
에서 국가적 틀에서 문화유산과 역사적 인물을 반복적으로 가르치는 것을
막기 쉽지 않다. 문화유산과 인물이 정확하게 반복되지 않더라도, 문화유산

과 인물이라는 구성 원칙이 반복되고, 또 그 내용을 학습하는 방법이 중복되면서 교사와 학생은 똑같은 내용을 학습한다는 느낌을 받는다. 이러한 반복적 구성은 학생이 역사를 다면적으로 살펴볼 기회를 박탈할 뿐 아니라, 역사를 편협한 틀에서 보게 만들 수도 있다.

2022 개정 교육과정 기초연구의 초등교사 대상 설문조사에서 현재와 같은 환경확대법의 원칙을 유지해야 한다고 의견을 제시한 교사들은 44명(12.1%)으로 상대적으로 적었다. 그런데 교사들은 학습량을 줄이는 방안에 대해 3, 4학년에서 중복 및 반복되는 내용을 줄이거나(53명, 25.6%), 3, 4학년의 주제사를 줄이고 5, 6학년에서 한국사를 늘려서 집중적으로 학습하게 해야 한다는 의견(66명, 44.3%)을 많이 제시했다(차조일 외, 2021). 많은 초등교사들이 현재와 같은 환경확대법에 찬성하지 않은 것이다. 그렇다고 3, 4학년에서 학습 내용의 지역화를 반대하거나 역사 영역의 경우 국가사나 세계사만 가르쳐야 한다고 주장하는 교사들은 극소수이다. 그러나 3학년 고장, 4학년 지역이라는 구분 자체는 무의미하다고 보는 교사들이 많다. 초등 교사들은 여전히 학습 내용의 지역화를 학생들의 경험을 끌어내거나 연결하는 데 중요하다고 생각한다. 다른 한편 학습 내용의 지역화를 통해 지역 정체성을 형성할 필요가 있다고 생각한다. 그러나 디지털 원주민, 넷세대(net generation)인 초등학생에게 영역에 기반한 특정한 정체성을 의도적으로 형성하려고 하기보다는 오히려 그들이 이미 갖고 있는 다층적인 정체성에 대해 생각해 볼 기회를 주는 것이 도움이 될 것이다.

그럼에도 지역화를 통한 지역 정체성 제고 혹은 성찰의 취지를 살리려고 한다면 그 지역에서 자란, 혹은 살았던 인물 가운데 지역을 위해 애쓴 인물과 국가를 위해 애쓴 인물을 구별하면서 학습하게 할 필요가 있다. 또한 지역적 인물이 지역 공동체에 어떻게 기여했는지 탐구하게 해야 한다. 그런데 고장과 지역 단위의 인물을 특정 시대의 거대 문화와 상관없이 탐구할 수 있는 것은 아니므로 그 인물이 살았던 사회가 '바람직하다고 칭송했던 행위와 생각'을 함께 설명함으로써, 인물이 사회와의 상호작용 속에서 사고하고 행위 했다는 점도 함께 인식할 수 있게 가르치는 것이 중요하다. 그렇지 않을 경우 학생이 과거와 현재가 동일한 것으로 인식할 가능성이 있고, 그렇다면 과거를 가르치는 의미는 사라지기 때문이다. 이러한 방식의 수업을 위해서는 결국 국가사적인 문화사와의 연결을 피할 수 없다. 또한 지역과 관련된 인물을 찾다보면 지역에 폐가 되었던 인물이 아니라 공을 세운 인물을 찾게 되고, 그러다 보면 지역에 건물을 세우거나 기부를 한 현대의 스포츠 선수나 연예인, 정치인을 떠올리게 된다. 결국 지역과 국가의 구분은 무의미해진다. 따라서 현재와 같은 방식의 완고한 환경확대법 적용은 학습 내용 선정에 제약으로 작용할 수밖에 없다.

마찬가지로 문화유산도 국가적으로 지정된 문화재와 구별되는, 그 고장과 지역 공동체 차원에서 보존하고 후대에 물려줄 만한 가치가 있는 유산을 찾고, 그것의 공동체적 가치에 대해 토론해 볼 수 있게 해야 한다. 즉, 문화유산을 통한 지역 학습은 그 지역에 고정된 형태로 전해 오는 유형과 무형의 문화재에 대한 지식 학습이 아니라, 그 유산에 담겨 있는 그 지역 사람들의 경험이나 기억, 그것을 보전하려는 노력과 까닭 등을 생각해 보는 활동으로 구성할 필요가 있다. 특히 문화유산에서 '오래됨'이나 '희귀함' 이상의 가치에 대해 토론해 보게 하는 것이 중요하다. 그런데 이러한 활동을 할 때, 어린 3, 4학년 학생들이 경제적 목적으로 추구하는 유산화[1] 작업과 거리두기를 할 수 있을까? 반드시 지역의 관광산업과 문화유산의 가치를 분리하여 생각해야 할 필요는 없지만, 경제적 목적에 교육이 봉사하게 하는 방식은 지양해야 한다.

---

1   유산화에 대한 설명은 이 책의 3장에서 볼 수 있다.

3) 역사 통합·융합의 원칙으로서 '과거와 현재의 문화적 거리 인식'

전 지구화는 우리에게 친숙한 경제, 정치, 사회, 대인관계, 기술, 환경, 문화 등과 같은 분류 체계로 구분하여 설명하기 어려운 다층적이고 복합적인 과정이다(Tomlinson, 1999: 3). 한 영역에서 일어난 사건의 파급 효과가 그 영역에 머물지 않고, 예측하기 어려운 매우 복잡한 과정을 거쳐 전혀 다른 영역들에 연쇄적으로 영향을 미치는 현상들이 나타난다. 그러므로 오늘날 주변에서 일어나는 사건이나 현상을 분석하고, 또 문제를 해결하기 위해서는 학문 분과를 넘어서는 융합적 접근이 요구된다. 이러한 세계 변화를 고려한다면 창의적 융·복합 교육은 반드시 필요하다.

그런데 초등 사회과 통합 논의는 학문융합의 담론과는 거리가 있다. 사회과 통합 논의는 미국에서는 사회과라는 교과가 만들어졌던 20세기 초 이후부터 계속되었다. 주제중심, 개념중심, 문제중심 통합 등 여러 통합 방법을 이론화했다. 몇몇 연구자들이 연합이 아닌 화학적 통합을 주장하지만 실제 화학적 통합을 어떻게 정의할 수 있고 그것이 실제 어떻게 가능한가 등에 대해서는 제대로 논의한 적이 없다. 통합을 주장하는 여러 연구자들도 실제 글은 지리, 역사, 일반사회 영역을 구분하면서 쓰고 있다. 영역 구분을 전제로 한 통합이지, 그야말로 학습 내용 영역을 혼합하여 새로운 학문을 창조하는 화학적 통합의 방안까지 고안해 내지는 못했기 때문이다.

최근 많은 연구자들은 학문융합을 화학적 결합이 아니라 학문 간의 연결이나 연합으로 정의한다. 특정한 문제를 해결하기 위하여 여러 학문의 개념이나 방법을 활용하는 것이다. 한 과학자는 교육계가 학문융합을 마치 학문 분야를 넘어서 학문 간 통합까지 포괄하는 상당히 모호한 개념으로 정의하고 잘못된 방식으로 융합 교육에 집착하고 있다고 비판하면서, 융합학문은 어떤 문제를 해결하기 위해 필요한 각 영역 간의 수렴적 연결을 의미한다고 주장했다(조용수, 2010.8.10). 학계에서 추구하는 융합의 핵심은 여러 학문에서 이미 만들어놓은 개념과 방법론의 활용을 통한 현상의 설명이고 문제의 해결이다. 전문가들은 네트워크를 형성하고 지적으로 교류하면서 아이디어를 교환하고 문제를 해결하려고 한다. 학문융합은 인문과학과 자연과학 사이의 연결, 인문학과 사회과학의 합류 등의 방식으로 이루어지고 있다(김상환, 2014.7.5). 그러나 연구자들은 융합연구가 제도적 안정성을 획득하기까지는 아직도 무수한 시행착오와 실험을 통과해야 한다고 주장한다(김상환, 2014.7.5).

학문융합이 담론화되면서 사회과 내의 영역 통합을 넘어서 교과 간의 연합을 강조하는 분위기가 무르익고 있다. 그러나 현재는 사회과를 넘어서는 융합은 물론 사회과 내의 통합도 여전히 학문 분과의 현실을 전제한 '수렴적 연결' 수준에서 논의하고 있다. 학문융합이 되려면 적어도 사회과 내의 영역이나 사회과 이외에 국어, 미술 등 각 교과에서 강조하는 개념 및 사고 방법이 과거와 현재의 사회현상이나 인간 문제의 복잡성을 분석하고 해결하는 데 기여해야 한다는 전제를 만족시켜야 한다. 사회과 통합에서 역사, 지리, 일반사회 각 영역이 어떻게 활용되어야 하는가? 각 영역에서 강조하는 개념이나 사고 방법을 무시하고 화학적으로 결합하여 만든 새로운 개념과 방법을 사용할 수 있는 방법을 논하기에는 김상환(2014)의 주장에서 알 수 있듯이 아직까지는 이르다.

2015 개정 초등 사회과에서는 영역 간의 내용 중복과 내용 과다 및 어려움의 문제를 지적하면서 5학년 1학기의 인권과 독도, 그리고 6학년 1학기의 현대사를 역사와 일반사회를 통합하여 다루게 했다. 통합 단원 가운데 "〈인권을 존중하는 삶〉, [6사02-01] 인권의 중요성을 인식하고 인권 신장을 위해 노력했던 옛사람들의 활동을 탐구한다"가 있다. 시안 1차 보고서에서는 5학년 1학기에 '인권'을 주제로 다음과 같은 성취기준을 제시했다.

① 인권을 존중하는 삶(역사+일사)

    (가) 불평등한 신분제를 비판했던 인물의 활동을 통하여 평등한 사회를 만들기 위한 옛사람들의 노력을 파악한다.

    (나) 생활 속에서 인권 보장이 필요한 사례를 탐구하여 인권의 필요성을 인식하고, 인권 보호를 실천하는 태도를 기른다(모경환 외, 2015: 164).

이러한 시안에 의하면 역사는 사례이다. 신분제가 무엇인지 특정한 맥락에서 설명하지도 않고 '신분제'를 오늘날의 관점에서 '불평등한' 것으로 비판부터 해야 한다. 이러한 1차 시안 보고서의 성취기준은 공표한 2015 교육과정의 "(2) 인권 존중과 정의로운 사회"에서 다음과 같이 수정했다.

〈인권을 존중하는 삶〉

[6사02-01] 인권의 중요성을 인식하고 인권 신장을 위해 노력했던 옛사람들의 활동을 탐구한다.

[6사02-02] 생활 속에서 인권 보장이 필요한 사례를 탐구하여 인권의 중요성을 인식하고, 인권 보호를 실천하는 태도를 기른다(교육부, 2018b: 35).

교수학습 방법 및 유의 사항은 다음과 같이 서술했다.

인권을 신장하기 위한 옛사람들의 노력이 드러나는 사례를 인물과 사회제도(경국대전 속 인권 관련 조항, 장애인이나 여성의 인권 신장 관련 제도 등)를 중심으로 조사하도록 한다. 이때 조사 자료를 가지고 역사 신문 만들기, 인물 소책자 만들기, 극화 학습 등과 같은 학습활동을 수행할 수 있다(교육부, 2018b: 36).

공표한 2015 교육과정에서는 조선에서 인권 신장을 위해 노력한 인물과 제도를 찾게 했다. 무조건 과거를 부정하고 비판하는 대신 과거를 인권 관점에서 찬양하는 방식으로 바꾸었다. 조선 정부의 장애인 정책이나 경국대전의 노비 관련 조항을 오늘날의 관점에서 단순하게 읽으면 조선 정부의 인권 감수성에 놀라게 될 것이다. 어쩌면 오늘날보다 인권 감수성이 더 높았다고 평가할 수도 있다. 과거를 역사적 맥락에서 탈각하여 오늘날의 가치로 무작정 비판하는 것도, 찬양하는 것도, 모두 현재의 틀로 과거를 재단한다는 한계를 안고 있기는 마찬가지이다.

이러한 일반사회와 역사 통합 단원의 문제는 크다. 첫째, 일반사회에서 설명하는 인권침해와 역사 영역에서 설명하는 인권침해의 논리적 격차 문제이다. 성취기준에 따라 교과서에서는 먼저 인권의 개념을 설명해야 한다. 2023년부터는 2015 개정 초등 사회 교육과정의 검정 교과서를 사용할 수 있겠지만, 그 전까지는 국정교과서를 사용해야 한다. 국정 사회 5학년 교과서에서는 인권을 다음과 같이 설명했다.

모든 사람은 태어나면서부터 인간답게 살 권리가 있으며, 어떤 이유로도 인간답게 살 권리를 침해당해서는 안 된다. 이처럼 사람이기 때문에 당연히 가지는 권리를 인권이라고 한다(교육부, 2020: 85).

인권은 모든 사람에게 평등하게 주어지며 다른 사람이 힘이나 권력으로 함부로 빼앗을 수 없다. 사람으로서 우리는 누구나 안전하게 행복을 누리며 살아갈 권리가 있다. 인권의 중요성을 이해하고 나와 다른 사람의 차이를 존중하는 태도가 필요하다(교육부, 2020: 86).

그리고 "인권 신장을 위해 노력했던 옛사람들의 활동을 살펴봅시다"라고

하면서 다음과 같이 서술하고 있다.

> 민지는 도서관 수업에서 『홍길동전』이라는 옛날 소설을 읽었다. 그리고 『홍
> 길동전』에 인권 신장의 노력이 담겨 있다는 것을 알게 되었다. 허균은 『홍길
> 동전』에서 능력이 있어도 신분 차별 때문에 벼슬을 하지 못하는 당시의 사회
> 제도를 고쳐야 한다고 주장했다(교육부, 2020: 87).

그리고는 삽화에서 "소인이 대감의 아들로 태어났으나 아버지를 아버지
라 부르지 못하고 형을 형이라 부르지 못하니, ……", "서얼 출신이 너뿐만
이 아니거늘 어찌 유별나게 구느냐? ……" 이러한 대화를 제시하고 있다. 교
과서에서는 먼저 일반사회 영역에서 인권 개념이나 침해를 개인 윤리 차원
에서 서술했다. 그런데 역사 영역은 구조와 제도의 틀에서 과거의 인권 상
황을 비판하기도 하고 또 칭송하는 모순된 행태를 보인다. 즉, 허균을 신분
제라는 구조의 문제를 비판하여 인권 신장을 위해 노력한 인물로 제시함으
로써 신분제라는 과거의 구조를 비판하고, 그것을 개선하려고 했던 인물을
칭송한다. 다른 한편 과거 인권이 억압된 구조 속에서 신문고와 상언제도
등은 인권 문제를 해결하려고 했던 제로로서 칭송했다. 일반사회 영역에서
는 인권을 자유주의적·개인적 차원의 권리로 설명했는데, 역사 영역에서는
인권을 구조적 차원의 문제로 비판하면서 인권의 개념을 이해하기 어렵게
하고 있다.

둘째, 『홍길동전』을 지은 허균을 통해 인권 신장을 위해 노력한 과거의
인물을 설명하는 것은 비역사적이며, 역사를 오해하게 한다. 임기환(2016:
22)도 지적했듯이 허균의 급진적 사상은 근대적인 인권 개념과 거리가 있으
며 신분제로부터의 해방을 지향한 것은 아니었다. 인권을 직접 대입해서
"홍길동전에 인권 신장의 노력이 담겨 있다"고 서술하는 것 자체가 역사적

맥락에서 보면 말이 안 된다. 그러나 그러한 역사의 맥락을 사상하고 문제에 대한 비판을 유보하고 그 사례를 분석해 보자. 과연 『홍길동전』을 쓴 허균은 인권 신장을 위해 노력한 인물로서 적절한 사례일까?

서얼 문제는 당시는 물론 오늘날에도 여성 인권 문제와 얽혀 있다. 서얼차별을 명문화했던 '서얼금고법'은 계속된 서얼들의 저항으로 조정에서 여러 차례 논의했고 정조 때 '서류허통절목'을 공표하여 서얼도 관직에 나갈 수 있게 했다. 이후 반대가 있었기 때문에 집안에서의 차별은 어쩔 수 없지만, 나랏일에서는 적자와 서자의 차별을 두지 않는다는 원칙을 세웠다. 실제 정조는 서얼들을 요직에 임명했다. 이 시기에 이덕무, 박제가, 유득공 등이 바로 서얼 출신으로 정조가 등용한 인재들이다. 조선 후기 서류가 수적으로 증가하면서 하나의 세력이 되었고, 그들이 지속적으로 서얼금고법의 개혁을 요구했다. 서얼 '차별'을 비판하고 그것에 저항하면서 개선을 주장했다는 측면만 보면 서얼이라고 차별받지 말아야 한다는, 즉 '평등'을 추구한다는 점에서 인권과 연결된다.

그런데 『홍길동전』에 나온 허균의 사상과 서류허통절목을 여성의 관점에서는 어떻게 해석할 수 있을까? 홍학희(2003)도 같은 시각에서 허균의 개혁 사상을 "축첩을 인정한 서얼만의 문제 제기"라고 해석했다. 『홍길동전』의 문제 제기도, 서류허통절목의 서류 문제 해결도 결국 조선의 축첩제도를 공식적으로 인정하면서 처와 첩의 관계를 더욱 불편하고 복잡하게 만들었으며, 처와 첩 모두를 억압하는 것이었다. 조선은 법적으로 일부일처제이지만, 축첩제도가 있었고 처와 첩은 사회적으로나 가정 내에서 서로 다른 지위를 가지고 있었기 때문이다.

허균은 서얼의 문제를 여성과 연결시켜 보지는 않았다. 사실 허균은 그의 누이인 허난설헌이 죽은 후 그녀의 재능을 아까워하며 시집을 펴낼 정도였으니, 여성이라는 이유만으로 여성을 무시하거나 차별하지는 않았을 것처럼 보인다. 그런데 과연 허균이 당시의 여성 차별적인 구조와 다르게 여성 전체를 그러한 눈으로 보았을까? 그렇다고 대답하기는 어렵다. 오늘날 여성의 관점에서도 마찬가지로 『홍길동전』을 통해 인권을 개선하려 했던 옛사람의 노력을 볼 수는 없다. 『홍길동전』을 인권 신장을 위해 노력한 사례로 다루면서 남성중심적인 시각에서 여성은 인권이 없었던 존재로 만들어버릴 수 있기 때문이다. 그렇지 않아도 역사에서 여성을 배제하고 억압하고 있다. '인권'이라는 주제마저 남성중심적 시각에서 차별과 평등의 문제를 다룸으로써 여성을 인권을 갖지 못한, '인간'이 아닌, 비역사적인 존재로 주변화시킬 수 있다.

셋째, 역사 영역에서 신분제와 상언제도라는 상호 모순된 제도의 공존에 대한 설명도 충분하지 않아서 학생들에게 혼란을 줄 수 있다. 『홍길동전』 사례 다음에는 조선의 신문고, 상언제도, 복심제도를 인권 신장을 위한 제도로 다룬다. 신문고나 상언제도는 억울한 일을 당한 사람이라면 신분의 높고 낮음이나 남녀를 구분하지 않고 사용할 수 있었다는 점에서 '평등'을 추구했다고 말할 수 있다. 즉, 당시 조선의 신분제도나 가부장적 사회구조와 관련 없이 이 사례들을 단편적으로 제시하면 과거도 오늘날과 다르지 않았다는 착각을 하게 하거나, 제도의 '우수성'만 찬양하게 된다. 그런데 『홍길동전』을 통해서는 조선의 제도가 평등한 기회를 보장하지 않았던 것처럼 설명하고, 신문고나 상언제도 등을 통해서는 조선의 제도와 법이 모든 사람에게 평등한 기회를 보장했던 것처럼 주장한다. 단편적인 사례들로 접근할 경우 이러한 모순적으로 보이는 조선의 제도를 설명하지 못한다.

현대의 사회를 설명하는 개념과 오늘날 사회가 바람직하다고 칭송하는 도덕적 덕목을 가르치기 위해 과거의 사회, 사상, 사건, 인물을 탈맥락적으로 칭송하거나 비판하는 것을 통합이라는 이름으로 정당화할 수는 없다. 통합을 위해서는 역사와 일반사회에서 주요하게 강조하는 사고 개념과 문제 해결 방법이 동시에 살아나게 내용을 구성하고 교수학습·방법을 개발해야 한다. 초등 수준에서 과거와 현재를 하나의 주제로 묶을 때 중요하게 적용해야 하는 원칙 중 하나는 과거와 현재의 문화적 거리를 인식하게 하는 것이다(강선주, 2017: 126). 과거와 현재 사회에서 인간이 세상을 보는 틀이 다름을 인식하고 과거와 현재 사회의 문화적 다름에 기초하여 문제를 분석하고 해결할 수 있게 해야 한다.

4) 역사중심 교과융합

초등학교 5학년 1학기의 인권 단원을 보면 역사는 '옛사람과 제도', 즉 사례를 의미했다. 인권을 가르친다고 하지만, 전달하는 메시지는 과거에도 이렇게 인권을 존중했던 사람과 제도가 있었다는 것이다. 이를 통해 인권의 개념보다는 '위대한 민족'을 기억하게 될 것이다.

초등에 적합한 '사회과통합형 역사교육'이 이론적으로 체계화된 적은 없다. 실제 초등 사회과에서 사회과통합론자라고 분류되는 강우철이나 최용규도 역사를 독립적으로 가르치는 것을 전제로 글을 쓰고 연구했다. 사회과 통합이론은 있지만 역사를 일반사회나 지리와 어떤 목적으로 또 어떤 방식으로 통합해야 하는지, 통합에서 역사의 역할은 무엇인지에 대한 체계적인 논의는 부족하다. 이에 따라 사회과 통합에서 역사는 사고 방법으로서 통합의 한 축을 이루지 않고, 과거에 있었던 일화을 통합적 탐구의 사례로 제공하는 역할을 하는 데 그친다.

사례주의의 틀을 넘어서는 통합적 접근은 무엇인가? 최근에는 '통합'이라는 용어보다는 '융합'이라는 용어를 자주 사용한다. '융합'은 "다른 종류의 것이 녹아서 서로 구별이 없게 하나로 합하여지거나 그렇게 만듦. 또는 그런 일"[2]로 정의된다. 여러 개를 연결했지만 궁극적으로는 연결 고리가 사라지면서 하나의 덩어리가 되는 것이다. 학계의 학문융합적 연구는 다양한 학문 분야의 전문 연구자들이 자신들의 서로 다른 전문성을 살리면서 공동연구를 하는 방식으로 진행된다. 예를 들면 특정한 질병을 의학, 약학, 역사학, 화학, 사회학, 인류학, 지리학, 정치학 등의 다른 분야의 전문 연구자들이 함께 연구하는 방식이다. 이러한 방식은 종종 대학에서 여러 강사가 합동으로 강의하는 방식으로, 또 고등학교에서 여러 교과의 교사들이 공동으로 특정한 프로그램을 운영하는 방식으로 나타나기도 한다. 이러한 연구가 쌓이면 아마도 학문융합적 접근의 방법론도 좀 더 구체화될 것으로 보인다. 물론 여러 학문에 능통한 유능한 교수나 교사는 혼자서 그러한 프로그램을 운영할 수도 있을 것이다.

현재 단계에서 교과융합적 접근이란 사회과를 넘어선다. 기본적으로 하나의 주제를 여러 교과의 특화된 접근 방법이나 분석 및 구성 개념들을 통해 탐구하는 것이다. 여러 교과의 특화된 접근 방법과 개념들을 먼저 학습한 후, 그것들을 함께 활용해서 하나의 주제를 탐구할 수도 있지만, 하나의 주제를 탐구하면서 그 접근 방법들과 개념들을 함께 학습할 수도 있다.

문화재청의 중학교 1학년 자유학기제 교재인 『꿈과 끼를 찾아 떠나는 문화유산 여행』(강선주 외, 2017)에 그 두 가지 방식을 함께 시도했다. 이 교재는 역사 교사, 미술 교수, 과학 교사가 함께 만들었다. 현장 적용을 할 때, 역사, 도덕, 사회 교사들은 과학이 통합된 부분은 자신의 전문 영역이 아니어서 가르치기 어렵다고 말했다. 아직까지는 교사들이 문과와 이과의 경계를 자유롭게 넘지 못하는 것이다. 이 교재는 초등학교에서 역사를 배우고 올라온 학생들을 대상으로 했지만 초등 역사에 나오지 않는 내용이나 접근 방법

---

2   네이버 국어사전, "융합", https://ko.dict.naver.com/#/entry/koko/36b8cd3ccd8e41acbd905f855660bf75

도 포함되었다. 이 교재는 '문화유산' 교재이므로 역사 자체를 가르치는 것을 목적으로 하지 않지만 '과거와 현재의 거리를 인식할 수 있게' 하려고 노력했다. 예를 들면 '하늘의 뜻과 천체의 움직임'이라는 주제에서 '천상열차분야지도(天象列次分野之圖)'를 다루면서, 그것을 제작할 당시 사람들이 하늘과 천체의 움직임에 어떤 의미를 부여했고, 그것은 오늘날 사람들의 생각과 어떻게 다른지 생각해 보게 했다. 그리고 이러한 '다름'을 생각하면서 새로운 무엇인가를 창조할 수 있는 영감을 주려고 했다. 즉, 문화유산 자체를 아는 것에 그치지 않고 문화유산에 담긴 가치를 복수의 방법으로 생각해 보게 하는 방식이다. 여기에 그 유산에 담긴 가치를 '하나'로만 고정적으로 해석하지 않도록, 다른 가치나 의미도 생각해 보게 하는 장치도 두었다.

이러한 방식을 교과융합적이라고 해야 할지 혹은 교과연계적이라고 해야 할지 아직 정확하게 판단이 서지는 않지만 그러한 방법에 역사가 중심에 설 수 있다고 생각한다. 역사는 인간 생활과 사회의 모든 국면을 시간의 측면에서 다루기 때문이다. 예를 들면 앙부일구(仰釜日晷)를 역사, 천문학, 수학, 미술 등 여러 과목의 관심과 관련하여 탐구해서 앙부일구가 만들어졌던 시기의 문화를 총체적으로 이해하게 할 수 있다. 박지원의 '열하일기(熱河日記)'의 의미와 가치를 역사적·문학적·지리적 측면에서 검토하게 할 수도 있다. 앙코르와트를 역사적으로 가르치면서 당시와 오늘날의 수학, 건축 기술, 과학을 비교해 보게 할 수도 있다. 프랑스혁명이나 산업혁명을 가르치면서 그러한 사건이 배경이 되어 탄생한 정치학, 경제학, 사회학의 이론이나 개념을 탐구하게 할 수도 있다.

각 영역의 방법적 지식의 적용 없이 단순히 각 영역의 실질적 지식만을 기억하게 하는 방식으로는 통합이나 융합의 취지가 살아나기 어렵다. 김홍도의 풍속화에서 조형미와 채색을 분석하는 방식을 미술교육이라고 하지, 미술과 역사의 통합이라고 하지는 않는다. 미술을 가르치기 위해 역사를 소재로 활용할 뿐이다. 미술과 역사의 통합접근이란 미술적 개념을 활용하면서 김홍도의 풍속화를 감상하고 또 그 그림을 역사적 맥락에서 탐구하여 당대의 문화를 이해하는 것이다.

초등학교의 국어, 도덕, 음악, 미술, 실과 등 거의 모든 교과가 역사에서 소재를 찾는다. 그 소재를 통해 현재를 살아가는 데 요구되는 개념, 가치, 규범, 관계, 도덕, 사상, 제도 등을 가르친다. 오늘날의 윤리 및 도덕이나 국어의 읽기, 미술의 감상하기 등을 가르치기 위해 소재로써 혹은 이야기로써 '역사'를 가져오는 것이며, 이때 현재의 틀로 과거를 보게 한다. 이미 필자는 몇몇 경험적 연구를 통해 초등학생이 과거를 현재의 틀로 이해하고 이야기하는 방식에 익숙해서, 과거와 현재의 다름을 인식하면서 과거에 접근하지 못하는 경향이 있다는 점을 지적했다(강선주, 2011a; 2011b). 만약 역사에서도 다른 교과와 같은 방식으로 오늘날을 살아가는 데 요구되는 가치, 규범을 가르치고자 한다면 굳이 역사를 가르칠 필요가 없다. 이러한 방식의 교육은 역사가 제공할 수 있는 인간과 사회에 대한 통찰을 축소할 뿐이다. 그러므로 초등 역사교육은 과거의 사건과 인물을 현재의 시각에서 읽는 방식이 고착화되지 않게, 오히려 그와 다른 방식으로 과거와 소통하고 상호작용하여 현재가 줄 수 없는 감각을 익힐 수 있게 하는 방향에서 구상해야 한다. 즉, 초등 역사교육은 과거에서 문화적 충격을 받아 과거와 현재의 문화적 거리를 '감각적'으로 느끼게 하는 것에서 출발해야 한다.

조선에서 사례를 가져와서 오늘날 인권을 설명하고 싶다면 '과거와 현재의 문화적 거리를 인식'하게 하는 방식으로, 즉 과거의 인간존중사상과 오늘날 인권존중사상을 변화와 계속이라는 측면에서 접근해야 한다. 조선시대에 신분이나 성별 차이 때문에 차별받았던 사람들의 문제를 인간 윤리의 측면에서 고민하거나 함께 아파했던 인물들, 또 적극적으로 나서서 해결하려고 했던 인물이나 사건이 있다. 그러한 인물과 사건들을 단편적으로 다룰 것이 아니라 그들이 어떤 사회구조와 문화적 맥락에서 그러한 행위를 했는지 생각해 보게 하면서 오늘날과 비슷한 인간존중사상과 문화를 가르치고, 또 현재와 다른 과거의 사회구조로서 신분질서와 가부장적 구조를 탐구하게 해야 한다. 그리하여 과거와 현재가 문화적으로 혹은 구조적으로 차이가 있다는 점을 인식하게 해야 한다.

'구조적 접근'이 초등학생에게 가능할까? 여기서 말하는 구조적 접근이란 당시의 전반적인 사회관계와 인간 행위를 규정했던 거대한 문화이자 제도를 탐구하는 방법이다. 학생들이 그렇게 못할 것이라고 단정할 것이 아니라 할 수 있게 하는 방법을 연구해야 한다. 조선에는 오늘날처럼 모든 개인이 평등하다는 사상이나 인권의 개념은 없었고, 그래서 천민과 여성의 정치와 사회진출은 막혀 있었지만, 당시 신분 고하와 성별을 막론하고 인간을 존중하는 사상, 사람을 사람으로 대해야 한다는 사상이 있었다는 점, 그러한 사상에 기초하여 인간을 보고 연민을 가지며 문제를 해결하려고 했던 사람과 제도가 있었다는 점을 가르치는 것이다. 이러한 방식을 통해 과거와 현재의 인간관계를 구분하는 서로 다른 제도적 틀을 '변화'의 관점에서 가르치고, 과거와 현재의 서로 다른 체제의 기저에 깔려 있는 인간존중사상을 '계속'의 측면에서 이야기할 수 있다. 그런데 그들을 한 개인이 아니라 여러 개인들의 이야기로 엮어야 한다. 개인의 사례로 가르치면 그의 행위를 인간존중사상이라는 문화와 상호작용한 결과로 이해하기보다는 그 인물 개인의 성품 때문이라고 이해할 가능성이 크기 때문이다. 개인도 위대하지만 당시 문화에 인간중심적 요소가 있었다는 점을 이해할 수 있게 하는 것이 중요하다. 즉, 초등학교에서 인물 중심 내러티브로 역사를 학습하게 한다고 할 때, 학생들이 학습해야 할 것은 개인의 영웅담이 아니라, 개인이 그렇게 사고하고 행위 하는데는 당시의 거대한 문화의 영향도 있다는 점이다. 이렇게 하기 위해서는 역사를 사례가 아니라 특정 시대나 흐름으로 읽게 할 필요가 있다.

3. 과도한 자긍심보다는 복합 정체성

1) '자긍의 역사'와 '우수한 문화' 교육의 한계 인식

3, 4학년의 고장 단원에서 가르쳐야 할 핵심 개념, 일반화된 지식과 성취기준 사이의 괴리가 크다. 2015 개정 교육과정에서는 사회과의 성격을 다음과 같이 진술한다.

> 사회과는 민주 시민으로서 갖추어야 할 자질을 함양하는 데 필요한 창의적 사고력, 비판적 사고력, 문제 해결력 및 의사 결정력, 의사소통 및 협업 능력, 정보 활용 능력 등의 교과 역량을 육성하는 데 중점을 둔다(교육부, 2018: 3).

사회과 전체에서는 비판적 사고력, 문제 해결력, 의사 결정력을 강조했지만, 역사 영역에서는 자긍심을 기르도록 지시한다. 교육과정의 3~4학년 〈단원 도입〉, 〈성취기준 해설〉과 〈교수학습 방법 및 유의 사항〉, 〈평가 방법 및 유의 사항〉에 대한 진술에서 공통적으로 고장에 대한 자긍심을 강조했다. 예를 들면 "우리가 알아보는 고장 이야기"라는 단원의 경우, 성취기준에 이미 '고장에 대한 자긍심'을 기른다는 문구가 포함되었다. 그리고 〈성취기준 해설〉에서는 "이 단원은 학생들이 생활하는 공간인 고장과 관련된 옛이야기와 문화유산의 역사적 가치 등을 인식함으로써 고장에 대한 자긍심을 갖도록 하는 데 주안점을 둔다"(교육부, 2018: 16). 〈교수학습 방법 및 유의 사항〉에서는 "…… 강연을 듣게 함으로써 고장의 역사적인 유래와 특징을 이해하고, 고장에 대한 관심과 자부심을 갖도록 안내한다"(교육부, 2018: 16). 또 다른 예를 보면 "우리 지역의 어제와 오늘"의 단원 도입 부분에서는 "…… 지역의 역사를 이해함으로써 지역에 대해 자부심을 갖고, 지역 발전에 참여하는 자세를 기르기 위해 설정되었다. …… ”와 같은 서술이 있다. 이 단원의 〈성취기준 해설〉에서는 “…… 지역에 대해 자부심을 갖도록 하는 데 있다”(교육부, 2018: 25). 그리고 〈평가방법 및 유의 사항〉에서는 “우리 지역의 역사적 인물들을 조사하여 지역에 대한 자부심을 가지게 되었는지에 대해 자기 평가를 할 수 있다”(교육부, 2018: 25)라는 진술을 제시하고 있다.

표준국어대사전에서 자긍심은 “스스로에게 긍지를 가지는 마음”으로, 자부심은 “자기 자신 또는 자기와 관련되어 있는 것에 대하여 스스로 그 가치나 능력을 믿고 당당히 여기는 마음”으로 설명한다. 이는 긍정의 정체성과 연결된다. 교육과정은 고장과 지역의 문화유산과 인물을 통해 그 고장이나 지역과 자신이 관련됨, 나아가 그 지역에 소속감을 느끼게 할 수 있다고 전제하고 있다. 이러한 전제는 지역과 관련된 “국민적으로 추앙받는 인물”을 발굴하여 “지역 정체성 확립의 중요한 전래자원”으로 사용해 왔으며 “역사의 현장이나 인물을 체계적으로 정비하고 홍보”하여 “지역 정체성”의 구현을 위해 노력해 왔던 관행과 연결된다(김주원, 2003: 231). 이러한 성취기준은 한편으로는 교육과정의 사회과 성격이나 목표 진술과 모순적이며, 다른 한편으로는 변해가는 지역사회의 모습을 담지하지 못하는 한계를 보인다.

먼저 고장과 지역에 대한 자긍심을 갖게 하라는 주문은 ‘위대한’ 유산, 추앙받는 인물만을 ‘기념비적인’ 관점에서 가르치라는 것이다. 이러한 성취기준은 역사교육의 목적을 과거 문화의 보존과 전승을 통해 정체성을 형성하는 것이라는 전제에서 개발한 것이다. 이는 고장과 지역의 문화유산과 역사를 다루는 두 단원의 핵심 개념, 일반화된 지식, 성취기준, 그리고 사회과의 목적이나 핵심역량과 상호 모순적이다. 맹목적인 자긍심의 강조는 사회과 전체와 역사 영역의 핵심인 비판적 사고, 그리고 21세기 교육이 추구하는 창의적 인재 양성을 오히려 저해할 수 있다. 사회과에서 강조하는 비판적 사고의 결과가 항상 고장과 지역에 대한 자긍심으로 연결되는 것은 아니기 때문이다. 때로 비판적 사고는 문제를 지적하고, 성찰을 자극한다. 그런데 3, 4학년 역사 영역 성취기준에서 강조하는 자긍심은 성찰과는 거리가 있다. 굳이 역사 영역에서만 자긍심, 자부심이라는 단어를 반복적으로 사용해서 1970년대식으로 공동체의식을 심으려 하는 까닭이 무엇일까?

오늘날 지방에 이주 가정과 다문화 가정 학생이 증가하고 있는 현실에 비추어 볼 때 고장과 지역 인물과 문화유산을 전승의 관점에서 지역 정체성 함양의 도구로 사용하는 방식은 적합하지 않다. 초등 사회과에서 전통문화를 다루어왔던 방식이 다문화 사회의 문제를 합리적으로 해결하는 시민의 자질을 기르는 데 적합하지 않다는 지적은 이전부터 계속되어 왔다(박상준, 2007). 그럼에도 3, 4학년뿐 아니라 5, 6학년 역사 영역에서도 다음과 같이 매 대단원에서 민족문화의 우수성을 탐색하게 한다.

[6사03-02] 불국사와 석굴암, 미륵사 등 대표적인 문화유산을 통하여 고대 사
람들이 이룩한 문화의 우수성을 탐색한다.
[6사03-04] 고려청자와 금속활자, 팔만대장경 등의 문화유산을 통하여 고려
시대 과학 기술과 문화의 우수성을 탐색한다.

성취기준 해설에서도 [6사03-03], [6사03-04]에서는 "대표적인 인물들의 활동과 문화유산을 통해 고려의 개창과 외침 극복, 제도 정비 과정 등을 이해하고 고려 문화의 우수성을 파악하도록 한다"와 같이 문화의 우수성을 강조한다. 극난 극복사와 위대한 문화유산이라는 두 개의 주제 축으로 학습 내용을 선정하고 구성한 것만으로도 한국사의 전 시대에 어떤 내부적 갈등도 없었던 것처럼, 그리고 단일한 문화 집단이 살았던 것처럼 가르치려 한다는 비판에서 벗어나기 어렵다. 그런데 여기에 문화의 우수성이라는 용어를 반복적으로 사용해서, '우리' 과거의 우수한 일면만 보게 한다.

고대 사람들이 이룩한 문화의 우수성, 또 고려 시대 과학 기술의 우수성을 어떻게 설명할 수 있을까? 표준국어대사전에서 우수성은 "여럿 가운데 뛰어난 특성"으로 정의한다. 이러한 까닭에 고려청자의 우수성은 항상 중국의 청자와 비교하고 고려청자를 제일이라고 칭찬했다는 송나라 서긍의 말을 인용하며, 금속활자는 독일의 구텐베르크보다 먼저 발명되었으며 세계에서 가장 오래되었다는 점을 강조하고, 팔만대장경은 인쇄술의 기술적 발달과 목판을 1000년 가까이 보존할 수 있었던 기술로 설명해 왔다. 우수성을 설명하는 주된 방식은 상대적인 열등을 상정하며 '비교 우위'를 보여주는 것이다. 고려의 팔만대장경이나 청자, 금속활자에서 문화복합이나 전유 혹은 변형을 탐구할 수도 있다. 그러나 고려 문화의 우수성을 설명할 때 그러한 측면은 생략되며, 이러한 방식의 우수성 부각은 '우리 민족' 이외의 민족들을 타자화한다. 즉, '다른' 민족을 '우리'와 본질적으로 다른 존재로, 또 분리된 존재로 인식하도록, 배타적으로 구분하도록 하는 것이다.

많은 이주 가정과 다문화 가정의 부모와 자녀들은 경계적 정체성 혹은 유동적 정체성을 가지고 있으며(이민경, 2015; 김자영, 2017), 탈영토화된 초국적 공간에서 살고 있다(이민경, 2015). 탈영토화는 특정 국가의 영토에 얽매이지 않고 국경을 가로지르는 초국가적 시민성을 지칭하는 용어이다(이민경, 2015: 165). 이러한 초국적 공간 개념은 특히 이주가 상대적으로 자유로운 엘리트 계층에서 많이 관찰된다. 그들이 지역에 대한 소속감을 느끼지 못하는 중요한 요인 중 하나는 주변 환경이다. 이들은 현재 살고 있는 지역에서의 삶이 만족스럽지 못할 경우, 그 지역에서 자신을 받아준다는 느낌을 갖지 못할 경우, 그곳을 떠나 다른 곳에서 미래의 삶을 계속할 수 있다는 생각을 한다(김자영, 2017: 126).

경계인으로서의 삶을 살고 있는 이주 가정과 다문화 가정의 초등학생이 현재와 같은 초등 사회과 교육과정에서 한국의 특정 고장과 지역의, 나아가 국가의 대표 문화유산이나 인물을 자신의 삶과 관련시키면서 소속감을 느끼고 자긍심을 갖기는 쉽지 않다. 오히려 여러 연구자들은 한국의 "역사교육이 한국인의 문화적 정체성을 강화하고 단결력을 높이는 효과가 있으나 상대적으로 다문화 가정 자녀에게는 또 다른 폭력을 조장할 수 있다(김민지, 2015: 214)"라고 비판한다. 특히 학교에서 진행되는 다문화교육과 역사교육이 상호 조화를 이루지 못한다는 점을 지적한다(김민지, 2015: 227).

비판적 사고 이전에 민족문화의 우수성을 강조하는 초등 역사교육은 전 지구화 시대, 다문화 사회에서는 변화해야 한다. 이주 및 다문화 가정 학생들이 이곳의 역사와 문화가 자신과 연결된다고 인식하고, 자신이 이 지역, 이곳에서 함께하고 있다고 의식할 수 있게 하는 데 역사교육이 기여하기 위해서는 국가 경계를 넘어 이루어졌던 상호작용과 문화복합을 탐구할 수 있게 해야 한다.

2) '자긍의 역사'와 '우수한 문화' 강조 맥락에 대한 성찰

2015 개정 사회과 교육과정에서 '자긍심'과 '우수성'이라는 단어가 등장하는 영역은 역사뿐이다. 지리와 일반사회의 성취기준에서는 그러한 단어를 찾아볼 수 없다. 역사에서 과거의 문화를 탐구하면서 인간과 사회에 대해 통찰할 수 있는 인문적 소양을 함양하는 것을 넘어 굳이 민족문화의 '우수성'을 탐색하도록 강조한 까닭은 무엇인가? 사회과의 틀에서 역사를 가르치면서, 역사만 다른 영역과 모순되는 방식으로 지역과 민족에 대한 애착과 긍정을 요구하는 까닭은 무엇인가? 이미 여러 연구자들이 2015 개정 교육과정, 특히 중·고등학교 역사교육의 목표 진술에서 자긍심을 강조하게 된 배경을 박근혜 정부의 국가주의 혹은 국수주의로 설명했다(백은진, 2015; 정요근, 2018). 국가주의는 국가의 목표를 위해 구성원에게 다른 이념이나 정체

성에 앞서 국가에 최고의 충성심을 바칠 것을 요구한다.

국수주의는 자국에 대한 과도한 자부심을 느끼고 타국을 경멸하는 과장되고 비이성적인 애국주의를 의미하며 국가주의나 민족주의가 극단적으로 확장된 형태이다(전재호, 2019: 70). 국가주의는 구성원의 충성심을 끌어내기 위해 국가에 대한 자긍심을 불어넣으려 하는데, 그 대표적인 수단이 바로 역사이다(장문석, 2011: 58).

그런데 여러 정권에서 여러 대통령이 연설문에서 '국민이 자긍심을 가질 수 있는 역사'라는 식의 화법을 자주 사용했다. 2009년 이명박 전 대통령의 핵심 참모는 "이 대통령은 성공의 역사를 강조해 국민에게 자긍심을 주는 게 국민 화합과 경제위기 극복을 위해 옳은 길이라고 믿는다"라고 설명했다 (남궁욱, 2009.4.18). 3·1절 기념식을 앞두고 참모들이 "서울에서 기념식을 열겠다"고 보고하자 이 대통령은 "그래서야 국민이 자긍심을 갖겠느냐. 독립기념관은 이런 때 쓰려고 지어놓은 곳 아니냐"고 반대했다고 한다(남궁욱, 2009.4.18). 결국 행사는 충남 천안의 독립기념관에서 열렸다. 문재인 정부도 예외적이지 않다. 문재인 대통령은 '3·1운동 및 임시정부 수립 100주년 기념사업 추진위원회' 출범식 격려사에서 "3·1운동과 임시정부 수립 100주년을 기념하는 일이 정의롭고 공정한 나라의 토대가 되어야 할 것"이며 "100주년 기념사업 하나하나가 우리의 역사적 자긍심의 근거가 될 것이다. 청년들은 대한민국을 더 사랑하게 될 것"이라고 위원회 출범을 축하했다(김동호, 2018.7.3). 역사적 자긍심은 정치적 화법이 되고 있다. 공통적으로 국민 통합을 목적으로 하지만, 서로 다른 역사의식과 역사 내러티브의 확산을 촉구한다. 이러한 용어 사용만으로 각각의 정권이 국가주의 혹은 국수주의 역사교육을 추구한다고 단정할 수는 없다.

그런데 2015 개정 초등 사회과 교육과정 역사 영역에서 자긍심, 자부심, 민족문화의 우수성이라는 용어의 사용은 국가주의 역사교육 정책과 별개로 설명할 수 없다. 역사적 자긍심을 정치적 수사로 사용하는 것과 국가 교육과정을 통해 공식적으로 함양하도록 지시하는 것은 다르기 때문이다. 국가 교육과정에는 학생들이 의무적으로 학습해야 할 내용, 도달해야 할 지점들을 명시하고 있다. 이러한 교육과정에 자긍심이나 우수성이라는 표현이 사회과 역사 영역의 목표로서 한 번 언급된 것이 아니라, 복수의 성취기준을 통해 직접적으로 그리고 반복적으로 과도하게 등장했다. 이러한 방식은 "자국에 대한 과도한 자부심을 느끼게" 함으로서 "비이성적인 애국주의, 국수주의"를 조장할 수 있다(전재호, 2019: 70).

21세기의 역사교육은, 일제 식민사관의 극복을 과제로 보면서 긍정의 민족사 인식을 추구해야 했던 1960년대, 1970년대와는 다른 사회 변화와 역사 및 역사교육계의 문제의식을 배경으로 해야 한다. 2000년대 초 이래로 역사교육계와 사회과교육계는 사회 변화를 직시하면서 국가주의(민족주의) 역사교육의 문제를 지적해 왔고 국가주의 역사교육을 희석시키기 위한 여러 방안들을 연구하고 제안해 왔다. 앞으로 개정하게 될 초등 사회과 교육과정의 역사 영역에서는 사회와 학생의 변화를 좀 더 적극적으로 고려하면서 학습 내용을 선정할 필요가 있다. 즉, 지역과 국가의 경계를 넘나들면서 탐구할 수 있는 내용, 다양한 역사적 주체의 참여를 인식할 수 있는 내용, 정치사를 넘어서는 다양한 역사적 국면을 볼 수 있는 내용을 선정하는 것이 것이 중요하다. 그리하여 학생들이 정치적·문화적·지리적 경계에 한정되지 않는 자신의 복합 정체성을 이해하면서 전 지구화 및 이주의 시대를 살아갈 수 있는 유연성을 키울 수 있게 도와줄 필요가 있다.

4. 맺음말

초등 사회과 교육과정에는 사회 변화에 대한 서로 다른 해석과 그에 따른 모순된 내용의 구조화 원칙이 작동한다. 이는 2015 개정 교육과정에서뿐 아니라, 이전의 초등 사회 교육과정에서도 지적해 왔던 문제이다. 지구적 이주나 디지털 전환으로 인해 공간의 패러다임이 변하는 현실은 무시하면서 환경확대법을 고수하고, 다른 한편 전 지구화 과정에서 점점 복잡해지는 사회 문제를 분과적으로 분석하거나 해결할 수 없다면서, 학문융합이라는 패러다임적 변화를 추구하는 모순을 보이는 것이다. 이러한 모순은 국가 교육과정이 가진 '기준'으로서의 위상을 흔들며, 그것을 부정하고 불신하게 할 수 있다. 사회 변화를 담아낼 수 있게 사회과 내용 조직 원칙을 재설정할 필요가 있다.

고장, 지역, 국민국가를 넘을 수 없는 견고한 벽으로 설정하는 교육은 21세기 오늘날 네트워크로 연결된 디지털 시대에 살고 있는 학생들에게 적합하지 않다. 그들은 종래와 다른 공간 개념 속에서 살고 있다. 학생이 스스로의 관심과 사고를 따라가면서 지역과 국가의 경계를 자연스럽게 넘어 학습의 범위를 확장해 가는 것이 오늘날 학생들의 사고방식이나 인지구조에 적합하다.

또 학생에 따라서는 역사, 일반사회, 지리 중 하나의 영역을 집중적으로 학습하면서 다른 교과와 연계하는 것이 사회과 내에서 여러 영역을 차례로 돌아가면서 학습하는 것보다 쉽게 느껴질 수도 있다. 어떤 방식으로 학습 내용을 구조화하여 제시할 것인가? 전 지구적 이주의 시대와 네트워크로 연결된 세계에서 학생의 특성을 고려하여 융통성 있게 교육과정을 운영할 수 있게 개발해야 한다.

최근 교육과정이 전망하는 미래 사회는 다층적이고 유연한 정체성을 강조한다. 그러나 유독 역사 영역만 지역과 민족의 틀에서 긍정을 극대화한 정체성을 추구한다. 이는 사회과 내의 영역 간 모순으로 나타나 학생들을 혼란에 빠지게 한다. 이러한 모순은 목표 설정이나 내용 선정에서 극명하게 나타난다. 비판적 사고력과 문제 해결 능력을 사회과의 주된 목표로 설명하면서 역사 영역에서는 민족 정체성의 함양을 폐쇄적으로 추구해 왔다. 일반 사회 영역에서는 양성평등을 강조하고 인권을 강조하면서 역사 영역에서는 오랫동안 여성을 배제해 왔고, 남성 지배층을 민족으로 등치하면서 민족을 단일한 정치·경제·사회·문화적 단위이자 행위 주체로 서사를 구성했다. 그러한 방식의 역사교육은 이주와 다문화 가정이 증가하고 있는 사회 변화와 괴리되며, 전환기적 세계 변화에 역행한다. 다층적이고 유연한 정체성이라는 취지가 살아날 수 있게 사회과 역사 영역의 내용을 선정하고, 시각을 설정할 필요가 있다.

3장

문화재·문화유산 교육과 역사교육

1. 머리말

19세기 말 국민국가 체제가 확산하면서 과거의 건축물이나 예술품 등 문화적 소산을 국가적 차원에서 보호하고 전승해야 한다는 의식이 발흥했다. 국가에 의한 체계적 사업으로서 유산의 보전과 보호는 '전통(invention of tradition)'(Hobsbawm and Ranger, 1983)[1]과 함께 '근대'적 발명품이며 그 이념적 토대는 국가주의이다.[2] '유산'도 '전통'과 마찬가지로 소속감을 만들어 사회 통합에 기여하고 가치 체계나 행위 규범 등으로 사회 구성원에게 일체감을 부여한다.

한국에서는 일제강점기부터 지식인이 개인적이고 학문적 차원에서 전통이나 민족문화를 복원하고 과거의 유산을 수집·보전하는 데 노력했다.[3] 해방 후, 1950년대를 거치면서 지식인들의 민족문화에 대한 논의를 통해 문화재가 "민족문화의 결정체로서 국가를 대표하는 명백한 상징"이 되었다(정수진, 2007: 358). 그런데 국가가 주체가 되어 본격적으로 '근대'의 국가주의 이념에 기초하여 전통과 문화재를 법제화하고 관리하기 시작한 것은 6·25 전

---

1 에릭 홉스봄(Eric Hobsbawm)은 근대에 와서 전통이 창조되었다고 주장했다(Hobsbawm and Ranger, 1983; 홉스봄 외, 2004).

2 최근 유산학(heritage studies)에서는 유산을 특정 시기의 프로젝트가 아니라 고대부터 계속되어 온 과정으로 보는 경향도 있다. 데이비드 하비(David C. Harvey)의 다음 글이 유산을 고대부터 이어지면서 변화된 과정으로 설명하고 있다. "Heritage Pasts and Heritage Presents: Temporality, Meaning and Scope of Heritage Studies(2001)." 그러나 여러 연구자들이 유산이 폭발적으로 증가하고 그것을 공공화한 것은 최근이라는 점을 인정한다. 특히 왕이나 귀족의 사적 소유 개념이 아니라 근대적인 국가적 소유의 개념이 적용된 국가 수준의 법제적 유산 보호는 19세기 말에 등장했다.

3 이능화, 손진태, 최남선, 송석하 등의 민속 채집과 연구 등이나 전형필의 서화나 도자기 등 수집이 대표적이다.

쟁 이후이다.

전쟁 과정에서 이승만 정부는 여러 매체를 통해 "고적과 유물을 아끼고 보호"해야 한다는 국민적인 의무를 강조했다(정수진, 2007: 358). 전쟁 후인 1957년부터는 일본의 문화재보호법(1950)을 참조하여 문화재보호법의 초안을 마련하기 시작했다. 전 지구적인 민족문화 창조와 과거 유산 보호 및 전승 운동이 한국에서도 예외 없이 시작된 것이다. 1962년에 박정희 정부는 문화재보호법을 제정하여 유형과 무형의 문화적 소산이나 역사적·예술적·학술적 또는 경관상 가치가 있는 것이나, 풍속 및 관습 등 국민 생활의 추이를 이해하는 데 불가결한 것(민속자료)을 지정하여 보호하기 시작했다. 이승만 정부에서 시작했던 법제화를 완성한 것이다. 이후 박정희 정권하에서 역사교육 정책과 연결하여 문화재[4]를 발굴·보수·정화하고 신성화하는 과정을 거쳤다.

1950년대에서 1970년대 국가의 문화정책, 문화재정책, 역사교육정책은 정권의 체제 유지를 위한 이데올로기 교육과 긴밀하게 연관된다. 그러나 문화정책과 역사교육정책을 체제 유지를 위한 정권의 창안물로만 보면 이 시기 지식인들의 탈식민과 근대국가 창조라는 시대적 문제의식, 그리고 그들의 역사적 역동성을 간과하게 된다. 정권의 욕망과 지식인들의 시대적 문제의식을 함께 살펴볼 필요가 있다. 이 장에서는 오늘날 한국의 문화재 보호 체제가 1950년대에서 1970년대 근대 기획의 일환으로 탄생했다는 시각[5]에

---

4 한국 문화재청은 문화재의 공식적인 정의를 제공하지 않는다. 다만 문화재를 다음과 같이 구분한다. 1. 유형문화재, 2. 무형문화재, 3. 기념물, 4. 민속 문화재. 이러한 구분은 문화재보호법 제정 이후로 변함이 없다(문화재청, 문화재보호법(시행 2019.12.25), (법률 제16057호, 2018.12.24. 일부 개정)].

5 한국에서 20세기 이전에 오늘날의 문화재 관리 및 보호와 비슷한 역할을 했던 기관이 있었다는 주장이 있다. 그러나 한국에 근대적인 문화재 개념이 본격적으로 소개된 것은 19세기 말

서 문화재가 어떻게 민족단합과 위대한 민족문화 등을 표상하게 되었고, 역사교육과의 관계 속에서 어떻게 근대적인 국민 만들기의 과제를 수행했는지 살펴본다. 또한 1990년대 이후 국제적으로 통용되고 있는 '문화유산'이라는 용어를 사용하면서 역사교육계에서 문화재 혹은 문화유산에 어떤 의미를 부여했는지, 최근 유산화 방식과 유산학의 논의는 역사교육과 문화재의 관계 재정립에 어떤 시사점을 주는지 고찰한다.

2. 한국사와 문화재의 연합을 통한 국민 만들기

1) 자기 긍정의 민족관 형성을 위한 역사교육과 한국사 시각화를 위한 문화재 발굴 및 보호

1960년대와 1970년대 박정희 정권은 서구적 근대화를 추구하면서도 서구화를 타락과 퇴폐로 규제했다. 또한 한국의 '인습'을 버리려고 하면서 동시에 한국적 정신문화에 기초하여 새로운 전통과 민족문화를 창안하려고 했다. 그런데 이러한 문제의식은 박정희 정권만의 것은 아니었다. 이 시기 지식인은 서구화를 비판하면서도 서구적 근대를 따라잡아야 했고, 동시에 식민 치하에서 상실했던 자아를 되찾아 새로운 국가를 건설해야 한다는 절

이며 일제강점기의 조선총독부가 식민 재산 관리 차원에서 '고적 및 유물 보존 규칙(1916)'을 비롯하여 여러 법령을 만들어 근대적 문화재 관리 체제를 만들었다. 이러한 체제는 제국적인 약탈적 성격이었다는 평가를 받는다(이현경·손오달·이나연, 2019: 10~11). 이 글에서는 6·25 전쟁 이후 제도적으로 문화재에 대한 왕조나 개인의 사적 소유권을 제약하는 공적 소유 개념을 적용하여 국가가 관리하고 보호하는 체제를 만들었으며 그것은 19세기 이전 방식과 다르다고 본다.

실한 과제를 안고 있었다(김주현, 2006). 특히 1960년대 한일회담은 식민지 기억을 호출했고 한국이 다시 일본의 식민지가 될지 모른다는 우려를 심화시켰다(김주현, 2006). 지식인은 민족 주체성 찾기에 열을 올렸고, 개인은 개인으로서보다는 민족의 일부로서 존재해야 한다는 인식이 확산했다. 역사, 국문학, 민속학 등의 분야에서는 식민주의가 억압했던 한국의 역사와 문화의 가치와 의미를 복원하려는 움직임이 한층 본격화했다. "당시 민족중흥, 전통, 자기 긍정적인 과거의 복원, 새로운 민족사에 적합한 인간형의 창조 등에 대한 지식인의 욕망은 한국적인 것을 천착하게 했다"(김원, 2012: 192).

한국에서 민족문화의 창조는 근대국가 건설의 과제이자 탈식민의 과정이었다. 이는 일본 제국주의가 심었던 한국인의 자기 부정적 문화를 폐기하고, 단절과 파괴를 겪었던 한국의 민족문화를 복원하는 과정이었다. 특히 역사학계는 정체성론, 타율성론, 이식된 근대, 낙후된 민족사라는 식민주의적 역사인식을 불식하고 한국의 내재적·주체적 발전 가능성을 입증해야 했다. 그리고 국민교육을 위해 민족 주체성을 강조하는 시각에서 역사교육을 재편해야 했다(강선주, 2013).

제3차 교육과정(1973) 개정에 앞서 문교부는 1969년에 각급 학교 교육과정의 전면적이고 단계적인 개정 계획을 세우고 구체적인 개정 작업으로 제2차 교육과정을 객관적으로 분석하는 기초연구를 시작했다. 한국사 기초연구에는 한우근, 이기백, 이우성, 김용섭 등이 참여했다. 이들이 작성한 보고서 「중·고등학교 한국사 교육 개선을 위한 기본 방향」(1969)에서 학자들은 한국사 교육을 국민교육의 기본으로 규정했다. 그리고 민족의 주체성을 살리면서 민족사의 시대 성격을 세계사적 시야에서 제시하고, 민족사의 전 과정을 내재적 발전 과정으로 파악하고 인간 중심의 생동하는 역사로, 민중의 활동과 참여를 부각한다는 원칙을 제시했다(장신, 2016). 이 연구에 참여했던 이우성(1971: 3)은 당시에 역사가들이 "일제시대의 어용학자들에 의해 왜

곡된 것을 시정할 뿐만 아니라 …… 한국사는 종래의 구태를 벗어나 새로 구상해야 하며 새로이 해석해야 할 문제가 하나둘이 아니다"라고 생각했다고 회고했다.

제3차 교육과정 개정 시기 민족사적 정통성과 "민족 주체성"을 강조하는 역사교육, "자기 긍정적인 민족관 회복"을 위한 민족문화 교육은 역사가들이 인식한 시대적 과제였다(이존희, 1974; 강만길, 1974; 장영민, 2007; 박평식, 2013; 조성운, 2018). 1972년 한우근, 김철준, 이광린, 이원순, 강우철 등의 역사가와 역사교육 연구자들이 참여했던 국사교육강화위원회의 여러 차례 건의에서도 주체적인 민족사관의 확립을 강조했다(윤종영, 2001). 역사교육 관련 글들에서 특히 한국사 연구자들은 '서구 사상의 무분별한 모방'이 사대주의를 강화시켜 '비관적인 민족관'을 만들고 있다고 비판하면서 긍정적 민족관과 우수한 민족문화관을 가르쳐야 한다고 주장했다(강우철, 1974; 1978; 김용덕, 1972; 윤병석, 1978; 최완기, 1976). 강우철(1974: 230)은 "비관적 민족성이 대두한 것은 근대화의 물결이 서구화 이상과 병행하여 나타났기 때문"이라고 했다. 그러나 서양사나 중국사 연구자들은 무조건적으로 서구화를 비판하지는 않았다.

박정희는 1960년대 전반까지도 한민족이 "남에게 밀리고 거지에 기대어 살아온 역사, 우리의 당파 상쟁, 자주 및 주체 의식의 부족, 경제 향상에 대한 창의적 의욕이 부재"했다고 보면서 한국사에 대해 부정적인 인식을 드러냈다(전재호, 2012: 116). 그런데 1960년대 후반, 여전히 침략만 당했던 역사라는 인식에는 변함이 없었지만, 그 가운데 "호국애족, 살신성인, 멸사봉공했던 영웅들"을 찾으면서, 한국사를 긍정적으로 바라보기 시작했다(전재호, 2012: 116). 1972년 박정희는 전국교육자대회에서 주체적인 민족사관의 정립을 강조하면서 국적 있는 교육을 내세우고 '국난 극복'을 시대적 과제로 제시했다.

박정희 정권과 역사학계는 민족 주체성을 강조하는 역사교육 방향에 대해서는 의식을 공유했다. 그러나 「중·고등학교 한국사 교육 개선을 위한 기본 방향」에서도 제시했듯이 역사가들은 역사교육에서 추구해야 할 주체 의식을 민중 중심 민족(이우성, 1971; 강만길, 1974), 세계사적 안목을 바탕으로 한 개방적이고 개인의 가치를 존중하는 방향에서 인식했다(최재희, 1971). 박정희 정권도 '국민교육헌장'을 통해, 개인의 발달과 인류에 공헌을 강조하는 주제 의식을 표명했지만, 당시 국정 한국사 교과서를 분석한 강만길(1974: 414)은 국사 교과서에 관철된 민족 주체성은 지배층 중심이고 애국심을 인위적으로 강조하는 것으로서 "주체적 민족사관을 정립하려는 목적에 역행"한다고 비판했다. 특히 지배층 중심 서술은 민족적 단결을 촉구하는 데 역효과를 낸다고 평가했다. 민중 중심 사관을 반영하지 않았기 때문이다. 그는 한국사 교육을 통한 "애국심 교육이 불가피"하다는 점을 인정하면서도 "애국심이나 민족의식은 어떤 정치적 목적에 의해서나 심지어는 교사에 의해서도 정형되거나 의도되어서는 안 되며 학생들이 자연스럽게 체득할 수 있게 해야 한다"라고 주장했다(강만길, 1974: 414). 국민 만들기에 한국사가 기여해야 한다고 생각했지만, 그것이 특정 정권의 정치적 목적에 활용되는 것은 경계한 것이다. 당시 집권 세력과 그에 비판하고 저항했던 세력이 추구했던 미래상은 서로 달랐다. 그러나 모두 '자기 긍정적인 우리 것의 창안'을 통해 미래를 밝히고자 했던 열망은 같았다(은정태, 2005; 김원, 2012). 1960년대 후반 이후 민족을 포괄적인 단일 주체로 강조하는 역사교육은 박정희 정권의 문화재를 발굴·보수·보호하는 본격적인 작업과 연결되었다. '민족'이 특정 행위를 정당화하거나 비판하는 규범적 준거로 작동하기 시작했다.

1960년대 후반 이후 이순신 관련 유적을 비롯하여 "국난 극복의 역사적 유산과 민족사상을 정립시킨 선현 유적 그리고 전통문화의 보존 계승을 위한 유적"을 우선적으로 발굴·보수·정화했다(문화공보부 문화재 관리국, 1978; 오명석, 1998: 127에서 재인용). 1970년대에는 한국사에서 외세 침략에 저항했던 수많은 호국 위인을 발굴하여 그들의 유적을 보수·정화했다(전재호, 2012). 유관순, 윤봉길 의사 등 항일 독립운동 관련 의사들의 유적들을 보수·정화하고 사당도 건립하여 성역화 및 기념물화했다(김원, 2012). 서울성곽, 부산의 금정산성 등 전국의 주요 성곽들도 보수했다. 호국 문화재는 '한국사'를 국난 극복, 민족 단합, "국민 총화 등의 방향에서 과거와 미래 의식을 시각적으로 각인"시키는 역할을 했다(김원, 2012: 194).

1960년대 후반 이후 한민족의 역사에서 '우수한 문화와 전통'을 정리하여 보전·육성하는 사업도 진행했으며, 이러한 기조에 맞추어 문화재도 선택하고 지정했다(오명석, 1998; 전재호, 2012; 정유진, 2012). 신사임당이나 율곡 이이, 세종대왕 등을 비롯하여 전통적 가치를 상징하는 여러 인물의 동상이 학교나 공원에 세워진 것도 이 시기이다. 또한 통일신라의 문화를 한국 역사의 황금시대로 상정하여 경주 종합개발사업에 착수했다(오명석, 1998). "문화재의 보수·정화가 새로운 민족사를 창조해 나가는 국민의 정신적 지주로서의 국민교육의 기능을 발휘하도록 하는 기조 위에서 추진"된 것이다(오명석, 1998: 127).

1950년대 후반 이후 민속을 재구성하고 무형문화재를 지정하는 작업도 시작했다. 1958년에 민속예술경연대회를 개최했고, 이 대회에서 창작을 가미하여 복원한 하회별신굿탈놀이가 대상을 수상했다. 1964년 하회탈을 국보로 지정했고, 1980년에는 하회별신굿탈놀이를 무형문화재로 지정했다. 문화재보호법을 제정했던 1962년에 한국예술문화단체총연합회를 창단하여 '한국적인' 문화예술을 창조하기 위한 지원을 시작했다. 1965년에는 지방문화사업조성법을 통해 지역 문화인이 민족 문화예술을 복원할 수 있는 제도적 장치를 마련했다. 그리하여 1970년대 이후 서서히, 특히 무형문화재 부문에서 복원의 지역화 양상이 나타났다(조정현·윤동환, 2004: 348). 제주도 해녀노래, 강원도 정선아리랑, 진도 오광대놀이 등의 민속이 지역화를 선도 했다. 그러나 이러한 무형문화재도 지방의 정체성보다는 민족적인 전통문 화, 즉 민족문화로서의 자긍심 고취나 민족 정체성의 계승을 상징했다(조정 현·윤동환, 2004). 특히 1980년대 대학의 탈춤 운동을 비롯하여 민중 지향의 지식인들의 문화운동은 민속이 민족문화의 원형이라는 인식을 확산시키는 데 중요한 역할을 했다(오명석, 1998).

요컨대, 1960년대 이후 사적과 명승지를 지정하고, 원래 마을공동체 중심 으로 유지 및 향유했던 민속을 재구성하여 국가적인 문화재로 지정했는데, 이는 모두 민족문화의 창조 과정이었다. 문화재는 민족이나 국가와 동일시 되었고 '민족문화'나 '전통문화'의 명백한 상징이 되었다(정수진, 2007). 당시 역사관이 문화정책에 깊이 반영되었기 때문에 문화재 보호 정책이 가시적 인 성과를 거둘 수 있었다(정유진, 2012). 1960~1970년대 문화재 보호는 새 로운 민족문화를 창조하고 민족적 자아를 발견하기 위한 "역사 현장의 교육 도장화"로서 추진되었다(오명석, 1998: 128). 정권과 지식인은 민족문화 창조 라는 시대적 사명을 공유했다. 그러나 그들이 상상한 '민족'은 달랐다. 정권 이 지배층 중심으로 민족을 상상했다면, 지식인들에게 민족은 민중을 의미 했다.

2) 한국사 교육에서 문화재를 통한 민족문화의 신성화

근대국가가 성립되는 정치 과정은 민족문화가 국가 차원에서 '숭배'의 대 상이 되는 '신성화 과정'을 수반하며 그 과정에서 "문화는 고도로 추상화 및 순화되고 민족 통합의 제 조건으로서 본질화된다"(Kapferer, 1988: 209; 정수 진, 2007: 357에서 인용). 민족문화의 신성화 과정은 개개인에게 근대국가의 국민임을 각인시키는 일련의 국민 만들기 과정과 동시적으로 진행된다(정수진, 2007). 국민 만들기는 국가적인 의례를 포함하여 다양한 방법과 장치로 진행된다. 그 가운데 제도교육은 가장 강력한 수단이다. 한국에서는 1960년대와 1970년대 사회과 및 한국사 교육이 민족문화 신성화를 통한 국민 만들기에 중요한 역할을 수행했다.

문화재를 민족문화와 연결하여 가르치도록 교육과정에 명시하기 시작한 때는 제2차 교육과정(1963)부터이다. 제2차 교육과정의 초등학교(국민학교)[6] 3학년 사회에는 "우리 고장의 문화재와 천연기념물"이라는 소단원을 두었고, 중학교 사회과에서는 목표 중 하나로 "3. 우리나라의 문화생활의 발전과 그 유산을 이해시키고, 민족문화를 계승·발전시켜, 문화인의 자질을 갖추도록 하여, 민족문화 발전을 위하여 적극 노력하고 문화재를 애호·관리하는 능력과 태도를 기른다"를 제시했다(문교부, 1963b: 45). 그러나 국가가 문화재와 민족문화를 연결시키는 공식적 담론을 체계적이고 본격적으로 활용하기 시작한 때는 제3차 교육과정기이다.

제3차 교육과정에서부터 국가가 국정 지표와 교육과정을 연결하면서 개정하고 관리하기 시작했다(최용규, 2005). 이 시기에 한국사를 사회과로부터 분리했으며 당시 교과서 검정 체제하에 있던 국사 교과서를 국정 체제로 전환하여 개발했다.[7] 당시 한국사 교육을 국가가 체계적으로 관리하여 국민을

---

6 1970년대 초등학교는 국민학교로 칭했으나 이 글에서는 직접인용 할 때를 제외하고는 초등학교라고 표기했다.

7 문교부는 1973년 6월 국사 교과서 국정화를 단행했다. 이는 국사학계에 큰 충격을 주었다. 윤종영(2001: 289)은 발행제도의 급격한 변화의 주된 원인을 10월 유신이라는 당시의 시대적 상황과 국사교육 강화정책을 위해서는 필요한 조치라는 분위기도 있었을 것이라고 추측했다. 물론 당시 역사가들은 국정화의 부작용을 우려했고 또 일부는 강하게 반대했다는 주장도 있다(이신철, 2006). 그러나 당시 많은 학자들이 타협하거나 암묵적으로 지지했다는 분석도 있다(장영민, 2007). 당시 발행된 국정 국사 교과서를 분석하면서 강만길

양성해야 한다는 인식은 정부만이 아니라 앞서 이미 살펴보았듯이 역사가들에게도 있었다. 1960년대 김용섭을 비롯하여 당시 "역사가들은 근대 역사학의 임무를 국민의 양성"이라고 보았다(장신, 2016: 440). 역사가들은 근대 역사학에 대한 인식을 기초로 "민족을 단일한 역사적 주체"로 하는 한국사 교육을 체계화해야 한다고 생각했다(김용섭, 1975: 423). 그러나 이러한 역사가들의 인식이 역사를 장악하려는 박정희 정부의 의도를 지지한 것이라고 할 수는 없다.

정부와 지식인의 공통된 역사교육 방향 인식 속에서 제2차 교육과정의 "세계 시민 양성"이 제3차 교육과정에서는 민족 주체성 교육을 부각하는 방향으로 전환했다(한면희, 1979: 20). 제3차 교육과정 사회과의 내용 선정 기준 8가지 가운데 첫째가 "민족과 국가의 독립성과 긍지"였고, 둘째가 "국민의 단결과 일체감 조성"이었다(한면희, 1979: 20). 실제 제2차 교육과정까지만 하더라도 사회과나 역사과에서 '민족문화'에 대한 혹은 '문화 민족으로서' '자랑', '자부', '자긍'을 느끼게 한다는 서술은 거의 보이지 않았다.[8] 그런데 제3차 교육과정에서 처음으로, 그리고 그 어느 교육과정에서보다도 더 반복적으로 민족(조상), 한국사, 전통에 대한 자랑, 문화 민족으로서의 자부심을 강조했다. 제3차 교육과정의 초등 사회과 목표에 다음과 같은 진술이 있다.

4학년 우리나라의 고적, 유물 등을 통하여 우리 민족 생활 발전의 개략을 이

(1974)은 "주체적 민족사관을 확립하고 그것을 바탕으로 국민의 애국심으로 기르며 국민의 대동단결을 이루기 위해서"는 국정화가 필요할 수 있겠다고 서술했지만, 국사 교과서의 국정화의 부작용을 우려하면서 국정화를 비판했다.

8 제2차 초등학교 교육과정에서는 반공·도덕생활에서만 "국가와 민족에 대한 자랑"(문교부, 1963a: 130, 132), "우리 문화와 전통에 대한 자랑"(문교부, 1963a: 132)하게 할 것을 주문했다.

해시키고, 조상과 역사에 대하여 자랑을 느끼게 한다.

5학년 조상의 생활과 전통에 대하여 애정을 가지게 하며, 문화 민족으로서
의 자랑을 느끼게 한다. 전통에 대한 친근감과 문화 민족으로서의 자
랑을 느끼게 한다.

6학년 국사와 조상에 대한 자부심을 가지게 한다(문교부, 1973a).

민족의 역사와 문화를 자랑스럽게 생각하게 한다는 진술은 중학교 한국
사의 목표에서도 보인다. 중학교 '국사과' 일반 목표 진술에 "…… 문화 민족
의 후예로서의 자랑을 깊이 하게 한다(문교부, 1973b)". 〈제2학년〉목표에서
"민족의 순수성에 대한 자랑을 깊이 가지게 한다", "주변 이민족과의 접촉,
항쟁 속에서 독자적인 문화를 형성하고 사회체제를 발전시켜 온 민족의 슬
기를 인식시키고, 문화 민족으로서의 자랑을 더욱 깊이 하게 한다"를 포함
했고 〈제2학년〉내용에는 "…… 민족문화의 우수성을 깨닫게 한다"라고 진
술했다(문교부, 1973b).

1970년대 초 강우철(1974: 141)은 역사교육에서 가치교육이라 하면 당시
주로 문화재 애호나 애국심 교육으로 인식한다고 했다. 1970년대 중반 사회
과교육과 교수였던 최완기는 한국사 교과서에서 가르치는 "문화재는 우리
가 선조로부터 물려받은 귀한 재산으로 천금을 주고서도 살 수 없는 민족사
의 소산"이라고 설파했다(최완기, 1976: 85). 문화공보부 문화재관리국(1978)
은 문화재를 "역사의 유산인 동시에 실체이며, 따라서 역사의식을 체득하고
민족적인 자아를 발견하는 데 있어서 최선의 교재가 되고 그 방법"이라고
주장했다(오명식, 1998; 127). 당시 역사교육 연구자들이 동의했든 비판했든,
문화재를 민족문화 교육, 민족의식 교육 자료로 인식하고 있었음을 알 수
있다.

제3차 교육과정 중학교 한국사 교육과정의 지도상의 유의점에는 "(5) 향토

표 3-1 제3차 교육과정의 사회 4-2 교과서, "3. 우리 민족의 생활 자취" 중단원 및 소단원 구성

대단원	중단원	소단원
우리 민족의 생활 자취	1. 우리 민족의 내력	1. 국사 연대표 2. 우리 민족이 세운 나라들 3. 역사를 빛낸 어른들
	2. 옛 도읍지	1. 고조선과 고구려의 서울 2. 백제의 서울 공주와 부여 3. 신라의 서울 경주 4. 고려의 서울 5. 조선 왕국의 서울
	3. 우리의 문화재	1. 문화재의 종류 2. 국보와 보물 3. 지정 무형문화재 4. 역사적 기념물과 천연기념물(우리나라의 사적, 　명승지, 천연기념물) 5. 민속자료 6. 박물관 7. 문화재의 보존과 보호

자료: 필자 작성

문화재를 적절히 활용하고, 박물관, 기타의 장소에 소장되어 있는 문화재에 접할 수 있는 기회를 마련하여, 조상의 업적에 대한 관심을 높이도록 힘써야 한다"라는 내용을 포함했다(문교부, 1973b: 34). 자기 긍정적이고 주체적인 역사의식을 위해 한국사 교육에서는 '위대한' 민족문화를 '훌륭한' 문화재를 통해 가르쳤다.

제3차 교육과정의 초등학교 사회의 4학년과 6학년의 '국사'에서도 문화재를 민족문화에 대한 자긍심을 불러일으킬 수 있는 중요한 자료로 강조했다. 4학년 사회 교과서에서는 "문화재는 어느 한 사람이나 한 고장의 것이 아니라 온 겨레의 것"(문교부, 1974: 117)이라고 강조했다. 환경확대법에 따라 4학년에서 지역을 가르쳐야 했지만, 역사 영역의 경우 문화재를 통해 실질적으로 가르친 것은 민족문화였다. 4학년 사회 교과서에서는 "우리 민족의 생활 자취"를 표 3-1과 같이 3개의 중단원으로 구성했다(문교부, 1974: 117).

중단원 "3. 우리의 문화재"는 모두 7개의 소단원으로 구성했다. 그 가운데 "7. 문화재의 보존과 보호"의 첫 문장은 "훌륭한 문화재를 가졌다는 것은 그만큼 우리 민족의 우수성을 세상에 자랑할 수 있는 것일 뿐 아니라, 역사 연구에도 큰 도움을 주는 것이다"였다(문교부, 1974: 116). 이 소단원의 소주제에는 "(1) 우리 민족의 우수성"과 "(2) 문화재의 보존과 보호를 위한 노력" "(3) 조상들의 훌륭한 정신을 이어받자"가 포함되었다. "(1) 우리 민족의 우수성"의 교과서 본문 서술은 다음과 같다.

우리 겨레가 뛰어난 슬기와 얼을 지닌 민족이라는 것은 우리들의 문화재를 통하여 알 수 있다. 세계 어느 나라에서도 찾아볼 수 없는 훌륭한 말과 글자, 동양에서 가장 오래된 천문대인 첨성대, 서양보다 200여 년이나 앞선 금속활자나 측우기 등은 이미 세계에서도 그 가치가 알려져 있다. 또한 고려자기, 충무공의 거북선 등은 우리 민족의 독특한 슬기와 솜씨를 나타낸 좋은 보기가 된다. 그 밖에도 통일신라 시대의 조각, 건축 등은 세계적인 자랑거리로 꼽히고 있다(문교부, 1974: 116~117).

문화재는 민족을 의미했고, 훌륭한 문화재는 민족의 우수성을 입증하는 것이었다. "세계에서 가장 오래"되거나 "서양보다 앞서" 발명한 문화재, "세계적인 자랑거리"인 문화재들이 민족의 슬기와 얼을 대변했다. 문화재는 "조상들의 훌륭한 정신"과 "빼어난 솜씨", "슬기", "명랑하고 평화를 사랑하는 정신"을 상징했고 "본받아야 할", 그러므로 숭배해야 할 대상이 되었다.[9]

---

[9] 4학년 사회 교과서에 다음과 같이 서술했다. "조상들이 남긴 문화재를 통하여 조상들의 훌륭한 정신을 알 수 있다. 고구려 사람들의 훌륭한 국민성이나 고려 사람들의 금속활자, 청자 상감을 만들어낸 빼어난 솜씨, 조선시대 사람들의 한글, 측우기, 거북선 등을 발명한 슬

이러한 진술은 1960년대와 1970년대 '위대한 민족문화'의 복원이라는 문화재 발굴과 보수 및 정화 정책의 방향이 사회과 및 한국사 교육의 방향과 일치했음을 알려준다. 당시 유일하게 의무교육이었던 초등교육은 문화재를 통한 민족문화 신성화에 중요한 역할을 했다. 제3차 교육과정에서 '국난 극복', '민족 단합', '위대한 민족문화' 등이 민족사의 공식적인 해석이 되었으며, 문화재는 그러한 민족사 교육의 교재가 되었다. 이러한 과정에서 역사와 문화재는 다른 것임에도 동일한 것으로 간주되기 시작했다.

제5차 교육과정(1988)과 제6차 교육과정(1992) 이후 교육과정의 지역화를 추구하면서 중·고등학교에서도 지역사를 가르쳐야 한다는 인식이 성장했다(송춘영, 1990). 이러한 과정에서 문화재는 지역사의 교재 혹은 소재라는 인식이 나타났다. 그러나 송춘영이 1990년에 발표한 논문에 의하면 교사들은 향토사를 "향토 발전을 위해 애쓴 조상의 노력"이나 "향토의 발전 과정"보다 "자랑스러운 문화재"의 이해에 중점을 두고 가르쳤다(송춘영, 1990: 14). 문화재를 여전히 지역적 가치보다는 민족사적 가치라는 측면에서 그 의미를 평가하고 활용한 것이다.

문화재의 전승적 가치는 고정불변의 것으로 재고할 여지가 없었다. 가치를 평가하고 전승 여부를 결정해야 할 개인은 민족문화와 문화재에 종속되고 객체화되었다. 1970년대에 형성된 문화재에 대한 공적 담론은 한국사 교육을 통해 사람들의 일상 깊숙이 자리하여 개인 행위의 규범적 준거로 작동하게 되었다. 한국사 교육은 그 후 오랫동안, 2010년대까지도 사람들이 공적인 문화재 담론에 맞추어 자신이 보고 듣고 경험한 것을 해석하는 데 중

기, …… 우리 겨레의 명랑하고 평화를 사랑하는 정신은 우리들이 본받아야 할 것이다. 이와 같은 조상들의 정신을 바탕으로 하여 다른 나라의 좋은 점을 받아들여 우리의 풍토와 성격에 맞는 새로운 민족문화를 발전시켜야 할 것이다"(문교부, 1974: 119).

요한 역할을 했다.[10] 초등학교 한국사 교육의 이러한 문화재 활용 문법은 이 책의 2장에서도 살펴보았듯이 2015 개정 초등 사회과 교육과정까지 이어지고 있다. 2015 개정 초등 사회과 교육과정에도 3, 4학년에서 대표적인 문화유산을 통해 고장이나 지역에 대한 자긍심을 기르도록 한다는 성취기준을 포함했다.[11]

3. 문화유산과 역사교육의 서로 다른 길 찾기와 유산화

1) 세계화와 지방화의 흐름 속에서 '민족'의 희석 압박

오늘날 한국 사회에서 '문화재'라는 용어를 민족과 민족문화와 분리해서 인식하기는 어렵다. 현재 우리가 문화재라고 인식하는 것은 고도의 정치적 과정을 통해 민족문화로 정립되었기 때문이다. 이러한 점 때문에 1990년대

---

10 실제 학생들의 문화재에 대한 인식을 조사한 연구에서 이해영(2011)은 문화재 체험 후 "학생들이 문화재에 대한 긍지, 자부심과 순국선열에 대한 존경심, 애국심이 강하게 나타났다"라고 분석했다. 그리고 학생들이 교과서의 문화재에 대한 평가를 그대로 받아들였다고 보았다. 정미란(2016)은 초등학생이 중요하다고 생각하는 문화재를 조사한 후 학생들이 대부분 교과서에서 중요하게 다루는 문화재를 중요하게 생각했다고 했다. 그리고 학생들이 그렇게 생각한 이유를 설명했는데 그의 설명을 보면 학생들이 1970년대식의 민족총화, 우수한 문화 등의 문화재 담론에 기초하여 문화재를 인식한다는 점을 알 수 있다. 예를 들면 민족총화(팔만대장경), 우수성(수원 화성), 호국(거북선) 등이다.

11 예를 들면 다음과 같은 성취기준이다 "[4사01-04] 고장에 전해 내려오는 대표적인 문화유산을 살펴보고 고장에 대한 자긍심을 기른다"(교육부, 2018: 16). "[4사03-03] 우리 지역을 대표하는 유·무형의 문화유산을 알아보고, 지역의 문화유산을 소중히 여기는 태도를 갖는다"(교육부, 2018: 24). "[6사03-02] 불국사와 석굴암, 미륵사 등 대표적인 문화유산을 통하여 고대 사람들이 이룩한 문화의 우수성을 탐색한다"(교육부, 2018: 40).

이후 정부는 한국 문화재의 세계유산 등재에 심혈을 기울이면서 국제적으로 통용하는 문화유산이라는 용어를 사용하기 시작했다. 2000년대 문화관광부는 '국가문화유산종합정보서비스(국가문화유산포털)'을 구축했고 2004년에는 문화재청이 기관의 공식 영어 명칭을 'Cultural Properties Administration'에서 'Cultural Heritage Administration'으로 변경했다. 한국 문화재의 인류적 가치를 입증하고 세계화하기 위해서는 국제적인 용어를 사용할 필요가 있었던 것이다. 문화유산이라는 용어에는 유네스코(UNESCO)의 유산 개념, 즉 인류를 위해 보호하고 전승해야 할 탁월한 보편적 가치가 있는 과거의 문화적 소산이라는 의미가 담겨 있다.[12] 게다가 2000년대와 2010년대에는 여러 연구자들이 1960년대와 1970년대 '한국적인 것', '문화재' 생성의 정치적 맥락을 비판적으로 분석하면서 문화재 대신 문화유산이라는 용어를 사용해야 한다고 주장했다(정수진, 2004; 이현경·손오달·이나연, 2019). 백과사전에서도 문화재가 "인종적 또는 국민적인 체질의 본질을 표현하는 모든 것"으로 인식된다는 점을 지적하고 있다(한국민족문화대백과, 2020). 그러므로 연구자들은 용어 변경을 통해 문화재의 의미를 주조했던 시대적 상황의 변화를 선언하고 그 용어가 함의하고 있는 국가주의 이데올로기와 단절을 꾀하고자 했다.

1990년대 이후 문화유산이라는 용어를 사용한 연구가 교육 분야에서도 나타났다. 역사교육계 밖에서는 주로 다문화, 지속 가능한 발전, 문화 다양성 등의 담론과 문화유산을 연결했다. 역사교육계에서도 원론적으로 유산의 인류적 가치에 주목했지만 활용의 방식은 1970년대 문화재 담론, 즉 민족문화의 보존과 계승의 틀 안에 있었다(이예선, 2009; 류호철, 2016; 조예진,

---

12 유네스코는 유산을 세계유산, 무형문화유산, 세계기록유산으로 분류한다. 세계유산 항목 안에 문화유산, 자연유산, 복합유산이 포함된다(유네스코와 유산, 2020).

2014).

2000년대 역사교육의 목적으로 역사적 사고력이 부상하면서 이후 문화재를 역사적 사고력 함양의 수단으로 논하기 시작했다(최용규 외, 2006; 전영준, 2018; 박상혜, 2018a; 2018b). 그렇지만 이러한 글들에서 문화재를 민족문화 교육과 민족의식 함양의 방법이나 교재로 인식하는 틀을 폐기한 것은 아니었다. 몇몇 글에서는 문화재를 민족의식을 함양하면서 동시에 역사적 사고력을 개발할 수 있는 교재로 제시했다. 이러한 글에서 문화재는 사료의 의미였다. 역사적 사고력, 비판적 사고력 함양으로서의 역사교육과 민족 정체성 함양으로서의 역사교육을 함께 추구하는 것은 일면 모순적이다. 이 두 가지를 동시에 추구할 경우 역사적 사고를 통한 초역사적인 민족의 절대성에 대한 도전이 제한적일 수밖에 없기 때문이다.

문화재에 대한 공적 담론의 생산 주체인 문화재청은 2000년대 교육을 사업 차원에서 본격적으로 계획하고 관리하기 시작했다. 이 과정에서 지속 가능한 발전이나 문화 다양성 등의 사회적 요구를 반영하여 교육의 방향을 다시 설정해야 한다고 인식했다(김용구, 2018: 157). 그리하여 문화유산이라는 용어를 사용하여 문화유산 교육을 재정립하려는 노력도 기울었다. 2007년에 발행된 「문화재 활용 가이드북」에서는 문화유산 교육의 의미를 "문화유산에 대한 이해를 바탕으로 문화유산의 가치를 인식시키고 문화유산을 가꾸고 보호해 나가도록 하고, 궁극적으로는 문화유산을 향유해 나가도록 하는 것"이라고 설명했다(문화재청, 2007: 37). 그러나 이 책자에서 좋은 사례로 제시한 문화재 활용 학교 수업은 "학생들에게 문화유산의 가치와 우수성을 인식시키고 우리 문화유산에 대한 자긍심을 고취"시키는 것이었다(문화재청, 2007: 39). 용어 변화 이후에도 우수한 민족문화를 가르친다는 기조는 변하지 않았다.

오늘날까지도 문화재의 법제적 의미와 공적인 담론은 여전히 민족과 민족문화의 보존과 계승이라는 오래된 패러다임에서 벗어나지 못하고 있다. 이러한 문화재 공적 담론은 2018년에 일부 개정한 '문화재보호법'의 제1조 "이 법은 문화재를 보존하여 민족문화를 계승하고, 이를 활용할 수 있도록 함으로써 국민의 문화적 향상을 도모함과 아울러 인류 문화의 발전에 기여함을 목적으로 한다"라는 선언에서도 알 수 있다. 그런데 이러한 공적인 문화재 담론이나 역사교육계에서 논의하고 있는 문화재·문화유산 교육은 세계화나 유산화(heritagization)의 지역화와 괴리된다.

유산화란 특정한 문화를 유산으로 규정하여 보전하는 방식이다(백영경, 2019: 1025). 오늘날 문화유산 담론의 주체와 유산화의 주체가 다양해지고 있다. 1960년대와 1970년대 문화재화는 국가가 문화재에 일방적으로 민족적인 가치와 정체성을 부여하고 국민이 그것을 수용하면서 문화재를 숭배하는 방식이었다면, 오늘날 유산화는 다양한 주체들이 과거의 문화적 소산을 찾아 공동체적 혹은 개인적 가치를 생성하고 사회적·경제적·환경적 목적 등 다양한 목적을 위해 그 유산을 활용하는 방식으로 이루어진다. 특히 1995년 이후 지방자치제도가 정착하면서 지역 주민들이 자신이 살고 있는 지역의 독특한 생활 방식 및 문화, 그리고 그에 기초한 정체성을 살리면서 유산을 생성하는 방식이 눈에 띄게 증가하고 있다. 예를 들면 제주 해녀 문화나 남해의 전통적인 멸치잡이인 죽방렴 등과 같이 그 지역 공동체에서 오랫동안 전승되어 온 독특한 생활 방식이나 기술을 유산화하는 하는 방식이다.

최근에는 유산을 공유재(common goods)로 보는 경향이 있다. 이러한 시각에서는 특정한 유산이 가질 수 있는 보편적인 가치를 부정하지는 않으면서 동시에 특수한 가치를 발굴하려고 한다. 즉, 그 유산을 만들어내고 실제로 삶 속에서 살아낸 사람들과의 관계 속에서 유산의 가치를 이해하고 유산을 보전하며 활용해야 한다고 보는 것이다(백영경, 2019). 백영경은 다음과 같이 주장한다.

예를 들어 제주의 해녀 문화라고 하면 인간들이 다른 많은 지역에서 그러했듯이 험난한 자연과 고통스러운 역사 속에서 삶을 일구고 살아온 분투의 흔적과 성취를 보여준다는 점에서 해녀들의 문화가 가지는 보편적 가치를 부정하지 않는다. 그러나 제주의 해녀 문화 자체는 해녀들이 작업을 할 수 있는 제주의 바다, 제주의 친족 제도, 역사, 마을을 떠나서는 존재할 수 없으며, 만약 더 이상 해녀들이 바다에서 작업을 하는 것만으로 살 수 없을 만큼 바다가 훼손되고, 해녀 일 자체로는 생계가 유지되지 않는다거나, 해녀 일을 이어받아 할 수 있는 다음 세대가 존재하지 않는다면 해녀 문화라는 것은 보전될 수 없다(백영경, 2019: 1024).

1950년대 이후 많은 문화재가 국가에 대한 소명으로 마을공동체의 맥락에서 유리되어 국가 정체성 함양에 기여했다. 그러나 오늘날에는 유산의 생성과 보전 및 활용의 공동체적 맥락과 권리를 복원하는 경향이 보인다.

지방자치제도가 실시되면서 문화재를 초등학교뿐 아니라 중·고등학교에서도 지역사 교재로 적극 활용해야 한다는 주장이 부상했다. 특히 제7차 교육과정(1997)의 중학교 2학년 사회 교과서 한국사 영역(교육과정상 사회과에 통합 편제)에서는 대단원 "1. 우리나라 역사와 우리의 생활"에 '향토의 역사'라는 소항목을 두고 지방의 유래, 유물·유적 등을 서술하면서 "향토사 자료의 활용과 현장 체험"의 중요성을 강조했다(조상제·김명철, 1998). 그리하여 2000년대에는 여러 연구자들이 문화재를 활용한 지역사 학습 방안을 개발하기 위해 노력했다(이병희, 2002; 정덕용, 2009; 고범석·염미경, 2005).[13] 그러나 문화재 관련 교육 내용을 구체적으로 살펴보면 주로 문화재의 종류 및

---

13 특히 석사학위 논문이 증가했다. 예를 들면 김도한, 「오산지역 문화재를 활용한 역사교육 프로그램 개발」, 한신대학교 교육대학원 석사학위 논문(2011) 등이 있다.

특징, 규모, 세부 명칭이나 조성 시기 및 방법, 관련된 설화 등 문화재 자체에 대한 교육에 치중했다. 즉, 문화재 및 그와 관련된 역사 지식 교육이었으며, 공동체의 맥락에서 문화재를 떼어내어 그것을 대상화한 교육이 주를 이루었다.

그러나 문화재 혹은 문화유산은 그 대상만을 떼어서 보전할 수 있는 것도 가르칠 수 있는 것도 아니다. 그 문화유산은 그것을 만들어낸 구체적인 삶의 맥락, 관련된 공동체의 정신을 이해할 때에야 계승하고 보전할 수 있다 (백영경, 2019: 1026). 그러므로 문화유산 교육은 그 유산을 만들고, 가꾸고, 기억하고, 무엇보다도 삶 속에서 공유하고 함께 누리는 사람들, 또는 유산의 단절이나 파괴를 경험했던 사람들의 인식 세계와 유산을 결합하는 방식으로 이루어져야 한다. 그 유산의 생성과 변화, 향유의 시간적·장소적 맥락이 함께 살아날 수 있게 해야 하는 것이다. 그 맥락은 지리적으로 국가보다 작을 수도, 또 국가를 가로지를 수도 있다.

또한 최근 기억 이론과 기억 문화의 발달은 국민적 일체감을 훼손한다는 이유로 배제되거나 거부되었던 과거 기억과 문화의 복합적 소산들에 주목한다. 이에 따라 종래 문화재나 문화유산을 민족이나 국가적인 소산으로 이해했던 시각에 균열을 만들고 있다. 국가 및 국가 정체성 형성 과정에서 '긍정의 민족관'과 '위대한 민족문화' 담론에 배치되거나 그 담론을 부정하는 국가적인 폭력이나 민족 내의 갈등의 기억을 담지하고 있는 문화유산들의 전유와 보전에 대한 논의도 활발하다. 이에 따라 문화유산의 분류 방식도 달라지고 있다. 특히 '민감한(sensitive)', '어려운 혹은 불편한(difficult)', '논쟁적인(controversial)' 등의 수식어가 있는 문화유산은 민족을 통합된 하나의 절대적인 체제로 전제하는 논의나, 민족 및 국가 간의 갈등에서 하나의 목소리와 가치만 대변하는 방식의 억압성을 비판한다. 이에 따라 최근 유럽의 유산학(heritage studies)은 시기 중심이 아니라 사건 중심으로 유산을 분류한다(이현경, 2018: 164). 주제에 따라 문화유산을 연구하는 시각과 방법, 지리적이고 시간적인 맥락 등을 달리할 필요가 있기 때문이다. 최근의 세계화와 지방화는 문화재나 문화유산에 부착되었던 민족이나 민족문화, 국가주의 이념의 해체를 동반하고 있다. 이러한 경향성은 근대적 국민 만들기의 틀에서 구축되었던 역사교육과 문화재의 관계에 변화를 요구한다. 문화재 혹은 문화유산과 역사는 공통적으로 소속감과 집단 정체성 함양의 기제이며 따라서 사회 통합의 중요한 수단으로 활용된다. 그러나 사회의 패러다임적 변화는 문화유산과 역사가 민족 정체성을 넘어 정체성의 다층성이나 복합성, 인식 및 정체성에 대한 성찰에 기여하길 요구한다.

2) 역사학과 유산학의 '역사'와 '유산' 구분 요구

최용규 외(2006)는 문화재교육을 역사의 틀을 넘어 새롭게 정의하려고 시도했다. 그들은 "문화재 학습 또는 문화재교육은 역사 수업에서 1차 자료인 문화재를 활용하는 것 이외에 문화재 자체에 대한 이해를 목적으로 하는 학습을 포함하여 일컫는 말"이라고 했다.[14] 그들은 "학교 교육에서 문화재가 교재로서 갖는 의의"를 다음과 같이 제시했다. "첫째, 역사 학습 자료 가운데 원형에 가까운 실물로 전해져서 1차적이고 근원적 가치를 지닌 것", "그 시대의 역사의 단면을 볼 수 있는 효과적인 학습 자료라는 것", "둘째, 탐구 학습의 유용한 자료", "행동감 있는 학습의 장을 제공"하는 것, 즉, "문화재를 직접 만들어보는 체험적 활동을 통해 문화 창조자 양성에 기여"할 수 있

---

14 최용규 외는 문화재교육을 "'문화재에 대한 학습'에서는 문화재에 대한 기본적인 지식에 대한 역사 학습이 이루어지게 하고, '문화재를 통한 학습'에서는 문화재를 소재로 조상들의 생활, 문화, 역사 학습이 이루어지게" 하는 것으로 정의했다(최용규 외, 2006: 5).

다는 점, "셋째, 문화재를 학습함으로써 민족문화에 대한 자긍심을 키워나 갈 수 있으며, 조상에 대한 존경심을 기르고 향토애와 민족애를 기를 수 있다"는 점, 그리하여 "나아가 문화적 주체성의 확립에 기여할 수도 있다는 점"을 들었다"(최용규 외, 2006: 10~11). 최용규 외(2006)는 종래 역사교육의 일부로서, 또는 하나의 방법으로서 문화재교육을 보던 시각의 전환을 추구했다. 그러나 여전히 문화재를 민족애나 향토애 함양의 자료로 인식하는 틀과 과거의 인간이 남긴 물건이나 흔적이라는 의미의 '유물', '유적'이라는 개념과 같은 의미로 사용하는 관행에서 탈피하지는 못했다.

문화재나 문화유산 연구와 활용에서 역사는 중요하다. 그 연구와 활용은 융·복합적으로 이루어지지만 역사는 여러 방식으로 기여하기 때문이다. 그러나 "유산을 역사와 혼동해서는 안 된다"(Lowenthal, 1998: 7). 이미 여러 해외 역사 연구자와 유산 연구자들이 '학문 역사(disciplinary history)'와 '유산 역사(heritage history)'나 '기억 역사(memory history)'의 방법적 또는 실제적 차이에 대해서 설명했다(Lowenthal, 1998; Harvey, 2001).

문화재는 물론 문화유산도 가치가 개입된 개념이다. 백과사전에서는 문화유산을 "인간이 자연 상태에 머무르지 않고 서서히 생활 형성을 진전시킬 경우, 후대에 계승·상속될 만한 가치를 지닌 전대의 문화적 소산"으로 정의한다(두산백과, 2020a). 앞 세대가 물려준 자연이나 문화로서 유산은 '보전'과 '계승'을 염두에 두고 특정한 기준에 기초하여 선택하거나 수정한다(두산백과, 2020a). 그때 기준은 현재에서 나온다. 데니스 하디(Dennis Hardy)도 "유산은 가치가 탑재된 개념으로서 어떤 형식으로 나타나든 그것의 본질은 전적으로 현재의 상황과 연결된다"라고 주장했다(Hardy, 1988: 333~338; Harvey, 2001: 324에서 재인용). 역사도 유산과 마찬가지로 현재 사회와의 관련 속에서 과거의 사건과 자료들을 선택한다. 그러나 유산은 역사보다는 현재와 미래적 활용에 좀 더 적극적으로 나선다. "유산은 현재의 필요와 요구에 반응하면서 의도적으로 생산하는 것이므로 철저하게 현재의 산물이다"(Tumbridge and Ashworth, 1996: 6). 존 턴브리지(John E. Tunbridge)와 그레고리 애슈워스 (Gregory John Ashworth)는 "현재가 현재의 활용의 목적으로 상상한 과거에서 무엇을 상속할지 선택하고, 상상한 미래를 위해 무엇을 전승할지 결정한다"라고 강조했다(TunBridge and Ashworth, 1996: 6). 예를 들면 지속 가능한 발전이라는 경제적 혹은 환경적 목적으로 특정한 문화의 활용이나 전승을 결정하는 것이다.

오늘날 유산화는 유산 산업(heritage industry), 즉 경제적 이해관계와 밀접하게 연결되기도 한다. 이에 따라 일부 학자는 유산이 "역사의 패배"를 의미하며 "과거와의 의미 있는 관계의 종결을 나타낸다"(Harvey, 2001: 324)라고 주장했다. 특히 최근 "유산 산업이 역사를 위협하여 '정통 과거(authentic version of the past)'를 파괴하고, 그것을 '모조한 과거(simulacra of the past)'로 대체하고 있다"(Tumbridge and Ashworth, 1996: 6)라고 비판했다. 과거에 실존했다는 증거가 없는 인물을 실존했던 인물처럼 다루고, 소설이나 사극 속의 장소를 실제 특정한 사건이 일어났던 장소인 것처럼 유산화하고 상업적 목적으로 홍보하는 사례들은 한국에서도 관찰된다.

유산화는 역사적인 엄밀성을 요구하지 않는다. 한국의 문화재라는 용어나 세계적으로 통용되는 문화유산이라는 용어 모두 역사가들이 비역사적이라고 간주하는 것까지 포함하여 다양한 유형과 무형의 것들을 대상으로 한다(Tumbridge and Ashworth, 1996: 6). 반면 역사는 철저하게 연구 방법으로 주장과 해석의 타당성을 입증한다. 증거로 논쟁하며 증거에 굴복한다. 이러한 역사 연구 방법은 '보존할 만한 가치가 있는 과거의 것'인 문화재나 '후대에 계승·상속할 만한 가치를 지닌 전대의 문화적 소산'인 문화유산이 아닌 '과거로부터 남겨진 자료'를 주된 연구의 대상으로 한다. 그런데 문화재 혹은 문화유산은 역사만이 아니라 우화와 신화로 점철되어 있다(Lowenthal,

1998: 7). 이에 따라 "역사는 유산의 반의어로 때로 유산을 불신하는 수단으로 사용한다"(Tumbridge and Ashworth, 1996: 6).

그러므로 역사교육에서도 문화재, 문화유산은 유물과 구분해야 한다. 문화재나 문화유산이라는 용어를 유물이나 유적이라는 용어와 같은 의미로 사용하는 것은 개념상의 혼란만 자초하게 된다. 개념적으로, 방법론적으로 역사교육과 문화유산 교육은 구별된다. 문화유산 교육에서 역사가 기여할 수 있는 방안에 대한 새로운 궁리가 필요하며, 또 문화유산 교육에서도 문화유산 교육의 개념을 이론적으로 구체화하고 실행 가능한 교육 방안을 개발하기 위해 노력해야 한다.

4. 맺음말

문화재와 문화재교육의 탄생은 국민국가의 형성이라는 전 지구적 현상과 연결되었으며 국가주의를 이념적 배경으로 했다. 한국에서는 1950~1960년대 국가적 차원에서 문화재라는 용어를 사용하여 계승할 만한 가치가 있는 과거의 것을 보전하고 보호하는 제도를 만들었다. 이후 문화재는 국민과 민족을 상징하고 민족문화를 표상하게 되었다. 1970년대에는 문화재가 한국사 교육의 한 방법으로서 국민 양성이라는 임무를 맡았다. 한국사 교육의 일부로서 문화재 교육은 민족문화를 신비화하여 절대적인 자기 긍정의 민족 정체성 함양에 기여했다.

그러나 2020년대 인류가 디지털 네트워크로 연결되는 세계에서, 또 지역의 다양성을 강조하는 세상에서 문화재, 혹은 문화유산을 민족의 틀에 가두는 것은 사람들의 실제 삶과 괴리한다. 유산화의 주체와 방법이나 학문적 패러다임의 변화도 문화유산을 역사와 구분할 것을 강력하게 요구한다. 문화재교육이나 문화유산 교육에 역사교육적 고려와 기여는 중요하지만 역사교육에서 문화재를 유물과 동일시하는 관행은 폐기되어야 한다.

문화재청(2007: 37) 역시 "문화재교육은 이제 단순히 역사교육의 소재나 주제에 국한할 것이 아니라 보다 적극적이고 발전적으로 문화를 창조하고 역사를 이끌어가는 자원으로서 총체적 접근 방식을 취하는 문화유산 교육으로 이행"되어야 한다고 선언했다. 그리고 '4차 산업혁명'으로 표현하는 사회 변화를 강조하면서 문화유산 교육이 "창의융합 인재 육성"에 기여해야 한다고 주장했다(김용구, 2018). 그러나 4차 산업혁명 인공지능 시대에, 융·복합의 시각에서 문화재교육이란 무엇이고 그것을 구체적으로 어떻게 실행할 수 있는지에 대한 연구는 부족하다. 문화재교육의 독자적인 프로그래밍을 개발하려고 했던 시도에서도 결국 문화재교육을 문화재를 이용한 역사 이해 교육으로 수렴하고 있기 때문이다(최종호, 2011: 109).

역사교육의 한 단계 진전을 위해서는 문화재나 문화유산을 민족문화의 표상으로, 또 사료와 동일한 의미로 사용하는 관행에서 벗어나야 한다. 그리고 문화유산 교육의 개념과 방법론적 정립을 위해서, 또 구체적인 실천 방안을 마련하기 위해서는 문화재, 문화유산과 역사교육의 관계를 재정립해야 한다. 역사교육이 문화유산 교육에 어떻게 기여할 수 있는지, 또 문화유산 교육을 시대적 변화 속에서 어떻게 이론화하고 실천 전략을 개발해야 하는지에 대한 연구의 천착이 필요하다.

4장

학생의 역사 정체성과 역사교육의 내용

1. 머리말

19세기 '근대' 역사학의 발달 이후 세계 여러 나라에서 역사교육은 자국사 교육과 동일시되었다. 이민으로 건설된 국가들에서도, 서구 열강의 식민주의 해체 과정에서 탄생한 국가들에서도, 제도화된 역사교육은 과거에 대한 하나의 기억을 만들어 국가 정체성 형성과 사회 통합을 추구했다.[1] 각 국가들은 학교에서 19세기식의 낭만적인 국가주의(romantic nationalist)[2] 시각에서 국가의 형성과 발전, 고난 극복과 위대한 유산 등을 국가 서사로 가르치면서 제도 역사교육을 국민 만들기에 활용했다(Grever and Stuurman, 2007; Carretero, 2011; Carretero, Asensio and Rodriguez-Moneo, 2012a). 그런데 지구적 이동과 이주가 정치와 문화의 경계를 희미하게 하고 문화복합이 일상화되면서 세계 여러 나라 역사교육 연구자들이 19세기식 국가주의 서사

---

[1] 오늘날 거의 모든 나라는 다민족, 다언어, 다문화로 구성된다. 그러나 각 나라가 다민족 및 다문화 국가가 되는 역사적 과정은 매우 다르다. 미국이나 캐나다처럼 서로 다른 언어를 가진 집단들이 이주해 들어와 그 지역 원주민을 강제 통합한 사례가 있는가 하면, 벨기에나 스위스처럼 이질적인 언어와 문화 집단이 모여 연방을 구성하고 다민족 국가를 형성한 사례도 있다. 한국인은 이 나라들을 여러 주로 구성된 하나의 국가라고 인식하지만, 이 나라 사람들은 서로 다른 국가들로 구성된 연방으로 인식한다. 이 나라들에서 연방 내의 '국가' 혹은 '주'는 한국의 경상도나 전라도와 다른 의미이다. 한국에서 영국을 하나의 국가로 보지만, 영국인들은 잉글랜드, 웨일즈, 스코틀랜드, 북아일랜드의 네 개의 국가로 인식하며 영국인으로서보다는 잉글랜드인이나 스코틀랜드인으로서의 정체성을 갖고 있다. 4개의 언어 집단으로 구성된 스위스의 경우에도 프랑스계, 독일계, 이탈리아계 캔턴(canton)은 서로 다른 정체성을 가지고 있다. 이러한 연방 내의 각 국가는 독자적인 교육제도를 운영하며, 제도 역사교육은 연방 내 각 국가의 형성과 번영의 역사를 가르친다. 각 연방 내 국민들에게 자국사(history of one's own country)의 의미는 한국인이 생각하는 스위스사나 영국사 등의 국가사(national history)와 다른 경우가 많다.

[2] 이 장에서는 'ethnic'은 '민족적'으로, 'nation'은 '국가'로, 'nationalism'은 '국가주의'로 번역했다.

에 기초한 역사교육과 학생의 정체성 간의 괴리를 지적하고 나섰다(Grever and Stuurman, 2007; Carretero, 2011; Carretero, Asensio and Rodriguez-Moneo, 2012b). 이들은 그러한 국가 서사가 다양한 학생들에게 어떤 의미도 주지 못할 뿐 아니라 사회 통합에도 기여하지도 못한다고 하면서 역사교육이 변해야 한다고 주장한다.

그런데 학생들은 어떻게 다양하고, 역사교육은 학생의 다양성을 어떻게 고려해야 하는가? 이 장에서는 유럽과 북아메리카 지역에서 다양한 민족적 배경의 학생들을 대상으로 그들의 역사 정체성(historical identities) 및 그들이 생각하는 '중요한 역사(historical significance)'에 대해 분석한 경험적 연구들을 검토하면서 역사교육에서 학생의 다양성을 어떻게 고려할 것인가 생각해 보고자 한다.

이 장에서 분석하는 논문들이 학생의 '역사 정체성'을 확인한 방법은 다음과 같다. 첫째, 학생에게 '나'의 혹은 '우리'의 역사는 어떤 것인지를 직접 질문하고 그 대답을 분석하거나, 둘째, 무엇이 '중요한 역사', '학교에서 가르쳐야 할 역사'인지에 대한 학생의 대답에서 '나' 혹은 '우리'라는 용어를 사용하여 설명한 역사적 사건이 어떤 것인지 분석했다. 그리고 학생이 대답한 '나' 혹은 '우리'의 역사가 학생의 국적, 민족, 종교, 젠더 등과 관련되는지, '왜 그 역사가 중요한가' 또 '왜 학교에서 그 역사를 가르쳐야 하는가'라는 질문에 대한 대답이 학생이 속한 것으로 보이는 특정 집단(국가, 민족, 종교, 젠더, 계급, 지역, 인류 등)과 연결되는지, 혹은 특정 집단에 대한 자신의 소속감을 성찰하는지, 사회비판적 문제의식과 연결되는지를 분석하여 학생의 역사 정체성을 설명했다.

이 책의 2장에서도 강조했지만 근래 한국에 다문화 학생 수의 증가 속도는 전례 없이 빠르다. 한국 사회의 외국인 및 다문화 학생의 급격한 증가는 물론, 디지털 원주민의 네트워크를 통한 연결과 소통의 확대는 역사교육의 방향을 앞서서 생각해 볼 것을 요구한다. 한국에서도 이민의 증가, 다문화 학생의 증가를 예측하면서 역사교육의 변화 방향을 논한 글들이 있다(강선주, 2006; 최용규·이광원, 2011; 김기봉, 2011; 김선미, 2012; 박영재, 2016). 한편에서는 이러한 사회 변화에 역사교육이 부응하기 위해 역사적 집단들의 역사적인 이주, 상호 연결, 상호 관계, 생활 등에 집중하여 학습 내용을 재편해야 한다고 주장하고(강선주, 2006; 최용규·이광원, 2011; 김기봉, 2011), 다른 한편에서는 다양성의 정치의 관점에서 다양한 문화를 '평등'하게 가르치고 다양한 시각에서 역사를 가르쳐야 한다고 주장한다(김선미, 2012; 박영재, 2016). 그런데 이 글들이 국내외의 이주민 가정의 학생이나 국제결혼 가정의 학생의 역사 정체성을 검토하면서 역사교육의 변화 방향을 논한 것은 아니다. 역사교육의 변화 방향을 설정하기 위해서는 사회 변화는 물론 학습자의 역사 선지식이나 선경험을 비롯하여 여러 측면을 검토할 필요가 있다. 이러한 측면에서 학생이 어떤 역사를 자신과 관련된 역사로 인식하며 왜 그렇게 인식하는지에 대해서도 검토해 볼 필요가 있다. 교육은 각 나라의 특수한 맥락과 상황에서 이루어지기 때문에 해외 연구에 전적으로 의존하여 한국 역사교육의 방향을 설정할 수는 없다. 그러나 해외 연구 검토는 이주민과 외국인이 증가하고 있는 현실에서 한국 역사교육의 방향을 토론하는 기초 자료로서 의미가 있다.

2. 민족·종교 정체성, 초국적·복합적 정체성, 겉도는 국가 서사

1) 국가·민족·종교 정체성과 역사 정체성

1990년대와 2000년대의 여러 연구들에서는 학생들이 흥미를 보이고 또 학교에서 가르쳐야 한다고 생각하는 역사는 국가사(national history)라고 분석했다(Seixas, 1993; Barton and Levstik, 1998; Grever, Haydn and Ribbens, 2008; Carretero, Asensio and Rodriguez-Moneo, 2012b). 자신의 역사를 국가사와 동일시한 것이다. 이러한 학생의 국가사 인식은 본질주의적 개념의 국가에 기초한다(Barton and Levstik, 1998; Seixas, 1994; 2007; Barton and McCully, 2005). 학생들은 국가를 탐구의 대상으로 생각하지도, 특정 시기에 만들어진 가변적인 것으로 인식하지도 않으며 절대적인 고정불변의 실체(entity)라고 여긴다. 어린 학생일수록 애국주의적 국가 서사에 몰입하고 그것을 통해 국가 정체성을 형성한다(Carretero, 2011; Epstein, 2000; 2006; Barton, 2012).

그런데 학생의 인종, 민족, 문화, 종교적 배경이 학생의 '중요한 역사'에 대한 인식에 영향을 미치며, 학생들이 겉으로 말하지 않지만 속으로 중요하고 흥미롭다고 생각하는 역사, 자신과 관계된다고 인식하는 역사가 학교에서 학습하는 역사와 다를 수 있다는 연구들이 증가하고 있다(Seixas, 1993; Levstik, 2000; Barton and McCully, 2005; Epstein, 2006; Grever, Haydn and Ribbens, 2008; Hawkey and Prior, 2011). 미국 연구자인 테리에 엡스테인(Terrie Epstein)은 흑인 학생과 백인 학생의 미국사 해석이 달랐다고 했다(Epstein, 2006). 흑인 학생은 미국사 교과서들이나 교사들이 인종 문제를 생략하거나 왜곡한다고 생각했다는 것이다. 엡스테인은 흑백 갈등을 숨기지 말고 공개적으로 토론할 수 있는 용기가 필요하다고 주장했다. 미국의 흑백 갈등이나 인종 문제는 학생의 인종적 배경에 따라 미국사의 해석을 다르게 하는 요인이다. 엡스테인의 연구는 학생이 속한 인종적 배경과 정체성이 역사적으로 중요한 사건을 평가하는 중요한 준거가 되며 학생의 역사 정체성이 곧 그가 속한 인종 집단과 관련될 수 있다는 점을 보여준다.

마리아 그레버(Maria Grever), 테리 헤이든(Terry Haydn) 및 키스 리벤스(Kees Ribbens)는 네덜란드, 영국, 프랑스의 원주민(natives)과 비원주민(non-natives) 학생이 '중요하다고 여기는 역사', '흥미롭다고 여기는 역사'가 학생의 국적이나 민족적 배경과 연결되는가를 분석했다(Grever, Haydn and Ribbens, 2008). 그 결과 네덜란드, 영국, 프랑스의 원주민 학생은 이주민 학생보다 네덜란드사, 영국사, 프랑스사에 더 큰 관심을 보였고, 무슬림 학생들은 비무슬림 학생보다 이슬람사에 더 많은 관심을 보였다. 이 연구에서 대다수 학생이 자신이 속한 사회와 자신을 이해하는 데 역사 지식이 도움이 된다고 했다고 했지만, 이때 학생이 말한 자신과 자신이 속한 사회는 서로 달랐다(Grever, Haydn and Ribbens, 2008: 85). 또한, 이 연구에서 원주민 학생은 국가적인 과거에서 자부심을 느꼈지만, 이주민 학생은 자신의 가족사와 관련된 과거에서 자부심을 느낀다고 했다. 이 연구는 한 국가, 한 교실에서 민족적 배경이 다른 학생들이 함께 역사를 학습하지만, 그들 각각이 자신의 역사(자국사)라고 느끼는 역사, 또 자신과 관련성이 있다고 생각하는 역사는 서로 다르다는 점을 알려준다. 그러한 학생들의 생각에 자신의 민족적·종교적 배경, 그리고 가족사가 영향을 미친다. 실제 영국의 케이트 호키(Kate Hawkey)와 제인 프라이어(Jayne Prior)는 학생이 자신의 가족이나 공동체에서 들은 역사 지식을 의심하지 않고 받아들이며, 이러한 지식이 학교에서 학습하는 역사와 다를 경우, 교사의 수업을 불신한다고 했다(Hawkey and Prior, 2011).

요컨대 엡스테인의 연구, 그레버·헤이든·리벤스의 연구, 호키와 프라이어의 연구에 의하면, 학생이 중요하다고 여기는 역사는 주로 자신의 가족이나 공동체가 들려주는 이야기이며, 학생들이 그러한 이야기를 자신의 역사로 인식한다는 점을 알려준다. 가족으로부터 전해 들은 이야기가 학교에서 배우는 역사와 동일할 수도 있지만, 학교에서 배우는 역사와 거리가 먼, 특정 민족이나 종교 집단의 관점에서 구성된 역사일 수도 있다. 가족에게 들은 과거에 대한 이야기는 학생 개인의 정체성, 역사 정체성 형성에 큰 영향을 미치며, 그렇게 형성된 학생의 정체성은 때로 역사 학습에 장벽이 되기도 한다(Lópex and Carretero, 2012: 144).

2) 국가·민족·종교적 경계를 넘는 유동적·성찰적 역사 정체성

　유럽의 몇몇 연구에서는 국가의 범위를 넘는 '초국적(supranational)' 정체성과 초국적 역사 정체성을 가지고 있는 학생들을 관찰하기도 했다(Grever, Haydn and Ribbens, 2008; Grever, Pelzer and Haydn, 2011; Hawkey and Prior, 2011; Savenije, Van Boxtel and Grever, 2014). 이 연구들에서도 학생의 민족적·종교적 배경은 학생이 특정한 역사적 사건을 자신의 역사로 인식하게 하는 데 지대한 영향을 미친다는 점을 확인했다. 그러나 이 연구들은 소수이지만 자신의 '주된 정체성(prime identity)'을 세계나 유럽의 범위에서 정의한 학생들도 있었다는 점을 강조했다. 해당 학생들은 "나는 ○○입니다"에서 자신을 세계시민이나 유럽인이라고 대답했다. 또, 학생들이 자신의 국가나 민족의 역사를 중요하게 여겼지만 그 역사만을 중요하게 여기거나 관심을 갖는 것은 아니었다. 네덜란드와 영국을 비교한 연구는 두 나라에서 거의 모든 원주민과 이주민 학생이 세계사에 관심을 보였고, 세계사에 관심을 보인 원주민과 이주민 학생 사이에 수치상 의미 있는 차이가 없었다는 점이

'중요'하다고 강조했다(Grever, Haydn and Ribbens, 2008: 89).

그레버·벤 펠저(Ben Pelzer)·헤이든은 네덜란드와 영국의 사례를 비교 분석하여 학생의 정체성과 학교에서 이루어지는 역사교육의 관계를 설명했다(Grever, Pelzer and Haydn, 2011). 이 연구에서도 "많은 학생이 자신의 가장 주된 정체성을 자신의 종교(이슬람교, 힌두교 등)와 일치하는 것으로 대답했지만, 연구 대상이 되었던 모든 집단에서 유의미한 소수의 학생들, 즉 원주민이나 이주민의 구분 없이 전체의 5% 정도가 자신의 '주된 정체성'을 '초국적'인 '유럽인'이나 '세계시민'에서 찾았다는 점에 주목할 필요가 있다"라고 주장했다(Grever, Pelzer and Haydn, 2011: 225). 자신의 주된 정체성을 초국적 스케일에서 선택한 학생들의 예는 앞서 제시한 호키와 프라이어의 영국 사례 연구, 거트 사베니지(Geerte Savenije)·칼라 판 박스텔(Carla Van Boxtel)·그레버 등의 네덜란드 사례 연구 등에서도 공통적으로 나타난다(Savenije, Van Boxtel and Grever, 2014).

그레버·펠저·헤이든의 연구(Grever, Pelzer and Haydn, 2011)에서 자신을 유럽인이나 세계시민이라고 한 학생들 가운데 원주민 학생보다는 이주민 학생이 많다는 점에 주목해야 한다. 그들이 어떤 문제의식이나 조건 때문에 국가·민족·종교 공동체의 틀을 벗어나 자신의 정체성을 초국적 스케일에서 정의했는지에 대한 연구가 필요하다. 지구적 이주의 시대에 하나의 공동체에 소속감을 갖고 안착하지 못하는, 지구적 유목민이나 제3 문화 아이의 특징이 드러나게 된 것인지, 또는 자신과 공동체의 관계를 성찰하는 '유동적 혹은 성찰적 역사 정체성'을 지니게 된 것인지 연구해 볼 필요가 있다. 그런데 원주민 학생이 초국적 정체성을 드러내는 경우는 어떻게 설명할 것인가? 유럽 통합이라는 역사적 현상과 관련하여 설명해야 하는가? 이 역시 연구가 필요하다. 이를 위해서는 종래 학생의 인종적·민족적·종교적 배경을 절대화하면서 역사 정체성을 분석했던 방법의 한계를 넘어 학생의 정체성과 역사 정체성의 관계를 여러 층위에서 복합적으로 검토할 필요가 있다.

그레버·펠저·헤이든은 학생들에게 '역사에서 어떤 영역을 가르쳐야 하는가(Which area of history should be taught)?'라는 질문도 했다(Grever, Pelzer and Haydn, 2011: 90). 이 질문에 많은 학생들이 가족사, 문화사 등으로 대답했다. 이러한 결과에 대해 그들은 학생들이 정치사 이외에 더 넓은 범위의 역사에 관심을 보였다고 해석했다. 특히 많은 학생들이 자신의 민족이나 문화적 배경과 상관없이 고대사(ancient history)와 현대사(1945년 이후) 역사에 관심을 보였다고 했다. 그러나 왜 학생이 고대사와 현대사에 관심을 갖는지까지는 설명하지 않았다. 다만 학생들이 관심을 갖는 역사가 학교에서 가르치는 정전적인(canonic) 국가 성립 및 발전사와 거리가 멀다는 점을 강조했다. 이러한 분석 결과 역시 학생들이 어떤 역사에 왜 관심을 가지는지, 특정 역사 영역이나 주제에 대한 학생의 관심이 역사적 정체성과 관련이 있는지 혹은 역사의식과 관련된 것인지, 아니면 다른 요인 때문인지 연구해 볼 필요가 있다는 점을 알려준다.

3) 제3 문화, 복합적 역사 정체성

그레버·헤이든·리벤스(Grever, Haydn and Ribbens, 2011)는 학생들에게 가장 중요한 역사를 하나만 선택하라고 했을 때, 네덜란드의 경우 '네덜란드사'라고 대답한 비네덜란드 학생은 6%였고 네덜란드 학생은 25%였다고 했다. 그런데 가장 중요한 역사를 다섯 개 선택하라고 했을 때에는 전자는 44%의 학생이, 후자는 87%의 학생이 네덜란드사를 선택했다고 했다. 이러한 통계 수치는 이민자 가족에 속하는 학생들도 자신들이 현재 살고 있는 지역의 역사를 중요하게 여긴다는 점을 알려준다. 그리고 그레버·헤이든·리벤스(Grever, Haydn and Ribbens, 2011: 89)는 학생이 자신을 자신이 살고 있는 국가와 부모의 출신 국가의 혼합(mixture)으로 보면서 자신의 정체성을 하이픈화(hyphenation)하여 설명하는 학생들이 있다는 증거라고 보았다. 제3 문화 아이의 특징을 보이는 것이다. 미국 내에 한국계 미국인이나 아프리카계 미국인의 정체성, 또 한국 내에 일본계 한국인이나 베트남계 한국인은 서로 다른 정체성을 갖고 자신의 역사도 서로 다르게 정의할 가능성이 있다. 정체성은 복합적이고 경합적이며 다면적인 개념이다(Grever, Haydn and Ribbens, 2011: 89). 겉으로 드러내든 드러내지 않든 학생의 정체성도 복합적이며 다면적이다.

그런데 호키와 프라이어(Hawkey and Prior, 2011: 242)는 가정이나 종교 공동체가 가르치는 역사에 관심이 없는 학생들도 있다는 점에도 주목했다. 학생이 학교에서 배우는 국가 서사와 다른 시각에서 역사를 보기도 하는데, 그러한 시각이 학생 자신의 종교나 민족 집단의 시각과 반드시 연결되는 것은 아니라는 것이다. 호키와 프라이어는 특정 주제에 대해 일부 학생들은 국가 밖의 입장을, 일부 학생들은 국가 안의 입장을 선택하지만, 또 다른 학생들은 국가 이외의 위치에서 혼합적인 입장(hybrid positioning)을 취하기도 한다고 설명했다.

바튼(Barton, 2012)이나 엡스테인(Epstein, 2006)은 인종적·민족적 배경이 다른 학생들은 학교에서 가르치는 중요한 역사를 다른 관점에서 해석한다고 했다. 학생들이 학교에서 교사가 가르치는 대로 학습하는 것은 아니다. 학생이 정체성이나 지식의 측면에서 백지 상태에서 학교 수업을 받는 것이 아니기 때문이다. 그러므로 학교에서 교사가 가르치는 것과 학생들이 실제 학습한 것 사이에는 괴리가 있다. 바튼(Barton, 2012)이나 엡스테인(Epstein, 2006)은 이러한 괴리 때문에 학생들이 역사를 학습하기 힘들어한다고 주장했다. 엡스테인(Epstein, 1998; 2006)은 학생들이 '흑인'과 '백인'을 의식하면서 역사를 해석한다고 했고, 바튼(Barton, 2009)은 소수민족 학생들은 노예제를 학습하고 싶어 하지 않는다고 했다. 그런데 사베니지·판 박스텔·그레버(Savenije, Van Boxtel and Grever, 2014)는 엡스테인이나 바튼과 대조되는 사례들을 제시했다. 사베니지·판 박스텔·그레버(Savenije, Van Boxtel and Grever, 2014: 145)는 일부 학생들은 노예제에 대해 감정적으로 대응하면서 윤리적으로 판단했지만 대부분의 학생은 노예제를 민감한 주제로 받아들이지 않았다고 하면서, 학생의 인종적 배경이 학생의 역사 해석에 영향을 미친다는 엡스테인의 주장에 반박했다.

사베니지·판 박스텔·그레버(Savenije, Van Boxtel and Grever, 2014)는 노예의 후손으로 보이는 몇몇 학생들이 자신의 민족 정체성에 대해서 설명하는 것은 물론, 자신의 민족 정체성이 노예제에 대한 자신의 생각에 영향을 미치는지에 대해서도 설명하기 힘들어했다고 했다. 일부 다른 학생들은 노예제가 자신이 태어나기 몇 세대 전의 일이기 때문에 관심이 없다고 했고, 또 다른 학생들은 노예제가 자신의 가족과 직접 연결된 것이 아니기 때문에 자신의 정체성이 노예제를 보는 시각에 영향을 미치지 않는다고 했다고 설명했다. 사베니지·판 박스텔·그레버(Savenije, Van Boxtel and Grever, 2014)가 설명한 또 다른 학생인 클라렌스의 예는 매우 흥미롭다. 클라렌스는 가나인이면서 기독교인이다. 그는 노예들이 기독교인이 될 수 있었다는 점에서 보면 노예제는 나쁘지 않았지만, 노예들이 소같이 취급당했고 현재 미국에서 흑인이 아직까지 차별당한다는 점을 보면 노예제는 나쁜 것이었다고 평가했다. 클라렌스는 자신의 가족이 미국에 없기 때문에 그 주제와 자신이 연결(personal connection)된다고 느끼지는 않는다고 말했지만, 사베니지·판 박스텔·그레버(Savenije, Van Boxtel and Grever, 2014)는 클라렌스의 가나인으로서, 그리고 기독교인으로서 두 가지 정체성이 복합적으로 작용하여 그러한 해석을 내놓은 것으로 보았다. 사베니지 등은 클라렌스의 마지막 말이 네덜란드가 잘못했다는 점을 인정하고 후회해야 한다는 것이었다고 하면서, 이러한 클라렌스의 주장은 그가 과거와 현재의 네덜란드로부터 자신을 분리하고 네덜란드 시민(Dutch citizen)으로서의 정체성을 가지고 있다는 점을 보여준다고 해석했다.

사베니지·판 박스텔·그레버(Savenije, Van Boxtel and Grever, 2014)는 위의 사례들을 통해 학생들의 노예제를 보는 관점이 항상 그들의 인종이나 민족적 배경과 직결되는 것은 아니라고 주장하면서, 이러한 예들은 미국의 바튼이나 엡스테인의 연구와 대조된다고 했다. 그런데 이러한 대조적인 연구 결과는 노예제나 인종 문제에 대해 논의하는 미국과 네덜란드의 사회문화적 맥락이나 인종 쟁점이 다른 데서 기인한 것일 수도 있다. 그럼에도 학생의 인종, 민족, 종교, 국적 등과 관련된 정체성과 그 학생의 역사 정체성이 반드시 일치하지 않을 가능성을 부정할 수는 없다. 오히려 자신의 인종, 민족, 종교와 그가 살고 있는 나라의 문화와의 상호작용을 통한 제3의 문화 정체성을 형성했을 가능성을 생각해 볼 수 있다. 사베니지·판 박스텔·그레버(Savenije, Van Boxtel and Grever, 2014: 143)는 이를 '공통된 유산(common heritage)'이라는 개념으로 설명했다. 학생이 '중요한 역사'와 '공통된 유산'을 구별하여 인식한다고 해석한 것이다. 그들은 '유산'을 "특정 공동체가 현재와 미래에 가치 있는 것으로 간주하는 물질적이거나 비물질적인 역사적 흔적의 보존·선택·구성을 의미"한다고 정의했다(Savenije, Van Boxtel and Grever, 2014: 128). 이 연구에서 일부 학생은 자신의 민족적 배경이나 정체성을 투영해서 노예제가 중요한지 여부를 판단했지만, 대부분의 다른 학생들은 그들의 민족적 배경과 상관없이 공통적으로 노예제를 중요한 역사 혹은 역사적 유산(historical heritage)이라고 대답했다. 학생들이 노예제가 유산으로서 중요하다고 말한 이유는, 첫째, 학생들의 정체성이 노예의 후예와 관련되기 때문이고, 둘째, 학생들이 사회적 평등과 불평등에 대해 관심 있기 때문이다(Savenije, Van Boxtel and Grever, 2014: 143). 학생들은 사회적 평등을 지향하면서 불평등의 역사적 사례로서 노예제를 중요한 유산으로 보았던 것이다. 이러한 사례는 학생이 자신의 인종적·민족적·종교적 배경과 관계없이 오늘날과 미래 사회의 평등·인권·정의 등의 관점에서 중요한 역사, 배워야 할 역사, 가치 있는 유산, 자신과 관련된 역사를 선택한다는 점을 보여준다. 이러한 분석은 엡스테인이나 바튼이 학생이 자신이 속한 인종 집단 혹은 민족 집단과 관련하여 중요한 역사를 선택하고 해석한다고 주장했던 것과 대조되며, 호키와 프라이어가 학생이 자신의 민족 정체성이 그 학생이 국가 서사를 보는 입장을 결정하는 것은 아니라고 주장했던 것과 일치한다.

판 박스텔·그레버·스테판 클레인(Stephan Klein)(Van Boxtel, Grever and Klein, 2016)도 '중요한 역사'와 '공통된 유산'의 개념을 구분하여 사용할 것을 제안했다. 그런데 학생이 오늘날과 미래 사회에 비추어 중요하다고 생각하는 과거를 '유산'이라는 용어로 설명하는 것이 적합할까? 적어도 아직까지는 한국적 맥락에서 '유산'의 개념을 그렇게 정의하여 소통하기는 어렵다. 이미 3장에서 살펴보았듯이 현재 한국의 교육계는 유산이라는 용어를 일반적으로 사용하지 않을 뿐 아니라 문화유산과 문화재라는 개념을 크게 구분하지 않고 사용한다. 문화유산 교육에 대해 논하면서도 민족 정체성 함양이라는 목표의 틀을 넘지 않는 경우가 많다. 그러나 앞으로 문화재와 문화유산이라는 용어를 구분하면서 사용하고 역사교육과 유산교육을 구분할 필요는 있다. 그럼에도 현재 한국적 맥락에서 '공통된 유산'이라는 용어는 민족의 전통적 가치의 '보존, 유지, 복원, 전승' 그리고 그것을 통한 사회 통합과 국가 정체성 형성이라는 사명과 연결된다. 물론 '식민지 유산'처럼 앞에 특정한 형용사를 붙여 '청산'해야 할 대상을 지칭하는 용어로 사용하기도 하지만, 구체적인 설명이 이어지지 않는다면 '공통된 유산'은 민족적 전통의 보존이라는 사명을 의미한다. 피터 세이셔스(Peter Seixas, 2016)도 캐나다의 사례를 들면서 '유산'이라는 개념의 부적합성에 대해 논했다. 캐나다에서도 유산이라는 용어가 전통적인 가치의 전승을 강조하면서 국가 정체성과 같은 역할을 한다는 것이다.

군이 역사와 유산으로 구분하지 않더라도, 여러 연구자들이 '학생이 자신이 속한 집단의 정체성에 기초하여 선택하고 해석하는 중요한 과거'와 '학생의 현실 사회의 비판 의식에 기초하여 선택하고 해석하는 중요한 과거'를 구분하여 설명하기 위해 노력하고 있다. 캐나다의 스테판 레베크(Stephane Lévesque, 2008)는 전자를 '기억-중요성(memory-significance)'의 '마음속 관심(intimate interests)'이라는 용어로, 후자를 '현대적 교훈(contemporary lesson)'이라는 용어로 설명했다. 그렇다면 한국에서 서로 다른 문화 집단에 속한 학생들의 자기 정체성에 기초한 '중요한 과거' 선택과 현실 사회 비판 의식에 기초한 '중요한 과거' 선택은 어떻게 다르게 나타날까? 판 박스텔·그레버·클레인(Van Boxtel, Grever and Klein, 2016)의 역사와 유산 구분이나 레베크(Lévesque, 2008)의 기억-중요성과 현대적 교훈 구분을 한국에도 적용할 수 있을까? 연구가 필요하다.

3. 학생의 복합적 다양성과 역사교육의 내용

1) 학생의 복합적 다양성, 내용 선정 개념으로서 이주와 상호 연결

많은 학생들이 여전히 자국사를 중요하게 여기며, 자국사에 기초하여 자신의 역사 정체성을 확인한다. 국가 정체성 형성과 사회 통합의 기제로서 정전화된(canonized) 국가 서사들은 몇 가지 공통적인 요소를 담고 있다. 국가 기원에 대한 신화, 외부의 도전이나 위협을 물리치거나 내부의 분열이나 갈등을 수습한 영웅적 인물, 정치적이고 문화적인 발전을 추동했던 위대한 정신이나 가치 등이다. 그런데 지구적 이주와 문화복합의 시대에 다양한 문화적 배경을 지닌 학생들이 그러한 국가 서사가 강조하는 국가의 기원, 국가적 영웅과 정신을 자신의 역사적 뿌리이자 문화적 자산으로 인식하면서 현재와 미래를 설계하는 데 활용할까? 여러 경험적 연구들은 그렇지 않다고 말하고 있다.

호키와 프라이어(Hawkey and Prior, 2011: 243)는 아직까지 전통적인 국가 서사가 학교 교육과정을 지배하지만, 그 정전은 원주민 학생이든 이주민 학생이든 학생의 삶과 관련성이 떨어져서 학생들에게 어떤 의미도 주지 못한다고 비판했다. 전 지구화되고 있는 세상에서 전통적인 서사는 점점 설득력을 잃어가므로 역사 교육과정의 지형도 변화할 필요가 있다는 것이다. 이미 앞에서 검토했듯이 학생들은 자신의 인종, 민족, 종교, 국가 등과 관련하여 중요한 역사적 사건을 선택하고 해석한다. 몇몇 연구자들은 이러한 점을 고려하여 역사를 학생의 삶과 직접적으로 관련시키기 위해 다문화주의적 시각에서 역사교육을 재편해야 한다고 주장해 왔다. 학생들이 자신이 속한 문화 집단으로부터 독특한 신념과 가치, 그리고 특정한 역사적 해석을 배우고 학교에 온다는 전제하에서 국가 내 다양한 민족들의 문화가 평등하게 다루어질 수 있도록 역사 교육과정을 개발하고 역사 수업을 진행해야 한다는 것이다.

그런데 다른 한편, 이주와 이동이 일상화되면서 여러 복합적인 문화를 배경으로 성장한 학생들이 증가하고 있다. 그레버(Grever, 2012: 77)도 지적했듯이 민족, 종교, 계급, 젠더 등에 의해 구분되는 "'다양성(diversity)'이란 학생들이 학급에 다양한 역사들과 내러티브 템플릿들을 가져오는 '주어진 상황'"이다. 민족도 종교도 계급도 젠더도 학생이 선택하지 않은 주어진 것이다. 그런데 그 주어진 상황에 대한 학생들의 인식은 다양하다. 자신의 정체성을 국가보다 넓은 지리적 범위에서 정의하는 학생들, 자신의 종교 공동체와 관련된 역사도 중요하게 여기지만 자신이 살고 있는 국가의 역사도 중요하게 여기는 이주민 학생들, 자신의 인종과 민족 공동체의 전형적인 관점을 떠나 역사를 해석하는 학생들의 사례는 학생의 '주어진 상황'이 학생을 통제하는 것이 아니라, 그 상황을 학생들이 해석하여 자신의 역사 정체성을 달리 만들 가능성을 보여준다. 이러한 점은 호키와 프라이어(Hawkey and Prior: 2011: 243)가 학생들이 여기저기에서 정보들의 조각을 맞추면서 만드는 자신만의 역사 내러티브가 반드시 학생이 속한 문화 집단이 가르치는 서사와 일치하는 것은 아니라고 했던 점에서도 확인할 수 있다.

학생들이 학교와 학교 밖에서 조각으로 만나 엮은 서사들은 매우 "제한적(limited mastery)"이며, 심지어 "증거에 기초하여 지식을 전유한 것도 아니다"(Hawkey and Prior, 2011: 243). 때로 학생들이 말하는 과거에 대한 이야기는 그 사건이 일어났던 특정한 상황과 맥락을 고려하지 못한 일반화와 편견으로 구성되어 있다. 그렇다면 학교는 어떤 역사를 가르쳐야 할까? 호키와 프라이어(Hawkey and Prior, 2011)는 요른 뤼젠(Jörn Rüsen, 2005)과 조나단 호우슨(Jonathan Howson, 2007)이 제안한 '활용할 만한 역사적 틀(usable historical frameworks)'이 하나의 거대한 틀로서 도움이 될 것이라고 주장한다. 예를 들면 민족의 움직임과 이주라는 틀이 역사 교육과정에서 가르치도록 요구하는 내용을 조직하는 데는 물론이고 학생이 가정과 학교에서 접했던 여러 관점들에 대해 토론해 볼 기회를 줄 수 있을 것이라는 주장이다. "그 틀에서 학생이 가정에서 가져오는 시각과 내용을 검토하고, 그것들의 가치를 평가하며 또 수정할 수 있다"라는 것이다(Hawkey and Prior, 2011: 243). 이러한 호키와 프라이어의 제안 뒤에는 학생들이 이주하면서 여러 요소를 혼합하여 새로운 문화와 정체성을 만든다는 전제가 있다. 호키와 프라이어는 정체성이 고정된 것이 아니라 가변적이라는 점을 강조한다. 이주민만이 아니라 원주민 학생들의 정체성도 가변적이다. 학생들이 국외로 또 국내의 여러 지역으로 이주와 이동의 경험이 없다고 해도 그들은 다양한 매체를 통해 여러 문화와 여러 역사 해석을 접한다. 학생들은 이러한 다양한 문화와 역사 해석들을 접하고 전유하면서 자신의 문화 및 역사 정체성을 만들어간다. 그러므로 역사교육은 학생의 가변적이고 복합적인 문화 및 역사 정체성을 고려하여 내용 선정 및 구성 문제에 접근해야 한다.

지구적 이동과 이주의 증가로 만들어지는 다원적이고 문화복합적인 사회적 현실과 조건 속에서 국가의 기원과 영웅, 위대한 문화유산을 중심으로 구성된 국가 서사에 대해 이주민 학생들뿐 아니라 원주민 학생들이 느끼는 이질감이 심화되고 있다. 특정한 내용을 '배제'하는 것도 학생의 역사 정체성과 관련성이 떨어지게 하고 사회를 불안정하게 만들 수 있지만, 특정한 내용을 적극적으로 '선정'하고 포함하여 인종주의, 민족우월주의, 애국주의를 강화하는 것도 같은 문제를 만들 수 있다. 그러므로 내용 선정에서 사회 변화와 함께 학생의 다양성을 고려할 필요가 있다. 그런데 단순히 세계의 다양한 인종, 민족, 계급, 젠더, 종교 집단들의 역사와 문화를 평등하게 가르치는 방식의 다문화주의로는 오늘날 이주와 이동이 만드는 문화 혼합 및 개인의 복합 정체성을 역사교육에 반영하기는 어렵다. 따라서 역사교육의 내용을 선정할 때 고려해야 할 학생의 다양성은 인종, 민족, 계급, 젠더, 종교 등의 범주의 단절적 구분에 기초한 다양성이 아니라, 각 범주들 내에, 또 여러 범주들이 상호작용하면서 새롭게 만들어지는 경험과 인식, 정체성의 다양성이다. 이렇게 본다면 이 책의 1장에서 제안한 것처럼 상호작용, 이주, 이동, 상호 연결 등의 개념들을 활용하여 과거에 대한 큰 그림을 그릴 수 있게 해야 한다는 제안은 설득력이 있다. 이는 글로벌한 스케일에서 초국가적으로 과거의 사건과 현상을 상호 관련적, 혹은 비교 관점에서 이동(transfers), 적응(adaptations), 관련성(connections), 흐름(flows), 이주(migrations) 등에 초점을 맞추어 내용을 탐구하게 하는 방안과 같은 맥락에 있다(Berger, 2012:

42). 이러한 방안은 국가와 국가적인 것을 본질화하거나 절대시하지 않게, 그것을 탐구의 대상으로 인식하게 하는 데에도 도움이 될 수 있다(Berger, 2012: 42).

2) 공통된 역사의 가능성과 메타역사적 및 역사 방법론적 지식 교수의 필요성

그레버와 시엡 스터먼(Siep Stuurman)은 "역사 전쟁 과정에서 종래 정전화된 국가사를 다문화주의적 혹은 페미니즘적인 대항 정전(counter-canon)으로 대체하는 방식은 동일한 거대 서사에 새로운 목소리를 첨가하는 데 그쳤다"라고 평가하고, 그러한 방식으로 역사교육이 변할 수 없다고 하면서 대안으로 '복수의 역사(plural history)'를 제안했다(Grever and Stuurman, 2007: 76).

그레버는 '공통된 역사(common history)'와 '복수의 역사'가 공존할 수 있다고 주장한다. 일반적으로 공통된 역사라는 용어가 사람들의 서로 다른 경험, 인식, 기억 등을 하나의 서사로 재현할 것을 추구한다면, 복수의 역사라는 용어는 기본적으로 경험, 인식, 기억, 그리고 역사 해석 등의 복수성을 전제로 하는 것으로 생각한다. 그렇기 때문에 '공통된 역사'와 '복수의 역사'의 개념은 인식론적으로 긴장과 모순 관계에 있는 것처럼 여겨진다. 그런데 그레버는 그 둘을 함께 추구할 수 있다고 주장한다. 그가 말하는 공통된 역사와 복수의 역사란 무엇인가?

그레버는 다른 사람과 "공유하는 역사 지식(shared historical knowledge)이라는 의미의 공통된 역사는 국가 통합을 추구하기 위해 국가적 정전을 하향식으로 강요하는 공통된 역사와는 다르다"라고 주장했다(Grever, 2012: 76). 그레버는 복수성(plurality)과 다양성(diversity)을 구분하여 정의했다. 우선 "복수성-복수의 역사"에 대해서는 다음과 같은 작업 정의를 제시했다.

① 복수의 역사의 의미에서 복수란 하나의 역사 연구 문제(historical subject matter)를 보는 관점(point of view)이나 시각(perspective)이 다수라는 의미인데, 이때 관점과 시각은 명확하게 구분되며 때로 서로 반대되기도 한다. 또 관점과 시각은 (목격자, 연대기, 이미지 등의) 사료, (유럽, 아시아, 로컬, 글로벌 등과 같은) 지리적 수준, (빈자, 부자, 남성, 여성 등) 역사적 주체, (진보, 퇴보, 단선적, 복선적 등) 플롯라인, (정치사, 식민사, 젠더사 등) 역사 서술 방법·선행 연구(historiographies)의 선택으로 만들어지거나 그것들의 영향을 받는다. 역사가나 역사 교사는 출처, 주체, 플롯라인 및 역사 서술 방법을 선택하기 위해 역사 연구의 결과, 과학적 패러다임 및 이념적 시각에 기초한 기준을 이용한다. 그러므로 역사적 내러티브는 항상 특정한 관점에서 만들어진다(Grever, 2012: 77).

역사의 복수성이라는 용어는 역사 연구 차원의 정의로서 특정한 관점이나 시각에서 이루어지는 해석이며, 그 해석은 단일하지 않고 복수라는 점을 부각한다. 역사 해석의 관점 혹은 시각은 사료, 탐구의 지리적 범위, 선행 연구나 서술 방법, 이론 등의 영향을 받기도 하고, 또 어떤 역사적 주체를 설정하는가에 따라서도 달라질 수 있다는 것이다. 그레버가 설명한 복수성이란 역사라는 학문의 기본적인 성격과 다르지 않다. 그렇다면 굳이 복수의 역사라는 용어를 사용할 필요가 있을까? 복수의 역사라는 개념을 사용하여 그레버는 "과거 사람들의 서로 다른 관점들, 그리고 역사적 행위자와 현재의 독자 사이의 서로 다른 관점들, 그리고 선행 연구들 내의 서로 다른 관점들을 다룬다"라는 점을 강조했다(Grever, 2012: 85). 그레버는 역사 연구 차원과 역사교수학 차원에서 복수성을 구분하여 정의했다.

② 역사교수학(historical didactics)의 맥락에서, 복수성 개념은 학생들이 다양

한 시각의 역사 내러티브와 설명에 대해 비판적으로 성찰해 볼 수 있게 자극하는 역사적 추론(historical reasoning)의 일부이다(Grever, 2012: 85).

역사교수의 맥락에서 복수성은 학생들이 역사 내러티브와 설명들을 비판적으로 성찰할 수 있게 자극하는 전략이다.

그레버(Grever, 2012: 77)는 '다양성'이란 앞서 서술했듯이 학생에게 '주어진 상황'이라고 정의했다. 주어진 상황이란 국적, 나이, 젠더, 종교 및 교육 수준 등과 같은 인간들의 사회적 특징들이나 정체성 차원을 말한다. 그레버(Grever, 2012: 77)가 다양성을 구분하는 범주에는 민족, 종교, 국적, 젠더 등만이 아니라 교육 수준과 나이 같은 요소도 포함되어 있다. "다양성이란 특정한 상황 속의 주어진 정체성"이고, "복수성이란 특정한 행위의 결과"라고 구분하여 정의한 것이다. 민족, 종교, 계급, 젠더 등은 개인에게 주어진 상황이자 주어진 정체성이지만 그것이 개인의 선택이나 행위를 규정하는 절대적이고 유일한 요소는 아니다. 같은 민족에 속할지라도 서로 다른 신념을 선택하면서 다른 정체성을 만든다.

그레버는 역사가들이 하나의 주제에 대해 서로 논박하는 과정은 역사가 복수적이라는 점을 알려주고, 공통된 주제에 대해 토론한다는 점은 역사가들이 공통된 세계에 살고 있다고 인식하게 한다고 했다. "역사가가 연구의 맥락에서 복수성을 창조한다면 역사 교사는 학급에서 복수성을 자극"한다고 하면서 "복수성이 없이는 역사가나 교사들이 공통된 세계에 살고 있다는 생각을 할 수 없다"라고 주장했다(Grever, 2012: 86). 교실에서 다양한 관점에서 토론하는 것이 복수적이지만 그 토론이 곧 사람들이 공통된 세계에 살고 있다고 인식하게 한다는 것이다. 그러한 의미에서 공통된 역사란 하나의 주제에 대해 토론하고 추론하는 과정이다.

복수의 역사, 다중시각(multiperspectivity)을 적용하여 역사 수업을 설명하는 연구자들은 대체로 다중시각을 "역사가 해석적이고 주관적이라는 인식론"에 기초하여 설명한다(Wansink et al., 2018). 특정 역사적 사건에 대한 하나의 객관적인 설명은 가능하지 않으며, 복수의 설명 혹은 내러티브가 존재할 수밖에 없다는 것이다.

복수의 역사, 다중시각의 개념에 기초하여 역사 수업을 해야 한다는 주장은 주로 독일 계열 연구자들에게서 나온다. 복수의 역사가 복수의 해석과 내러티브를 인정하면서 비교 검토하고 토론하는 것을 강조한다면, 역사적 사고는 증거에 기초한 역사 지식 구성의 측면을 좀 더 강조한다. 모두 역사 상대주의 문제를 고민하면서 철저하게 역사학계가 인정하는 방법으로 역사 해석과 토론에 임할 것을 주장한다. 그런데 다중시각, 복수의 역사가 개념의 모호성, 상대주의적 한계 등의 측면에서 공격을 받고 있다(Virta, 2007; Rüsen, 2017). 특히 정치적이고 국가적인, 또는 다른 목적에 따라 의도적으로 이용하거나 오용할 가능성을 어떻게 통제할 것인가라고 하면서 복수의 역사에 대한 회의적인 태도를 취하기도 한다(Virta, 2007). 실제 이 책의 5장에서 살펴볼 수 있듯 정치적이고 국가적인 목적으로 다중시각을 남용하는 사례를 홀로코스트나 난징대학살 등에 대한 역사 수정주의 해석에서 볼 수 있다.

또한 앞서 그레버는 학급에서 서로 다른 문화적 배경을 가진 학생들이 다양한 시각에서 토론하는 것이 공통된 역사를 구축하는 토대가 될 것이라고 했지만, 뤼젠은 문화적 차이가 곧바로 복수의 역사 해석으로 연결될 경우 갈등을 유발할 수 있는 잠재적 요인이 될 수 있다고 경고했다(Rüsen, 2017). 실제 그레버(Grever, 2012)는 자신이 인터뷰했던 학생들이 수업 후 종교에 대해 토론하다가 감정이 격해졌던 사례를 들기도 했고, 네덜란드 다문화 학급에 대한 연구에서는 네덜란드 학생들과 이슬람 학생들이 제2차 세계대전에 대한 토론을 할 때 네덜란드 학생은 홀로코스트를 비판하며 유대인의 희생에 대해 분개했지만 이슬람 학생들은 팔레스타인의 상황을 언급하면서 반유대주의 정서를 보였고, 결국 갈등이 일어났던 상황을 예시했다. 네덜란드 학생은 여러 매체와 가족을 통해 제2차 세계대전에 대해 접했고, 이슬람 학생은 팔레스타인 문제를 가족과 종교 공동체 등을 통해 접했다. 갈등이 일어났던 상황에서는 이러한 학생들의 선지식이나 선경험이 통제되지도 못했고, 학생들이 그 사건들을 역사적으로 충분하게 탐구하지도 못했던 것으로 보인다. 게다가 이러한 수업을 진행했던 곳은 직업준비학교였는데, 이곳의 이민자 학생들은 역사 토론에 참여할 수 있는 기본적인 지식이나 사고 기술도 갖추지 못했던 것으로 보인다. 결국 학생들이 너무 과격한 주장들을 펼치면서 갈등이 격화되자 교사가 토론을 중단시켰다고 한다.

이러한 사례들은 학생들이 자신이 속한 민족 공동체, 가족 등과 관련된 가공되지 않은 기억과 감정을 성찰하면서 역사를 탐구하고 토론할 수 있게 조력할 필요가 있다는 점을 보여준다. 물론 항상 감정을 이성으로 제어할 수 있는 것은 아니고, 토론에서 감정을 배제할 수 있는 것도 아니다. 그럼에도 감정적 격돌은 오히려 쟁점을 희미하게 만들고 감정의 골을 깊게 만들 수 있다. 그러므로 개인적으로나 사회적으로 의미 있고 생산적인 토론과 논쟁을 위해서는 역사학계가 정당하다고 인정하는 방법의 틀에서 서로 다른 해석들을 비교 검토하면서 자신의 시각을 성찰할 수 있게 하는 것이 중요하다. 이러한 역사적 토론을 위해서도 메타역사적 지식과 방법적 지식을 가르칠 필요가 있다.

그런데 학생이 사회적 문제에 관심을 갖도록 유도하기 위해 사회적이고 정치적으로 민감한 역사적 사건에 대해 감정적 거리를 두게 하지 말고 오히려 적극적으로 감정적으로 반응하게 해야 한다는 주장도 있다(Barton and Levstik, 2004). 바튼과 레브스틱은 실제 학생들은 감정을 배제하지 않고 오히려 감정적으로 역사적 사건들과 마주하는데, 그러한 감정이 바로 역사적 참여를 자극하는 동력이 될 수 있다고 주장했다(Barton and Levstik, 2004).

앞에서도 서술했듯이 감정을 철저하게 배제하면서 역사를 읽거나 탐구하기는 어렵다. 최근 연구들은 사고와 감정을 별개로 구분할 수 없는 동시적인 작용이라는 점을 강조한다. 그러나 자신의 감정에 깊은 성찰이 결여된 토론은 정치적 선동이나 논쟁과 구별하기 어려워 정치적으로 악용될 수 있으며, 뤼젠이 지적한 대로 오히려 집단 정체성에 기초한 논쟁은 집단 간의 갈등과 인정투쟁을 심화시킬 수도 있다.

그레버는 공통된 역사와 복수의 역사 사이의 균형을 유지하려고 할 때 직면하게 되는 딜레마를 세 가지로 설명했다(Grever, 2012: 86~87). 그레버가 말하는 딜레마들을 요약하면서 그의 주장을 비판적으로 검토해 보면 다음과 같다. 그레버에 의하면, 복수의 역사를 통해 공통된 역사를 구성하기 위해서는 "첫째, 다른 문화권에서 온 학생들이 자신의 관점에서 이야기를 했을 때 학급 친구나 선생님들에게 배척당하거나, 소외되거나, 조롱당하지 않게 해야 한다"(Grever, 2012: 86). 그런데 그레버도 지적했듯이 학급에서 소수자 학생들이 자신의 생각을 표현할 수 있는 분위기를 만드는 것은 결코 쉽지 않다. 어떻게 그러한 토론 환경을 만들 수 있을까? 역사교육계가 함께 고민해야 할 문제이다. 이와 관련하여 판 박스텔은 민감한 역사에 대해 토론하는 수업모형이 필요하다고 주장한다.

그레버는 복수의 역사를 위해 "둘째, 교사들이 토론할 주제에 대해 잘 알아야 한다고 주장했다. 그 주제에 대해 잘 모르면서 학생들을 토론시키는 것은 오히려 문제가 될 수 있다는 것이다. 또한, 효과적인 학습을 위해서는 여러 시각들을 무한정으로 허용해서는 안 된다"(Grever, 2012: 86)는 점을 강조했다. 특히 "가해자나 범죄자의 시각을 어떻게 다룰 것인가"라는 한나 아렌트(Arendt, 1993)의 질문에 대해서도 생각해 봐야 한다고 하면서, "고등학생에게 집단 수용소 경비원이나 전쟁 범죄자와 같은 가해자의 관점을 취하도록(perspective taking) 하는 것은 문제"(Grever, 2012: 87)라고 주장했다. 그러면서 역사가들, 교사들, 교육가들이 아렌트의 질문에 대한 잠정적인 태답에 대해 함께 고민해야 한다고 했다. 그레버가 설명하고 있는 복수의 역사의 딜레마는 개별 수업 차원에서 교사가 해결하기 어려운 것으로, 역사교육학계 차원에서 연구자들이 함께 고민하고 해결해야 할 문제들이다. 이러한 문제를 해결하지 못한다면, 복수의 역사의 방법을 사용하는 의미는 축소된다.

그레버가 말하는 '복수의 역사'는 모든 의견을 경청할 수 있는 구조에서 가능하다. 그런데 그러한 방식이 때로는 학생들을 역사 상대주의의 늪에서 허우적거리게 하면서 역사적 판단을 제한할 수 있다. 이는 박중현(2008)이 한국 학생에게 일본인의 야스쿠니 신사 참배에 대해 토론하게 했을 때 나타났던 문제이기도 하다. 박중현(2008)은 '다원주의 역사 수업'을, 갈등과 충돌의 역사에 대한 집단마다 다른 해석들을 그 해석이 나온 사회문화적 맥락에서 살피고 이해하는 것이며, 그러한 서로 다른 해석들을 인정하는 것으로 정의했다. 그리고 수업에서 제2차 세계대전과 야스쿠니 신사 참배에 대한 일본의 입장을 이해할 기회를 주면서 일본과 한국의 입장을 서로 상대화할 수 있게 했다. 그 결과 학생들이 야스쿠니 신사 참배에 대한 일본의 입장을 이해하는 데 성공했다. 그러나 역사적 책임 문제는 토론하지 못한 채로 남았다. 토론이 어려웠던 까닭 중 하나는 역사 해석의 단위를 국가로만 상정했기 때문이다. 그러나 다른 한편 현실적으로 수업에서 학생들이 일본과 한국 내의 다양한 관점이나 주장을 찾을 수 있었을지, 또 다양한 관점을 배척하거나 조롱하지 않고 토론할 수 있는 분위기를 만들 수 있었을지 의문이다.

그레버에 의하면 셋째, 진정한 대화를 위해서 상대방의 의견이나 해석을 듣고 자신의 주장과 다른 해석을 기꺼이 인정하려고 해야 한다(Grever, 2012: 87). 이것은 학생들이 그 주제에 대한 자신의 견해를 심리적으로 표현할 수 있어야 한다는 것을 전제로 한다. 그런데 폭력적인 역사를 다룰 때는 그렇지 못할 수 있다. 그러므로 그레버는 역사적 추론이 항상 혹은 아직 가능하지 않은 사건이 있다는 것을 인정하고 그런 사건의 경우에는 다른 접근법을 취할 필요도 있다고 했다(Grever, 2012: 87). 이러한 그레버의 제안은 그가 애초에 한 사건에 대한 서로 충돌하거나 갈등적인 시각들의 존재를 인정하고 복수의 역사를 통해 공통된 역사를 만들 수 있다고 한 주장의 현실적 가능성을 부정하는 것이다. 적어도 가족과 공동체에서 습득한 가공되지 않은 기억들과 그들의 정치적 판단이 끼어든 해석이 역사적 추론과 토론을 방해한다면 그레버식의 '복수의 역사'는 가능하지 않다는 것이다. 그렇다면 먼 과거의 사건에 대해서만 복수의 역사를 통해 공통된 역사를 만들어야 하는가? 그런데 정치적 문제가 개입되지 않은 먼 과거의 사건에 국한한다면 굳이 복수의 역사라는 개념을 사용할 필요가 있을까?

'복수의 역사'를 추구하는 연구자들은 기본적으로 하나의 시각에서 절대화된 국가 서사에 기초한 역사교육은 다양한 문화적 배경의 학생들에게 어떤 의미도 줄 수 없다는 문제의식에서 출발한다. 그리고 그러한 문제를 해결하기 위해 하나의 서사가 아니라 복수의 관점과 해석, 논쟁하는 역사 수업을 제안한다. 그런데 결국 복수의 역사의 취지를 살리는 길은 역사 문해력, 메타역사적 개념 지식과 방법적 지식의 교수를 전제하거나 혹은 필수적으로 병행하는 것이다. 특정한 과거의 사건을 철저하게 역사적 증거에 기초하여 역사적 맥락에서 해석하면서 토론하기 위한 지식, 개념, 방법, 그리고 자신과 다른 역사적 해석을 존중하면서 토론하는 태도는 복수의 역사의 전제 조건이다. 이는 복수라는 용어를 굳이 앞에 붙일 필요가 없는 역사 학습의 기본이다.

4. 맺음말

전 지구적 이주의 시대, 이질적인 문화적 배경의 학생들이 한 학급에서 역사를 학습한다. 무엇을 어떻게 고려하여 역사교육의 밑그림을 수정해야 하는가?

일반적으로 학생의 다양성이란 인종, 민족, 종교, 젠더, 계급 등의 범주에 기초하여 정의해 왔다. 그런데 이 같은 범주들은 학생들에게 '주어진 상황'이자 외부에서 보는 정체성이다. 1990년대에 이루어진 많은 경험적 연구들은 학생의 역사 정체성과 학생의 인종 및 민족적 배경의 상관성이 깊다고 분석했다. 학생의 민족, 종교 등이 학생이 자신과 관련된 역사를 확인하거나 중요하다고 생각하는, 또 학교에서 가르쳐야 한다고 생각하는 역사를 판단하는 데 결정적인 영향을 미친다는 것이다. 그러므로 학생의 인종, 민족, 종교, 젠더, 계급적 배경 등의 다양성을 포용하여 역사교육의 내용과 방법의 변화를 추구할 필요가 있다고 주장했다. 그러나 여러 민족들의 역사적 공헌을 평등하게 다루는 방식으로 내용을 선정하고 구성하는 것이 지구적 이주와 이동의 시대를 살아가는 다양한 학생들에게 적합한지에 대해서는 고민이 필요하다.

최근 몇몇 연구들은 인종, 민족, 종교 등의 범주에 기초한 다양성 담론이 오히려 문화적 편견을 강화할 수 있다는 점을 알려준다. 사베니지·판 박스텔·그레버(Savenije, Van Boxtel and Grever, 2014: 540)의 연구를 보면 학생들이 노예제를 노예주보다는 노예, 특히 흑인의 후예와 연결하여 이해했다. 학생들은 왜 노예제를 흑인 노예와 연결시켜 이해했을까? 고대 그리스나 로마의 노예제도 있고, 또 다른 시기 다른 지역에 사람을 제도적으로 예속했던 사례들이 있음에도 불구하고, 특히 16~18세기 노예제만을 가르치는 것이 오히려 학생들이 노예제를 흑인 노예의 후예와 연결시키는 까닭은 아닐까? 민족적·종교적 다양성에만 초점을 맞추는 다양성 담론은 다양성을 고정된 이미지로 전형화하면서 오히려 편견을 확산시키고 있다. 이러한 다양성 담론은 위험하다. 그러므로 그러한 위험을 인식하면서 역사교육의 내용을 선정하고 구성하는 것이 중요하다.

다른 한편 몇몇 연구들은 일부 학생들이 민족이나 종교 등과 같이 사람들이 겉으로 보고 규정하는 정체성에 제약받지 않고 자신의 사회적 문제의식에 기초하여 자신과 관련된 역사나 중요한 역사를 선택한다는 점을 강조했다. 즉, 학생이 속한 민족이나 종교 공동체가 학생 개인의 정체성과 역사 정체성을 통제할 것이라고 생각하는 것 자체가 편견일 수 있다. 학생들은 자신을 둘러싼 여러 문화와 상호작용하면서, 또 그들이 직면하고 있는 여러 사회 문제들에 대한 비판 의식에 기초하여 자신의 정체성 및 역사 정체성을 복합적으로 구축한다.

모든 학생들이 자신의 부모가 속했던 공동체와 자신이 속한 공동체를 동일한 것으로 인식하는 것은 아니다. 그들은 부모의 공동체를 통해 접하는 과거에 대한 이야기와 자신이 현재 살고 있고 속해 있는 공동체에서 접한 기억 문화를 혼합하여, 또 자신의 경험이나 사회적 문제의식 등을 복잡한 방식으로 연결해서 자신이 속한 집단의 역사를 구성하며 역사 정체성을 확립한다. 학생의 인종, 민족, 종교, 계급적 배경만이 아니라, 연령 및 발달 수준, 역사 지식, 교우 관계, 그리고 학생의 사회적 문제의식 등도 자신과 관련된 역사를 판단하거나 사회적으로 중요하고 가르쳐야 할 역사를 선택하는 데 작용한다.

특히 국가와 문화의 경계를 넘는 이동과 이주로 인해 학생이 자신을 하이픈화된 정체성이나 국가나 민족을 초월한 정체성을 가진 유동적 존재로 인식할 수도 있고, 또 자신의 국가 정체성을 자신이 추구하는 이상적인 이념이나 제도에 기초하여 정의할 수도 있다. 학생이 처한 사회문화적 맥락과 구체적인 상황 속에서 학생의 역사 정체성이 가족이나 공동체의 그것과 다르게 형성되고 발현될 수도 있다는 것이다. 즉, 개인의 정체성은 가변적이고 다면적인 성격이 있다. 그러므로 역사교육에서는 학생의 다양성을 학생의 인종, 민족, 종교, 젠더 등 주어진 상황만이 아니라 그러한 상황들의 인위적인 구획을 가로질러 새롭게 정의할 필요가 있다.

이러한 학생의 다양성은 역사교육의 변화를 어떤 방향으로 추구하게 하는가?

첫째, 주류 집단이 공식 기억을 독점하면서 일어나는 소외와 갈등을 해소하기 위해서는 그 사회의 문화 권력의 지형을 살피면서 내용을 선정할 필요가 있다. 즉, 학생의 민족적·문화적 다양성을 역사교육에 반영하여 여러 문화 집단들의 역사적 경험을 비교해 볼 수 있게 내용을 선정하고 구성하는 것이다.

둘째, 국가와 민족이라는 분석 범주 이외에 그것들을 가로지르는 범주, 또 국가와 민족 내의 다양한 분석 범주를 동원하고, 경계를 넘나드는 문화와 행위들과 현상들, 그리고 한 집단 내의 갈등, 교류, 논쟁, 연계, 협력 등의 과정에 초점을 맞추어 역사의 큰 그림을 그리면서 국가사를 비국가주의화하는 방안도 고려해 볼 수 있다.

셋째, 여기저기서 들은 정보를 엮어 만든 기억을 역사적 분석과 토론의 대상으로 가공할 수 있게, 역사의 방법적 지식을 필수적으로 가르칠 필요가 있다. 앞서 그레버의 글에서도 확인할 수 있듯이 학생이 가족이나 기타 다양한 통로로 접한 비역사적인, '적대적' 감정이 뒤얽힌 지식과 학생의 역사적인 탐구와 토론 기술의 부족은 서로의 다른 관점들을 존중하면서 역사적 사건이나 내러티브들을 비교 검토하고 토론할 수 있는, 그리하여 자신의 역사 지식과 역사의식을 성찰할 수 있는 가능성을 축소한다. 그러므로 분석과 토론이 가능하도록 역사의 방법적 지식을 가르칠 필요가 있다.

역사교육에서 과거에 대한 토론은 현재 학생들에게 익숙한 신념 체계를 넘어 그들의 시야를 확장시킬 수 있는 기회를 제공해야 한다. 과거 역사적 행위자들의 잘못된 행위를 현재의 학생들이 속한 공동체와 연결하면서 감정적으로 위축되지 않게, 또 학생이 과거의 사건 때문에 특정한 집단에 대해 공격적 태도를 취하지 않게 할 수 있는 방안을 강구해야 한다. 이를 위해서는 우선 과거와 현재를 연결시키면서도 역사적 거리를 명확하게 하는 것이 중요하다. 과거인의 선택과 행위를 오늘날의 윤리 의식이나 역사의식과 거리가 있는 그들의 사회적 맥락에서 이해하면서, 오늘날의 사회적 문제의식에 기초하여 과거인의 오류와 한계를 분석하고 비판할 수 있게 하는 것이다.

학생의 다양성을 고려한 '다중시각', '복수의 역사'의 접근 방법은 역사 탐구와 토론을 위한 역사 방법적 지식으로 추구될 필요가 있다. '증거에 기초한 역사 지식 구성'-'증거주의'나 '과거와 현재의 문화적 거리를 인식하는 태도'-'역사적 거리 인식' 등은 역사교육을 인정투쟁의 장으로 만들지 않을 수 있는 최소한의 전제이다.

5장

다중시각의 역사 수업과 윤리적 문제

1. 머리말

최근 한국 역사교육계에서 '다원적 관점'의 역사교육 논의가 확대되고 있다. 그런데 역사교육 논저에서 이 용어의 의미 해석과 용법에서 차이가 보인다. 한국에 독일의 사례를 소개한 한 연구자는 영어의 'multiperspectivity'를 '다원적 관점'이라고 번역했는데, 이때 다원적 관점은 역사방법론에 기초한 역사 수업 전략과 관련된다(이병련, 2015). 그런데 몇몇 연구자는 다원적 관점을 '다원적 가치'나 '다문화적 관점'이라는 용어와 같은 의미로 혼용했다. 'multiperspectivity'가 다원주의나 다문화주의 등과 같은 특정한 가치나 이념과 결합하면 그 의미는 한층 복잡해진다. 이 장에서는 역사교육계 내의 원활한 소통을 위해 국내외의 'multiperspectivity' 정의와 용법에 대해 살펴보고 서로 다른 관점이나 시각의 윤리적 충돌 문제를 다루는 방식을 유형화했다. '다원적 다중시각', '통합적 다중시각', '학문중심 교육적 다중시각' 등의 유형이다. 이 장에서는 muliperspectivity를 다중시각으로 번역하고, 인용문에서 저자가 '다원적 관점'이라는 용어를 사용한 경우에만 그대로 제시했다.

2. 다중시각의 역사 수업

1) 다중시각 도입의 학문적·사회적 배경으로서 사회사와 다문화주의

유럽 학계에서 다중시각은 1970년대 개발된 영국의 신역사(new history) 이론에서 기원했다. 1990년대 신역사 이론은 동유럽으로 확산되면서 유럽 학계에서 역사교육의 이상이자 정형으로 자리 잡게 되었다. 유럽에서 다중시각 역사 수업이 부상하게 된 역사 이론적 배경에 다문화주의, 사회사, 여성사, 일상생활사 등의 이론이 있다(Stradling, 2003: 10). 이주민의 증가나 역사학계 연구방법론의 변화가 종래 유럽 내의 "단일 문화(mono-cultural)나 단일 민족사(mono-ethnic history), 보편적(universal)" 시각의 역사교육의 문제를 인식하게 했고, 그것의 해결 방법으로 다중시각을 강조한 것이다(Stradling, 2003: 59). 그러나 다문화적 시각이나 사회사적 시각 자체가 다중시각을 의미하지는 않는다. 이주민이 늘어나고 있는 현실 속에서 지배엘리트가 가시화하지 않았던 집단의 시각이나 사회적 범주(여성, 빈곤한 자, 노예, 이주자, 언어·종교·민족적 소수자 집단)에서 역사를 볼 수 있게 하는 것이 다중시각을 부각시키는 목적이다(Stradling, 2003: 18~19).

한국 역사교육계는 사회사, 여성사, 일상생활사, 다문화주의 등의 이론들을 내용 선정의 측면에서 적용해서 국가주의나 유럽중심주의 역사교육의 문제를 해결하고자 했다. 특히 2000년대 역사 및 역사교육 연구자들이 '다층적' 내지는 '다원적' 역사상 등의 용어를 통해 국가주의 시각, 근대주의적·유럽중심적 시각을 비판하고 대안을 모색하는 과정에서 '다원적 관점'이라는 용어를 다문화적 시각, 사회사적 시각 등의 용어와 구별 없이 혼용했다. 그런데 다음 절에서 살펴볼 유럽 연구자들은 역사 수업 차원에서, 수업의 설계나 사용하는 자료(사료) 선정 및 자료 분석 및 해석의 원칙으로서 다중시각을 논의한다.

로버트 스트래들링(Robert Stradling)은 유럽평의회(Council of Europe)의 지원을 받아서 「역사교수에서 다중시각 적용을 위한 교사용 지침서(Multi-perspectivity in Teaching History: A Guide for Teachers)」(이후 「지침서」로 칭함)를 제작했다. 「지침서」에서 스트래들링(Stradling, 2003: 60)은 "다중시각을 적용하기 위해서는 역사 교육과정에서 내용 선정과 역사 수업에서 사료 선정의 변화를 추구하는 것은 물론 수업에서 학생이 과거에 대해 역사적으로 사고하게 하는 것이 중요하다"라고 주장했다. 그는 교육과정의 내용 선정에서 사회사적 시각을 추구하고, 역사 수업에서는 사료 선정 및 수업 설계에서 다중시각을 적용했다.

2) 다중시각 역사 수업의 이론적 배경인 '신역사'

다중시각 역사 수업에 대해 쓴 많은 연구자들은 「지침서」에 있는 스트래들링의 다중시각 정의를 고전처럼 인용한다. 그러므로 다중시각 역사 수업 이론을 이해하기 위해서는 우선 이 책자의 내용을 자세히 살펴볼 필요가 있다.

스트래들링(Stradling, 2003: 14)은 다중시각을 정의하기 위해 역사 연구의 특성을 살폈다. 그는 앤 로비어(Ann Low-Beer)의 설명에서 출발했다. 스트래들링에 의하면 로비어는 "역사 연구자들이 역사적 사건을 서로 다른 시각들에서 평가한다"라고 하면서 "…… 복수의 시각들(multiple perspectives)에서 증거를 검토하고 판단과 결론에 이르러야 한다"라고 주장했다(Stradling, 2003: 14).[1] 역사 연구방법론을 설명한 것이다. 스트래들링에 의하면 "역사와 역사교육에서 다중시각의 가장 확실한 특징은 학문으로서 역사의 틀 내에서 그 절차와 과정을 통해 역사적 사건, 인물, 발전, 문화, 사회를 보는 방법이고 또 보려는 성향이다"(Stradling, 2003: 14). 그런데 역사교육 수준에서 '다중시각'을 정의하려면 검토해야 할 점이 많다.

---

1   로비어의 글을 보면 다중시각은 "역사의 기본적인 방법(discipline), 다른 시각에서 역사적 사건을 평가할 필요에서 출발한다"라고 썼다. 다중시각이 역사의 기본적인 연구 방법임을 강조한 것이다. 또 로비어는 침략자와 침략당한 자의 상호 대척적인 관점(view)을 보거나 지방, 국가, 지역, 유럽, 세계 등의 다층적 시각의 균형적 적용을 위해 다중시각의 사용을 권장했다(Low-Beer, 1997: 54~55).

시각이란 무엇인가? 역사가나 교사가 모든 시각들을 다루어야 하는가, 아니면 하나만 다루어도 되는가? 다중시각에서 내용을 선정할 때 어떤 기준을 적용해야 하는가? 다중시각을 사료를 선정하고 해석하는 데에만 적용해야 하는가, 아니면 내러티브의 구성이나 설명, 결론과 역사적 중요성의 판단까지 포함한 역사적 분석의 차원에까지 적용해야 하는가? 역사가나 교사는 서로 다른 시각이 충돌할 때 어떻게 하는가? 다중시각 접근법이 한층 진실에 가깝고 신뢰할 수 있는 역사적 설명을 만드는 방법인가? 다중시각이 모든 유능한 역사가들이 적용하는 절차와 과정의 일부인가, 아니면 일부만이 사용하는 기술인가?(Stradling, 2003: 14~15).

사실 다중시각을 단순화하여 정의하기는 어렵다. 오늘날 과거를 연구하고 가르치는 사람들의 시각만이 아니라, 사료를 생산했던 과거인의 시각도 복수(複數)이다. 또 시간을 단순히 과거와 현재로만 구분할 수는 없다. 같은 시간대 내에서도 사건에 관련된 사람들의 증언이나 해석을 복수로 만드는 요인들은 많다. 이 모든 요인들을 역사교육에서 고려할 수 있고 또 고려해야 하는가? 결국 스트래들링은 잠정적으로 다중시각을 다음의 세 가지가 상호 연결된 차원들로 제시했다.

첫째, 역사적 사건이나 발전을 복수의 시점(multiplicity of vantage-points)에서 볼 수 있다. 이를 위해서는 우리는 무엇을 [당시 사람들이 – 인용자] 들었는지, 봤는지, 느꼈는지 등에 대해 알아야 한다. 또한, 증거를 비교하고 교차 검토하고 사료에 대한 맥락적 정보를 평가하면서 각 사료를 얼마나 신뢰할 수 있는지 알 필요가 있다. 그들이 누구이고 어떤 역할을 했는지 그 당시 그들은 어디에 있었고 무엇을 하고 있었는지, 그들이 그 정보를 어떻게 획득했는지 등을 아는 것이다.

둘째는 역사적 사건이나 발전을 복수의 관점(multiplicity of points of view)에서 볼 수 있다. 이를 위해서는 다양한 관점들 뒤에 있는 동기들을 이해해야 한다. 그러한 관점들이 다양한 사료 저자들의 것인지 혹은 그러한 사료들을 참조한 사람들의 것인지 등을 이해해야 한다. 이러한 과정에는 세 가지 구성 요소들이 있다. ① 제시된 관점 뒤의 논리를 이해하려고 하는 것이다. 이를 위해 왜 그들은 그렇게 생각할까? 어떤 근거로 그들은 이 관점을 취했을까? 그들은 어떤 정보를 믿고 어떤 것은 믿지 않았을까? 등의 질문을 할 수 있다. ② 텍스트의 언어를 해체하는 것이 관련된다. 또 다른 증언, 사진, 영화, 포스터, 만평 등의 다른 사료들에도 같은 해체 과정이 적용된다. ③ 각 사료의 맥락적 정보를 수집하거나 분석하는 것도 관련된다.

셋째, 역사적 사건이나 발전을 복수의 역사적 설명이나 해석(서로 다른 시기에, 서로 다른 목적으로, 서로 다른 독자를 대상으로 생산된 설명들)을 통해 볼 수 있다. 이는 초점, 내러티브 구조, 해석, 강조 등의 유사성과 차이점을 인식하는 것과 일치하거나 일치하지 않는 주요 포인트를 분석하는 것이다. 즉, 사학사적 분석(historiographic analysis)을 의미한다(Stradling, 2003: 18).

첫째가 사건과 관련된 사람들의 서로 다른 증언들을 분석하면서 사건을 보는 것이라면, 둘째는 사건을 기록한 사람들의 글들에서 서로 다른 관점을 분석하는 것이다. 셋째는 역사적 해석들을 비교 분석하는 것이다.

그런데 스트래들링은 역사 연구를 '복수'로 만드는 여러 요인들을 확장하여 설명했다. 예를 들면 한 사건에 대해 연구자의 연구 질문이 다를 수 있다는 점, 또 연구 초점이 다를 수 있다는 점이다. 그러면서 다중시각은 "단순히 역사 연구방법론의 적용을 의미하지는 않으며", "특정한 주제나 현상에 대한 역사 분석의 폭과 범위를 확대하는 것을 목적으로 한다"라고 주장했다(Stradling, 2003: 19).

스트래들링은 역사 수업에서 학생이 서로 다른 시각에 노출될 수 있게 사료를 제시하여 그러한 시각을 비교 분석하면서 역사적 설명을 생성할 수 있게 하는 것이 바로 다중시각이 표방하는 "다원적이고(pluralistic), 포용적이고, 통합적이면서 포괄적인" 역사교육이며, 공평하고 "한층 완벽한 역사적 설명에 이르는 방법"이라고 주장했다(Stradling, 2003: 59).

그런데 곧 말을 바꿔 "다중시각에서 사료를 검토한다고 객관적이고 완전한 역사적 설명을 할 수 있다고 보장할 수는 없고", "특정한 사건을 보는 모든 시각들을 동등한 무게와 가치가 있는 것으로 취급할 수 없으며", 시각이라는 것이 특정한 사람의 입장을 나타내므로, 그의 입장이 여러 요인에 의해 제약된다는 점을 고려해야 한다고 주장했다(Stradling, 2003: 59). 더욱이 "정치적 내지는 사회적 갈등의 문제를 다중시각에서 다룬다고 해서 하나의 견고한 결론에 도달하기 어렵다"는 점도 인정했다(Stradling, 2003: 59). 이러한 스트래들링의 다중시각은 의미가 너무 넓고 모호하다. 국내 연구자들은 정치적 및 사회적으로 논쟁이 되는 역사를 '다원적 관점', 즉 다중시각에서 다루어야 한다고 주장하는데, 스트래들링은 정치적 혹은 사회적으로 갈등이 되는 문제를 다중시각에서 다룬다고 하나의 결론에 도달하기 어렵다고 말한다. 그러면서 논쟁이 되는 역사만이 아니라 역사 수업의 기본 원칙으로서 다중시각을 제안했다. 상당히 긴 논문에서 스트래들링은 다중시각에 대해 어지럽게 자신의 혼란을 드러내면서 설명하다가 마지막 부분에서 역사교육에 다중시각 접근법이 주는 시사점을 다음의 세 가지로 정리했다.

첫째, 학생에게 분석 기술을 연습할 수 있는 기회를 주는 것이 중요하다.
둘째, 특정한 주제에 대해 심층적으로 탐구할 기회를 주는 것이 필수적이다.
셋째, 발췌된 몇 개의 짧은 사료들을 제공하고 그 사료들에서 사실적 정보를 추출하거나 하나의 결론에 도달하게 하는 형태로 다중시각을 적용한 사료

기반 수업은 무의미하다. 오히려 과거를 연구하는 사람은 누구든 불일치, 모순, 모호함, 서로 상반된 목소리, 반만의 진실, 편파적인 관점, 편견이나 선입견 등을 가지고 있고 또 그것들을 용인한다는 것을 학생들이 이해하게 하는 것이 다중시각의 기본적인 가정이다(Stradling, 2003: 60).

이 설명에 의하면 다중시각을 적용한 역사 수업이란 곧 신역사 계열의 역사적 사고 이론 혹은 역사 문해력 이론에서 강조하는, 역사적으로 사고하는 기회를 주는 것이다. 신역사는 역사 수업에서는 학생이 증거에 기초하여 과거에 대해 설명할 수 있게, 서술된 역사는 잠정적 주장이라는 점을 인식할 수 있게 역사 탐구 개념과 방법을 가르쳐야 한다는 이론이다(McCully, 2012: 148). 이 이론에서는 역사를 절대적이고 유일한 진실이 아니라 문제 제기와 성찰의 대상으로 보게 한다. 역사를 생산하는 인식론적·방법적 지식을 알고 적용하여 문제를 해결하는 능력을 함양하는 것이 다중시각 역사 수업의 핵심이다.

실제 많은 연구자들이 다중시각 이론을 신역사 이론과 동질적인 것으로 이해한다. 예를 들면 조지메이슨대학의 '역사와 신 미디어를 위한 로이 로젠츠바이크 센터(Roy Rosenzweig Center for History and New Media at George Mason University)'에서도 앞서 인용한 로비어의 설명에 기초하여 다중시각을 역사의 인식론적 성격이라고 설명했다.[2] 비욘 완싱크(Bjorn Wansink), 산네 액커먼(Sanne Akkerman), 이첼 주이커(Itzél Zuiker), 테오 우벨스(Theo Wubbels)

---

2 teachinghistory.org의 "Multiperspectivity: What is, and Why Use It?"를 참조. 이 사이트는 Roy Rosenzweig Center for History and New Media at George Mason University가 만든 것이다(https://teachinghistory.org/teaching-materials/ask-a-master-teacher/23610 검색일: 2020.3.5).

등은 그들의 공저 논문에서 다중시각 이론이 유럽평의회, 독일, 영국, 네덜란드, 미국 등 여러 나라에서 적용되고 있다고 주장하면서 그 증거로서 각 나라의 교육과정에서 관련된 내용을 소개했다(Wansink et al., 2018). 그런데 교육과정에 다중시각이라는 용어가 명시된 곳은 유럽평의회(2011)와 독일 니더작센(Niedersachsen) 김나지움 교육과정뿐이다. 그들이 예시한 영국의 국가 교육과정에서는 "과거가 어떻게 다른 방식으로 해석되고 재현되는지 이해하고 분석하고 평가할 수 있게 가르치라"고 했으며, 네덜란드의 경우에도 "사람들이 과거에 대해 판단하고 의미를 부여하는 방식과 그것이 시간이 흐르면서 어떻게 변했는지, 집단과 개인에 따라 어떻게 다를 수 있는지를 설명할 수 있어야 한다"고 했을 뿐이다. 완싱크 등은 '다른(different)'이라는 단어를 사용한 것도 다중시각의 의미로 해석했다.

북아일랜드 연구자인 앨런 매컬리(Alan McCully)는 스트래들링의 글에서 "학문으로서 역사의 기본적인 절차와 과정에 기초하여 서로 다른 시각에서 역사적 사건, 인물, 발전, 문화, 사회 등을 보는 방법이자 성향"을 인용해서 다중시각을 정의했다(McCully, 2012: 149). 그리고 그는 다중시각 이론을 구성주의 이론에 기초한 학문중심 접근법으로 인식하고, 사료 기반 학습 혹은 탐구학습을 통한 역사적 사고 방법 교육을 강조했다. 수 베넷(Sue Bennett)은 영국에서는 교육과정이나 수업 방법에서 복수의 시각에서 역사를 보도록 하지만, 다중시각이라는 용어를 사용하지 않는다고 했다(Bennett, 2004: 41).

그런데 왜 '다중시각'이라는 용어를 사용한 이론들이 나왔을까? 다중시각의 역사 수업은 유럽의 국제기구들에서 먼저 주목했다. 1990년대 중반 이후 유럽평의회와 유럽역사교육자연합(European Association of History Educators: EUROCLIO, 이후 '유로클리오'로 칭함), 역사교사연합의 유럽상임위원회(European Standing Conference of History Teachers' Associations), 유럽안보협력기구(Organization for Security and Co-operation in Europe: OSCE) 등의 국

제기구들, 그리고 독일의 게오르크 에케르트 연구소(Georg Eckert Institute), 코르베 연구소(Körber Stiftung) 등은 국가 간이나 집단 간의 문화적·역사적 갈등을 완화하려는 목적으로 세미나나 워크숍에서 역사교육에서 다중시각의 개념, 필요성, 적용 방법 등에 대해 논의하기 시작했다(Stradling, 2003; McCully, 2012; EUROCLIO, 2017). 소련의 붕괴 이후 동유럽에서는 국가, 민족, 문화 집단 간의 갈등이 심해졌다. 유럽 통합을 지향하는 유럽의 국제기구들은 국가 단위의 역사교육이 민족적 적대감이나 외국인 혐오증을 유발해서는 안 된다고 인식하고 역사교육이 국가들, 민족들, 종교 집단들의 상호 공존과 화해에 기여할 수 있는 방안으로서 다중시각에 주목했다(Stradling, 2003: 12). 유럽의 국제기구들은 특히 갈등을 겪었거나, 전체주의로부터 벗어나 민주사회로 전환하고 있는 사회에서 다중시각에서 역사를 가르칠 것을 촉구했다(McCully, 2012: 148).

실제 다중시각을 정면으로 내세운 연구물은 주로 국가 간의 갈등을 겪은 지역이나 정치적 혹은 사회적 분열을 겪은 나라에서 그 갈등과 충돌의 역사를 가르치는 전략으로서 다중시각을 적용했다(Committee of Ministers, 2001; McCully, 2012).[3] 또 이주민이 증가하여 문화 집단 간 갈등 해결이 중요한 문제로 부상한 나라에서 학생의 역사적·문화적 정체성과 맞물려서 도덕적 판단이 매우 민감해질 수 있는 사건을 가르치면서 다중시각의 가능성을 검토했다(McCully, 2012).

---

3 Committee of Ministers, "Recommendation Rec(2001)15 of the Committee of Minsters to Members States on History Teaching in Twentiy-First Century Europe"(2001)에서도 논쟁적이고 민감한 쟁점에 대해 다중시각에 기초한 대화, 사료 학습 그리고 열린 토론을 강조했다(Council of Europe, 2001).

3) 다중시각 역사 수업에서 학생의 시각

다중시각 역사 수업 관련 글에서 시각들을 구분하는 기준과 방식은 다양하다. 완싱크 등은 다중시각을 스트래들링을 인용하여 "다른 사람의 시각에서 상황을 볼 수 있는 능력이고 또 보려고 하는 성향"으로 정의한 후, 시각의 범주들을 '사건을 보는 주체'와 '시간적 층위'를 상호 연결시켜 구분했다 (Wansink et al., 2018). 시간적 층위에서는 '과거의 시각'과 '현재의 시각' 이외에 '사학사적 시각(historiographical perspective taking)'을 설정했다. 사학사적 시각은 사건과 관련된 '복수의 시간대'의 '복수의 역사적 맥락'을 고려한 것으로 '과거와 현재 사이의 시각'이다. 주로 역사가의 시각이지만, 정치가나 언론인을 비롯하여 과거에 대해 자신의 관점을 표현하는 모든 사람의 시각을 포함한다. 이것은 다시 '동시적 시각'과 '통시적 시각'으로 구분된다. 동시적 시각은 역사가의 시각이 같은 시간적 맥락에 속한 것을 의미하고, 통시적 시각은 역사가의 시각이라고 해도 현재만이 아니라 여러 시간대가 있다는 점을 인식한 정의이다. 통시적 시각의 예를 들면 네덜란드 혁명에 대한 19세기 역사가가 쓴 글과 20세기 역사가가 쓴 글이 다르다는 점을 인식하는 것이다.

마리아 그레버(Maria Grever)도 스트래들링의 다중시각에 대한 설명을 인용하여 역사 연구에서 복수성을 설명하고 역사 수업에서 다루는 복수성과 구분했다.[4] 4장에서 이미 한번 설명했듯이, 역사에서 복수성이 역사적 연구 문제에 대한 서로 다른 시각을 의미한다면 역사 수업에서 다중시각은 "학생들이 다양한 시각의 역사 내러티브와 설명에 대해 비판적으로 성찰해 볼 수

---

4   그레버가 설명한 역사의 복수성과 역사 수업에서의 복수성에 대해서는 이 책의 4장에서 설명했다.

있게 자극하는 역사적 추론(historical reasoning)"의 일부로서 활용해야 한다고 주장했다(Grever, 2012: 77). 스트래들링은 다중시각을 정의할 때 학생의 문화적 배경이나 공동체 기억의 다름에 주목하지 않았다. 실제 학생의 정체성이 사료 해석에 영향을 미친다면 어떻게 해야 하는지에 대한 유의 사항까지 제공하지는 않은 것이다. 그런데 그레버는 수업 과정에서 학생의 인종, 민족, 종교, 젠더 등 다양한 '주어진 상황과 조건'이 역사 해석에 영향을 미칠 가능성을 고려했다. 그는 학생이 자신의 '주어진 상황이나 조건'에 즉하여 사료를 자의적으로 해석하거나 사건을 평가할 수 있기 때문에, 학생이 자신의 주어진 상황을 넘어 사료나 역사 내러티브를 비판적으로 검토해 볼수 있도록 수업에서 사용할 자료들을 구성하고 수업을 운영해야 한다고 보았다.

독일사 연구자인 이병련은 클라우스 베르크만(Klaus Bergmann)의 이론을 소개하면서 역사를 다중시각에서 가르치는 세 가지 차원을 다음과 같이 정의했다.

① 사료와 유물 속에 포함되어 있는, 과거의 인간들이 생각하며, 행동하며 그리고 고통당하며 얽혀 있는 과거의 인간들의 '다원적 관점', ② 역사적 사실에 대한 후대의 관찰자와 연구자인 역사가들의 '다원적 관점', 즉 '논쟁', ③ 학생들이 다원적 관점이 얽혀 있는 증거들과 논쟁적인 역사적 서술에 마주치면서 하나의 역사적 사실에 대하여 각자의 의견과 판단을 형성하는 의미에서의 '다원적 관점', 즉 '복수의 의견들'의 차원이다(이병련, 2015: 19).

베르크만은 ① 사료 내의 과거인의 시각, ② 사료를 분석하는 오늘날 역사가의 시각, ③ 사료와 역사가가 서술한 역사를 읽고 분석하는 학생의 시각으로 구분했다. 다른 연구자와 달리 학생의 시각의 다중성까지 포함했다.

학생이 사료를 읽고 추론하는 과정에서 제기하는 주장도 복수일 수 있다. 그런데 이 책의 4장에서 살펴보았듯이, 때로 학생의 주장은 학생의 국가 정체성이나 문화 정체성에 기초한다. 학생의 국가, 인종이나 민족, 지역, 계급, 젠더, 가족의 종교나 이데올로기뿐만 아니라, 연령, 학급에서의 교우 관계, 학업 성적 등 주어진 거의 모든 상황은 학생의 정체성 형성에 영향을 미친다. 그러나 학생이 역사의 방법론적 틀에서 벗어나 자신의 정체성에 기초하여 자의적으로 주장하는 것을 다중시각의 한 범주로 보지는 않는다. 베르크만도 학생들이 자신의 관점을 가질 권리가 있지만 역사 수업에서 그것은 역사적 방법으로 표현되어야 한다는 점을 강조했다(이병련, 2015: 209). 즉, 다중시각 역사 수업 이론은 학생이 정체성에 기초하여 근거도 없이 자의적인 주장을 펼치는 것을 제어하고자 한다. 학생이 역사의 방법론적 규칙에 따라 사료와 서술된 역사를 분석하고 평가할 수 있게 하는 수업이 바로 다중시각의 역사 수업이다.

역사가는 "과거 사람들의 서로 다른 관점들(viewpoints), 그리고 역사적 행위자와 현재의 독자 사이의 서로 다른 관점들, 그리고 선행 연구들 내의 서로 다른 관점들을 다룬다"(Grever, 2012: 85). "역사가와 역사 교사는 사료, 플롯라인, 역사적 주체, 역사 연구방법론 등을 선택할 때 역사 연구 결과, 과학적 패러다임, 이데올로기적 관점 등에 기초한 기준을 사용하므로 역사 내 러티브는 항상 특정 시각에서 구성될 수밖에 없다"(Grever, 2012: 77). 그래서 여러 연구자들은 교사가 특정한 관점이나 역사적 해석을 학생들에게 강요하기보다는 오히려 과거의 여러 관점들이나 현재 역사가들의 상이한 시각들을 살펴볼 수 있게, 그리고 학생들이 가지고 있을 만한 편견을 성찰할 수 있게 복수의 사료나 서술된 역사를 선정하여 제공하는 전략으로 다중시각 이론을 적용한다.

3. 다중시각의 역사 수업에서 가치 판단 충돌 문제의 해결 유형

1) 다중시각 역사 학습에서 윤리적·규범적 가치 판단과 정체성의 작용

역사 수업을 설계할 때 다중시각을 적용하여 사료나 서술된 역사를 선택하는 전략은 매우 다양하다. 십자군전쟁과 관련하여 유럽 기독교 세계만이 아니라 이슬람 세계의 사료도 함께 제시하고, 유럽의 대항해 시기, 제국적 과거, 탈식민지 시기 등의 주제에서 '발견하고', '식민화하고', '독립한' 민족들만이 아니라 '발견되었던', '식민화되었던', 독립이 '주어졌던' 민족들에 대해서도 학습하게 하는 것이다(Stradling, 2003: 10). 이 외에도 임진왜란이나 병자호란을 아래로부터의 역사, 주변화되고 배제되었던 집단 내에서 서로 다른 관점을 대변하는 사료들로 수업을 구성할 수도 있고, 지배엘리트들 내에서 서로 상반된 주장들로, 또 엘리트 지배층의 관점과 주변화되었던 집단의 관점들을 모두 비교할 수 있게 수업을 구안할 수도 있다. 또 일본과 조선혹은 청과 조선 두 민족의 지배층들의 관점들, 혹은 병사들의 시각들을 다룰 수 있게 수업을 구안할 수 있다. 또 그 사건의 서로 다른 국면에 초점을 맞춘 글들이나 서로 다른 역사 플롯으로 역사를 서술한 역사가들의 논저들을 비교할 수 있게 수업을 구성할 수도 있다.

이러한 수업을 설계하고 운영할 때 교육과정상의 시수 부족이나 자료 수집의 어려움, 교육적으로 활용 가능한 자료 수집 등 해결해야 할 문제들이 많다. 교사가 기술적으로 해결할 수 있는 문제들도 있지만, 그럴 수 없는 어려운 문제도 많다. 그 가운데 교실 역사 수업에 작용하는 사회의 역사문화와 문화권력의 관계는 역사 수업의 설계 단계에서는 물론 실제 수업에서도 쉽게 통제하기 어려운 환경이자 조건이다. 역사 수업을 진공상태에서 진행할 수 없기 때문이다.

　교사가 자신의 관점을 중립화하면서 사건을 복수의 시각에서 공평하게 검토할 수 있게 수업을 설계했다고 해도 학생들이 사회의 문화권력과 지배적인 이데올로기를 무시하고 자신의 생각을 자유롭게 표현하는 것은 쉽지 않다. 이 문제는 교사 혼자 해결할 수 있는 문제가 아니다. 교사나 학생은 전문 연구자와 전혀 다른 사회적 압력을 받기 때문이다.

　만약 학생들이 자신의 의견을 자유롭게 개진할 수 있게 분위기를 조성한다고 해도 고려해야 할 문제는 많다. 이토 히로부미와 안중근에 대한 서로 다른 해석이 있다는 것을 아는 것만이 학습의 목표가 아닌 이상, 학생들은 이토 히로부미가 구국영웅인지 침략자인지, 안중근이 테러리스트인지 의사인지 등의 판단에 뛰어들어야 한다. 역사적 평가에서 "선악정사(善惡正邪)를 구별하는 사고 작용"인 윤리적 판단[5]과 일정한 행동 양식에 비추어 그 행위의 정당성이나 부당성을 판단하는 규범[6]적 판단을 피할 수는 없다.

　다른 예를 들어보자. 임진왜란 당시 선조의 의주로의 피난은 정당했는가? 정묘호란 때는 강화도로, 병자호란 때는 남한산성으로 피했던 인조의 행위는 어떠한가? 삼전도의 치욕은 누가 책임져야 하는가? 임진왜란 때나 병자호란 때 청으로 끌려갔다가 되돌아온 양반가 여성에게 이혼을 청한 시아버지나 이혼을 허한 인조의 행위는 정당했나? 인조 시기, 현종 시기, 숙종 시기 호란 때 청에 끌려가서 오랫동안 청에서 살다가 도망 온 사람(주회인)들을 국법에 따라 청으로 돌려보낸 조선 정부의 조치는 정당했나? 병자호란

5　윤리란 사람으로서 마땅히 행하거나 지켜야 할 도리를 의미한다(표준국어대사전, 2020). 윤리적 판단은 도덕적 판단과 동의어이다(두산백과, 2020a).
6　인간이 사회생활을 하는 데 있어, 구속되고 준거하도록 강요되는 일정한 행동 양식을 의미한다(두산백과, 2020b).

당시 청나라 편에서 통역을 담당했던 조선인 정명수는 배신자인가? 반정으로 임금이 된 세조나 인조는 반정 과정에서 많은 사람들을 죽였다. 그들은 살인자인가? 하멜이라는 사람이 제주에 표류해 왔다. 일본으로 가고 싶어 했지만 조선 정부는 국법을 들어 허락하지 않았다. 조선 정부가 하멜 일행을 억류한 것은 정당했나? 미국의 남북전쟁 당시 흑인 노예제도를 옹호했던 사람, 예를 들면 남부군을 이끌었던 로버트 리 장군은 인종주의자인가? 숙종 때 이명의 아버지는 전 현감 손지에 매질을 당하여 앓다가 죽었다. 손지는 처음에는 살인 혐의로 체포되었으나 사실을 구핵한 후에 풀려났다. 이명은 손지의 노비였다가 속량된 사람인데 아버지의 복수를 하려는 마음을 품고 있다가 13년 뒤에 손지를 죽였다. 조정에서는 그의 효심에 의한 복수를 칭찬하고 사형은 안 된다고 주장하는 사람과 그가 손지를 죽이는 과정에서 함께 있던 종까지 죽였으니 사형에 처해야 한다는 주장이 맞섰다. 효를 위한 복수는 용납되어야 하는가?

다중시각의 역사 수업에서는 특정 사건과 관련된 개인들이나 집단들의 서로 다른 증언이나 기록, 그들에 대한 설명을 다룬다. 국법을 집행해야 하는 정부와 국법을 부당하게 느끼는 개인, 노비에게 매질을 할 수 있는 양반과 매질을 당하는 노비, 권력을 잡은 자와 권력을 잃은 자, 지배층과 피지배층, 배신한 사람과 배신당한 사람, 침략한 민족과 침략당한 민족 등이 각각 들려주는 이야기를 들으면서 복잡한 감정과 마주하게 된다. 특히 개인이 들려주는 사건에 대한 증언은 감정을 자극한다. 역사를 읽으면서 혹은 들으면서 느끼는 슬픔과 기쁨, 억울함과 분노, 고립감이나 아픔, 통쾌함이나 아쉬움 등의 감정은 집단에 대한 소속감이나 유대감과 분리되기 어렵다. 실제 북아일랜드의 경험적 연구는 탐구 기반으로 균형 있고 논증적인 수업을 진행했음에도 대부분의 학생이 각각 자신이 속한 공동체 시각의 영향을 지대하게 받았다고 보고했다(McCully and Reilly, 2017).

감정은 그 사건이 '나' 내지는 '우리'의 과거와 관련될 때 증폭된다. 영국의 인도 식민화보다는 일본의 한국 식민화라는 사건이 '우리'의 '감정'을 더욱 자극하며, 영국인이나 일본인보다는 인도인이나 한국인의 경험에 공감하기 쉽다. 고대 로마가 제국을 형성하는 과정에서 침략을 받았던 영국인이 로마사를 가르치고 배울 때와 한국인이 로마 제국사를 가르치거나 배울 때 느끼는 감정에도 차이가 있다. 내가 소속된 집단의 역사를 배울 때와 그렇지 않을 때 감정이 작동하는 방식이 다르기 때문이다. 정체성과 관련된 감정은 '우리는 결백하고 우리의 행위는 정당하며, 그들의 잘못이며 책임'이라는 심리적 진실을 만든다.

학급에 서로 다른 국가, 인종, 민족, 문화(종교), 젠더, 지역, 계급 정체성을 지닌 학생들이 모여 있을 경우, 또 서로 다른 집단에 속한 학생들의 수가 집단별로 균등하지 않을 경우, 특히 이 학생들이 소속감을 느끼는 공동체와 관련된 사건을 다중시각에서 다룰 경우 진실에 다가가는 문제는 한층 복잡해진다. 4장에서도 언급했던 그레버의 말대로 역사적 추론이 항상 혹은 아직 가능하지 않은 사건이 있다는 것을 인정하고 그런 사건의 경우에는 다른 접근법을 취할 필요도 있다(Grever, 2012).

2) 정체성에 기초한 가치 충돌의 해결 방법으로서 다원주의와 통합주의

역사에서 서로 다른 의견이나 가치 판단의 충돌을 어떻게 다룰 것인가? 요른 뤼젠(Jörn Rüsen)은 그 문제를 해결하는 방법으로 다원적 방법(a pluralistic)과 통합적 방법(an integral)을 제시했다(Rüsen, 2017).

다원적 다중시각은 역사를 학습하는 기본적인 태도로서 다양한 판단 기준을 인정하고 장려한다(Rüsen, 2017). 이 방법은 그레버의 설명에서도 확인할 수 있다(Grever, 2012). 그레버는 역사에서 복수의 시각을 만드는 요인을 설명하면서 부자와 빈자, 남성과 여성을 동등한 주체로, 또 정치사, 식민사 등도 동등한 역사 연구방법으로 제시함으로써 이념적인 중립화를 추구했다. 그레버는 학생들의 서로 다른 '주어진 상황이나 조건'으로 인해 그들의 평가 기준이 다를 수 있기 때문에, "학생들이 서로의 평가 기준에 동의하길 기대하는 것은 비현실적일 뿐 아니라 바람직하지도 않다"라고 주장했다 (Grever, 2012: 83). 그는 정체성에 기반을 둔 다중시각주의(multi-perspectivism)의 가능성을 인정하면서, 서로의 다른 평가 기준을 이해하고 존중하게 해야 한다고 강조했다. 서로 다른 시각을 가지고 토론하는 과정이 바로 공통된 역사(common history)라는 것이다. 그레버는 다중시각을 뤼젠이 말한 다원주의(pluralism)에 기초하여 적용했다(Rüsen, 2017: 3). 다원주의는 박중현(2008)이 한국 학생에게 일본인의 야스쿠니 신사 참배에 대해 토론하게 했을 때 견지했던 원칙이기도 했다. 그는 다원적 다중시각을 통해 야스쿠니 신사 참배에 대한 일본인과 한국인의 다른 관점을 이해할 수 있게 했다.

다원적 다중시각을 적용할 경우 결국 나라나 민족마다, 서로 다른 신분이나 성별, 인종마다 다른 관점이 있다는 것을 이해하는 것으로 역사 수업을 마무리해야 한다. 다름을 상호 존중하는 태도를 키우는 데 만족하는 것이다. 그런데 다원적 다중시각은 역사 상대주의로 연결될 수 있다. 일본의 니시오 간지(西尾幹二)를 중심으로 편찬한 『새로운 역사 교과서』(2001)에서는 '역사 상대주의' 시각에서 다음과 같이 가르쳤다.

사람이나 민족, 시대에 따라 사고방식이나 느낌이 전혀 다르기 때문에 하나의 사실을 단순히 사실로서 규정하기란 어렵다. …… 민족마다 역사가 다르다는 것은 당연할지 모른다. 지구상의 나라 수만큼 역사가 존재한다고 해도 전혀 이상한 일이 아니다(西尾 外, 2001: 7; 스즈키, 2006: 27에서 인용).

그러면서 조지 워싱턴이 미국에서는 영웅이지만 영국의 역사 교과서에서는 그의 이름이 쓰여 있지 않거나 미국 독립군을 반란군으로 취급한 것도 있다고 하며 한 나라의 영웅이 다른 나라에서는 반란군으로 해석될 수 있다고 강조했다(스즈키, 2006: 27). 요컨대 결국 민족마다 하나의 사건을 보는 시각은 다를 수밖에 없다는 것이다. 그들은 이러한 역사 상대주의 시각으로 난징대학살이나 태평양전쟁에 대한 일본 우파의 해석을 정당화했다. 다원적 다중시각 역사 수업에서는 역사 상대주의라는 난제에 직면할 수밖에 없다.

　　이에 따라 뤼젠은 다원주의는 상대주의를 감수해야 하기 때문에 '인정투쟁'을 초래할 수 있고 따라서 다원주의는 역사 연구나 교육의 원칙으로서 기능할 수 없다고 주장했다(Rüsen, 2017: 3). 뤼젠은 다원주의가 야기할 수 있는 인정투쟁의 문제를 해결하는 방법으로 통합적 다중시각 방법이 있다고 했다. 통합적 방법이란 보편적 판단 기준으로 상대주의를 통제함으로써 다원적 다중시각이 유발할 수 있는 인정투쟁을 방지하는 것이다. 뤼젠은 다중시각이 역사 학습의 중요한 요소이지만, "다중시각주의가 역사교육의 궁극적 목적이 될 수는 없다"라고 주장했다(Rüsen, 2017: 3). 또 다중시각은 다양성을 흡수하는, 그것 상위에 존재하는 인간화라는 규범의 통제를 받아야 한다고 강조했다(Rüsen, 2017: 3). 뤼젠은 종래 '전통적인 보편주의'가 배타적인 유럽중심주의에 기초했다는 점을 인정하면서 "포용적이며 보편적인 인간성이라는 미래지향적 관념에 기초하여 보편을 새로 정의해야 한다"라고 주장했다(뤼젠, 2010: 169). 그러나 특정 문화의 가치를 배제하지 않고 전 세계, 전 인류를 아우르는 '보편'을 설정하는 것은 불가능하다. 이러한 점 때문에 '보편'적인 '휴머니즘'을 정의할 때도 일반적으로 근대 서구 문화와 탈역사적인 인류학적 문화 사이의 긴장 관계에 주목하게 된다. 그런데 이러한 논의는 근대 서구와 탈역사적인 인류의 문화를 양자택일하는 것으로 설정하면서 서구 이외의 다른 지역과 민족의 문화들을 가치절하할 수 있다.

뤼젠은 '유럽적 맥락'임을 강조하면서 "인간화(humanization)", 즉 인간성 회복을 정의하고 그에 기초하여 다중시각이 상대주의로 빠지지 않게 하고자 했다. 전 인류 차원이 아니라 '유럽적 맥락'으로 제한한 것이다. 그리고 유럽 적 맥락의 토대를 '서구의 오래된 문화 전통'에서 찾았다(Rüsen, 2017: 3). 유 럽평의회나 유로클리오도 휴머니즘에 기초한 민주적이고 평화로운 유럽을 추구했다. 이 기구들은 역사교육을 관용, 상호이해, 인권과 민주주의 등의 가치를 증진시킬 수 있는 도구로 인식했다. 그리고 휴머니즘에 반하는 집단 학살과 그에 준하는 범죄, 인종 청소, 인권침해, 국수주의, 외국인 혐오주의, '우리'와 '그들'을 이분법적으로 구분하는 국가주의 등을 위해 역사가 오용되 는 것을 경계했다(Committee of Ministers, 2001). 유럽평희외와 유로클리오를 비롯하여 유럽의 많은 국제기구는 유럽 통합의 맥락에서 역사교육을 고민 해 왔다. 그런데 뤼젠이 주장하는 인간화는 21세기 이주의 시대인 오늘날, 유럽적 맥락에서조차 인종과 민족의 구분 없이 모두를 포용하는 통합의 원 칙으로 작동하기는 어려운 상황이 나타나고 있다. 21세기에 들어서 영국은 '근본적인 영국적 가치'로서 자유, 법치, 상호 존중, 관용 등의 가치에 기초해 시민교육을 실행하고 있다. 그런데 이 가치들은 겉으로 보기에는 전 인류를 아우르는 보편적 가치처럼 보이지만 현재 그러한 가치 교육은 특정한 정치 적 이념과 종교적 가치를 절대화하여 가르침으로써 그와 다른 신념이나 종 교를 추구하는 이주민, 특히 무슬림에 대한 배제의 담론으로 작용하고 있다 (강선주, 2022). 특정한 사건이나 주제에서 가치 충돌이 일어났을 때 그것을 해결하는 이념적이고 윤리적인 방향이 이미 정해져 있다면 진정한 의미의 다중시각 역사 수업이라고 할 수 없다.

나아가 역사상의 많은 중요한 사건들은 국가나 민족의 틀을 배제하고 인 권이라는 틀로, 혹은 그보다 넓은 의미의 휴머니즘이라는 틀에서 윤리적 문 제를 판단하거나 역사적 의미를 해석할 수는 없는 역사적 복잡성을 내포하고 있다.

3) 학문중심 교육적 방법에서 가치 판단을 다루는 전략

학문중심 교육적 방법에서 다중시각의 적용이란 역사 수업에서 서로 다른 주장을 펼치는 사료들이나 서로 다른 역사적 해석을 하는 역사가의 글들을 비판적으로 검토할 수 있게 수업을 설계하고 또 운영하는 것을 의미하며 학생의 역사 문해력 신장을 목적으로 한다. 다중시각은 여러 개의 간단명료한 시각들을 의미하는 것이 아니라 그 시각들 사이의 상관관계까지 비판적으로 분석하고, 그것을 구조화하여 역사적 설명을 만드는 과정까지 포함한다(Stradling, 2003: 25). 굳이 다중시각을 내세우지 않더라도 여러 증언과 해석을 담은 자료들을 비교 검토하는 것은 역사 수업의 기본이 되어야 한다. 영미 계열의 역사적 사고 이론, 역사 문해력 이론, 독일 계통의 역사의식 이론, 캐나다의 역사적 사고 개념 이론 등은 모두 증거에 기초한 추론, 사료 비판, 맥락적 이해와 윤리적 판단의 딜레마(과거와 현재의 문화적 거리 이해) 등의 역사적 방법으로 역사 토론이 단순히 정체성에 기초한 인정투쟁으로 흐르는 것을 제어하고자 한다.[7] 뤼젠도 '인간의 존엄성(human dignity)'에 기초한 관용, 비판, 인정의 원칙은 역사적 사고의 중요한 하위 요소라고 주장했다(Rüsen, 2017: 3).

역사학은 연구방법론적 규칙과 규범을 통해 자의적 해석을 방지하고, 주관을 객관화하여 윤리적 딜레마를 해결하고자 한다. 역사 연구에 이념과 가치가 개입하면 그것은 연구자의 연구 문제, 연구 방법, 연구 자료 등의 선택

---

7 완싱크 등도 이러한 이론이 상대주의 문제를 해결하려고 노력한 결과로 보았다(Wansink et al., 2018: 2).

으로 나타난다. 그러나 그 선택의 타당성은 학문적 규칙으로 검증한다. 따라서 특정한 연구 방법의 규칙과 규범을 일관성 있게 적용했는가의 여부가 그 연구의 타당성과 신뢰성을 평가하는 기준이 된다. 마찬가지로 교사는 다중시각의 역사 수업을 설계할 때 사료, 과거인의 관점이나 시각들, 역사가들의 시각들을 교육적으로 변형한 역사의 방법론적 틀에서 선정하고 구성한다. 자료를 해석하는 과정에서 발휘하는 학생들의 주관성도 역사의 방법론적 틀에서 타당성을 검증받게 하는 것이다. 이것이 바로 역사 수업에서 서로 다른 관점들이나 시각들 사이의 토론과 논쟁을 이어가게 하는 규칙이다. 교육적으로 변형한 역사의 방법론적 틀은 학생들이 누군가에게 들은 이야기를 비판적으로 분석하여 복잡한 진실에 다가갈 수 있게 할 수 있는 장치이다. 학생이 여기저기서 듣고 심정적으로 동조하면서 펼치는 주장들(학생의 정체성에 기초한 자의적 주장)과 그렇게 들은 이야기들을 비판적으로 분석하여 펼치는 주장(규칙에 따른 정당한 주장)을 구분할 수 있게 하는 것이다.

학문중심 교육적 다중시각 이론에서 윤리적 문제와 관련된 시각 충돌은 세 가지 전략으로 다룰 수 있다. '역사적 거리 인식하기', '복잡한 진실에 다가가려고 하기', '역사 의식하기'이다. 첫째, '역사적 거리 인식하기'란 윤리적 문제를 시간의 맥락에서 판단하는 것이다. 예를 들면 특정한 사건에서 과거에 침략자로 지목된 사람이 오늘날에는 침략자로 간주되지 않을 수 있으며, 과거에 당연했던 권리 행사가 오늘날에는 범죄로 처벌받을 수 있고, 과거에 중요하다고 기록한 사건을 오늘날에는 다르게 평가할 수 있다는 것을 인식하는 것이다. 또 젠더 관계나 인권과 관련된 개념도 변화되는 것으로서, 시간의 장벽을 넘어 보편적인 정의로 적용할 수는 없다는 것을 인식하는 것이다. 과거와 현재를 지배하는 사회구조와 문화의 차이를 인식하면서 과거의 행위와 사건의 윤리적 문제를 과거의 사회·문화적 맥락과 규범에서 해석하고 판단하면서 역사적 한계를 인정해야 한다(강선주, 2017: 11). 그러나 이때 '역사적 거리'도 구성된 것이며 지속적인 성찰의 대상이라는 점에 유의해야 한다. 요컨대 규범적 판단을 시간의 차원에 넣어 사고함으로써 '윤리적 가치의 시간성'을 인식하는 것이 중요하다(Rüsen, 2004: 78).

둘째, '복잡한 진실에 다가가려고 하기'는 사회적 경향성이나 구조와 개인의 증언이 다르다는 점을 인식하면서, 개인들의 이야기를 큰 맥락에서 통합하여 토론과 대화를 통해 진실을 구축하는 것이다. 현재인의 기억 속에 남아 있는 사건의 진실을 규명하는 과정(truth recovery process)에서 개인의 증언을 듣거나 읽는다. "가해자이든 피해자이든 그들의 시각에서 들려주는 이야기는 그 사람과의 정서적인 밀착(caring)을 자극하고 감정의 벽을 허물어 냉철한 조사를 방해하고, 인정·보상·회복을 용이하게 한다"(McCully, 2012: 155). 매컬리는 데이비드 슈라이버(david Shriver)를 인용하여 그러한 단계를 개인적인 진실을 이야기하는 단계라고 하고 다음과 같이 주장했다.

한 사람의 고통에 대한 이야기는 우리 이웃이 들려주는 수많은 이야기와 연결된다. 그러나 때로 단순하게 진술된 진실은 거짓이다. 공식적으로 오로지 복잡한 진실만 존재할 뿐이다. 복잡한 진실은 상호작용, 토의와 토론으로, 대화적인 진실(dialogical truth)을 통해서 구축된다. 이 과정에서 역사교육이 역할을 할 수 있다. 종합, 비판, 심리적 진실 회복에 대한 시각으로서 역할을 담당해야 한다. 역사교육은 개인의 이야기가 발휘할 수 있는 힘을 사용해서 관심을 자극할 수 있을 뿐 아니라 그 이야기를 더 넓은 맥락에서 통합하여 설명할 수 있게 할 수 있다. 개인의 경험은 넓은 사회적 경향과 다를 수 있다는 점을 인식해야 한다(McCully, 2012: 155).

과거의 특정한 사건을 다중시각에서 다루고자 할 때, 오늘날 개인의 증언은 과거 그 사건이 일어났던 시기의 사회구조나 당시 사람들에게 규범으로 작동했던 문화, 그리고 당시 사람들의 망탈리테(mentalité)와 다를 수 있다. 개인의 이야기는 그 인물에 대한 공감을 자극하여 사건에 관심을 갖게 할 수는 있다. 그러나 그 개인의 이야기에만 집중하면 전후 맥락을 치밀하게 분석하지 못해서 복잡한 진실에 다가가기 어려워진다. 히로시마 원폭에 의해 불치병을 앓고 있는 소녀의 이야기나 병자호란 때 청에 끌려갔다 돌아와 이혼당한 양반가 여성의 이야기는 오늘날 인간적인 공감을 자극하지만, 그들 개인의 이야기만으로는 당시 사건의 복잡한 역사적 상황과 맥락을 이해할 수 없다. 인간적인 접근은 역사적인 접근의 기본이지만 인간적인 접근을 역사적인 접근과 동일한 것으로 취급할 수는 없다.

복잡한 진실에 다가가기 위해서는 서로 다른 개인들의 이야기를 큰 사회적·문화적 맥락에 통합하여 검토해야 한다. 서로 다른 관점이나 시각의 충돌도 그들 사이의 상호 관계와 상호 영향을 당시의 큰 사회적·문화적 맥락에서 보면서 해결해야 한다. 이렇게 할 때 다중시각 역사 학습에서 학생들이 "한 나라 내의 다른 집단들 사이의 상호 영향"을 탐구할 수 있으며 "제국에서 침략자의 통치나 식민 지배의 측면만이 아니라 침략당한 사람들이나 식민 지배를 당한 사람들이 침략자나 식민 통치자의 결정에 미친 영향을 살펴볼 수도 있다"(Stradling, 2003: 20).

셋째, '역사 의식하기'란 현실 사회 참여 및 미래 설계 차원에서 과거와 관계를 맺는 것이다. 이때 과거인의 윤리적 판단에 귀를 기울이면서도, 오늘날의 사회적 문제의식에 기초하여 과거의 사건에 대해 규범적이고 윤리적인 질문을 할 필요가 있다고 강조해야 한다. 역사 수업에서 교사가 제시한 사료들 혹은 학생이 스스로 찾은 사료들을 비판적으로 분석하면서도 누가 침략자인지, 누가 가해자인지, 오늘날 우리가 역사에서 무엇을 배울 수 있는지, 미래 설계를 위해 역사에서 무엇을 기억해야 할지 등의 질문을 할 필요가 있다(McCully, 2012: 156).

그러나 이러한 원칙을 적용하여 관점이나 시각의 충돌을 해결하려고 해도 여전히 고민하고 해결해야 할 문제들이 있다. 학문중심 교육법에서는 역사 학습 과정에 개입될 수밖에 없는 정체성이나 윤리적 문제를 학문적 규칙 안에서 다루게 한다. 이러한 방법은 때로 증거를 제시하면서 주장하기 어려운 가족이나 공동체의 독특한 과거 경험을 증거불충분으로 거부하여, 특정한 학생들이 느끼는 심리적 진실을 부정하고 그들을 역사에서 배제하는 결과를 초래할 수 있다. 그러므로 학생들의 심리적 진실을 '타당한 증거에 기초한 주장'이라는 규칙에 기초하여 비판하거나 해체할 경우 나타날 수 있는 학생의 혼란과 심리적 상처에 대한 고려가 필요하다. 특히 집단 간의 갈등이나 충돌을 다룰 때, 서로 다른 집단에 소속감을 느끼는 학생들에게 심리적 상처를 주지 않으면서 그들의 서로 다른 심리적 진실에 대해 공개적으로 말하고 토론할 수 있게, 그리하여 학생이 자신의 완고한 정체성까지 성찰해 볼 수 있게 하는 전략을 구체화해야 한다. 그러나 이러한 전략은 수업에서 그 주제를 역사적으로 추론하고 토론하는 것이 가능하다는 전제에서 적용 가능하다. 즉, 그것의 교육적 역할과 효과를 생각하면서 전략을 적용해야 한다.

다중시각에 기초한 역사 수업을 하나의 보편적인 이론이 아닌, 학급의 학생들의 다양한 인구적·사회적·교육적 특징에 따라 달리 적용될 수 있는 복수의 방안들로 이론화할 필요가 있다. 이론화를 위해서 그 토대가 될 수 있는 경험적 연구의 축적도 필요하다. 그 사회의 특수한 상황이나 맥락적 특징에 대한 고려 없는 어설픈 적용은 학생들에게 심리적 상흔을 남길 수 있고, 사회적 분열을 심화시킬 수 있기 때문이다. 특히 집단 간의 갈등이나 충돌의 원인 및 배경이 다르기 때문에, 갈등 맥락의 특수성을 고려하지 않고 다중시각을 보편적으로 적용하는 것은 주의해야 한다(McCully, 2012: 146).

다중시각에 기초한 역사 수업의 효과를 일반화하기에는 여러 면에서 연구의 천착이 부족하다. 이에 따라 여러 연구자들이 다중시각을 도입하는 것을 주저한다(McCully, 2012: 146). 다중시각 이론에 기초하여 역사 수업을 진행했을 때 서로 다른 문화를 배경으로 성장한 학생들 그리고 서로 다른 이념을 추구하는 학생들이 서로를 이해하고 존중하는 태도를 기르게 될까? 아니면 서로 다름을 확인하면서 감정의 골이 깊어지고 사회갈등이 격화될 것인가? 다중시각 역사 수업을 주장하고 옹호하는 사람들은 그러한 교육이 개인과 집단 변화에 어떤 효능이 있는지 확인하는 연구보다 앞서 나가는 경향이 있다(McCully and Reilly, 2017: 304). 갈등의 원인이나 맥락에 따라 관련된 집단들의 시각들을 함께 검토하는 것이 갈등을 봉합하고 해결하는 방법이 될 수 있을지, 오히려 갈등을 증폭시키고 분쟁을 자극하는 역할을 하게 될지, 연구가 필요하다.

4. 맺음말

역사는 단순히 기록관이나 박물관에 보관되어 있지 않고, 거리의 동상들로, 거리와 마을의 벽화 등을 통해 공동체에서 살아 움직인다(Bennett, 2004: 39). 벽화에서 살아 움직이는 갈등, 폭력, 저항의 역사, 영웅과 피해자의 얼굴들이 공동체 구성원에게 그들이 속한 역사를 가르친다. 거리의 역사는 직관으로 과거를 보게 하면서 치밀한 조사와 비판적 사고를 어렵게 하고, 국가 정체성이 신화에 불과함에도 내려놓기 어렵게 하며, 상징적인 특정한 과거의 사건과 인물들의 정형성을 강화한다(Bennett, 2004: 39). 이러한 거리의 역사는 정체성 형성에 지대한 영향을 미치며 그들에게 특정한 '진실'을 믿게 한다. 역사는 복잡하게 서술된 역사책을 벗어나 텔레비전과 인터넷에서 드라마틱하게 구성된 사람들의 이야기로 전파를 탄다. 빠른 속도로 정보를 전달하고 확산시키는 소셜미디어는 진짜 역사와 가짜 역사, 프로파간다를 구분하기 어렵게 한다. 사람들은 자신의 정체성에 기초하여 믿고 싶은 역사를 선택한다.

거리의 벽화와 드라마화된 역사는 감정적 몰입과 공감을 자극하여 역사에 대한 관심과 역사적 참여를 독려하지만, '우리'로서의 과도한 공감은 역설적으로 타 집단에 대한 배제·혐오·공격을 초래할 수도 있다. 나아가 역사의 복잡성이나 역사 해석의 잠정성에 접근할 수 있는 길을 차단하여 성급한 판단에 이르게 한다. 이러한 역사에는 이미 결정된 진실만 있을 뿐, 서로 다른 시각의 모순되는 증언들과 서로 다른 증거와 연구 방법에 기초한 역사적 논박들을 검토하여 과거 사건의 진실을 규명하는 과정은 생략된다. 이러한 상황은 학교 역사에서 규칙과 규범에 기초하여 여러 관점, 시각, 해석들을 검토할 기회를 줄 필요를 극대화한다.

다중시각의 역사 수업은 역사적 진실의 복잡성과 역사 해석의 잠정성을 이해하는 전략으로서 중요하다. 다중시각에서 사건과 현상을 검토하면서 학생들은 자연스럽게 여러 해석과 평가에 대해 합리적인 토론을 시작할 수 있다. 그런데 서로 다른 문화나 역사 공동체 및 이념 공동체에서 온 학생들로 구성된 학급에서 다중시각의 역사 수업을 실행할 때는 학생들의 정체성에 기반한 서로 다른 시각의 충돌을 어떻게 해결할 것인가에 대한 고민이 필요하다. 시각의 충돌을 다원적 다중시각, 통합적 다중시각, 학문중심 교육적 다중시각 등의 방법으로 해결할 수 있다. 그러나 다원적 다중시각은 상대주의에 취약하고, 통합적 다중시각은 특정한 이념과 가치를 강요할 수 있는 부담이 있다. 학문중심 교육적 다중시각의 방법에서는 역사적 거리두기, 복잡한 진실에 다가가려고 하기, 역사 의식하기의 전략으로 문제를 해결하려고 한다. 그런데 이러한 전략을 사용할 때는 학생의 정체성과 연결된 심리적 진실을 예민하게 살펴볼 필요가 있다.

다중시각의 역사 학습은 단순하게 여러 시각의 증언을 듣고, 여러 시각의 역사 해석을 읽게 하거나 서로 다른 시각에서 '분명한 주장'을 가지고 논쟁하는 것을 의미하지 않는다. 오히려 스트래들링의 주장대로 다중시각의 역할은 시각의 모순성이나 주관성을 경험하게 하여 진실의 복잡성과 모호성에 대해 생각해 보게 하는 것이다. 이를 위해서 역사 수업은 학생들이 서로 다른 자료들을 비판적으로 분석하여 '단순하게 진술된 진실'에 의문을 제기할 수 있게, 절대적인 사실인 것처럼 설명된 역사적 사건의 원인과 결과를 여러 층위의 맥락에서 살펴봄으로써 역사 해석의 잠정성과 복잡성을 경험할 수 있게 해야 한다. 굳이 다중시각을 앞세울 필요 없이 과거와 현재의 현상을 이해하거나 분석할 때, 또 문제를 해결할 때 하나만이 아니라 복수의 여러 자료와 여러 주장들을 여러 맥락과 층위에서 비교 검토하고 분석하는 것이 학생의 일상적인 습관이 되도록 역사 수업을 구성하는 것이 중요하다.

6장

디지털 공공역사와
박물관 전시를 통한 역사교육

1. 머리말

최근에 공공역사(public history)에 대한 논의가 급부상했다. 공공역사라는 용어는 1970년대 미국에서 고용정책과 역사 연구의 민주화 차원에서 처음 사용했다. 이 용어를 한국에 소개한 독일 학계의 정의에 따르면 공공역사는 대학의 학술역사(academic history)와 대비되는 개념으로, 대학 이외의 사회적 삶의 장이나 공공의 장에서 이루어지는 역사 서술·재현·활용·실천의 모든 형식(이동기, 2016a)이다. 이를 이 장에서는 '역사하기(doing history)'로 칭하겠다. 한국에서는 지난 20년간 대학 사학과의 구조적 위기나 역사 전공자의 취업 문제를 '역사 대중화'나 '역사 소비' 담론과 연결하여 논의했다. 그런데 서구의 공공역사 개념을 도입하면서 그 문제도 공공역사의 틀에서 논의하기 시작했다.

역사하기를 역사 전공자들의 전유물로 인식하던 시기에 대학의 학술역사와와 공공역사는 모두 역사 전공자의 영역이었다. 대학에서 역사를 전공하지 않았더라도 역사학계가 인정하는 네트워크 내에서 활동하는 전문가의 영역이었다. 즉, 역사하기는 대학 내 직업과 대학 밖의 직업이라는 구분만 있을 뿐, 모두 전문가의 영역이었다. 그러나 오늘날 인터넷을 통한 소통 방식의 변화로 인해 공공의 장에서 이루어지는 역사하기의 형식과 주체가 달라지고 있다. 이에 따라 공공의 장에서의 역사하기, 즉 공공역사를 개념적으로나 실천적으로 다르게 정의하고 논의할 필요가 생겼다. 전 세계적으로 공공역사와 공공역사가(public historian)의 개념과 범위에 대한 논쟁이 활발하다. 이 장에서는 '공공역사'와 '공공역사가'의 개념에 대한 논의를 검토하고 네트워크 사회에서 개인의 권력이 전례 없이 강해지고 있는 오늘날, 역사교육은 그러한 사회 변화와 어떻게 상호작용을 해야 하는지 살펴본다. 특히 박물관은 어떤 방식으로 역사교육을 추구해야 하는지 생각해 보고자 한다.

2. 공공역사와 공공역사가

1) 역사 관련 서비스로서 공공역사, 전문가의 영역

1976년 미국의 산타바바라의 캘리포니아대학에서 공공역사 프로그램을 운영하면서 공공역사라는 용어를 처음 사용했다. 이 공공역사 프로그램에서는 역사 연구자를 양성하는 전통적인 프로그램과 달리, 정부기관이나 연구협회 등에서 필요한 연구 능력과 기술 함양에 집중했다. 학술 연구자는 증거가 나올 때까지 기다리는 것을 미덕으로 여기지만, 정부기관이나 연구협회 등에서 일하는 연구자들은 시간에 맞춰 결과물을 제시하는 것이 중요하므로 공공역사 프로그램에서는 팀 연구, 문제 기반 연구, 주어진 시간 내에 연구를 완결하는 방안 등을 가르쳤다(Salisbury, 1982: 70). 이후 하버드대(Uses of History Project)와 뉴욕대(The Archival Management and Historical Editing Training Program) 등 다수의 대학에서 연구기관이나 정부기관 등에서 일할 전문가, 즉 대학에서 교육을 담당하는 교수 이외에 역사 관련 다른 직종에서 활동할 전문가를 위한 교육 프로그램을 운영했다(Salisbury, 1982: 70).

미국에서는 공공역사를 오랫동안 대학에서 교육을 담당하는 직업 이외에, 연구기관·박물관·기념관·역사 유적지 등에서의 역사 서술과 재현·활용·실천 그리고 개인이나 단체의 인물사·구술사·지방사 서술 등의 활동 및 작업을 두루 포함하는 용어로 사용했다. 독일의 현대사가인 콘스탄틴 고슐러(Constantin Goschler)는 미국에서 공공역사는 역사 연구의 민주화와 고용정책 측면에서 시작되었다고 했다(Demantowsky, 2015).[1] 전문 역사가가 배

---

1 ≪퍼블릭 히스토리 위클리(Public history Weekly)≫에서 공공역사에 대해 논한 마르코 데만토스키(Marko Demantowsky)의 글에 코멘트한 글이다.

타적으로 독점했던 역사 해석의 '권위'를 비전문가에게도 '허용'하거나 그들과 '공유'하면서 역사 전문성의 민주화를 추구하고 일자리를 확대했다는 것이다. 그러나 1991년 ≪더 히스토리언(The Historian)≫의 편집자였던 앨프리드 안드레아(Alfred J. Andrea)는 "공공역사는 학술 연구자 이외의 고객을 위해 역사를 활용할 수 있는 다양한 직업군을 포괄하는 용어로서 모호할 뿐 아니라 우아하지도 않다"라고 했다(Andrea, 1991: 381). 1990년대 초에 이미 직업군으로서의 공공역사의 개념과 그 범위의 모호성을 지적한 것이다.

국내에서도 최근에 공공역사의 개념이나 공공역사가 포괄하는 범위에 대해서 외국의 사례를 거론하면서 논하기 시작했다(이동기, 2016a; 나인호, 2018; 윤택림, 2020). 윤택림(2020: 15)은 미국에서 공공역사가들은 박물관, 역사연구회, 초·중·고등학교, 기업, 공공기관, 도서관, 아카이브와 같은 곳에서 일하며, 이들은 비전문적 대중을 대상으로 서비스를 제공한다고 설명했다. 이동기(2016b)도 공공역사에 △국책기관이나 연구소, 역사재단, 기업 등에서의 역사 활용에서부터, △언론과 미디어 매체의 역사 시사물이나 다큐멘터리 등의 프로그램 기획, △역사박물관을 비롯하여 기념관, 전시관, 지방의 기록보관소, 역사 관련 출판사의 출판 기획이나 강좌, 세미나, 답사 사업, 문화재 관련 역사 작업 및 실천 등이 포함된다고 했다. 이러한 예시를 보면 공공역사는 역사 관련 서비스 분야, 혹은 그런 서비스업으로 진출을 준비할 수 있게 지원하는 교육 프로그램과 관련된다. 그러나 이러한 업종에 종사하는 사람들이 역사 전공자여야 한다는 전제는 없다.

그런데 독일이나 미국의 공공역사 개념을 보면 공공역사를 서비스 영역으로 한정할 수는 없다. 윤택림(2020: 15)도 "미국에서 공공역사는 학계나 학계 밖에서 국가, 지역사회, 대중이 다양한 방식으로 만들어내는 역사와 그 의미화 그리고 이러한 역사 만들기 혹은 역사 재현을 연구하는 학문 분야"라고 정의했다. 이 설명을 보면 공공역사에는 역사 전공자의 학술적 역사 연구와 서술, 비전공자의 역사 서술은 물론 대중 역사에 대한 분석까지 폭넓게 포함된다. 심지어 공공역사 자체의 이용과 오용을 분석하는 것까지 공공역사이다. 그 범위가 너무 넓어서 공공역사가 명확하게 무엇인지 가늠하기 어려울 정도이며 나아가 공공역사를 정의하는 것의 의미를 찾기도 어렵다.

2) 공공역사에 대한 개념적·인식론적 논의

얼마 전까지만 하더라도 국내외에서 일부 역사학자는 공공역사를 전문적인 훈련을 받은 역사 전공자의 작업이나 실천으로 제한해서 논했다. 그런데 최근에는 공공역사를 디지털 전환(digital turn) 이후, 역사를 전공하지 않은 일반 대중(the public)이 공공의 장에서 실천하는 '역사하기'까지 포함하는 용어로 인식하는 경향이 확연하다(Schwabe, 2020). 이들은 공공역사의 기원, 개념, 문제, 교육, 학교 역사와의 관계 등 여러 쟁점에 대해 활발하게 토론하고 있다.

공공의 장에서 다양한 매체를 통해 이루어지는 역사 생산·소비·활용·실천의 주체는 다양하다. 역사 전문가로 훈련을 받은 박물관 큐레이터와 교사·연구원은 물론 정치학자·인류학자·경제학자와 같이 다른 학문 분야에서 훈련받은 학자, 시사 프로그램 작가 그리고 이제 막 공공 영역에서 자신을 표현하기 시작한 어린 초등학생까지 역사 소비만이 아니라 확산과 활용을 통한 역사하기의 실천의 주체가 되고 있다.

오늘날 인터넷, 특히 소셜미디어[2]는 '공공'의 의미를 바꾸고 있다. 한국에

---

2 소셜미디어란 사람들의 의견, 생각, 경험, 관점 등을 서로 공유하기 위해 사용하는 온라인 도구나 플랫폼을 말한다. 소셜미디어는 텍스트·이미지·오디오·비디오 등의 다양한 형태

서는 'Public'을 '公共'이라 적는다. '공공성'은 백영서(2010: 16)의 설명대로 "국가에 관계하는 공적(公的)인 것, 모든 사람과 관계 있는 공통(共通)의 것, 누구에게나 열려 있는 공개(公開)" 등의 의미를 갖는다. 실제 공공은 시민사회, 누구나 공유하고 참여하는 열린 사회적 소통 공간이라는 의미가 강하다. 그런데 백영서(2010: 16)는 공공성의 개념을 "일상생활 속에서 경험하고 실천하는 친밀한 공간, 즉 담론의 공간이자 감성의 공간인 친밀권(親密圈)"으로 재정의했다. 친밀권이라는 용어는 개인적인 생각과 감성을 공공의 장에서 많은 사람과 공유한다는 의미를 강하게 부각시키는 반면, 각 개인들이 개인적인 의견과 감상들을 공유하고 확산하면서 공공적인 정치적 담론, 집단기억이나 집단의식 형성에, 그리고 집단행위에 지대한 영향을 미치고 있다는 점, 즉, 오늘날 공공성이 개인적이면서도 결코 개인적이지 않다는 점을 이해하는 데는 한계가 있다.

디지털 전환 이후, 공공의 장은 공적(公的)과 사적(私的), 공개(公開)와 폐쇄(閉鎖), 공통(共通)과 개별(個別)의 구분이 어려운 동시성과 복합성을 만들고 있다. 디지털 미디어가 만드는 공공의 장에서 모든 사람이 자신과 사회, 국가 등의 과거를 연결하면서 자신만의 해석을 내놓고 있다. 칼 베커(Carl Becker)의 말처럼 오늘날 공공의 장에서 "모든 사람은 각자의 방식으로 역사가"이다. 그런데 이들 각자의 개별적인 역사 해석과 주장들이 모여 어느 순간 특정한 시각의 집단기억과 상호작용한다. 이에 따라 독일 학계에서는 역사문화와 기억문화에 대한 학술적인 논쟁을 끝내고 그것들을 포괄하는

를 가지고 있는데, 대표적으로 블로그(blogs)와 소셜 네트워크[Social Networks(페이스북, 인스타그램 등)] 외에 메시지 보드(Message Boards), 팟캐스트(Podcasts), 위키스(Wikis), 비디오블로그(Vlog), UCC(유튜브), 마이크로블로그(트위터) 등이 있다(한국정보통신기술협회·정기욱, 2008).

우산 개념(umbrella concept)으로 공공역사라는 개념을 사용하자는 제안도 나왔다(Demantowsky, 2018: 6). 이러한 논의에서 공공역사는 더 이상 역사 관련 서비스 분야가 아니라, 사회적 삶에서 벌어지는 역사 관련 현상을 설명하는 개념이다.

최근에는 '디지털 공공역사'라는 용어가 등장했다. 이탈리아의 세르주 노아렛(Serge Noiret)은 디지털 공공역사를 "상호작용적인 디지털 수단을 통해 공공 영역에서 역사를 생산하는 것"으로 정의한다(Schwabe, 2020). 그러나 디지털 공공역사는 상호작용적인 디지털 수단을 통한 역사 생산만이 아니라 소비·활용·실천 등의 '역사하기'를 포괄하는 용어로 사용할 필요가 있다. 디지털 공공역사는 지금까지와 다른 메커니즘으로 역사 지식의 형성과 공적 활용을 주도하기 때문이다.

데만토스키(Demantowsky, 2018: 15)는 개인들의 일반적이지 않은, 특이한 과거를 보는 관점들(views of the past)은 두 가지 공통점을 보이는데, 하나는 의식적으로 그러나 대부분은 무의식적으로 집단과거를 말한다는 점이며, 다른 하나는 유일하고 진정한 본질적인 목적은 '집단인정(collective recognition)'이라고 주장했다. 그리고 이러한 측면에서 그는 공공역사를 "복합적 과거와 관련된 정체성 담론"(Demantowsky, 2018: 26)으로 정의하려고 했다. 즉, 개인이 자신의 정체성을 확인하고자 하는 개인적 이야기와 제도화된 공적 거대 서사들이 서로 인정받기 위해 상호작용하는 과정, 이러한 정체성 담론의 복잡한 변증법적 과정을 공공역사로 정의할 수 있다는 것이다(Demantowsky, 2018: 27).

고슐러가 2015년에 ≪퍼블릭 히스토리 위클리(Public History Weekly)≫라는 국제 블로그저널에 데만토스키가 쓴 글에 단 코멘트처럼 예전에는 공공역사를 고용정책의 측면에서만 다루었는데 최근에는 개념적·인식론적 논의를 시작했다(Demantowsky, 2015).

3) 공공역사가의 개념

공공역사의 개념이나 범위에 대한 논란이 커지면서 '공공역사가'의 범위
에 대한 토론도 시작했다. 자신을 공공역사 전문가로 칭하는 폴란드의 조안
나 우돈(Wojdon, 2020) 교수는 역사 게임 개발자들이 전문 역사가로서의 정
체성을 갖고 있지는 않지만, 그들이 공공역사가로서 역할을 수행한다고 주
장했다. 역사 관련 비디오 게임이나 온라인 게임은 물론이고 본격적인 역사
관련 게임이 아니더라도 게임에서 역사를 다룬다면 공공역사가로서 역할을
하고 있는 것으로 봐야 한다는 것이다(Wojdon, 2020). 그가 말하는 공공역사
가란 "과거에 대한 일반적인 공공적 지식(public knowledge)을 형성하는 사
람"이다(Wojdon, 2020). 유럽에서 온라인이나 비디오 게임이 공공적 지식
형성에 중요한 역할을 하고 있다는 점은 다른 연구자의 글에서도 확인할 수
있다(Apostolidou, 2020). 한국에서도 게임에 나오는 캐릭터에 대한 호기심
으로 역사를 공부하는 초·중·고 및 대학생들이 있다.

그런데 우돈의 공공역사가 정의를 놓고 몇몇 연구자는 그의 글에 코멘트
를 달아 이 정의가 너무 광범위하다고 지적한다. 한 역사 박사과정생은 우
돈의 글에 "'일반적인 공공적 역사지식을 형성하는 사람'은 공공역사가의 필
수조건이지 충분조건은 아니다"라고 코멘트했다. 그리고 이어서 "역사 훈련
을 받았거나 역사를 전공하지 않았더라도 최소한의 역사 연구의 기준을 충
족한 역사물을 제작한 사람을 공공역사가로 불러야 한다"라고 주장했다
(Wojdon, 2020). 요컨대 그 박사과정생의 주장은 어떤 사람이 공공적인 역사
지식을 형성한다고 해서 그를 역사가로 부를 수는 없다는 것이다. 예를 들
면 게임 개발자의 목적은 주로 상업적 측면에 있지만, 그가 개발한 게임이
공공적 역사지식 형성에 영향을 미칠 수 있다. 그럼에도 그를 공공역사가라
고 부를 수 있을까?

학문적 정체성과 사회적 책임 문제를 함께 고려하기 위해서는 공공역사와 공공역사가를 구별하여 개념화할 필요가 있다. 소셜미디어의 급속한 발달로 인해 역사를 전공한 사람은 물론 전공하지 않은 사람들의 새로운 방식에 기초한 역사하기가 확산하고 있다. 이익 창출을 목적으로, 즉 생업으로 공공의 장에서 역사하기에 나서는 사람도 있지만, 사회 참여나 유희를 목적으로 역사하기에 참여하기도 한다. 그런데 이들이 모두 역사가로서의 정체성을 갖고 있는 것은 아니다. 특히 공공역사를 사회적인 역사 관련 현상으로 설명하면, 공공역사가의 개념과 경계는 더욱 모호해진다. 나아가 공공역사를 인식론적 차원에서 정의한다면 공공역사가라는 용어를 사용하는 것은 더욱 적합하지 않다. 만약 사용한다고 해도 단순하게 공공역사를 하는 사람을 공공역사가로 정의할 수는 없다. 공공역사나 공공역사가라는 개념을 지나치게 넓은 범위에서 정의한다면 개념을 정의하려는 작업 자체가 무의미해지기 때문이다.

오히려 공공역사가는 역사라는 학문적 틀에서 전문적인 소양을 갖추고 공공의 장에서 역사하기에 참여하는 사람으로 한정하여 정의할 필요가 있다. 그렇게 할 때, 현재 소셜미디어를 통해 공공의 장에서 이루어지는 역사하기의 성격과 사회적 역할을 명확하게 분석할 수 있으며, 그와 관련하여 교육적 논의를 효율적으로 진행할 수 있다. 이러한 구분은 대학의 공공역사가 양성 프로그램의 목적, 성격, 구체적인 교육 내용을 구체화하는 데도 도움이 된다.

3. 한국에서 공공역사 주체의 변화와 집단기억

1) 전문 역사 연구자의 역사 대중화

누가 역사를 가르치는가? 역사를 가르쳐서 학생들의 역사지식과 역사의식 형성에 중요하게 영향을 미치는 주체에는 가족과 공동체도 포함된다(강선주, 2018). 그러나 한국의 보편 교육 차원에서 가장 영향력이 큰 제도적 역사교육의 주체는 초·중·고등학교 교사이다. 교사는 국가 교육과정과 교과서의 제약을 받지만 나름대로의 교수적 자율성을 발휘하면서 역사를 가르친다. 그래서 역사 교과서 서술 문제나 역사 교사 양성 문제는 역사교육의 주된 쟁점이 된다.

한국의 학교는 학술역사뿐 아니라 대중역사와 상호작용하면서 집단기억 형성에 중요한 역할을 해왔다. 1980년대 이후 추구된 역사 대중화는 학교 역사는 물론 박물관까지 역사교육 변화에 중요한 자극이 되었다. 1980년대 역사 대중화는 정치적 민주화를 추구하면서 학교와 대학을 넘어 '민중'을 대상으로 한 역사 서술과 교육으로 시작했다. 당시 역사 대중화의 주된 주체는 대학의 역사학자들이었지만 대학 밖의 학술연구소에서 활동한 역사학자들도 있었다. 구로연구소와 같은 역사 연구소는 역사 대중화 사업을 위해 '대중 역사교육'에 직접 나섰다(박준성, 1991).

1980년대 역사학자들은 과학적·실천적 역사학을 추구하면서 역사 대중화에 관심을 가지고 교육 사업을 수행했다. 대중 역사교육은 사회 변혁 운동에서 요구하는 의식화와 조직화 그리고 실천의 한 영역을 담당했다(박준성, 1991: 195). 이러한 운동 이면에는 제도교육에 대한 불신이 있었으며, 역사 대중화 운동을 통해 '올바른' 역사지식을 대중에게 전달하고 그들을 계몽하겠다는 의식이 있었다. 이 시기 대학 역사학자들과 연구소 역사학자들은 민중사(people's history) 시각의 대중역사를 통해 집단기억 만들기 혹은 집단기억 재구축하기에 적극적으로 나섰다. 역사 교사들은 민중사를 역사 수업에 적극적으로 반영했다. 일례로 전국역사교사모임은 민중사의 시각에서 역사를 가르칠 수 있는 사료집인『사료로 보는 우리역사: 민중의 생활과 항쟁·전근대편』(1992)을 출판했다.

1990년대에 오늘날 공공역사가로 분류될 수 있는 대학 밖에서 편집자나 저술자로 활동했던 사람들이 대중역사에 미치는 영향력은 상당히 컸다. 그들이 '역사 대중화' 혹은 '대중역사'에 대해 논의할 정도로 그들의 권위는 이미 커지고 있었다(이이화 외, 2013).

정치적 민주화는 역사 대중화 운동의 방향을 '정치적 계몽'에서 '역사학계 연구 성과의 확산'으로 전환시키는 배경이 되었다. 1990년대 역사학계의 연구 성과를 대중에게 알리고 공유한다는 목적으로 역사 관련 연구회와 연구소, 재단 등에서 역사 교양서를 출간하기 시작했다(오항령, 2016: 94). 1990년대 한국역사연구회가 '어떻게 살았을까' 시리즈를 출판하기 시작했으며 현재 한국학중앙연구원, 규장각 등에서도 전문 연구원들, 즉 공공역사가들이 참여하여 교양서를 출판하고 있다. 특히『한국생활사박물관』열두 권은 내용, 일러스트레이션, 서술 방법 등 여러 면에서 대중의 취향을 고려했으며 학술적인 설명까지 달아 역사 교사의 활용도를 높였다. 역사교육 연구자들은 이러한 대중 역사서에 주목했고, 학계의 연구 성과를 역사교육에 본격적으로 반영하려고 노력했다(강선주, 2005; 방지원, 2011). 특히 2007년과 2009년 개정 역사 교육과정과 교과서에 생활사 관련 대중서의 내용과 자료가 크게 반영되었다.

2) 상업적 목적의 대중 역사물

2000년대에 학교의 역사 수업에서 자주 활용했던 대중 역사물은 역사학자들의 저서보다는 역사학계 밖에서 제작한 〈대장금〉, 〈왕건〉, 〈세종대왕〉, 〈이순신〉 등의 TV 드라마와 〈태극기 휘날리며〉(2004)와 같은 영화, 그리고 KBS의 〈몽골리안 루트〉(2001)나 〈도자기〉(2003) 등과 같은 역사 다큐멘터리였다(이학로, 2011; 김유진·이종경, 2015).

역사 대중화 초기에는 전문 역사학자들의 저작이 학교 역사교육에 영향을 미쳤다. 그러나 대중 역사물이 대중에게 호소력을 극대화할 수 있는 장치와 방법을 사용하면서 책 이외의 다양한 종류의 대중 역사물이 학교 역사교육에 지대한 영향을 미치고 있다. 국내외 몇몇 연구를 보면 역사학자들과 역사교육자들이 관심을 쏟고 있는 역사 교육과정이나 교과서보다 일상생활에서 학생들이 접하는 역사, 즉 '문화적 교육과정(cultural curriculum)'의 영향력이 훨씬 크다는 점을 알 수 있다(Wineburg et al., 2007; Wojdon, 2020). 샘 와인버그(Sam Wineburg)와 그의 공저자들은 문화적 교육과정의 개념을 명확하게 정의하지는 않았다(Wineburg et al., 2007). 다만 그들의 논문에서 문화적 교육과정은 다양한 문화적 매체나 사회적 관계를 통한 의도적·비의도적 지식, 기술, 가치, 태도 등의 교육을 지칭한다. 와인버그와 그의 동료들은 영화 〈포레스트 검프(Forrest Gump)〉가 미국인의 베트남전쟁에 대한 집단기억 형성에 지배적인 역할을 했다고 설명하면서, 과거에 대한 생각이나 이미지 형성에 학교 교육과정보다 문화적 교육과정의 영향력이 더 강하다고 주장했다. 한국의 연구자들도 드라마와 영화 등이 학생의 역사지식이나 역사의식 형성에 큰 영향을 미친다는 사실을 몇몇 경험적 연구를 통해 밝히고 있다(양정현, 2011; 강선주, 2011).

2000년대에 대중역사의 급속한 양적·질적 성장과 대중의 역사 소비 증가에 대한 역사학계의 반응은 크게 두 가지로 요약할 수 있다. 첫째, 대중의 역사 소비 증가를 기회로 보면서 역사학의 실용성을 높이고 졸업생의 진로를 다각화하려 했다. 일부 역사 연구자들은 대학의 사학과가 전문 역사가 양성 교육에서 벗어나 역사 소비를 겨냥한 생산 인력을 양성하는 교육으로 전환해야 한다고 주장했다(박순준·최연주·하세봉, 2008: 68). 오늘날 공공역사가라고 일컬어지는 전문 인력의 양성을 추구한 것이다. 2010년대 후반에는 대학에서 공공역사 학위 프로그램을 개발하여 운영하거나 혹은 공공역사를 하나의 분야로 가르칠 것을 제안했다(이동기, 2016a: 136).

둘째, 역사학계는 소설뿐 아니라 TV 드라마와 영화 등 다양한 문화 장르에서 역사를 '콘텐츠'로 보는 분위기를 감지하고 그러한 분위기에 편승하고자 했으며, 다른 한편에서는 역사를 '거대 담론'이 아니라 콘텐츠로 보는 분위기를 걱정하기 시작했다. 역사의 사회비판적인 역할보다는 대학에 역사콘텐츠학과를 개설하여 졸업생의 진로와 연결하여 역사의 대중적 활용 방법을 연구하고 교육하는 등 생업적인 실용성을 추구한 것이다. 그런데 다른 한편 파급력과 영향력을 가진 영화가 실존했던 인물과 사건을 다시 쓰는 과정에서 무엇인가를 첨가하거나 배제함으로써 발생하는 왜곡, 특히 그것이 상업영화의 전략 속에서 오락으로 소비되는 것을 비판하기도 했다(이다운, 2018; 주은우, 2018). 이러한 시각에서는 역사의 거대 담론적 성격과 비판적 기능을 회복하기 위해 영화나 대중 역사콘텐츠의 역사 재현을 냉정한 비판과 분석의 대상으로 삼아야 한다고 보았다. 대중역사의 급속한 영향력 확대를 바라보는 역사학계의 반응이 상당히 다양했던 것이다.

이러한 가운데 대중역사와 학술역사의 이념적·인식론적 괴리를 우려하기 시작했다. 특히 2010년대에는 '재야 사학자'로 불리던 '비전문가'의 대중을 대상으로 한 과거 설명이나 서술에 대한 역사학계의 우려와 비판이 확산되었다. 역사학계는 '재야 사학자들'의 주장과 그들이 일반 대중에게 미치는 영향력에 대해서는 일찍부터 인지하고 있었지만 무대응으로 일관했다(송호정, 2016). 2000년대와 2010년대에는 그들의 영향력이 한국사 교과서 서술에까지 영향을 미치기 시작하면서 역사학계는 그들의 역사하기를 '유사 역사학' 또는 '팩션(faction)'이라고 부르면서 비판의 목소리를 높였다(정병설, 2011; 송호정, 2014). 다른 한편 이영훈과 같은 경제사가의 영향력도 오프라인과 온라인을 가리지 않고 확대되었다. 이는 공식 역사교육에도 영향을 미쳐 2009 개정 역사 교육과정이나 2015 개정 역사 교육과정과 중학교 역사 교과서 및 고등학교 한국사 교과서 개발 과정에서 이루어졌던 논쟁의 한 축을 이루었다. 역사학계는 이들 재야 사학자 혹은 사회과학자들의 역사하기를 도전으로 받아들이면서 그들의 역사 연구를 비판했다.

전문 역사가들은 그들이 사용한 자료와 자료 해석을 논박했으며 '신자유주의' 운운하면서 논저에 깔려 있는 이데올로기를 문제 삼았다. 그런데 전문 역사학자들이 그들이 사용한 자료의 문제를 지적하고, 그들의 주장을 논박하고, 그들의 논리를 공격하려고 노력한다는 사실 자체가 역설적으로 역사 서술이 더 이상 역사 전문가의 배타적인 영역이 될 수 없음을 입증한다. 그들의 글이 논의와 담론의 중심에 있다는 것은 그들의 과거 서술이 이미 역사 논의 구조, 역사 담론 구조에 들어와 있다는 말이다. 역사 전공자와 비전공자의 구분은 의미가 없어지고 있다. 지식 패권의 지형은 누가 대중의 감성과 욕구를 만족시킬 수 있는 서사를 제작하여 대중과 소통하는가에 따라 점점 달라지고 있다.

유튜브와 텔레비전의 역사 시사 프로그램에 자주 등장하는 유명 학원 및 온라인 강사들과 만화 작가들이 학교의 역사교육에 미치는 영향력은 상상하는 것보다 훨씬 크다. 학부모와 학생은 물론 역사 교사도 역사학자의의 강의와 글보다 유명 역사 강사나 만화 작가의 한국사 온라인 강의와 책을 선호한다. 한 초등 교사는, 대학의 역사학자보다 10배 이상의 강의료를 주어야 하는 텔레비전에 자주 나오는 유명 학원 강사를 학교 강연에 초대하기 위해 방안을 찾은 적이 있다고 했다. 그런데 그 강사들도 학부나 대학원에서 역사나 역사교육을 전공한 사람들이다. 그들은 역사를 좋아하는 사람들이 원하는 역사 화법과 문법, 이야기를 활용하는 데 능하다. 대중역사는 사건의 과정은 팽팽한 긴장감이 살아 있게, 심리 묘사는 세밀하게, 지향하는 가치나 이념은 명료하게 만들어 대중의 '합의된 감성'을 끌어낸다(마자, 2019: 185). 이들의 이야기는 역사가의 연구 결과이며, 특정한 시각의 해석이다. 이들의 이야기에서는 최근 역사학계가 비판해 온 민족주의 시각이 두드러진다(김정인, 2019: 2). 그러나 학술역사와 대중역사의 인식론적·이념적 괴리라는 문제를 일부 유명 학원 강사들의 탓으로만 돌릴 수는 없다. 다수의 학술역사가들이 대중역사에서 중요한 역할을 하고, 뚜렷한 위치를 점하고 있기 때문이다.

역사학자들이 자문하거나 직접 참여한 역사 시사물도 전형적인 대중역사의 틀에서 크게 벗어나지 않는다. EBS '지식채널e'에서 송출하는 짧은 역사물이나 2019년 3·1운동 100주년을 맞아 MBC에서 진행한 〈기억록〉 등의 다큐멘터리는 유명 인사와 음악·이미지 등을 동원하여 시청자의 인간적 감성을 자극했고, 민족과 국가에 대한 소속감을 극대화했다. 특히 다큐멘터리는 정권 변화에 민감하게 반응하면서 내용을 선정해 왔다. 특정한 정권 시기에는 YTN 이나 KBS 등에서 상고사나 환단고기에 대한 다큐멘터리를 제작했고, 또 다른 정권 시기에는 다수의 방송국에서 독립운동에 대한 다큐멘터리를 제작하여 방영했다. 다큐멘터리는 '진실'을 다룬다고 믿게 하는 장르로서 진실에 대한 가장 강력한 환상을 생산한다(마자, 2019: 186).

오늘날 다큐멘터리적 요소와 오락적 요소를 통합하여 제작한 역사 시사물도 다큐멘터리와 비슷한 효과를 만든다. 지금은 방영하고 있지 않은 〈역사 스페셜〉은 물론 〈역사저널 그날〉이나 〈차이나는 클라스〉 등을 비롯하여 여러 시사물에는 전문 역사가가 직접 등장해 역사적인 이미지와 문서, 영상 등을 제시하면서 역사를 해석한다. 이러한 학술적 요소는 프로그램이 제시하는 역사 해석과 내러티브의 진실성을 높인다. 또한 비전공자인 유명 연예인이 패널리스트로 참여해 시청자의 관심을 유도하고 흥미를 자극한다. 이 프로그램들은 전문가의 일방적인 강의가 아니라 대중과의 쌍방향적 소통이라는 새로운 형식을 취하며 때로 전문가와 비전문가가 동등한 위치에서 역사 해석을 나눈다.

많은 시청자들은 역사 시사 프로그램에서 다루는 주제와 내용 자체가 특정한 역사관이나 역사의식과 관련된다는 점을 눈치채지 못한다. 게다가 이 프로그램들은 역사 해석의 복잡성이나 복합성을 드러내지 않으며, 학계에서 경합하는 서로 다른 해석에 대해서도 침묵한다. 이러한 프로그램의 성패는 시청자의 감성을 자극하고 공감을 끌어내는 데 있고, 이를 위해서는 시청자가 과거 사람들과의 정서적인 밀착을 통해 공감할 수 있게 해야 하며, 진실을 단순명료화해야 하기 때문이다. 이러한 구조의 프로그램에서 역사는 역사가의 연구 결과로서의 내러티브일 뿐 그러한 내러티브에 도달하기까지의 과정, 즉, 선택, 비교 분석, 해석, 비판, 논증, 반박하는 과정이 아니다. 이러한 역사 프로그램에서 생산된 역사는 소셜미디어를 통해 **빠르게** 재생산되어 사람들의 역사지식과 역사의식 형성에 영향을 미친다.

4. 소셜미디어와 역사하기

최근에는 디지털 공공역사의 영향력이 커지면서 개인과 집단의 역사지식이나 역사의식 형성에 중요한 매체로 소셜미디어가 떠오르고 있다. 초등학교와 중학교 역사 수업에서는 많은 학생들이 과제를 특정 포털사이트의 지식백과나 지식iN을 통해 해결한다. 학생들은 포털사이트에서 찾은 내용을 복사해서 가져오거나 혹은 출력하여 수업 시간에 발표한다. 포털사이트의 지식백과는 모든 교과서 단원의 주제와 내용을 상세하게 다루고 있다. 학생들은 지식백과에서 해결하지 못하면 지식iN에 질문한다. 약 10년 전 이용자들의 역사 관련 최초 정보 수집률이 가장 높은 곳이 지식iN이었다(고원, 2010: 196). 심지어 2015 개정 초등학교 사회과 교육과정에서는 교수학습 활동으로 인터넷 사이트에서 검색할 것을 장려하기도 한다. 신뢰할 수 있는 정보를 찾고 비판적으로 정보를 분석하여 활용하는 방법을 가르치지도 않고 '검색'으로 문제를 해결할 수 있을 것처럼 학습활동을 유도하는 것이다. 그뿐만 아니라 교사들은 간혹 학생들에게 SNS를 활용하여 학습활동의 결과를 공유하도록 유도한다. 학생들은 그러한 활동의 의미가 무엇인지 정확하게 이해하지 못한 채 SNS를 즐긴다. 2019년 조사에 의하면 초등학생의 75%가 매주 유튜브를 시청하는데, 학습 관련 내용이 가장 좋아하는 영상 분야에서 7위를 차지했다. "요즘 초등학생에게 유튜브는 가장 중요한 플랫폼 중 하나"이며 "유튜브는 아이들의 놀이, 생활, 유행, 학습 등 생활 전반에 직접적인 영향을 미치고 있다"(≪헤럴드경제≫, 2019.4.4).

인터넷, 특히 소셜미디어로 인해 권위적인 수직적 위계 구조가 다원적인 수평적 네트워크 형태로 변화했고, 지식 창출과 지식의 공공적 활용의 주체로서 개인의 자율성과 독립성 및 영향력이 크게 증대했다. 이러한 매체를 통해 '역사하기'에 적극적으로 참여하는 주체는 디지털 유목민(digital nomads)과 디지털 원주민(digital natives), 다중(multitude, 多衆)이다. 오늘날 우리는 다중의 시대에 살고 있다. 이탈리아의 정치철학자 안토니오 네그리(Antonio Negri)가 제안한 '다중'은 각자의 정체성과 서로 다른 목적을 가지고 개별적으로 행동하는 사람들이다. 다중은 민중이나 대중과 다르다. 민중은 집단 내의 동일성을 전제로 하지만, 다중은 내부의 다성성(多聲性)을 인정하는 새로운 주체이다. 이들은 민중처럼 집단으로 행동하지 않는다. 그러나 특정한 사안에 동의할 때는 개별성을 유지하면서 공동으로 행동한다. 이들의 특징은 분산성과 탈중심성이다. 다중의 등장은 인터넷으로 인한 소통 방식의 변화에서 비롯되었으며, 온라인 네트워크에서 이들의 특징이 잘 드러난다. 네트워크 사회에서 다중은 개인으로서는 잘 드러나지 않지만 다수로 연결되었을 때 천문학적인 위력을 발휘하는 잠재적 권력체로서, 과거의 제도나 조직 혹은 위계적 조직을 대체하는 흐름을 형성한다(조희정, 2019: 55). 위키피디아에서 이들의 개별성과 공동 행위, 그리고 브리태니커 백과사전을 대체하는 권력을 볼 수 있다(조희정, 2019: 55).

디지털 시대에 디지털 유목민과 디지털 원주민은 특정한 역사를 개별적으로 소비하는 데 그치지 않고 그것을 다른 사이트로 옮겨 공유하거나 가공하여 새로운 창작물을 만들어낸다. 그리하여 점점 '원본(original)'의 의미가 퇴색되고 있다. 이들은 온라인 커뮤니티뿐만 아니라 모바일 메신저를 통해 역사를 매우 신속하게 소비·생산·유통한다. 이들은 소셜미디어에서 다른 게시자와 논쟁을 벌이거나 다른 게시자의 글을 수정하면서 인정투쟁에도 적극 참여한다(조희정, 2019: 55). 소셜미디어에서 의견을 달리하는 사람들과의 역사 논쟁에 적극 참여하며, 의견을 함께하는 사람들은 집단적인 실천이나 행동을 한다. 소셜네트워크를 통한 실천과 행동 참여는 역사 교과서 국정화 국면에서 가수 이승환을 비롯한 여러 유명인의 역사 교과서 국정화 반대 콘서트에서도 나타난 적이 있다. 소셜미디어는 특정한 시각의 역사를 생산하고 확산하는 데 중요한 역할을 하며(Haydn and Ribbens, 2017: 741), 강렬한 역사의식을 만들고 오늘날 역사전쟁을 치열하게 하는 데 큰 영향을 미친다(Apostolidou, 2020).

역사를 전공한 후 팟캐스트나 유튜브에서 활약하는 역사 전문 강사(크리에이터)와 웹툰이나 웹소설의 영향력도 크다(김재원, 2018). 그런데 이들 가운데는 역사를 전공하지 않은 '역덕후'[3]도 많다. 이들은 디지털화된 역사 자료를 찾아 전문가 못지않은, 그러나 전문가보다 쉬운 용어나 화법으로, 그들만의 독특한 상상력과 해석으로 대중의 지적인 호기심을 만족시킨다(이한영, 2020). 역사학계는 이들의 역사 오용과 남용, 악용 등을 걱정한다(정용재, 2020). 해외 학계도 마찬가지로 공공역사, 특히 디지털 공공역사에 나타나는 역사지식의 왜곡을 비롯하여 이데올로기적 보수성이나 편견 강화와 표절 등을 심각한 문제로 인식한다(Apostolidou, 2020). 그러나 이는 공공역사 혹은 비전공자만의 문제는 아니다. 영국 역사학자들은 "역사학계 안팎에서 '나쁜 역사'와 '결점이 있는 역사'는 항상 있었지만 오늘날 교육을 받은 지식인과 조직이 자신의 비윤리적 목적을 위해 아무런 양심의 가책도 느끼지 않고 전문적으로 증거를 조작하고 왜곡해서 과거에 대해 서술하는 경우가 더욱 증가하고 있다"라고 비판했다(Haydn and Ribbens, 2017: 740).

학술역사나 공공역사가 유산(heritage) 작업을 위해 역사를 남용하여 특정 인물을 영웅화하고 특정 유적을 신비화하며 또 신화를 역사화한 사례는 과거 특정 지역이나 특정 시기에만 한정되지 않는다. 그런데 디지털 공공역사, 특히 소셜미디어를 통한 '역덕후'의 유산 작업은 새로운 형식으로 진행될 뿐 아니라 그들이 대중의 집단기억 형성에 미치는 영향은 압도적이어서 "탈식민 사회의 학술역사를 위기에 빠뜨릴 정도"이다(Noiret, 2014).

국내외의 일부 역사학자들은 역사학계 내부는 제도적으로 상호 검토와 비판 시스템을 갖추고 있어서 자정작용을 할 수 있지만, 비전공자들은 자정작용이 어렵기 때문에 역사학계가 공공의 장에서 일어나는 역사의 오용과 남용·악용을 통제할 수 있게 감시와 비판의 역할을 해야 한다고 주장한다

---

3 역덕후는 '역사 덕후', '역사 오타쿠'를 줄인 말이다. 역사를 좋아하는 사람들을 의미하는데, 이들 가운데 만화 작가나 대중역사물 저자들도 많다.

(정용재, 2020; Apostolidou, 2020). 데만토스키(Demantowsky, 2018: 27)도 공공역사의 윤리적 측면을 고려해야 한다고 주장하면서 '나쁜' 공공역사와 '좋은' 공공역사를 구분할 수 있는 기준에 대해 고민하기도 했다. 그러한 문제의식에서 이미 1980년대 수잔 벤슨·스테판 브리어·로이 로젠바이그(Benson, Brier and Rosenzweig, 1986: xvi-xvii)는 공공역사를 다음과 같이 구분한 적이 있다. 상업적·정치적 관심이 지배하는 대중 미디어상의 "말재주 형식의 공공역사", 학술연구의 편협함을 극복하면서 역사가의 고용 확대를 추구하는 "전문적 공공역사", 그리고 진보적 시각의 역사로서 "민중사(people's history)"이다. 이러한 구분은 공공역사를 사회적인 차원에서 분석하는 데는 분명 유용하다. 그런데 오늘날과 같이 탈권위와 수평성 등을 특징으로 하는 소셜미디어 사회에서 그러한 구분이 대중들에게 얼마나 설득력 있게 들릴까? 역사학자들의 고민은 커지고 있다.

역사 전공자 혹은 역사 전문가만이 '올바른' 역사와 '정확한' 역사를 쓸 수 있고 가르칠 수 있다는 주장은 오늘날 사회 변화를 읽지 못한 해묵은 엘리트주의를 전제로 한다는 비판을 받는다(김정인, 2019: 26). 많은 역사학자가 이제 대중을 계몽의 대상으로 보는 권위주의적 태도에서 탈피해 협력자 혹은 중재자로서 대중과 소통하고 '역사하기'에 함께 나서야 한다"고 강조한다(이동기, 2016b; 윤택림, 2020: 18). 그런데 인터넷 방송을 통해 대중과 소통하는 역덕후들도 학술대회를 개최하면서 자신들의 역사 방송에 대해 스스로 성찰하려는 노력도 하고 있다(사파역사문화학회, 2021년 2월 화상학회).[4] 이뿐만 아니라 이미 역사지식의 생산·소비·유통 시스템 자체가 근본적으로 달라지고 있다. 이제 더 이상 대학이, 역사 전공자만이 역사지식의 권위를 독

---

4   유튜브에 이와 관련된 영상들이 올라와 있다(https://www.youtube.com/watch?v=IOpq jdSmTCU).

점할 수 없는 시대가 되고 있다.

이러한 인식 때문에 국내 역사학자들이 다양한 방식으로 대중과의 소통과 협력을 추구하고 있지만, 역사 이해와 활용에서 대중과의 거리를 쉽게 좁히지 못하고 있다. 한 독일사 연구자는 시민이 참여하는 역사 프로젝트들을 소개하면서 학계와 공공역사 사이의 간극을 좁히기 위한 독일의 노력을 설명했다(나인호, 2018). 한국에서도 국사편찬위원회가 '우리역사 바로알기 대회'를 개최하고 학교, 교육청, 대학을 포함한 여러 기관에서 '역사탐구대회'를 개최하고 있다. 그럼에도 대중의 역사 향유와 참여는 주로 유산의 시각에서 이루어지고 있다. 무엇을 더 해야 할까?

5. 박물관 역사 전시의 방향: 결과로서가 아니라 과정으로서의 역사

1) 탈진실의 시대, 역사 문해력과 역사적 통찰력 교육의 필요

옥스퍼드 사전이 선정한 2016년 올해의 단어는 '탈진실(post-truth)'이었다. 이 단어는 여론(public opinion)을 형성하는 데 감정이나 개인적 믿음이 객관적인 사실보다 더 큰 영향력을 발휘하는 현상과 관련된다. 이 단어를 영국의 브렉시트나 미국의 트럼프 대통령 당선과 관련하여 지난 10년 동안 사용했지만, 이제는 '오늘날 우리 시대'를 묘사하는 용어로 사용한다. 굳이 '탈진실'이라는 용어를 사용하지 않더라도 오늘날 우리는 진실을 다루는 방식이 달라지고 있음을 느낀다. 진실을 밝히려고 하기보다는 특정한 것을 진실이라고 믿으려고 한다. 특정한 사람이나 기관·집단에 대한 신뢰 또는 불신에 기반하여 그 사람이나 기관·집단의 주장을 진실 혹은 거짓으로 단정한다.

이성적 사고를 통해 '진실'에 도달할 수 있다고 믿었던 근대적인 합리적 사고방식과는 다른 방식으로 진실을 규정하고 다루는 것이다. 이에 따라 교육계에서는 문해력(literacy), 특히 미디어 문해력 교육의 중요성을 강조한다(Peters, 2017: 563).

디지털 원주민들은 이전 세대보다 많은 지식을 알 뿐 아니라 윗세대를 가르치는 최초의 세대이다. 그렇지만 진정한 의미의 사고를 경험하지 못한다는 평가를 받는다(조희정, 2019). 나아가 그들은 구글과 유튜브에서 질문에 대한 답을 찾지만 출처를 평가할 비판적 사고 교육은 충분히 받지 못하고 있다는 주장도 있다(Rothman, 2016). 이들은 교과서나 책, 어른을 통해 지식을 익히기보다 인터넷의 넘쳐나는 정보 콘텐츠를 통해 지식을 습득한다. 인터넷에는 온갖 종류의 역사 콘텐츠가 유통된다. 이들은 시간을 갖고 여러 정보들을 비교 분석하거나 탐구하기보다는 자신의 경험에 부합하는 인터넷 정보를 진실로 확정하는 경향이 있다. 그래서 비판적 사고 방법이나 문해력 교육은 그 어느 때보다 중요해지고 있다.

역사교육계도 대중역사와의 상호작용을 위해 역사 문해력을 키우는 것이 중요하다고 강조해 왔다(강선주, 2017; Haydn and Ribbens, 2017; Wineburg, 2018). 그런데 학교의 역사교육만으로는 대중이 역사 문해력을 발휘하고 비판적 사고를 통해 곳곳에서 마주하는 역사와 의미 있게 상호작용하기를 기대하기는 어렵다. 역사 교사들은 역사 수업에서 텍스트 읽기를 통해 사고력 함양에 주력하면 학생들이 흥미를 갖지 못할 뿐만 아니라 실제 삶에 어떠한 도움도 되지 못한다고 주장한다(강선주, 2017: 90). 역사학자와 역사교육학자도 "문헌을 사려 깊게 읽는 훈련을 통해 비판적 안목이 키워지는 것이 통상적 인문학의 주된 강점"이지만 "텍스트에 정통하는 훈련에 자족해서는 인문학의 본래 이념인 인간다운 삶을 충실히 하는 학문의 길로 나아가게 할 수 없다"(백영서, 2010: 11)는 점을 안다. 그러므로 제도적 역사교육은 역사 문해력과 인간과 사회에 대한 통찰력, 사회문제를 해결할 수 있는 지혜를 함께 키우는 방안을 찾아야 한다(강선주, 2017: 134). 이러한 측면에서 또 하나의 공식적 기억(official memory)을 다루는 기관인 박물관과 공공역사가로서 큐레이터의 역할이 중요해지고 있다.

미국의 한 역사학자는 이미 1990년대 중반에 '학술역사가 공공역사가 될 수 있는가?'라고 질문하고, "학생이 전문 역사가는 아니지만 모든 형식의 역사 문헌(historical literature)에 대한 비판적 소비자가 될 수 있게 해야 한다"고 주장했다(Moynihan, 1996: 312). 그러면서 "역사는 최종적인 진실이 아니라 진행 중인 대화라는 점과 역사가 과거만이 아니라 우리가 살고 있는 오늘날과 우리에 대한 우리의 이해를 변화시키는 발견의 연속이라는 점을 이해하게 하는 것이 중요하다"라고 강조했다(Moynihan, 1996: 312).

2) 재현과 교육의 복합으로서 박물관 역사 전시

역사는 단순히 서술된 또는 재현된 결과로서의 지식이 아니라 세상을 보는 눈이며 사고 방법이자 문제 해결 방법이다. 그런데 사람들이 사회적 삶에서 접하는 역사는 최종 생산물로서 거리의 동상이자, 다큐멘터리, 드라마, 영화 속의 이미지와 대사이며, 블로그와 유튜브 속의 이야기이다. 이러한 역사는 특정한 관점의 역사를 절대적인 진실로 착각하게 한다. 또 역사 해석의 복잡성이나 복합성에 접근할 수 있는 길로 안내하지 않는다. 결정적으로 이러한 역사는 역사가 서술되는 과정을 이해할 수 있는 기회를 차단함으로써 역사는 증거에 기초한 해석이며 그 해석은 잠정적일 수도 또 복수일 수도 있다는 인식을 방해한다.

특히 소셜미디어를 통한 역사하기는, 소셜미디어가 작동하는 메커니즘에 대한 철저한 이해가 없다면 자신의 의도와 상관없이 역사의 오용이나 남용,

특정한 이념을 선동하거나 억압하는 데 가담할 수도 있고, 특정한 역사지식이나 기억의 과장·축소·은폐·조작 등을 주도하거나 그것들에 의해 희생당할 수 있다는 점에 둔감해지게 한다. 또 소셜미디어를 통한 역사지식의 공유·편집·평가가 표절의 심각성에 무감각해지게 만들기도 한다. 박물관은 이러한 디지털 공공역사 현상과 어떻게 상호작용하고 있고 역사교육 기관으로서 어떤 책무를 인식하는가?

미국 학자들은 미국인이 학교에서 배우는 역사보다 박물관에서 접하는 역사를 신뢰한다고 했다(Gardner, 2004: 13; 마자, 2019: 191). 박물관을 '할머니만큼' 신뢰하며(Gardner, 2004: 13), 박물관이나 역사 유적지를 방문할 때 자신이 과거와 연결되어 있다고 느낀다고 했다(마자, 2019: 191). 과거를 묘사하는 진실성 측면에서도 박물관에 대한 신뢰는 크다(강선주, 2012: 19; 마자, 2019: 191). 사람들이 박물관에 이러한 신뢰를 보이는 까닭은 박물관이 진품인 유물이나 사료를 보관하는 장소라고 생각하기 때문이다.

미국의 공공역사가인 제임스 가드너(James B. Gardner)는 이러한 대중의 박물관에 대한 신뢰를 무겁게 받아들인다. 그는 미국공공역사협회(National Council of Public History)의 기조연설에서, 박물관이 박물관의 일에 대해 대중에게 알려주거나 참여할 기회는 주지 않고 오히려 숨기면서 대중을 계몽해야 할 대상으로 보고 학술적인 권위를 고고하게 유지하려고 애쓰고 있지는 않은지 반성할 것을 촉구했다(Gardner, 2004: 13~15). 그는 공공 역사기관으로서 박물관은 박물관과 큐레이터가 하는 일을 대중에게 알려주어야 하며, 박물관이 하는 일의 핵심은 해석과 논쟁이라는 점을 대중이 이해할 수 있게 해야 한다고 주장했다. 그의 주장을 좀 더 살펴보면 다음과 같다.

대중은 어떤 정치적·사회적 맥락에서 특정한 박물관이 건립되었고 또 운영되고 있는지를 이해할 필요가 있다. 또한 박물관이 스스로 객관적인 역사적 권위가 있다고 주장할 때조차 실제는 그렇게 권위가 있지 않다는 점도 알 필요가 있다. 또한 대중은 박물관이 예전에는 진품을 수집하고 전시하기 위해 노력했지만, 현재는 유물의 수집보다는 그것의 중요성과 의미를 해석하는 것을 주된 업무로 하고 있다는 점, 전시를 위해 유물을 선택하는 행위 자체가 주관적 행위이자 시각을 형성하고 관점을 세우는 방법이라는 점, 그리고 유물이 결코 객관적 증거로서 지위를 가질 수 없다는 점도 이해해야 한다(Gardner, 2004: 15).

박물관의 전시도 역사가의 역사 서술에서처럼 '선택'의 과정을 거친다. 전시물이나 전시물로 구성된 전시 내러티브는 철저하게 선택과 해석의 결과이다. 그 선택에 영향을 미치는 요인에는 박물관의 정체성은 물론, 정치적 압력이나 경제적인 요인, 소장품이나 전시 공간, 그리고 전시 기획자의 전문 영역과 역사의식 등 다양하다. 이러한 점을 박물관을 찾는 관람자들도 알아야 한다. 즉, 박물관이 대중과 공유해야 하는 것은 역사의 최종 결과물이 아니라 '역사를 하는' 과정이어야 한다. 가드너는 그러한 과정의 공유는 역사가의 책무이므로, 박물관도 그러한 책무를 다하기 위해서는 박물관의 권위도 대중과 공유해야 한다고 강조했다(Gardner, 2004: 15).

사람들이 사회적 삶에서, 비판적으로 사고하고 역사를 자신의 삶과 긴밀하게 연결된 것으로 인식할 수 있게 하기 위해서는 학교뿐만 아니라 박물관을 비롯한 다른 역사교육 기관들도 함께 '역사하기' 교육, 특히 역사 문해력, 박물관 문해력(museum literacy) 교육에 나설 필요가 있다. 역사 문해력 교육을 역사 텍스트 읽기 교육으로만 좁혀 정의해서는 안 된다. 그것은 사회적 삶에서 개인이 자신의 역사의식과 역사적 정체성에 대해 성찰하면서 역사적 문제를 제기하고 해결하는 데 적용할 수 있는, 인간과 사회를 역사적으로 통찰하는 데 필요한 개념적이고 방법적인 지식과 태도의 일상적 활용을 추구하기 때문이다.

이러한 교육을 위해서 박물관은 역사를 최종 생산물이 아니라 특정한 역사지식을 생산하고 재현하는 과정으로서 다루고 대중과 공유할 수 있어야 한다. 박물관은 관람객이 역사적 진실의 복잡성과 복합성을 의식할 수 있게 재현하는 방안을 찾아야 한다. 또한 과거와 현재의 문화적 거리감을 인식하면서 삶, 죽음, 계급이나 신분, 정체성 등의 의미에 대해 통찰할 수 있는 기회를 제공해야 한다.

박물관의 권위를 대중과 나누면서, 역사 재현과 실천에서 대중과 소통하고 협력하는 극적인 전환이 필요하다. 이를 위해 박물관이 과거에 대한 공적인 기억을 다루는 기관으로서의 책무를 자각하고 단순히 별도의 박물관 교육 프로그램을 운영하는 차원을 넘어, 전시 자체를 교육적으로 구현하려는 노력이 필요하다. 전시를 역사 전문가, 전시 디자인 전문가, 교육 전문가 등 여러 분야의 협업으로 인식할 필요가 있다.

6. 맺음말

1980년대 미국에서 공공역사는 역사 연구의 민주화와 일자리 창출과 관련된 용어였다. 공공역사는 대학의 역사 연구 및 교육 이외에 역사 전공자들의 새로운 사회적인 삶의 형식이었고 직업과 관련되었다. 그런데 디지털 역사 자료가 폭넓게 구축되면서 전공을 불문하고 공공의 장, 사회적 삶에서 '역사하기'에 참여하는 주체가 다양해지고 매체도 확장되고 있다.

'탈진실'이 사회를 묘사하는 단어가 되고 있는 오늘날 역사교육은 무엇이어야 하는가? 역사를 결과로서가 아니라 과정으로 가르칠 필요가 있다. 학문 연구에서 수평성과 탈권위성을 강조하는 오늘날 박물관은 어떻게 학문

연구와 대중역사를 연결할 것인가? 박물관도 역사적 진실의 해석을 독점하는 권위를 내려놓고 대중과 '역사하기' 과정을 공유할 필요가 있다.

최근 여러 박물관이 관람객과의 소통을 위해 다양한 방법을 시도하고 있다. 전시물에 대한 일방적 해설을 제공하는 대신 관람객에게 질문을 던지는 방식은 소통의 측면에서 매우 고무적이다. 그러나 그러한 질문이 비판적 사고를 자극하거나 역사 문해력의 향상을 위한 체계적인 작업의 결과가 아니라는 점은 무척 아쉽다. 그런데 몇몇 역사박물관은 그러한 시도조차 하지 않는다. 오늘날 사회 변화를 보면서 전시를 어떻게 구현하는 것이 공공역사가로서 책임을 다하는 것인가에 대한 깊은 고민에 나서야 한다.

박물관이 역사를 다루고 교육하는 기관으로서의 역할을 책임 있게 수행하기 위해서는 박물관을 찾는 사람들이 역사를 과정으로 접할 수 있게, 역사 해석의 복잡성과 복합성을 인식할 수 있게, 역사는 해석이며 논쟁이지만 철저하게 증거와 방법으로 그 논쟁을 뒷받침한다는 점을 관찰할 수 있게, 그리고 역사는 곧 인간에 대한 이야기이며 역사는 인간과 사회에 대한 통찰을 통해 사회에 기여한다는 점을 느낄 수 있게 재현과 교육이 모두 가능한 복합적 전시를 개발해야 한다.

박물관은 이미 오래전에 패러다임 전환을 통해 무게중심을 연구나 보존에서 교육으로 옮겼다. 이러한 패러다임 변화는 박물관 교육 프로그램을 별도로 운영하는 데 그치지 않고 역사 재현 자체가 교육임을 인식하고 실행하는 것을 의미한다. 재현과 교육이 복합된 전시, 큐레이팅 과정과 결과가 복합된 전시야말로 오늘날 박물관이 책임 있는 공공역사가로서 거듭나는 방법이다.

7장

학교연계 박물관 역사교육

1. 머리말

국립박물관[1]과 학교는 모두 공적 역사를 가르치는 기관이다. 최근 들어 박물관의 교육적 역할을 더욱 강조하는 추세이다. 그러나 박물관의 교육 목적, 내용, 방법이나 활용하는 자료 등 많은 면에서 학교와 다르다. 박물관은 전시나 교육 모두 학교 교육과정에 종속되지 않고 독립적으로 운영한다. 그럼에도 박물관 측과 학교 측에서 모두 연계 교육의 필요성을 강조한다(강인애, 2021; 고지훈, 2014; 이정원, 2012; 임기환·김옥진, 2012). 한동안 '박물관과 학교연계 교육'의 개념을 정확하게 정의하지 않은 채 교육을 운영해 왔다(이정원, 2012). 박물관과 학교의 이상적인 연계는 박물관과 학교 교사 간의 긴밀한 협력을 토대로 교육을 기획하고 설계하는 것이다. 그러나 현실적으로 존재하는 제도적 제약들을 뛰어넘기는 쉽지 않기 때문에, 현재는 박물관이나 교사가 각각의 요구와 조건에 맞게 학교연계 박물관교육을 실행하고 있다.

한 연구에서는 2014~2019년까지 나온 박물관 관련 연구 중 70%(222편)의 논문이 박물관 교육 프로그램에 관련되었으며 박물관 프로그램 기획과 운영에 관한 논문의 경우 교과목을 연계한 연구가 다수라고 했다(이정은·최고운, 2020). 특히 교사가 주체가 되어 학교 교과과정과 박물관을 연계하는 방안을 제시하는 글이 증가하고 있다. 이 경우는 대부분 학교 교육과정에 따라 수업을 운영하면서 박물관이 제공하는 다양한 전시물[2]과 자원을 활용하

---

1 이 장에서 '박물관'은 역사 전시를 하는 국립박물관을 지칭한다. 그 가운데에서도 이 장은 국립중앙박물관을 사례로 중점적으로 논한다. 그러나 이 장의 제안을 다른 역사박물관에도 일부 적용할 수 있다.

2 이 장에서는 전시물과 유물이라는 용어를 구분하여 사용했다. 박물관의 것은 전시물이라는 용어를, 교과서에 수록된 자료는 유물이라는 용어를 사용했다. 박물관에는 실물로서

는 것을 학교와 박물관 연계로 설명했다(강인애·장진혜·구민경, 2017; 박혜인, 2019; 오인택, 2003; 조희진, 2011; 최석영, 2007; 최종호, 2017). 2010년 이후 창의 체험 활동을 강조하면서 박물관 활용 교육이 증가하고 있지만 이러한 활동도 교과교육과의 연계라는 틀에서 크게 벗어나지 않는다.

그런데 국립중앙박물관 관장이던 배기동은 박물관의 학교연계 교육을 교과 관련 교육으로 오해하는 사람이 많다고 하면서 교과서에 나오는 콘텐츠를 분석하고 대입해서 가르치는 것은 박물관교육의 여러 방법 중 하나일 뿐이라고 했다(배기동, 2019). 배기동의 지적처럼 박물관과 학교연계 교육은 다양한 융·복합적 시도까지 포함하여 폭넓게 이해해야 한다. 그렇지만 교과를 중심으로 박물관과 학교를 연계해야 한다는 요구를 무시할 수는 없다.

그런데 박물관이 주도하여 학교 교과와 연결하는 방안, 특히 박물관이 주도하는 학교연계 역사교육은 학교 교사가 주체가 되어 학교와 박물관을 연계하는 것과 어떻게 달라야 하는가? 박물관이 교과서에 나오는 유물에 대해 상세하게 설명하거나 관련 활동을 제공하는 방식으로 교육 프로그램을 개발한다면, 학교 역사 수업과 차별화하기 어렵다. 게다가 현재 사설 기관이나 개인들이 초·중·고등학교 역사 수업에 나오는 유물과 교과 내용을 쉽고 재미있게 연결하여 설명한 동영상들을 많이 올리고 있다. 그러므로 박물관까지 나서서 교과서가 강조하는 역사 내용과 유물을 그대로 가르치는 것은 박물관의 교육적 역할을 축소하고 박물관을 학교에 종속시키는 결과만 가져올 뿐이다. 이러한 문제의식을 바탕으로 이 장에서는 박물관이 주도하는 학교연계 역사교육을 위한 학습 내용·전시물 선정 및 구성 틀을 제시하고자 한다.

유물만이 아니라 모조품도, 설명이나 지도를 그린 이미지 패널(panel)도, 전시물의 일부이다.

박물관이 주도하는 학교연계 역사교육은 학교의 역사 수업과 연계하면서도 박물관의 설립 목적, 전시 구성과 전시물 해석, 과거 재현 등에 기반해야 한다. 이러한 시각에서 학교연계 박물관 역사교육을 기획하면 박물관이 고유한 교육적 역할을 수행하면서 학교 역사교육의 구조적 한계를 보완할 수 있다. 그러한 기획을 위해서는 학교에서 어떤 역사를 어떻게 가르치고 있는가? 교사들은 학교 역사 수업에서 어떤 한계를 느끼고 있으며 박물관이 무엇을 가르치길, 또 어떤 역할을 하기를 기대하는가? 등에 대한 이해가 필요하다. 이를 위해 이 장에서는 중학교 역사 교사 대상 설문조사와 심층 면접을 혼합·실행하여 교사들의 생각[3]을 알아보고, 또 분석한 것을 토대로 학교연계 박물관 역사교육의 방향을 제시했다.

이 장 서술에 토대가 된 설문 문항은 두 개이다. 첫째, 교과서에 수록된 유물 자료(사진, 삽화 등) 가운데 교사가 역사 수업에서 활용하는 것은 어떤 것인가? 둘째, 현재 교과서에는 수록되지 않았지만 국립박물관이 소장하거나 전시한 전시물 중 교사들이 수업에서 활용할 필요가 있다고 생각하는 것은 어떤 것인가? 이러한 질문을 한 목적은 교사들이 학교 역사교육과 관련하여 어떤 전시물, 어떤 주제와 관련한 전시물을 중요하다고 생각하는지, 경향성을 확인하기 위해서였다. 심층 면접은 설문조사 결과에 대한 연역적 해석을 위해 실행했다.

이 장은 박물관이 주관하는 학교연계 역사교육의 정의와 방향에 대한 논의를 심화하고 또 하나의 공공역사기관으로서 국립박물관이 취해야 할 역사교육의 방향을 제시하는 데 기여할 것이다.

---

3   구체적인 연구 방법과 설문조사 분석 결과는 이 장의 마지막에 부록으로 제시했다.

2. 학교 역사, 교과서의 유물 사진 한번 보기

먼저 설문조사에서 중학교 역사 교사의 활용률이 높게 나오거나 낮게 나온 교과서 유물의 공통점을 찾아 유형화했다. 심층 면접에서도 시대별로 교사들이 활용한다고 한 교과서 유물 자료의 공통적 특징, 또 특정 유물을 활용하거나 다루지 않는 이유를 분석하여 유형화했다. 그리고 이 연구를 진행할 당시 교사들이 사용한 교과서들이 2009 역사 교육과정에 기초했고, 이 교과서들은 한국사를 정치사와 문화사를 중심으로 구성했다는 점도 고려했다. 설문조사 및 심층 면접 내용을 분석한 결과, 교과서의 유물 자료 활용상의 특징을 다음과 같이 정리했다.

첫째, 교사들이 수업에서 '활용'한다는 것은 학생들에게 유물 사진을 한번 보게 한다는 의미이다. 설문조사에서 교과서에 나오는 유물 자료 가운데 활용하는 것은 어떤 것인지 물었다. 그리고 심층 면접에서 교사들에게 설문조사에 대답할 때 '활용'을 어떤 의미를 해석했는가 질문했다. 심층 면접 시 G 교사는 "설문조사 할 때 활용한다고 표시한 것은 학생들에게 한번 보게 한다는 의미"라고 했다. 같은 면접 조에 있었던 H 교사도 G 교사가 설명한 '활용'의 의미에 동의했다. K와 L 교사는 자신이 사용하는 ppt 자료에 그 유물 사진을 담는 경우 '활용'한 것으로 표시했다고 했다. 두 교사는 수업에서 대체로 ppt를 활용하여 설명한다고 했다. I 교사는 "시험에 출제하는 사진이나 사료"라고 했고, J 교사는 "교과서 본문 내용과 밀접하게 관련되는 것"이라고 했다. 요컨대 교사들이 이해하는 '활용'은 교사가 교과서의 본문 내용과 밀접하게 연결된다고 생각한 유물 자료를 학생들에게 한번 보게 한다는 의미로 해석할 수 있다.

교사들이 학생들에게 교과서의 유물 사진을 통해 '분류하기', '연결해 보기', '상상해 보기' 등의 학습활동을 하게 하는 경우는 선사시대와 조선 후기

서민문화 단원에 국한했다. 설문조사 결과를 통해 많은 교사들이 선사시대 수업에서 전곡리 주먹도끼, 빗살무늬토기, 가락바퀴 등의 유물 자료를 활용한다는 점을 알 수 있었다. E 교사는 "선사시대는 정말 제대로 유물 중심으로 수업을 하는 것 같아요"라고 했다. E 교사는 학생들이 직접 e-뮤지엄에서 전시물들을 선택하여 고조선에 대한 가상 박물관을 만드는 활동을 진행했다. 같은 면접 조에 있던 F 교사는 "선사시대에는 도구들을 시대별로 분류하여 붙여본다든지, 사진을 보여주고 도구의 용도나 도구들의 차이에 대해 물어보지만, 뒤로 갈수록 유물 사진을 감상하는 방식으로 흐른다"라고 했다. 다른 교사들도 F 교사처럼 선사시대에는 유물을 활용하여 시대를 구분하는 활동이나 당시 생활을 상상해 볼 수 있는 활동을 한다고 했다. 하지만 역사시대로 가면서는 교육과정의 성취기준과 교과서 내용이 정치사 중심이므로 문화사 수업을 할 때만 유물 사진을 살펴보는 식으로 수업을 진행했다고 했다.

둘째, 청동기시대에서 조선 전기까지는 주로 정치사와 관련한 유물 자료의 활용률이 높았다. "교과서에서 사용하는 유물 자료는?"(부록 7-2 참조)에 대한 응답에서 90% 이상의 교사가 청동기시대에는 반달돌칼, 미송리식 토기, 비파형 동검, 세형동검 등을 활용하는 것으로 나타났다. 특히 비파형 동검과 미송리식 토기는 고조선의 영역과 관련하여, 세형동검은 한국식 동검이라는 점에서, 반달돌칼의 경우도 청동기시대 벼농사를 했다는 사실을 알려주는 대표적인 유물이라는 점 때문에 활용도의 비율이 높았던 것으로 보인다.

연구자: (설문지를 보여주면서) 청동기시대에 중요하게 가르치는 유물을 말해주세요.

K 교사: 미송리식 토기는 고조선의 세력 범위를 보여주는 중요한 유물이기 때문에 선택했고. 비파형도 마찬가지고요.

| **교사**: 저는 반달돌칼이랑요. 고조선 범위를 알려주기 위해서 이걸 꼭 알아야 한다기보다는… 미송리식 토기랑 비파형 동검과 그리고 고인돌의 분포 범위를 지도를 통해서 아이들한테 보여주고 있습니다.

교과서 유물 자료 가운데 활용하는 자료에 대한 설문 결과 고구려의 경우 90% 이상 응답률이 나타난 것은 호우명그릇이 유일하다. 심층 면접에서도 교사들은 고구려와 신라의 관계를 호우명그릇을 통해 다룬다고 했다(교사 I, J, K, L 응답). 백제의 무령왕릉 금제관식, 신라는 북한산 진흥왕 순수비의 활용률도 높게 나왔으며, 심층 면접에서도 교사들은 그것들을 중요하게 다룬다고 말했다. 고려에서는 90% 이상의 응답률을 보이는 유물이 없었다. 교사들은 고려 정치사를 설명할 때는 유물을 많이 활용하지 않는다고 했다. 실제 정치사와 관련된 유물인 만월대 출토 기와의 활용률도 매우 낮았다. 조선 전기에는 호패, 혼천의, 앙부일구, 천상열차분야지도 등의 활용도가 높았다(90~70%). 호패로 조선 초기 왕권 강화를 설명하고, 혼천의와 앙부일구 등은 조선 초기 과학기술의 발달과 조선 전기 문물의 정비를 설명했다(교사 J, K 응답).

조선시대에서는 임진왜란과 관련하여 천자총통(45.5%), 비격진천뢰(50%)와 같이 무기를 주로 다룬다. 그런데 활용한다는 응답은 50% 내외였다. 평양성탈환도는 한 명만이 사용한다고 응답했다. 전쟁 관련 유물의 활용에 대해서는 교사들의 선호도나 의견이 달랐다. 예를 들면 교사 L는 임진왜란을 가르칠 때, 설문지에 나와 있지 않은 동래부사순절도나 무기까지 활용해서 생생하게 가르친다고 했다. 많은 교사들은 학생들이 전쟁에 관심이 크기 때문에 임진왜란이나 병자호란 등을 이야기로 들려준다. 그런데 무기를 당시 전술 전략과 연결하여 설명하는 교사들도 있지만 무기보다는 역사적 인물들의 관계에 주목하여 이야기하는 교사들도 있다. 45~60%의 활용률이 나타난 유물은 그것의 활용 방식이나 중요성에 대해 교사들의 의견이 엇갈리는 것으로 볼 수 있다.

셋째, 사회사와 문화사 부분에서는 선사시대와 조선 후기를 다룰 때 유물 사진을 많이 활용했다. 심층 면접에 응했던 교사들은 선사시대와 조선 후기 사회 변화와 서민문화를 다룰 때는 교과서에 있는 거의 모든 유물 자료를 활용한다고 했다. 선사시대에는 기록이 없기 때문에 유물 사진을 주로 활용할 수밖에 없다고 했다. 역사 교과서에서는 일반적으로 조선 후기(조선 사회의 변동)에 대동여지도를 통해 국학의 발달을, 공명첩을 통해 신분 질서의 변동을, 그리고 김홍도의 풍속화를 통해서는 조선 후기 문화와 사회 변화를 설명한다. 이는 조선 후기 사회와 문화를 설명하는 고전적이고 전형적인 교수 레퍼토리이다. 교사들은 설문지에 없는 상평통보나 실학 관련 책들, 김홍도와 신윤복 등의 풍속화도 많이 사용한다고 했다(교사 J, K).

설문조사 결과 조선 이전 시기의 문화사의 경우 백제는 금동대향로, 산수무늬 벽돌, 고려의 경천사지 10층 석탑과 청자참외모양병을 활용한다는 대답이 많이 나왔다. 이는 몇십 년 동안 삼국과 고려의 문화를 설명할 때 강조해 왔던 대표적인 유물이다. 교사들은 신라의 금관이나 백제의 금동대향로는 화려하기도 하고 학생들이 이미 많이 알고 있어서 학생들이 관심 있게 본다고 했다. 고려를 대표하는 유물로는 고려청자와 경천사지 10층 석탑, 불상들을 학생들에게 보여준다고 했다.

K 교사: 웬만한 청자 사진은 거의 다 가르치는 것 같고요. 경천사지 10층 석탑도 중요하게 가르치고. 불상도 중요하게 가르치고. 저는 그냥 순수 청자랑 상감청자랑 시대의 순으로 가르치기도 하고 나전경합도 나전칠기 공예품으로 해서 가르쳐… 활자도 당연히….

L 교사: 저는 경천사지 10층 석탑이랑요. 고려는 청자 쪽 많이 강조를 하고….

I 교사는 고려시대에 와서 불상이 커지고, 철불도 나왔다는 점을 강조한다고 했다. 그런데 설문조사에서 고려의 금속활자를 다룬다는 응답이 54%(12명)에 그쳤던 점이 눈에 띄었다. 상당히 오랫동안 초등학교와 중학교 교과서에 '자랑스러운 민족문화'를 설명하고 문화적 자긍심을 키우는 대표적인 '문화재'로 서술해 왔기 때문이다. 그래서 심층 면접에서 금속활자를 수업에서 자세하게 다루는지를 물었다. 교사들은 고려의 목판 인쇄술과 금속활자를 교과서에서 서술한 대로 세계적인 인쇄 기술로서 강조한다고 했다. 이 점은 역사 학습을 통해 문화적 자부심을 갖게 한다고 했던 I 교사는 물론 다른 교사들도 마찬가지였다. 이 연구의 설문조사에서 고려의 금속활자를 활용한다는 응답이 기대보다 낮게 나온 까닭을 이해하기 위해서는 다른 연구가 필요하다.

넷째, 교사들은 전반적으로 교류사(대외관계사) 유물을 다룬다고 했지만 그 유물을 가르치는 시각은 좀 달랐다. 예를 들면 I 교사는 교사 자신이 대외관계사에 관심 있기 때문에 관련 유물을 수업에서 다룬다고 했다.

I 교사: 저는 덩이쇠하고. 붓을 주로 설명합니다. 중국과의 교류를 이야기할
     수 있는 그쪽을 많이 아이들한테.
J 교사: 저도 붓이나 덩이쇠 같은 경우는 중국과 교류 때문에 얘기를 하고요.
     여기서 저는 아이들 흥미를 좀 끌려고 독무덤 이야기를 좀 많이 합니다.

그런데 삼국과 일본의 교류를 설명하는 시각은 교사들마다 달랐다. E, H, I 교사는 가야토기를 활용하여 그 시기 일본과의 문화 교류를 설명한다고 했다. J 교사는 '객관적인 시각에서' 교류사를 가르치려 한다고 했다. 그러자 I 교사는 자신은 좀 다르다면서 "오늘날 일본이 우리보다 잘살지만 옛날에는 우리가 이런 문화를 전해주었다"는 점을 가르쳐서 학생들에게 우리 문화

에 대한 자부심을 키워준다고 했다. 그러나 G 교사는 교과서가 삼국과 고대 일본의 문화 교류를 다루는 시각에 대해 비판적이었다.

> G 교사: 문화 교류 부분에서 가야의 토기가 신라, 일본으로 전해지고 일본 고
> 대문화 토기에 영향을 줬다, 이런 식으로 교과서가 진술이 돼 있는데….
> 저는 오리 모양. 가야의 토기가 이렇게 다양하고 신라에 문화적으로 뒤
> 지지 않았다… (그런 방식으로 설명합니다) …… (교과서에) 삼국의 문
> 화 교류에 보면 수산리 고분벽화 다카마쓰 벽화를 붙여놨어요. 그렇게
> 해서 삼국의 문화가 일본에 영향을 줬다는 식으로 (설명)하는데 아이들
> 이 수혜적이라고 생각하더라고요. 일본이 문화가 뒤떨어졌는데 우리가
> 문화를 이렇게 많이 영향을 주었다는 교과서 진술도 그렇고. 사실 교류
> 인데… 일방적인 수혜적 관점. 우리 문화가 우월하다 그런 걸 바탕에 깔
> 고 있는 느낌이 들어서 조금 아쉽더라고요.

오랫동안 역사 교과서에서는 삼국시대에 고구려, 백제나 가야가 일본에 문화를 전달해 주어 일본 문화가 발달했다는 해석을 강조해 왔다. 그런데 이러한 교과서의 서술 시각에 비판적인 교사들도 있었다.

다섯째, 교과서의 본문 내용과 연결되지 않는 유물은 가르치지 않는 경향이 있지만, 교사가 개인적으로 중요하다고 생각하면 교과서의 비중과 관계없이 상세하게 가르쳤다. I 교사는 교과서 본문 내용과 밀접하게 연결되지 않으면 가르치지 않는다고 했다. "최소한으로 가르치고 싶어서, 그 용어를 아이들한테 알려주는 것이 별로 역사교육에 도움이 되는 것 같지 않아서요. 그런데 시험에 나오는 것까지 무시할 수는 없어서요".

설문조사에서 교과서 유물 자료 가운데 사용한다는 응답률이 20% 이하, 즉 4명에서 5명 이하의 교사가 사용한다고 응답한 유물에는 마한의 수레 부

속품과 현금, 변한의 수정목걸이, 고구려 철 모양 부뚜막과 집모양토기, 백제의 청동자루솥, 가야 쇠자루솥과 같은 생활사나 사후 세계에 대한 인식과 관련한 유물, 양 모양 청자와 같은 교류사 관련 유물, 감은사 3층 석탑에서 출토된 통일신라의 금동전각형 사리기 등과 같은 종교나 신앙과 관련된 유물이었다. G 교사는 "교과서에 마한에 대한 소개가 약하기 때문에 크게 확대해서 다루는 것이 제한적"이라고 했다. 교과서에서는 이 시기의 생활이나 교류에 대해 구체적으로 다루지 않기 때문에 이 유물을 활용한다는 응답이 적었던 것으로 보인다.

그러나 E와 G 교사는 심층 면접에서 이전 교육과정에서는 교류사와 생활사를 강조했는데, 현재 교사들이 가르치고 있는 교육과정 및 교과서에는 그 부분이 축소된 것이 아쉽다고 했다. 이 두 교사뿐 아니라 다른 교사들도 생활사는 학생이 자신의 생활과 연결할 수 있기 때문에 학생이 흥미를 보인다고 했다.

여섯째, 교사들이 유물의 의미에 대해 잘 모르면 다루지 않거나 다루려고 하지 않았다. 교직 경력이 짧은 교사 K와 L은 교과서에 있는 유물을 가능하면 모두 다룬다고 했다. 설문지에 있는 몇 가지는 자신이 사용하는 교과서에 나와 있지 않기 때문에 사용하는 것으로 표시하지 않았다고 했다.

연구자: 가야의 집모양토기에 대해서 가르치시나요? 설문지 보시면… 집모양토기가 가야, 신라에도 있어요.

K 교사: 교과서를 중심으로 나온 사진 기준으로 찾다 보니까 제가 사용하는 교과서에 집모양토기가 없어서 표시 안 했어요.

L 교사: 저도 다루지는 못했는데 이유는 (K 선생님과) 동일합니다.

이 연구에서 설문에 포함한 유물 사진은 2018 역사 교육과정 고시본에 기초하여 제작한 2020년 출판 교과서들에서 가져왔다. 그런데 면담한 교사들이 사용한 교과서들은 그 전, 즉 2009 개정에 기초한 중학교 역사 교과서이다. 이러한 측면도 있고, 출판사마다 서로 다른 유물 사진을 사용하기 때문에 자신이 사용하지 않는 교과서에 나오는 유물에 대해 교사들이 모를 가능성이 있다.

심층 면접 과정에서, 그리고 E 교사와 검토 회의를 하면서, 교사가 그 유물에 대해 잘 모르기 때문에, 그들의 학창 시절에 중요한 것으로 학습하지 않았기 때문에, 잘 몰라서 가르칠 필요를 느끼지 못했을 수도 있다는 판단을 하게 되었다. 신라의 유리그릇은 70%가 넘는 활용률이 나왔다. 대부분의 교사들이 잘 알기 때문이다. K 교사는 유리그릇을 통해 신라가 먼 지역과도 교류했다는 점을 강조해서 가르친다고 했다. 그런데 교과서에 나와 있는 백제의 양모양청자는 백제와 중국 지역의 교류를 보여주지만 활용률은 0%였다. 한·중·일 교류사로 논문을 쓰고 있던 I 교사도 양모양청자가 중국 지역과의 교류를 보여준다는 점을 몰라서 활용한다는 체크를 안 했다고 했다. 고려의 황비창천명동경, 만월대 출토 기와, 청동추, 나전경함, 백자흑화 모란넝쿨 무늬 병 등도 20% 이하의 응답률이 나왔다. 청동추나 황비창천명동경 등은 고려의 대외 교류를 알려주는 유물이다. 교과서에서는 고려시대 부분에서는 교류보다 외국과의 전쟁을 중심으로 대외관계를 다루기 때문에, 이러한 유물들을 수록한 교과서가 많지 않다. 그러나 다른 한편 교사들이 이 유물들이 생소해서, 그 유물들의 역사적 의미에 대해 잘 알지 못해서 활용한다는 표시를 안 했을 가능성이 있다.

그래서 E 교사와의 검토 회의에서, 그리고 심층 면접에서 연구자가 면담자들에게 직접적으로 질문했다. 혹시 특정 유물을 활용한다는 응답률이 저조한 까닭이 그 유물이 중요하지 않다고 생각하기 때문인가, 교사가 그 유물에 대해 잘 몰라서인가라고 물었다. 교사들은 그 두 가지 요인이 모두 작용한다고 했다.

3. 박물관 전시물, 편견 깨기와 한계 넘기

교과서에 없는 박물관 전시물에 대한 교사들의 요구를 분석해 보면 다음과 같이 설명할 수 있다. 첫째, 많은 교사들이 교과서에 유물 사진이 너무 많아서 더 많은 유물을 가르치는 것에 부담을 느낀다. 〈**부록 7-3**〉에서 볼 수 있듯이 응답을 하지 않은 사람들도 30~35% 정도였다. 설문조사에 참여한 교사들이 응답 자체를 하지 않은 까닭은 교과서에 없는 박물관 전시물을 박물관에 가서 더 가르칠 필요가 없다고 생각했기 때문이다.

> **F 교사**: 기존 교과서에 나온 유물도 아이들과 같이 하기 힘든 부분이 있는데 양적으로 너무 부담돼서 (박물관 전시물 중 가르칠 만한 것에) 체크를 안 했던 것 같고…. 활용해야겠다고 하면 교과서에 나와버리고 시험 문제처럼 제시할까봐 걱정돼요.
>
> **I 교사**: 이미 교과서에 제가 생각하는 것 이상의 유물 자료가 들어가 있다 생각하거든요. 그래서 굳이 (박물관) 홈페이지까지 접속을 할 필요는 없다고… 시간적 여력이 되지 않는 게 솔직한 말인 것 같습니다.

교사들은 역사교육의 주체를 학교라고 생각하면서, 박물관의 자료까지 활용하면 학습량이 늘어날 것이라고 생각했다. 그런데 이보다 더 큰 이유는 다음 교사들의 말처럼 설문지에 제시한 전시물이 생소했기 때문이다.

> **E 교사**: 체크를 안 한 이유는 제가 생소해서…

F 교사: 설문지에 처음 보는 유물이 너무 많아서 막연하게 좀 두려움을 느꼈
   어요.
H 교사: 체크를 안 한 이유는 제가 생소해서.
G 교사: 일단 저희가 잘 모르는 부분에 대한 것이고, 그 다음에는 그런 유물
   자체가 저희들에게 되게 생소한 거 같아요.

　국립중앙박물관에서는 선사시대와 삼국시대관의 곳곳에서 '대외 교류'를
지도로 설명하고 있으며 관련된 유물들을 다량으로 전시하고 있다. 이러한
전시물들을 설문 문항 3에 넣었다. "박물관 전시물 중 수업에서 활용할 필요
가 있다고 생각하는 것은?"(부록 7-3 참조)이라는 설문에 대한 결과를 보면
구석기시대의 흑요석(20%), 삼국시대 흑유 닭 모양 항아리(10%), 흑갈유 병
(10%) 등으로, 그러한 전시물을 활용할 필요가 있다고 생각한 교사는 2명
(10%)에서 4명(20%) 정도였다. 복령궁주 묘지명이나 기사계첩, 그리고 몇몇
특정한 전시물에 대해서도 그 역사적 의미도 모르고, 또 어떻게 활용해야
할지 잘 모르기 때문에, 응답을 회피하거나 가르쳐야 한다는 표시를 안 한
것으로 보인다. 심층 면접에서 교사들에게 박물관에서는 복령궁주 묘지명
을 증거로 고려의 왕이 스스로 천자라 칭했다고 설명한다고 했더니, 그렇다
면 그 전시물을 학교 역사 수업에서도 활용할 것 같다고 했다.
　둘째, 교사 자신과 학생이 알고 있던 역사 상식을 성찰하게 하고 지식을
확장하게 하는 전시물에 대해서는 크게 관심을 가졌다. 설문조사에서 교
과서에는 없지만 박물관 전시물 중 사용할 필요가 있다는 응답이 상대적
으로 높았던 전시물(45% 이상의 응답률)은 4개이다. 신석기시대의 배(45%),
조선의 휴대용 앙부일구(60%), 조선의 금속활자(60%), 그리고 조선 후기
조총(65%)이다. 심층 면접에서도 대부분의 교사들이 이 네 가지 전시물에
관심을 보였다. 또 신석기시대 여인상, 삼국의 목간, 고구려 부뚜막에도 관

심을 보였다.

> E 교사: 휴대용 앙부일구와 한글 금속활자를 가르치는 것도 좋을 듯해요.
> F 교사: 신석기시대 배, 휴대용 앙부일구, 조총 등을 선택했어요. 휴대용 앙부
> 일구 신기했고요.
> G 교사: 고구려의 집 모양 토기, 고구려 철모양부뚜막, 휴대용 앙부일구, 한글
> 금속활자, 조총 등을 선택했어요.
> H 교사: 목간, 고려의 청동거울을 선택했어요.
> J 교사: 조총이나 화포를 학생들이 재미있어 할 것 같아요.
> L 교사: 저는 방금 신석기시대 배 그리고 여인상 비너스를 알려주면 재미있을
> 것 같습니다.
> K 교사: 저도 배를 흥미로워할 것 같고, 여인상도 활용할 것 같고.⋯ 금속활자
> 랑. 휴대용 앙부일구 굉장히 흥미 있을 것 같아요.⋯ 학생들이 조총을 비
> 롯한 무기에 관심도 있어요. 어쨌든 임진왜란의 전세를 딱 뒤집게 된 계
> 기가 조총이잖아요. 그런 측면에서도 정치사랑도 연계해 설명하고 있습
> 니다.

교사들은 신석기시대에 배가 있었다는 점을 새로 알게 되었다면서 학생
들이 흥미를 느낄 것 같다고 말했다. 청동기시대의 간돌검에 대해서도 8명
정도가 가르쳐야 한다고 응답했다. 심층 면접에서 연구자가 청동기시대에
간돌검이 있었다는 점을 주목하게 했을 때에서야 교사들은 청동기시대에
검은 청동으로만 만든 줄 알고 그렇게 가르쳐왔고, 간돌검의 존재에 대해
잘 몰랐었다고 했다. J 교사는 휴대용 앙부일구에 대해 알고 있었다고 했지
만, 다른 교사들은 처음 본다고 했다.

G 교사: 보통 앙부일구 그러면 어떤 관청 앞에 세워진 거 그것만 생각해서 휴대용 앙부일구가 굉장히 신선했고. 그 위에 있는 조선시대 금속활자도 실물로 보여주면 애들이 좋아할 것 같아요.··· 저는 양 모양 청자. 백제시대 양 모양 청자 처음 봤어요.··· 정치사 중심으로 중학교가 역사가 구성되다 보니까 지배계층의 유물들로 제한되어 있는데 박물관에서 그 시대 사람들의 삶의 모습, 하층민, 피지배계층의 삶의 모습 이런 거를 가르치면 저희들이 조금 활용할 수 있지 않을까 생각이 들더라고요. 그래서 고구려 철 모양 부뚜막, 고구려의 집 모양 토기 등이 신선했어요.

교사들은 휴대용 앙부일구나 신석기시대 배, 한글 금속활자 등은 이전에는 몰랐는데 이번 설문조사에서 알게 되었고, 그 유물들은 학생들의 역사 지식을 확장하는 것은 물론 흥미를 자극하는 데 도움이 될 것이라고 인식했다. E 교사는 직접적으로 박물관 전시물이 학생들의 역사 '지식의 확장'과 '편견 깨기'에 도움이 될 것이라고 했다.

셋째, 교육과정과 교과서에서 다루지 않거나 혹은 비중이 낮더라도 교사가 중요하다고 생각한 주제나 전시물에 관심을 보였다. 앞서 인용한 G 교사의 말에서 볼 수 있듯이 중학교 역사가 주로 정치사 중심으로 가르치도록 구성되어 있기 때문에 박물관에서는 피지배계층의 생활, 생활사 관련 유물을 넣어서 생활을 가르치면 좋겠다는 의견도 많았다.

H 교사: ··· G 선생님 말씀처럼 피지배계층의 문화유산이 많이 나오는 건 굉장히 좋은 거 같아요. 피지배계층이 어떻게 살았는가 하는 모습은 그나마 조선시대 가서 좀 윤곽이 나오더라고요. 그래서 애들이 조선시대 전까지는 피지배계층이 어떤 생활 모습을 보였는지 전혀 알 길이 없는 그런 문제점이 있었거든요. 그래서 그런 계층의 다양성을 보여줄 수 있는

문화유산이면 좋겠는데.… 그 위에 겸재 정선 정양사도가 부채 그려진
거 맞죠. 저도 회화에 관심이 있다 보니까 … 그런 회화가 실제 생활 속
에 어떻게 들어가 있는지 … 요즘 애들이 보기가 좀 힘들어서.

K 교사: 아까 숟가락이나 그런 걸 좀 더 의식주 측면에서 모아서 강조하거나
그 당시 사람들의 생활 모습을 상상할 수 있게끔 전시해 놓으면 좋을 것
같아요.… (교류사를 가르치는 것이) 좋을 것 같아요. 왜냐하면 지금은
한국사 중심이지만 지금 교육과정이 바뀌기는 했는데 이전에는 세계사
랑 같이 배우기 때문에 교류사를 제가 더 많이 가르쳤거든요.

교사들은 생활사를 학생들의 삶과 역사를 연결해 줄 수 있으며 학생들이
흥미를 보이는 주제라고 생각했다. G 교사는 "역사를 배워서 뭐해. 지금 현
재 나의 삶과 무슨 관련이 있어. 이것이 저희가 설명하기 어려운 점이거든
요"라고 했다. 그래서 한편 역사를 '문화적 소양'이라는 점에서 필요하다고
도 설명하지만, 아이들의 실제 삶과 연결하기 위해 지배층이 아닌 피지배층
의 삶을 보여주고 싶었다고 했다.

넷째, 교사들은 교과서 서사 구조의 단절을 박물관이 보완해 줄 수 있기
를 바랐다. 예를 들면 교과서에 전 시대에 걸쳐 생활사가 나오지 않는 문제
를 박물관 역사교육이 해결할 수 있을 것으로 기대했다. 또한 신석기시대의
배, 고려의 청동거울, 조선의 금속활자 등의 전시물 등도 역사가 단절된 것
처럼 서술된 교과서의 한계를 보완하는 데 도움이 된다고 했다. 역사에서
강조하는 변화와 계속을 가르칠 수 있는 전시물에 주목한 것이다.

E 교사: 신석기시대 배가 저한테는 되게 신기해서 아이들도 그렇게 생각하지
않을까 싶은데. 어로를 했다, 이런 거 얘기는 많이 하는데 그 당시 사람들
이 실제로 어떤 물건을 썼는지, 실제 생활에 사용했던 물건을 볼 수 있는

계기가 되지 않을까. 애들이 배 하면 보통 조선시대 임진왜란 군함 이런 걸 떠올리거든요. 그래서 그 전 시대 배를 보여주면 더 재밌어하지 않을까 싶습니다.… 고려에서는 청동거울 체크했던 것 같은데요. 애들이 고조선 사이버박물관 만들기 할 때 다른 시대 청동거울을 집어넣더라고요. (다른 시대 것이라고 생각하지 않고) 애들이 청동거울은 다 고조선, 청동기시대에 사용했을 거라고 생각을 하는 것 같았어요.

H 교사: 청동기시대 청동거울은 이미 교과서에 나와 있기 때문에 고려의 것이랑 비교하면서 얼마나 제작 기술이 발전했는지 비교하면 참 좋겠단 생각을 했습니다.

교과서에는 배는 임진왜란에서 나오고, 청동거울을 청동기시대에만 나오기 때문에, 학생들이 배를 언제부터 어떻게 사용했는지, 또 어떻게 변했는지 이해하기 어렵다. 청동거울은 마치 청동기시대에만 사용한 것으로 생각하기 때문에 몇몇 교사들은 신석기시대의 배나 청동거울을 통해 역사의 변화를 가르치면 좋겠다고 했다. E 교사는 역사 수업에서는 그렇게 가르칠 수 없지만, 박물관에서는 특정한 전시물을 시대별로 어떻게 계속 사용했는지, 또 그것의 제작 기술이나 그것의 의미가 어떻게 변했는지를 가르칠 수 있지 않겠냐고 했다.

4. 박물관에서 큰 문화 읽기, 새로 탐구하기, 되돌아보기, 복수로 해석하기, 시공간 연결하기

교사들은 박물관 온라인 자료를 교육에 활용하지도 않으며, 박물관 홈페이지나 e-뮤지엄을 활용해도 교과서에 나오는 전시품을 검색하는 활동에 그친다. 몇몇 학술논문에서도 학교연계 박물관 온라인 학습 방안으로 '검색'을 제안했다. 검색도 좋은 방법이다. 그러나 이 경우 박물관은 유물 보관 장소로서의 의미만 있다. 이러한 방식에서는 학교와 박물관의 연계라기보다는 학교 수업에서 박물관 자료를 활용하는 것의 의미가 크다. 또한 박물관이 학교에서 가르치는 역사와 다른, 고유한 전시물과 전시 서사로 과거를 재현하고 있다는 점을 몰각한다.

심층 면접 내용을 보면 교사들은 박물관에서 개발하는 역사교육 자료일 지라도 학습량을 걱정했고, 학교와 박물관이 서로 다른 주제를 다른 방법으로 가르칠 수 있다고 생각하지도 않았다. 그래서 다음과 같이 다시 강조하면서 질문했다.

연구자: 만약에 국립중앙박물관의 온라인에서 학생들이 사용할 수 있는 학습 자료를 개발하여 탑재한다고 한다면, 교과서에 있는 자료를 활용하는 것이 그 학습 자료의 활용도가 높을까요? 아니면 교과서에 있는 자료와 박물관에 있는 자료를 혼합하는 것이 나을까요? 아니면 박물관 자료만으로 새롭게 만드는 것이 좋을까요?

F 교사: 섞는 것이 재밌을 것 같아요. 벽화도 교과서에 있는 것을 중심으로 하고 그 외로 이런 것이 있다고 하면 (학생들의 역사 이해를) 풍요롭게 해줄 순 있을 것 같은데.

E 교사: 저도 박물관에 있는 거랑 교과서 대표하는 유물을 같이 활용하는 게 좋을 것 같아요. 왜냐하면 (교과서만 보면) 금동관은 신라에서만 만들어졌어라고 생각할 수도 있잖아요. 그런데 (박물관에서) 학생들이 다른 나라에도 금동관이 있었다는 걸 알면 지식이 확장될 수 있고 편견도 깨질 수 있을 것 같고, 또 두 나라가 문화적 교류가 있지 않았을까 생각을 하게 될 거 같아요.

교사들은 교과서의 유물과 연결할 수 있는 박물관만의 전시물을 혼합하여 학교연계 박물관 역사교육을 기획하는 것이 좋겠다는 의견을 제시했다. 물론 교과서에서 학생들이 접했던 유물들을 박물관에서 다시 한번, 반복적으로 볼 수 있게 하면 좋겠다는 의견도 있었다(I 교사). 국립중앙박물관은 이미 e-뮤지엄이나 온라인 '소장품'을 소개하는 코너에서 다양한 전시물을 3D 형태로 제공하고 있다. 초·중·고등학교 역사 교과서에 나오는 유물들만 별도로 모아서 3D 형식으로 제공할 수 있는 온라인 전시관을 구축하는 것도 학교 역사 수업에 도움이 될 것이다.

그러나 박물관 주도로 학교연계 역사교육을 기획한다면 굳이 여러 학교급에서 반복적으로 강조해서 가르치는 유물들을 중심으로 내용을 선정하고 구성하는 것은 의미가 없다. 그렇게 한다면 박물관의 역할과 성격이 축소되고 학교에 종속적인 교육을 할 수밖에 없기 때문이다. 오히려 학교 역사교육을 보완하고 확장할 수 있게, 또 학생과 교사들이 일상에서 다양한 매체로부터 알게 되는 역사 상식을 성찰할 수 있게 박물관이 주도하는 학교연계 교육을 구상할 필요가 있다. 이러한 관점에서 다음과 같은 틀에서 박물관이 학교연계 박물관 역사교육의 전시물을 선정하고 학습 내용과 활동을 구성할 것을 제안한다.

첫째, '작은 전시물로 과거의 큰 문화 읽기'이다. 이는 '학교에서 학습한 내용 심화하기'로도 표현할 수 있다. 학교에서는 역사 과목에 배당된 시수의 제약 때문에 피상적으로 학습하는 주제나 유물이 많다. 전술했듯이 대부분의 교사는 교과서 본문 내용을 설명하는 과정에서 유물을 한번 보게 하는 데 그친다. 교과서 본문에 있는 특정한 역사적 설명을 학생들이 생생하게 이해하도록 하기 위해 유물 자료를 보게 하는 것이다. 선사시대와 조선 후기를 제외하고는 유물 자료를 활용한 학습활동은 거의 못 한다. 이러한 학교 역사 수업의 구조적 한계를 보완하기 위해서 학교에서 피상적으로 다루지만 박물관에서는 비중 있게 다루고 있는 전시 주제와 전시물을 선정하여 학생들이 심층적으로 학습할 수 있도록 학습활동을 구성할 수 있다.

전시물 하나하나는 작아 보이지만 그 전시물을 깊이 있게 탐구하면 당시 사람들의 인식 세계에 다가설 수 있다. 생활사와 관련된 전시물들을 통해 단순히 의식주의 생활 양태를 아는 것을 넘어서, 그 시기 사람들의 생활 세계, 사람들이 당연한 것으로 인식했던 생활 문화까지 생각해 볼 수 있게 전시물들을 선정하고 학습활동을 구성할 수 있다. 가야의 집 모양 토기를 비롯하여 상형토기를 교과서와 교사들은 교류사의 측면에서 주로 다룬다. 그러나 박물관에서는 가야인이 살았던 집, 고구려인이 사용했던 철제 아궁이, 고려인이 사용했던 청자 정병이나 청동숟가락을 아는 데 그치는 것이 아니라, 그러한 전시물이 당대인에게 어떤 의미였는지, 그것을 왜 무덤에 부장했는지, 또는 만들고 사용했는지 등을 질문할 수 있다. 그러한 전시물의 모양과 문양을 잘 관찰하고 질문하면서 당시 사람들의 신앙, 두려움, 소망 등을 탐구할 수 있다.

둘째, '새로운 역사적 국면 탐구하기'이다. 이는 '교과서에 없는 역사 읽기'라고도 할 수 있다. 박물관에서는 학생들이 교과서에서 학습하지 않는 과거, 박물관이 재현한 과거를 접할 수 있다. 예를 들면 박물관에서는 흑요석을 비롯한 다양한 전시물로 선사시대의 이동과 교류를 재현하고 있다. 또 고려 시기 경주 향리 딸 묘비명, 병자호란 시기 홍익한의 딸 홍 씨 부인에 대한 이야기나 비문 등을 통해 고려의 지방 통치나 병자호란을 설명하고 있다. 이를 활용하면 고려의 지방 통치를 가르치면서 이 시기 가족에 대해 생각해 볼 수 있고, 병자호란을 가르치면서 당시 사대부 여성의 인식 세계에 관심을 갖게 할 수 있다. 그 전시물을 역사 교과과정 및 교과서 내용과 연결하면서도 역사의 다른 국면을 보게 하는 것이다.

셋째, '역사 지식 성찰하기'이다. '여러 매체를 통해 접한 역사 상식 교차 검토 하기'라고도 할 수 있다. 교사들은 자신의 역사 상식에 도전하는 전시물에 주목했다. 휴대용 앙부일구나 조선의 금속활자 등이다. 설문조사 때는 역사적 의미를 몰라서 선택하지 않았지만, 심층 면접에서 연구자로부터 전시물에 대한 설명을 듣고 가르칠 필요가 있다고 말했던 전시물들도 있다. 교사와 학생들은 박물관에서 교과서에 없는 전시물들을 볼 수 있음에도 많은 경우 교과서에 있는 유물들을 찾아다닌다. 이에 따라 박물관이 제공할 수 있는 역사 지식 성찰의 기능은 의도적인 학습으로 기획하지 않으면 발휘하기 어렵다. 국립중앙박물관만이 아니라 지방의 국립박물관에도 역사 지식의 성찰을 자극하는 전시물들이 있다. 예를 들면 국립부여박물관의 남근형 목간이나 광주박물관의 초기 철기 유적인 신창동 유적, 국립경주박물관의 신라금관과 같은 것이다.

초등학교나 중학교에서 이미 폐기된 과거의 역사 해석이 답습되는 경우들을 간혹 본다. 예를 들면 대동여지도와 관련하여 일제강점기에 만들어진 김정호 설화를 사실처럼 설명한다든가, 또 김홍도의 풍속화에서 옷차림만으로 신분을 확인하게 하며(원지연, 2010; 강승호, 2010), 실학자들은 성리학자가 아니었던 것처럼 생각하게도 한다(방대광, 2014). 그뿐만 아니라 영화, 드라마, 웹툰, 웹소설, 게임 등의 대중 역사교육을 통해 접하는 과거에 대한 이야기를 역사적 사실로 받아들이기도 한다. 이러한 경향은 초등학교 역사 수업에서 자주 나타나지만, 중학교에서도 간혹 나타난다. 박물관에서 대중 역사나 학교 역사 수업에서 가르치는 오류를 수정하려는 시도도 했다. 예를 들면 2018년에 국립중앙박물관에서는 '지도예찬: 조선지도 500년, 공간·시간·인간 이야기'라는 특별전을 개최했다. 이 전시의 '프롤로그'에서는 "광복 후 1990년대까지 한국의 교과서에 실린 김정호 이야기가 대동여지도에 대한 인식에 오늘날까지 영향을 미치고 있다"라고 하면서 "그 이야기를 뒷받침할 어떤 역사적 근거도 확인되지 않았다"라고 서술했다. 이처럼 이제 박물관은 전시를 넘어 역사교육 차원에서 좀 더 적극적으로 접근하려는 노력을 해야 한다. 이러한 시각에서 박물관 전시물들을 선택하고 학습 내용을 구성하여 학생들이 자신의 역사지식을 성찰하거나 교차 검토 할 기회를 줄 수 있다.

넷째, '역사 해석의 복수성 이해하기'이다. '교과서와 다르게 읽기'라고도 할 수 있다. 교과서의 해석이 박물관의 재현 및 해석과 반드시 일치하는 것은 아니다. 교과서와 박물관 중 어느 한쪽이 맞고 어느 한쪽이 틀리다고 할 수 없듯이 서로 다른 해석을 제시하는 경우들이 있다. 앞서 교사들의 심층 면접에서도 나왔던 삼국시대 '교류'에 대한 교과서 서술을 박물관의 재현과 비교할 만하다. 교과서에 나오는 정선의 진경산수화도 박물관에서는 실경산수화와 연결하여 그 시기 "성리학적 이상을 현실에서 실천하고자 했던 문화"(박은순, 2019), '유곡문화'나 '유람문화'와 비교할 수 있다. '교과서에 없는 역사 새로 보기'가 교과서의 주제와 관련되지만 교과서에서 다루지 않는 역사적 국면에 대해 탐구할 기회를 주는 것이라면, '교과서와 다르게 읽기'는 박물관의 전시물을 통해 교과서와 다른 역사 해석을 접하고 서로 다른 역사 해석을 비교해 보게 하는 것이다. 그리하여 증거에 기초한 해석일지라도 해석이 다를 수 있다는 점, 즉 역사의 해석적 성격을 이해하게 할 수 있다.

다섯째, '시공간을 연결하며 역사 탐구하기'이다. '전시물들 시공간적으로 연결하고 확장하기'라고도 할 수 있다. 2020년 국립중앙박물관에서는 '빛의 과학: 문화재의 비밀을 밝히다'라는 특별 전시에서 청동기시대, 고려시대의 '동경'과 개화기의 거울을 모아 전시하여 오랫동안 계속해서 거울을 사용했지만 그 의미가 변했다는 점을 보여주었다. 이렇게 특별하게 재현하지 않더라도, 현재 상설 전시관에는 청동기시대 동경만이 아니라 삼국시대, 고려시대의 동경을 전시하고 있다. 청동기시대의 동경이 권위를 상징한다면 고려시대관에서는 여성의 미용과 관련되기도 하고, 교역과도 연결된다. 황비창천명동경은 중국에서 고려로 유입되어 널리 유행했으며, 후에 금나라에까지 수출했다. 고려 국조가 새겨진 청동거울도 있는데, "중국에서는 거울 주조를 금지해서 중국 사신들이 이 동경을 요구했다"는 기록(국립중앙박물관, 2021)을 보면 이 동경은 고려의 수출품으로서 중요한 의미를 갖는다고 할 수 있다. 같은 거울이라도 시대마다 그 의미가 변하고, 또 같은 시대에 사용한 거울임에도 그것을 만들고 사용하고 거래하는 사람들이 서로 다른 의미를 부여한다는 점을 생각해 보게 할 수 있다.

실제 심층 면접에서 교사도 삼국의 금관을 상호 비교하게 하면서 삼국 간의 문화 교류에 대해 생각해 보게 한다든가(E 교사), 청동기시대 청동거울과 고려의 청동거울을 비교해 보게 하면서 역사의 계속과 변화에 대해 생각해 보게 하면 좋겠다고 했다(H 교사). 지도나 산수화의 기법과 의미 등도 같은 방식의 학습활동으로 구성할 수 있다. E 교사도 말했듯이 이러한 학습활동은 박물관에서 잘할 수 있다. 전시물들을 엮어서 특정한 주제를 통시적으로 살피면서 변화와 계속의 역사적 과정을 큰 그림으로 생각해 보게 하는 것이다.

지리적인 확장과 연결도 가능하다. 국립중앙박물관에는 세계문화관도 있기 때문에 한국과 세계 다른 지역과의 문화 교류를 역사적으로 접근할 수 있는 기회를 줄 수 있다. 지리적으로 시야를 넓히면 고려의 청자, 앙부일구를 비롯하여 세종 시기 여러 발명품과 출판물 등을 중심으로 역사적인 문화 교류, 문화 복합, 문화 전유 과정을 탐구하게 할 수도 있다. 예를 들면 원나라 '앙의(仰儀)' 아이디어는 조선 세종 시기에 와서 앙부일구로 획기적으로 발전했다. 조선은 원의 앙의를 그대로 가져온 것이 아니라, 조선의 문제의식에 기초하여 앙의를 크게 변형했고, 그 결과 새로운 발명품이 탄생했다. 앙부일구가 탄생하는 데는 조선 세종 시기의 고유한 문제의식과 천문학적 지식이 중요한 역할을 했다. 이러한 전시물을 통해 문화 교류나 문화 복합 및 전유의 역사적 과정, 역사가 만들어지는 과정에 대해 통찰할 기회를 줄 수도 있다.

5. 맺음말

전형적인 학교연계 박물관 역사교육은 학교에서 특정한 주제에 대해 사전 교육을 하고 박물관 혹은 온라인 박물관에서 그와 관련한 유물을 확인하거나 검색하는 방식으로 구성한다. 학습 장소나 자료를 연결하는 방식이며 교육의 주체는 주로 학교와 교사이다. 이 글은 박물관이 주도하는 학교연계 역사교육을 어떻게 할 것인가, 박물관 전시를 학교 역사 수업과 어떤 내용과 전시물로 연계할 수 있을까라는 질문에 대답해 보고자 했다. 이를 위해 이 글에서는 역사 교사들의 의견과 요구도 수렴하면서 학교에서 이루어지는 역사교육의 구조적 한계를 검토했다. 그리고 학교에서는 시간의 제약 때문에 교과서의 많은 주제와 유물을 피상적으로 다룬다는 점, 교사들과 학생들의 역사지식을 성찰하고 확장하는 전시물에 관심을 가졌던 점 등에 주목하여 다음과 같이 학교연계 박물관 역사교육의 학습 내용 및 전시물 선정과 구성의 틀을 제안했다.

첫째, '작은 전시물로 과거의 큰 문화 읽기', '교과서에서 학습한 내용 심화하기'이다. 학교 역사 수업에서 피상적으로 언급하는 주제나 유물을 박물관에서 심층적으로 탐구할 수 있게 하는 것이다. 둘째, '새로운 역사적 국면 탐구하기', '교과서에 없는 역사 새로 읽기'이다. 역사 교육과정과 교과서의 주제와 연결하면서도 교과서에서는 다루지 않는 역사적 국면, 그러나 박물관이 재현하고 있는 다양한 과거의 국면과 해석에 접하게 하고, 질문하고 또 탐구해 볼 수 있게 하는 것이다. 셋째, '역사지식 성찰하기', '여러 매체를 통해 접한 역사지식 교차 검토하기'이다. 학교에서뿐만 아니라 또 다양한 영화, 드라마, 웹툰, 웹소설, 게임 등을 통해 학생들은 역사를 학습하는데, 이 가운데에는 이미 폐기된 역사지식도 있고 허구도 있다. 이러한 문제를 인식하면서 학생들에게 박물관의 여러 자료들에 기초하여 자신의 역사지식을 되돌아 볼 수 있게 학습활동을 구성할 수 있다. 넷째, '역사 해석의 복수성 이해하기', '교과서와 다르게 읽기'이다. 역사는 증거에 기반하여 해석하지만, 해석은 단일하거나 절대적일 수 없다. 교과서의 내용도 하나의 해석이라는 점, 또 박물관도 하나의 해석을 제공한다는 점을 이해할 수 있게 교과서와 박물관 해석을 비교할 기회를 제공하는 것이다. 다섯째, '시공간을 연결하며 역사 탐구하기'이다. 이는 '전시물들 시공간적으로 연결하고 확장하기'이다. 학교에서는 시대를 넘나들면서 역사가 계속되고 변하는 과정을 탐구하는 것이 쉽지 않다. 그러나 박물관에서는 여러 전시물들을 시각적으로 확인하면서 시간의 흐름 속에서 변화를 탐구할 수 있다. 또 전시물들을 통해 한국과 세계 다른 지역을 연결하여 문화 교류, 문화 복합, 문화 전유 등 문화의 과정도 학습할 수 있다.

위의 다섯 가지 내용 선정 및 구성 틀은 서로 겹치기도 하고 실제 수업으로 구현할 때는 함께 추구할 수도 있다. 이러한 틀에서 학교연계 박물관 역사교육을 기획한다면 박물관이 학교 역사 수업과 연결하면서도 학교 역사 수업의 구조적 한계를 보완하는 한층 적극적이고 고유한 역할을 수행할 수 있다. 그러나 박물관 역사교육은 학교의 역사교육과 다르기 때문에, 이 점을 고려하여 박물관 주도의 학교연계 역사교육은 학생이 학교에서 학습하는 역사보다 더 넓은 범위에서, 새로운 각도와 측면에서 역사를 구성할 수 있게, 자신의 역사지식을 성찰할 수 있게 기획해야 한다. 마지막으로 두 가지 점을 좀 더 언급하고자 한다. 첫째, 이 글에서 주로 국립중앙박물관의 전시물을 중심으로 사례를 제시했지만, 다른 국립박물관도 이 글에서 제시한 틀을 적용할 수 있는 전시물들이 있으므로 이 글의 틀을 부분적으로, 혹은 변형하여 활용할 수 있다. 둘째, 이 연구 당시 학교에서 2009 교육과정을 사용했고 2015 교육과정의 2018 고시본을 사용하거나, 2022 개정 교육과정을 적용하게 되는 시기에는 내용상의 변화가 있을 것이다. 그러나 이 글에서는 박물관 주도 학교연계 역사교육의 큰 틀을 제시했기 때문에 교육과정의 변화 후에도 그 틀은 유효하게 적용할 수 있을 것으로 기대한다.

1) 설문조사 및 분석 방법

중학교 역사 수업과 국립박물관, 특히 국립중앙박물관을 연계하는 역사 교육을 기획하는 데 필요한 기초 자료를 수집하기 위해 중학교 역사 교사 대상 설문조사와 심층 면접을 진행했다. 설문조사를 먼저 실행한 후 심층 면접을 진행했으며, 심층 면접 내용은 전사하여 설문조사 결과와 복합적으로 분석했다.

설문지의 설문 문항은 3개로 구성했다. **설문 문항** 1에서는 중학교 역사 교과과정의 한국사 영역 대단원들을 제시하고 교사들에게 역사 수업에서 유물 자료(영상물, 사진, 삽화, 모형 등)를 사용하는 단원을 표시하도록 했다. 특별하게 유물 자료를 많이 활용하는 단원이 있는가를 확인하기 위해서였다. **설문 문항** 1에 대해 교사들은 거의 모든 단원에서 유물 자료를 활용한다고 대답했다. 이에 따라 **설문 문항** 1에 대한 상세한 분석은 의미가 없다고 판단하여 이 글에서는 **설문 문항** 2와 **설문 문항** 3을 중심으로 분석했다.

설문 문항 2의 교과서 유물 목록은 다음과 같은 방법으로 선정하고 구성했다. 우선 5개 출판사(금성, 동아, 미래엔, 비상교과서, 지학사)의 교과서에 수록된 유물들을 목록화하고, 각 유물을 소장한 박물관을 표시했다. 목록화는 시기적으로는 국립박물관 전시실 구성에 맞춰서 선사시대에서 조선 후기(19세기)까지로 한정했다. 이 목록에서 다음과 같은 기준으로 **설문 문항** 2에 포함할 유물을 선정했다. 첫째, 시대별로 역사 교과과정의 성취기준 및 교과서 본문 내용과 직접적으로 연결되는 핵심적인 유물이다. 이러한 유물에는 고구려 호우명그릇, 진흥왕순수비, 앙부일구, 김홍도의 풍속화첩 등이 있다. 둘째, 교과과정 및 교과서의 핵심 내용과 연결되지 않지만 삽화나 말

풍선 등으로 제시한 유물들 가운데 박물관에서 비중 있게 다루는 전시 주제와 관련된 유물이다. 이러한 유물에는 예를 들면 황비창천명동경이 있다.

설문 문항 3의 박물관 전시물은 다음과 같은 방법으로 선정했다. 국립중앙박물관을 방문하여 박물관 전시관의 시대별 전시 주제를 조사하고, 첫째, 교과서에서 간략하게 다루지만, 박물관에서는 상대적으로 크게 전시하고 있는 주제나 관련된 전시물을 포함했다. 예를 들면 박물관에서 선사시대와 삼국시대의 교류를 보여준다고 설명한 흑요석이나 백제의 흑유닭모양 항아리(대외교육, 생활), 흑갈유병(대외교류, 생활), 사후 세계에 대한 인식을 설명한 가야의 짚신 모양 토기, 새 장식 뚜껑 항아리, 고려의 왕을 천자라고 불렀다는 증거인 복령궁주묘지명 등이다. 교과서에서는 생활문화사나 교류사를 소략하게 다루지만, 국립중앙박물관에는 일상생활이나 교류 관련 전시물 및 설명이 많다. 둘째, 교과서에서 거의 다루지 않기 때문에 교사와 학생이 박물관 이외의 장에서는 거의 접하기 어려운 전시물로, 교사와 학생의 역사 지식을 성찰해 볼 수 있는 전시물을 선정했다. 예를 들면 백제의 목간, 고려의 호주제매병형경, 청동 숟가락, 경주 향리 딸 묘비명, 조선의 금속활자, 휴대용 앙부일구, 송도기행첩이나 해악전도첩, 정양사도, 평양도성병풍, 금강사군첩 등을 포함했다. 셋째, 연구조원인 중학교 교사가 학생들이 잘 알고 또 흥미를 느낄 것이라고 판단한 전시물을 포함했다. 예를 들면 가야의 상형토기와 고구려 금동관, 조선의 화포나 조총 등이다. **설문 문항 3**에 포함한 전시물과 국립중앙박물관 전시 주제 그리고 선정 이유를 〈**부록 7-3**〉에 제시했다.

설문조사는 2020년 9월 15일~9월 20일 동안 온라인(네이버 폼)으로 진행했다. 설문 대상자는 중학교 역사 교사 22인으로, 중학교 교사인 연구조원이 지인을 통해 참여를 부탁하고, 또 일면식도 없는 역사 교사의 카카오톡의 공개 채널에 무작위로 접촉하여 설문 참여를 부탁했다. 설문지에는 연구 내용, 설문조사를 하는 목적 등에 대해 설명했다. 설문은 무기명으로 진행했으나, 설문지에 전화번호를 남긴 경우 기프티콘을 제공한다고 명시했다. 그리고 설문지에 설문 대상자가 "설문지에 응답하는 것은 연구 참여에 동의하는 것으로 판단할 수 있다"는 문구를 추가하여 연구윤리에 문제가 없도록 했다.

설문조사 결과는 유물별로 응답률을 응답자 수(n)와 비율(%)로 표시했다. 22명만을 대상으로 했기 때문에 이 글에서 제시하는 통계 수치가 한국 중학교 역사 교사의 일반적인 의견을 대표하지는 못한다. 설문조사 결과는 빈도와 백분율을 산출하여 심층 면접과 결과와 함께 경향성을 분석했다. **설문 문항 2의 빈도와 백분율은 〈부록 7-2〉에, 설문 문항 3은 〈부록 7-3〉에** 제시했다.

2) 심층 면접 및 분석 방법

심층 면접은 해당 분야의 관련자 혹은 전문가의 경험을 활용하기 위해 사용한다. 앞에서 설명했듯이 이 연구에서는 설문조사 결과에 대한 연역적 해석을 목적으로 심층 면접을 진행했다. 심층 면접은 설문에 참여했던 교사들 총 22명의 3분의 1 이상(8명)을 대상으로 했다. 1차(4명), 2차(4명)로 나누어 진행했다. 심층 면접에 참여한 모든 교사들에게 작은 사례를 했다.

1차 심층 면접의 대상은 G 교사에게 요청하여 섭외했다. G교사는 수석 교사로서 다른 교사들의 수업에 대해서 풍부한 정보를 가지고 있었기 때문이다. 2020년 9월 24일에 2인 1조로 1시간 동안 반구조화한 면담을 온라인으로 진행했다. 2인을 1조로 진행함으로써 편안한 대화 분위기를 만들려고 했고, 교사 서로 간에 비슷한 의견과 다른 의견을 제시할 수 있게 했다.

1차 심층 면접 후 심층 면접에 적극적으로 참여했던 E 교사와 2020년 12월 3일에 설문조사와 1차 심층 면접 분석 결과를 검토하는 회의를 온라인으로 진행했다. 그러나 1차 심층 면접의 대상이 4명으로 적기도 하고, 또 면접 대상 선정에서 1차 면담을 주선한 G 교사의 주관이 반영되었을 가능성이 있다고 판단하여 2차 심층 면접을 진행했다. 2차 심층 면접은 설문지에 연락처를 남겼던 교사들에게 무작위로 연락하여 능동적으로 참여하겠다는 의사를 밝힌 4명의 교사를 대상으로 했다. 2차 면접은 2021년 2월 10일에 1차와 동일한 온라인 2인 1조 방식과 동일한 질문으로 진행했다. 1차 심층 면접에서는 **설문 문항 3**과 관련한 대화 내용이 많았지만, **설문 문항 2**와 관련한 내용이 적었다. 이에 따라 2차 심층 면접에서는 **설문 문항 2**의 설문조사 결과, 즉 교과서에 포함된 유물 자료 가운데 사용 빈도가 높거나 낮은 경우 왜 그러한지에 대해 연구자가 교과서 내용과 비교 분석한 내용이 타당한지 확인하고자 했다. 또한 1차 심층 면접 분석 결과에 대한 교사들의 의견도 들었다.

구조화된 면담 질문은 **표 7-1**과 같다. 설문지를 온라인으로 공유하면서 질문들을 했다.

표 7-1 1차 및 2차 면접 대상

면접	조	교사	연차	박물관 활용 경험	근무 지역	전공
1차 심층 면접 검토 회의	A조	E 교사(여)	6.7년	• 사이버 박물관 활용 역사교육을 주제로 석사논문을 씀. • 학생들과 박물에 가서 수업한 경험 있음. • e-뮤지엄에서 자료를 찾아 학습활동을 개발하고 실행한 경험 있음.	경기	사범대학 (역사교육) 석사
1차 면접만 진행		F 교사(여)	16년	• 학생들과 박물관에 방문한 경험도 없고, 박물관 온라인 자료를 활용한 경험도 없음.	경기	사범대학 (역사교육) 학사
	B조	G 교사(여)	29.7년	• 수석 교사. • 학년 전체 체험학습 및 동아리 활동 등으로 박물관을 찾거나 활용한 경험 있음. • e-뮤지엄을 활용한 수업 경험 있음.	경기	사범대학 (역사교육) 석사
		H 교사(여)	7년	• 2020년에 박물관교육 관련 석사논문을 씀. • 학년 체험학습 등으로 박물관을 방문했고, 석사논문을 준비하면서 박물관 온라인 자료를 활용한 경험 있음. • 구글 아트 앤 컬처 등을 활용하여 문화사 수업을 진행한 경험 있음.	경기	사범대학 (역사교육) 석사
2차 면접만 진행	C조	I 교사(여)	6년	• 고등학교에서 4년 근무. 2019년 중학교로 옮김. • 한·중·일 교류사로 석사논문 준비 중. • 봉사활동 및 체험활동으로 학생들과 박물관 방문 경험 있음. 그러나 역사 수업에서 박물관 자료를 활용한 경험은 없음. • 박물관 온라인 자료를 수업에 활용한 경험 없음.	서울	사범대학 (역사교육) 학사
		J 교사(남)	9년	• 현장 체험학습 및 동아리 활동을 통해서 학생들과 함께 박물관 체험을 자주 했음.	서울	인문대학 (사학과) 학사
	D조	K 교사(여)	4년	• 박물관에 학생들을 데리고 가본 경험 없음. • 박물관 온라인 자료를 수업에 활용한 경험 있음.	서울	사범대학 (역사교육) 학사
		L 교사(여)	2년	• 박물관에 학생들과 함께 가본 경험 없음. • 박물관 홈페이지 활용 수업을 해본 경험 없음.	경기	국사학과 학사

표 7-2 심층 면접을 구조화한 질문

구분	내용
교사의 박물관 활용 경험 관련 질문	• 박물관에 학생들과 함께 방문한 경험이 있습니까? • 박물관에 학생들과 함께 가면 어떤 활동을 합니까? • 국립중앙박물관의 온라인 자료, e-뮤지엄을 활용한 경험이 있습니까? 어떤 방식으로 활용합니까?
설문 문항 2 관련 교과서 유물 활용 실태	① 설문지에 제공한 교과서 유물 중에서 학생이 가장 관심 있게 보는 것은 무엇입니까?(설문지를 다시 보면서 시대별로 선택하게 함) ② 교과서 유물 중에서 교사가 꼭 가르치는 것은 어떤 것입니까? 왜 그렇습니까? (설문지를 다시 보면서 시대별로 선택하게 함. 설문지에 없는 것도 말하게 함) ③ 수업에서 유물 자료를 어떻게 사용합니까? 유물을 증거로 과거에 대해 탐구하게 하는지 아니면 교사가 설명하는지, 어떤 방식으로 유물 자료를 활용합니까?
설문 문항 3 관련 교과서에 없는 전시물에 대한 요구	④ 설문지에서 학생들이 좀 더 관심을 가지거나 신기해할 만한 전시물이 있습니까?(설문지를 다시 보면서 시대별로 선택하게 함) ⑤ 설문지에서 교과서에 없는 박물관 전시물 중 가르칠 만한 것을 선택할 때 어떤 것을 선택했고, 선택한 이유는 무엇입니까?(설문지를 다시 보면서 시대별로 선택하게 함) ⑥ 설문지에서 교과서에는 없지만 수업에서 사용할 만한 전시물을 선택할 때 어떤 기준으로 선택했습니까?
설문조사 결과와 관련된 질문	⑦ 설문지에 교과서에는 없지만 수업에서 사용할 만한 전시물을 선택해 달라는 질문이 있었는데 이에 대한 교사들의 응답률이 저조했습니다. 왜 그렇다고 생각합니까?

심층 면접 질문은 설문조사 결과에 기초하여 개발했다. **설문 문항 2와 관**련한 심층면접 질문은 ①과 ②이다. 이 질문을 통해 교사가 판단한 학생이 흥미를 보이는 유물이나 내용, 그리고 교사가 중요하게 여기는 유물이나 내용을 다시 한번 확인하여 설문조사의 결과와 일치하는지 보고 설문조사에서 보이는 경향성을 해석하고자 했다. ③은 설문지에 있는 '활용'이라는 단어를 어떻게 이해했는지, 실제 역사 수업에서 교과서에 수록된 유물 자료를 어떻게 활용하는지 이해하기 위한 질문이다. **설문 문항 3과 관련하여** ④는 학교연계 박물관 역사 수업이므로, 전시물 선정에서 학생의 흥미라는 요인을 중요하게 볼 필요가 있기 때문에 포함했다. ⑤는 박물관 전시물 중에서 가르칠 만한 것을 교사는 어떤 관점에서 선택하는지 이해하고, 교사가 가

르쳐야 한다고 하는 전시물을 박물관에서 가르치는 것이 타당할지 판단하기 위한 질문이다. ⑥은 교사가 직접 설명하는 선택 기준을 듣기 위한 것이고, ⑦은 설문조사 결과 응답률이 전반적으로 낮았던 까닭을 이해하기 위한 것이다.

1차 심층 면접 과정에서 **설문 문항 3**과 관련하여 박물관에 전시한 전시물의 고고학적 혹은 역사적 의미를 잘 모르기 때문에 선택을 안 한 경우가 있다는 점을 알게 되었다. 그래서 1차와 2차 심층 면접 중간에 설문지(문항 3)에 있는 전시물을 박물관에서 어떤 주제와 관련하여 전시하고 있는지 설명한 후, '학생들이 관심을 가질까요? 재미있어할까요?' 등의 보완 질문도 했다. 예를 들면 2차 심층 면접에서는 송도기행첩이나 해악전도첩, 정양사도, 평양도성병풍, 금강사군첩 등은 박물관의 전시 주제 중 조선 후기 유람문화나 실경 산수화풍과 관련된다는 설명을 하고 학생이 관심을 가질 만한지, 가르칠 만하다고 생각하는지 물었다. 또한 2차 심층 면접에서는 이미 진행한 1차 심층 면접의 분석 결과가 타당한지 확인하기 위해, 면접 마지막 부분에서, E 교사에게 한 것처럼 1차 심층 면접 결과를 간단하게 설명하고 타당하다고 생각하는지 의견을 물었다. 다른 의견을 제시하는 교사도 있었다. 그러한 다른 의견을 반영하여 분석 내용을 서술했다.

심층 면접 내용을 전사하여 4차례 이상 반복적으로 읽고 키워드를 추출하여 교사들의 교과서 유물 활용 실태와 교과서에 없는 박물관 전시물에 대한 요구를 유형화했다. 질적연구 분석에서 연구자의 주관적인 통찰과 해석이 작동한다는 점은 항상 쟁점이 되어왔다. 분석 과정에서 "연구자가 특정 내용의 중요도를 판단하고 의미를 부여하는 것이 전적으로 연구자의 능력이나 관점에 관련된다고 보면 분석의 타당성과 신뢰성 그리고 일반화 가능성에 대해 근원적인 문제를 제기할 수 있다"(이정락·최외출, 2019: 154). 이 연구는 일반화를 목적으로 하지는 않는다. 그러나 분석의 타당성과 신뢰성 확보를 위해 단독 분석과 해석에 따르는 편견을 최소화하려고 했다. 이를 위해 전술했듯이 연구자가 설문조사 결과와 심층 면접 내용을 분석하면서 교사들의 생각을 유형화한 후, 1차 심층 면접에 참여했던 교사 E와 검토 회의를 진행했고, 2차 심층 면접에서 면접자들에게 1차 심층 면접 분석의 핵심적 내용을 설명하면서 타당한지 확인하는 절차를 거쳤다.

〈부록 7-2〉 교과서에서 사용하는 유물 자료는?

* 설문 문항 2에 대한 응답이며, 왼쪽 칸부터 유물명, 응답자 수(명), 응답자들의 비율(%)을 나타냄

선사시대 유물	응답(명, %)	
전곡리 주먹도끼	22	100
빗살무늬토기	22	100
찍개	15	68.2
가락바퀴	22	100
돌화살촉	9	40.9
조개껍데기 가면	19	86.4
뼈바늘	16	72.7
갈돌 갈판	20	90.9
슴베찌르개	17	77.3
결합식 낚시	10	45.5
돌도끼	7	31.8
덧무늬 토기	8	36.4
기타	1	4.5

청동기(고조선) 유물	응답(명, %)	
농경문청동기	18	81.8
반달돌칼	21	95.5
청동잔 무늬 거울	19	86.4
팔주령	16	72.7
청동거푸집	16	72.7
미송리식 토기	22	100
비파형 동검	22	100
세형동검	22	100
명도전	14	63.6
기타	3	13.6
돌도끼	7	31.8
덧무늬 토기	8	36.4
기타	1	4.5

철기시대 유물	응답(명, %)	
철제무기와 농기구	18	81.8
독무덤	16	72.7
덩이쇠	14	63.6
마한의 수레 부속품	0	0
변한의 수정목걸이	2	9.1
마한의 현금	0	0
오리 모양 토기	5	22.7
다호리 유적 붓	10	45.5
기타	1	4.5
응답 없음	1	4.5

고구려 유물	응답(명, %)	
호우명그릇	20	90.9
금동연가7년명 금동여래입상	18	81.8
고구려 철 모양 부뚜막	2	9.1
연꽃무늬수막새	7	31.8
고구려 집 모양 토기	2	9.1
고구려 금동신발	6	27.3
기타	0	0

신라 유물	응답(명, %)	
신라금관 및 금제장식	17	77.5
북한산신라 진흥왕 순수비	20	90.0
이차돈순교비	18	81.8
신라 유리그릇	16	72.7
경주황남동상감 유리구슬	5	22.7
금동 전각형 사리기	3	13.6
신라계림로보검	5	22.7
토우	8	36.4
기마 인물형 토기	9	40.9
기타	1	4.5

가야 유물	응답(명, %)	
집 모양 토기	3	13.6
판갑옷	13	59.1
가야토기	13	59.1
덩이쇠	11	50
가야 그릇받침	6	7.3
가야 청동자루솥	2	9.1
가야 금동관	10	45.5
기타	1	4.5
응답 없음	2	9.1

고려시대 유물	응답(명, %)	
청자 음각 풀꽃 무늬 꽃모양잔과 잔받침	10	45.5
청자 기린 장식 향로	9	40.9
황비창천명동경	3	13.6
만월대 출토 기와	2	9.1
청동추	3	13.6
청자 인물형 주전자	5	22.7
경천사지 10층 석탑	19	86.4
청자투각칠보 무늬향로	7	31.8
철조석사불좌상	7	31.8
천산대렵도	5	22.7
청동은입사물가 풍경 무늬 정병	8	36.4
나전경함	4	18.2
백지흑화 모란 넝쿨무늬 병	3	13.6
청자상외모양병	16	72.7
청자학 구름 무늬 매병	13	59.1
고려금속활자	12	54.5
기타	0	0
응답 없음	1	4.5

조선 전기 유물	응답(명, %)	
도성도	10	45.5
호패	20	90.9
홍패	4	18.2
마패	13	59.1
천상열차분야지도	16	72.7
고사관수도	11	50
분청사기음각 어문편병	7	31.8
혼천의	19	86.4
양부일구	19	86.4
삼강행실도	17	77.3
평양성탈환도	1	4.5
천지총통	10	45.5
비격진천뢰	11	50
기타	1	4.5
응답 없음	1	4.5

조선 후기 유물	응답(명, %)	
대동여지도	21	95.5
공명첩	20	90.9
백자 달항아리	16	72.7
청화백자	14	63.6
분청사기	15	68.2
상평통보	19	86.4
김홍도 풍속도	20	90.9
민화	14	63.6
규장각도	8	36.4
태평성시도	2	9.1
송시열초상	3	13.6
신윤복(여속도첩)	17	77.3
영조어진	13	59.1
기타	0	0
응답 없음	1	5

시대	전시물	국립중앙박물관 전시 주제	선정 이유	n(%)
선사시대	작은 돌날(구석기흑요석)	구석기 도구의 제작	구석기인의 이동	5(22.7)
	신석기시대 배	바다로 나간 사람들	신석기인의 어로, 이동	10(45.5)
	간돌검	돌칼의 상징성	청동기 시대의 석기사용	9(40.9)
	몸돌	구석기 도구의 제작	구석기 도구 제작 과정	3(13.6)
	신석기 시대 흑요석	신석기시대 교류	신석기 시대 교류	4(18.2)
	흙으로 빚은 여인상	온라인 전시	신석시시대 풍요와 다산에 대한 기원, 여신 숭배	5(22.7)
	기타			1(4.5)
	응답 없음			7(31.8)
삼국시대	고구려금동관1	나라를 세우고 성을 쌓다	금동관과 권위, 국가 체제	6(27.3)
	고구려금동관2	나라를 세우고 성을 쌓다	지배층의 권위, 국가 체제	7(31.8)
	말 탄 무사를 그린 벽화(고구려)	고구려 무덤, 삶과 죽음이 경계	부장문화, 사후세계 인식	6(27.3)
	사슴 장식 구멍단지(가야)	가야의 상형토기	사슴에 대한 동경, 신앙 소가야인의 생활문화, 사후세계	3(13.6)
	사슴 장식 뿔잔(가야)			7(36.4)
	이사지왕이 새겨진 세고리자루큰칼	신라의 황금문화	금동관과 권위, 국가 체제	3(13.6)
	부여왕흥사지출토사리기	특별전: 국립중앙박물관 새 보물 납시었네(2017~2019) (3부, 염원을 담다)	현존하는 가장 오래된 사리기, 신앙, 예술	2(9.1)
	짚신 모양 토기	가야 사람들의 생활	생활문화, 사후세계 인식	2(9.1)
	새 장식 뚜껑 항아리	삼한의 토기	삼한의 새에 대한 인식 사후세계, 농경	2(9.1)
	흑유 닭 모양 항아리	백제 대외교류 백제 대외교류	백제와 중국 남조의 교류	3(13.6)
	흑갈유병			2(9.1)
	새모양장식 청동합	의례와 제기의 변화	대외교류	2(9.1)
	목간(백제)	백제의 문자	문자 생활	7(31.8)
	기타			0(0.0)
	응답 없음			8(36.4)

시대	유물명			
고려시대	복령궁주묘지명	천자라고 불린 고려의 왕	"천자의 딸"이라고 표현, 고려인의 천하관	2(9.1)
	고려인종시책	고려의 천자, 천하관		6(27.3)
	호주제매병형경	고려인의 삶을 보여주는 청동거울	문화교류, 생활	1(4.5)
	동제 숟가락	고려인의 식생활 고려인의 식생활	생활문화, 문화교류, 문화변용	1(4.5)
	청동국자			2(9.1)
	경주향리딸묘비명	고려지방제도와향촌사회	가족과 여성	2(9.1)
	금동 여지무늬 허리띠	특별전: 대고려, 그 찬란한 도전(고려의 찬란한 기술과디자인편)	상류층의 생활문화	3(13.6)
	고려시대 청동거울	고려인의 삶을 보여주는 청동거울	청동거울에 대한 고정관념 성찰, 역사 변화와 계속 생활문화, 문화교류 및 변형	2(9.1)
	기타			0(0.0)
	응답 없음			15(68.2)
조선시대	금속활자	금속활자 제작과 서적의 간행	금속활자 개발의 변화와 계속	14(63.6)
	송도기행첩	특별전: 우리 강산을 그리다: 화가의 시선, 조선시대 실경산수화(2019), (4부, 실경을 뛰어넘다)	조선후기 실경산수화, 조선 후기 산수 유람문화 유람문화의 기록과 방법	5(22.7)
	정양사도			5(22.7)
	해악전도첩(김응환)			1(4.5)
	휴대용앙부일구	과학기술 발전 백성에게 시간과 계절을 알려주다	앙부일구에 대한 고정관념 성찰, 역사의 변화와 계속	14(63.6)
	기사계첩	특별전: 국립중앙박물관 새 보물 납시었네(2017~2019) (1부, 역사를 기록하다)	조선시대 기록 문화	1(4.5)
	평양도성병풍	유람문화, 성리학적 이상세계		2(9.1)
	전이경윤필 산수도	특별전: 낙파 이경윤과 17세기 조선의 회화	성리학적 이상세계관	2(9.1)
	화포(운형궁화포)	민의 성장과 시대 전환	무기의 발달과 변천 학생의 흥미 고려	9(40.9)
	조총	임진왜란 중 위력을 발휘한 무기	무기발달과 역할 학생 흥미	13(65.0)
	금강사군첩(김홍도)	단원 김홍도(檀園 金弘道): 탄신 250주년 기념 특별전(1955)	유람문화	4(18.2)
	기타			1(4.5)
	응답 없음			1(4.5)

8장

역사와 유산, 이성과 감정의 복합 전시

역사교육의 시각에서 본 대한민국역사박물관의 역사관

1. 머리말

대한민국역사박물관은 근현대사 박물관으로서 연구를 위한 자료를 수집·
보존·조사하고 근현대사 자료를 전시하며 교육하는 기관이다. 대한민국역
사박물관은 이명박 대통령이 2008년 8월 15일 '제63주년 광복절 및 대한민
국 건국 60년 경축사'에서 '현대사 박물관' 건립을 공표한 이후 4년 만에 문
을 열었다. 건립 과정에서는 물론, 2012년 12월 26일에 개관한 이후에도 박
물관의 건립 과정, 건립 주체, 전시 기획 등에 대한 논란과 비판이 계속되었
다. 정치적 목적과 판단으로 박물관 건립을 결정하고 졸속으로 사업을 추진
했다는 비난이 계속되었으며(김성보, 2013; 윤해동, 2014), '반쪽의 역사에 불
과하다'(양정심, 2013), 혹은 대한민국의 경제적 '성공 신화'는 크게 부각한 반
편 민주주의 발달의 역사는 축소했다(김성보, 2013)는 등, 전시 내용에 심각
한 이념적 편향성이 있다는 공격이 줄을 이었다.

개관 이후 역사학계와 시민사회는 지속적으로 상설 전시의 개편을 요구
했다. 그러나 개관한 지 얼마 되지 않아서 많은 예산을 투입하여 전시실을
완전히 교체하는 것은 여러 면에서 어려울 수밖에 없다. 그럼에도 개관 5년
차인 2017년부터 상설 전시 개편을 위한 준비를 시작하여, 개관한 지 7년 만
인 2020년 6월에 개편한 '역사관'을 공개했다. 대한민국역사박물관은 전시
기획과 관련된 논란과 시행착오를 반복하지 않기 위해 역사학계와 시민사
회와 소통했다는 점을 강조했다(이용석, 2020). 그렇다면 역사교육의 측면에
서는 어떻게 소통하고 어떤 개선을 추구했을까?

사실 대한민국역사박물관의 상설 전시의 내용을 역사적 시각에서 분석한
글은 여러 편 발표되었지만 역사교육의 시각에서 검토한 글은 많지 않다.
물론 전시 내용이라는 측면에서 보면 역사교육의 시각이 역사적 시각과 크
게 구분되지 않는다. 그러나 전시 내용만이 아니라 전시 기법에서 역사교육

이 어떻게 고려되었는가를 검토함으로써 박물관 전시를 개선하는 방향을 제시하는 것도 중요하다. 최근 박물관의 교육적 기능이 확대되고 있기 때문이다. 박물관은 교육 프로그램 운영을 통해서뿐 아니라 전시를 통해 교육한다. 그러므로 박물관 전시 개편을 위해서는 역사학계와 전시 디자인 차원의 논의만이 아니라 역사교육 차원에서의 논의도 함께 진행해야 한다. 박물관을 찾는 주 관람객에 어른뿐 아니라 어린이와 청소년도 있으므로 그들과 인지적으로는 물론 사회정서적으로 소통할 수 있게 전시를 기획하고 교육적 장치를 첨가할 필요가 있다.

대한민국역사박물관도 그러한 점을 인지하고 전시 개편 과정에서 역사교육계와 소통했다. 우선 2018년 4월 '교육 현장으로서의 대한민국역사박물관의 전시와 교육'이라는 주제로 박물관과 전국역사교사모임이 함께 공동 워크숍을 개최했다. 이 자리에서 "특히 전시 주제 구성과 전시 자료가 교과서식의 평면적 나열에 그치고 다양한 관점을 보여주지 못하고 있다는 점, 흥미와 관심을 이끌 만한 전시 콘텐츠의 부족, 경제발전이 지나치게 강조되어 민주주의의 가치와 인권에 대한 내용이 균형을 이루고 있지 못한 점" 등의 지적이 나왔다고 한다(이용석, 2020: 67). '다양한 관점', '흥미와 관심을 끌 콘텐츠', '민주주의와 인권 관련 내용' 등에 대한 요구가 있었다. 그리고 또다시 2020년 2월 7일 전국역사교사모임의 중·고등학교 역사 교사와 전국초등사회교과모임의 초등학교 교사들의 의견을 듣는 간담회를 열었다. '상설전시실 개편 관련 교사 간담회' 형식이었다. 즉, 역사교육계와의 소통은 전국역사교사모임을 중심으로 이루어졌다. 그 외에 다른 교사들이나 박물관 역사교육 연구자와의 폭넓은 소통이나 협업이 이루지지 않은 점은 매우 아쉽다.

2020년 2월 7일 간담회에서 교사들은 다음과 같은 요구를 했다(이명주 2020).[1]

① 다양한 입장과 인물, 정세 등을 폭넓게 보여주고 입체적으로 시대를 서술해 학생들이 스스로 생각할 수 있는 틈새를 만들어주기를 제안했다.

② 또한 현재에 직접적인 영향을 미치는 사건에 대해서도 긍정적인 서사뿐 아니라 빛과 그림자를 모두 보여주면서 역사에 대한 성찰과 바람이 포함되기를 당부했다.

③ 초등학교에 재직 중인 교사들의 경우에는 학생들이 민간인 학살, 보도연맹 등 역사적인 사건을 정서적 부담 없이 접근할 수 있도록 연출해 달라고 부탁했다. 특히 해외 전시 사례를 들며 전시물의 높낮이와 각도 등을 조절하여 초등학생에게 부담이 될 내용들을 선별하는 방식을 제안하기도 했다.

④ 전시 공간이 협소하다는 점에는 공감하면서도 학생들의 흥미를 끌 수 있는 간단한 전시실 활동과 스탬프 찍기, QR코드 애플리케이션 수집, 퍼즐 맞추기 등의 활동을 추천하는 열의를 보였다.

⑤ 기존 전시 설명은 전문적인 용어로 되어 있어 학생들 입장에서는 가독성이 떨어질 수 있으니, 되도록 쉬운 언어로 대체하면 좋겠다는 의견도 나왔다.

이 장에서는 이러한 중·고등학교 역사 교사 및 초등학교 교사들의 제안과 요구가 전시 개편에 어떻게 반영되었는가 살펴보는 한편, 디지털 시대 디지털 유목민(digital nomads)과 디지털 원주민(digital natives)의 특성을 어떻게 고려했는지, 그리고 대한민국역사박물관이 현대사 박물관이라는 점에 유의하면서 최근에 역사교육계가 주목하고 있는 역사의 복잡성, 역사 해석의 논쟁성과 민감성, 그리고 복수성 등을 어떻게 재현하고 교육하려고 했는지를 살펴보았다.

---

1 인용문의 숫자는 필자가 표기한 것이다.

2. 디지털 시대의 풍성한 디지털 '핸즈온', '하트온', 그러나 아날로그적 체험의 부족

개편한 역사관은 역사적으로는 제국주의 침략과 억압을 비판하면서 동시에 근대로의 이행을 설명하고(1부 "자유, 평등, 독립을 꿈꾸며"), 정부 수립 이후 대한민국의 정치적·경제적 발전을 보여주면서 그 과정에서 자행된 국가 혹은 특정 권력 집단의 폭력을 반성하며(2부 "평화, 민주, 번영을 향하여"), 세계화, 네트워크 사회의 등장 이후 한국의 세계적 위상 변화, 급증하는 교류와 이주가 가져온 사회 변화를 시각화하면서 심화하는 사회적 불평등이나 갈등 문제를 해결해야 할 과제로 제시한다(3부 "나-대한민국-세계").

간담회에서 역사 교사들은 "사람들이 살아온 이야기가 더 많이 보였으면 좋겠고 관람객의 참여를 더 이끌어내면 좋겠다"는 의견을 제시했다(김수진, 2020). 박물관 측은 이를 반영하여 역사관에서 '사람'이 보일 수 있게 했다고 한다(김수진, 2020). 그런데 '사람' 중심의 역사박물관이라는 지향은 교사들과 간담회 이전인, 전시 개편을 준비했던 2017년부터 표방한 것이었다(이용석, 2020: 67). 역사관은 표방한 것처럼 '사람' 중심 현대사를 재현하기 위해 다양한 장치를 사용했다. 디지털 영상, 실제 크기로 재현한 실물 모형, 디지털 매체와 연결된 사진과 시사만화, 각종 포스터, 과거의 대중가요를 그대로 들려주는 디지털 오디오 장치 등은 과거 사람들의 삶을 상상하는 데 도움이 된다. 디지털 시대에 걸맞게 디지털 기기를 조작하여 전시물을 보고, 소리를 들을 수 있게 했다. 디지털 핸즈온(hands-on)의 전시 기법을 적극 도입한 것이다. 특히 터치스크린형 키오스크와 같은 디지털 상호작용 미디어는 디지털 유목민과 원주민 세대의 흥미를 자극한다(**그림 8-1**). 이들은 스크린을 터치하면서 자신이 보고 싶고 읽고 싶은 것을 선택한다는 것만으로도 관람의 주도성을 갖는다는 느낌을 받을 수 있다. 그러나 상호작용적 요소가

그림 8-1 터치스크린형 키오스크
* 대한민국역사박물관에서 2021년 7월 29일 필자 촬영

그림 8-2 광복 이후 정부 수립과 6·25 전쟁 시기 실물 모형
* 대한민국역사박물관에서 2021년 7월 31일 필자 촬영

스크린 터치에 그친다는 점은 아쉽다. 아날로그 기기를 사용하면서 과거에 살았던 사람들의 삶을 생생하게 이해하는 데는 실제 박물관 전시물을 만지면서 무게를 가늠해 보거나, 질감을 느끼거나, 직접 이용해 보는 체험이 도움이 된다. 역사관에서는 해방 이후 6·25 전쟁 전후 시기에 한국 사회를 보여주는 실물 크기의 모형을 한 벽면에 전시하고 있다(**그림 8-2**). 지게를 지고 물을 운반하는 여인, 미군의 구두를 닦는 소년, 양산을 들고 거리를 걷는 여성, 그리고 벽에는 당시의 사진을 전시하여 당시 삶의 모습을 볼 수 있게 했다. 또한 파독 간호사와 광부와 베트남 파병 군인의 기증품도 실물로 볼 수 있게 전시하고 있다. 그러나 만져보거나 이용해 보는 체험의 기회는 없다. 국내외의 박물관에서 흔하게 제공하는 갑옷 입어보기나 무기 들어보기와 유사한 체험이 전혀 없는 것이다. 대한민국역사박물관 측에서는 공간이 협소해서 체험은 체험관에서 하도록 했다고 하는데, 체험관에서조차 모든 체험은 디지털 매체를 활용하게 할 뿐, 직접 만지고 이용해 보는 체험의 기회는 없다.

2021년 국립중앙박물관 어린이박물관과 국립경주박물관의 어린이박물관에서 어린이의 관람 동선이나 방식을 관찰한 적이 있다(최일선·강선주·김

그림 8-3 조각을 맞춰주세요: 조선백자, 고려청자, 빗살무늬토기
* 국립중앙박물관 어린이박물관에서 필자 촬영

그림 8-4 화랑이 되다
* 국립경주박물관 어린이박물관에서 필자 촬영

민정, 2021). 어린이박물관에도 터치스크린 디지털 매체를 활용한 놀이 체험이 있었지만 많은 어린이와 동반 가족이 흥미를 보이거나 장시간 머물면서 체험했던 전시는 국립중앙박물관의 '움집' 및 '보존과학체험, 조각을 맞춰주세요: 조선백자, 고려청자, 빗살무늬토기'(그림 8-3)나 국립경주박물관의 화랑이 수련하는 공간(그림 8-4)이었다. 움집이 어린이의 현재 경험과 매우 먼 '낯선 과거'를 상상하게 하는 체험이었다면 백자와 청자 등의 조각을 맞추는 활동이나 화랑의 수련 공간에 들어가는 것은 손을 사용하고 몸을 움직일 수 있는 전시 체험이었다.

디지털 기기에 익숙한 사람들에게 아날로그 체험은 디지털 기기를 통한 체험과는 다른 흥미나 감성, 경험을 제공한다. 그러므로 대한민국역사박물관이 역사관과 체험관에서 아날로그 시대를 디지털 매체에만 의존하여 체험하게 하는 것에 대한 아쉬움은 매우 크다.

역사관은 디지털 영상으로 제작한 '역사 속 이야기', '선동과 낙서', 그리고 일본군 '위안부' 할머니가 육성으로 들려주는 '접어둘 수 없는 이야기' 등을 통해 역사를 사람들의 이야기라고 느끼게 한다. 관람객의 감성을 움직이는 하트온(hearts-on) 체험을 풍부하게 제공한 것이다. 이 외에도 기증자의 이름이 드러나는 전시물과 기증자나 실제 경험자의 육성 이야기도 역사가 책에서만 읽던 건조한 이야기가 아니라 감정이 있는 구체적인 사람들의 경험이라는 점을 마음으로 느끼게 한다.

3. 다중시각의 역사 재현, 그러나 역사 생성 체험의 부재

간담회에서 교사들은 역사관이 다양한 입장을 보여주고 생각할 틈새를 만들어줄 것을 요구했다. '다양한 입장'과 '생각할 틈새'를 어떻게 전시로 구현할 수 있을까? 역사관은 당대인의 다양한 지향, 삶, 그리고 사건을 바라보는 '다양한 입장'을 담으려고 애썼다. 예를 들면 1910년대 '주막에서 엿듣은 이야기' 코너에서 일제의 침략 이후 나타난 사회 변화에 대한 조선 사람들의 서로 다른 평가(**그림 8-5**), 식민지에서 신교육을 받은 사람들의 서로 다른 선택, 김구, 이승만, 김일성 등을 포함하여 해방 후에 서로 다른 정치적 노선을 선택했던 다양한 인물들, 베트남 전쟁과 관련된 브라운 각서와 같은 공문서와 파병 군인이 한국의 아내에게 보낸 개인 편지 등 종류와 성격이 다른 자료들을 전시하고 있다. '다중시각(multiperspectivity)'에서 역사적 주체들, 자료들, 시각들의 복수성을 보여주는 한편, '역사의 복잡성'을 재현하려고 했

그림 8-5 주막에서 엿듣은 이야기
* 대한민국역사박물관에서 2021년 7월 29일 필자 촬영

다(강선주, 2020). 이러한 전시는 역사적 전개가 일직선이 아닌 지그재그(zigzag)이며, 단면이 하나라 여러 겹이 꼬인 입체라는 인상을 준다. 동시에 당시 역사적 행위자들의 서로 다른 시각, 다른 선택, 다른 삶의 여정을 생각해 볼 수 있게 한다. 그러한 '입체적

인 시대 서술'을 통해 교사들이 원한 "학생들이 생각할 틈새"를 만들었다고 할 수 있다. 그런데 '그러한 '다양성'을 청소년 관람객이 인식할 수 있을까? 또한 다양성'을 보여주는 것만으로 청소년 관람객이 역사적 '생각'의 길에 들어설까?

박물관에서 추구하는 역사교육이 역사가들이 생산한 지식과 서사를 전달하면서 특정한 역사상과 정체성 함양을 목적으로 하는 것이 아니라면, 박물관도 '역사하기(doing history)'-역사 소비·생산·재현, 사회적 참여-의 기초가 되는 역사 문해력에 초점을 맞추어 박물관 역사교육을 개념화하고 전시에 반영할 필요가 있다. 굳이 오래된 '지식기반 사회' 나 최근의 '디지털 사회로의 전환(digital turn)'을 거론하지 않더라도, 역사관을 개편한 배경에 종래 상설 전시가 특정한 정치 이념이나 역사상을 추구했다는 비판이 있었다는 점을 상기한다면, 대한민국역사박물관의 역사교육도 관람객이 스스로 역사 자료를 비교하고 해석할 수 있는 기회를 줌으로써 관람객이 역사 해석자 혹은 의미 생성자가 될 수 있게 할 필요가 있다.

역사교육계에서는 박물관의 역사 전시를 활용하여 학생들이 역사적 사고력, 혹은 역사 문해력을 함양할 것을 추구한다. 역사 문해력이란 역사가 증거에 기초한 해석 혹은 설명이라는 점을 이해하면서 자료를 읽고 또 비판적으로 분석하며, 나아가 역사가 생산한 실질적 지식(substansive knowledge)과 역사의 인식론적·방법적 지식을 활용하여 역사적인 문제를 제기하고 해결하는 능력이자 태도이다. 역사 문해력 함양을 위해서는 역사가가 자료를 읽고 분석하는 데 사용하는 기본적인 인식론적·방법적 지식과 역사적인 질문을 하고 역사적인 주장을 하는 데 기초가 되는 메타역사적 개념을 가르칠 필요가 있다. 사료들을 비교 분석하고, 사료에 담겨 있는 시각과 당대인의 인식을 해석하며, 과거의 사건과 인물의 행위를 역사적 맥락에 위치시키면서 그와 관련된 윤리적 문제를 생각해 보는 것 등이 역사의 인식론적·방법적 지식이라면, 사료, 증거, 원인과 결과, 변화와 계속, 역사적 맥락, 시각, 중요성, 서사, 역사적 패턴 등이 메타역사적 개념이라고 할 수 있다. 이러한 역사적 탐구 방법과 메타역사적 개념을 학교나 박물관의 교육 프로그램에서만 가르쳐야 하는 것은 아니다. 이미 개편한 역사관의 전시에는 그러한 역사의 인식론적·방법적 지식과 메타역사적 개념이 깔려 있다. 다만 그것을 교수학습적 활동으로 활성화하지는 않았을 뿐이다. 대한민국역사박물관의 역사관은 서로 다른 사람들의 주장이나 지향을 볼 수 있는 기록들이나 사진들, 특정 시대를 복합적으로 평가할 수 있는 자료들을 전시하고 있다. 이러한 자료를 단순히 보여주는 것에 그칠 것이 아니라 관람객이 그 자료들을 비교해 보고 해석해 볼 수 있는 장치를 함께 제공할 필요가 있다.

학교의 역사교육이 연대기적 틀에서 개별 사건들을 때로 에피소드식으로 다루기 때문에 학생들이 큰 그림으로 보기 어려운 '역사적 흐름', 시간에 따른 변화를 역사관은 디지털 터치스크린 키오스크를 통해 즉각적으로 확인할 수 있게 한다. 예를 들면 전통도시가 초기 식민도시와 후기 식민도시로 변화되는 과정을 사진과 설명으로 확인할 수 있다. 관람객은 그러한 전시물을 보면서 과거와 현재가 '다르다'는 점을 인식할 수 있다. 여기에 여러 지역에서 공통적으로 관찰할 수 있는 변화의 특징을 찾아보게 권유하는 짧은 활동 안내만 하나만 있어도 관람객은 단순히 '다르다'고 느끼는 것을 넘어 변화의 역사적 패턴들을 짜볼 수 있다. 역사적 패턴에 대한 인식은 역사적 통찰력의 기초가 된다.

역사는 증거에 기초한 해석이다. 거의 모든 전시 해설은 사진, 포스터, 신문이나 잡지 등의 증거로 뒷받침한다. 이에 따라 관람객은 전시 해설이 객관적이고 중립적인 사실만 제시한다고 착각하며 박물관에서 신뢰할 수 있고 권위 있으며 절대적인 역사 지식을 학습할 수 있다고 생각한다(강선주, 2015). 그런데 박물관은 잠정적인 역사 해석과 서사들 가운데 하나를 제시

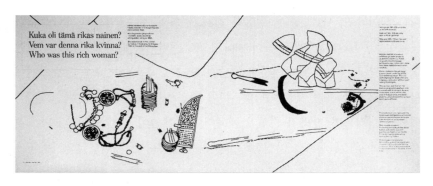

그림 8-6 '이 부유한 여인은 누구인가?'
* 핀란드국립박물관(National Museum of Finland)에서 2019년 필자 촬영

할 뿐이다. 그러므로 역사 교사들에게는 박물관 전시 해설의 잠정성을 인식하면서 학생들이 박물관의 전시 해석이나 서사를 분석하고 또 박물관이 제공하는 자료들을 다르게 해석해 보게, 다른 서사를 써보게 하도록 권한다(강선주, 2015). 박물관은 그러한 역사교육적 역할을 교사에게만 맡겨놓아야 할까? 박물관도 관람객이 전시물을 관찰하고 읽으면서 독자적인 해석을 이끌어내도록 간단한 활동이나 질문을 제시할 수 있다. 이러한 기법은 해외 많은 박물관에서도 이미 사용하고 있다. 예를 들면 핀란드국립박물관에서는 바이킹 시대 말기인 1050년에 매장된 여성과 관련된 고고학적 발굴 상황을 **그림 8-6**처럼 설명하고, 관람자가 이 무덤에 묻힌 여성은 어떤 사람이었을지 추론해 보게 한다.

패널 그림에는 다음과 같이 발굴 당시 모습에 대한 설명을 제시했다.

이 부유한 여성은 누구인가?
그녀는 바이킹 시대 말인 1050년에 유라(Eura)의 루이스타리 무덤(Luistari cemetery)에 묻혔다.[2]
키는 165~170cm이고 나이는 대략 45세이다.

나무판 위에 누워 있었으며 자작나무 껍질로 덮여 있었다. 당시의 관습처럼 그녀는 축제에 입는 드레스를 입고 있었고 상당히 부유했다는 점을 보여주는 보석 장식을 하고 있었다.

청동 보석은 … 특히 여성의 다산을 촉진한다고 믿었다. 이에 따라 여성의 엉덩이 부분에 많은 청동 장신구가 있었다.

핀란드에서는 루이스타리 무덤에서 발굴된 여성 무덤을 통해 중세 초기 여성은 남성에게 종속된 존재가 아니었으며, 힘 있고 부유한 여성이 있었다고 해석한다. 다른 여성 무덤에서 발굴품들을 증거로 핀란드에 강력한 여성 전사 지도자가 존재했다고 해석한다. 이러한 점을 박물관에서 관람객이 직접 발굴된 유물에 기초하여 해석해 볼 수 있게 전시하는 것이다. 물론 핀란드국립박물관이 모든 전시를 그렇게 하고 있는 것은 아니다. 고고학적 유물이므로 자료에 기초하여 상상적으로 추론하게 하는 방식의 전시가 용이했을 수도 있다. 그렇다고 현대사를 문자 사료에 기초하여 서술해야 하기 때문에 전시에서 관람객의 참여가 어렵다고 할 수는 없다.

사료나 기록을 보관하고 전시하는 몇몇 외국의 기관들은 실제 전시나 인터넷 홈페이지에 기록들을 제공하면서 청소년 관람객이 기록들을 비교하면서 비판적으로 분석할 것을 권유한다. 기록을 작성한 사람, 혹은 기록에 등장하는 사람들의 동기나 주장 등을 비교하고 평가하는 활동을 제시하는 것이다. 예를 들면 아미스타드(Amistad) 노예선의 흑인 노예 반란에 대한 영화가 나왔을 때, 몇몇 학자들은 영화가 역사적 정확성이 떨어질 뿐 아니라 사건에 대한 여론을 호도한다고 비판했다. 그런데 이에 대한 반박도 이어지면서 논쟁이 되었다. 그러자 미국의 국가기록관(National Archives)은 관련된

---

2   루이스타리 무덤은 핀란드의 선사시대 유적이 있는 곳이다.

사료를 홈페이지에 제공하고 이 사건과 관련하여 독자나 교사가 수업에서 학생들과 함께 사료를 해석해 보도록 활동을 안내했다.[3]

전시된 이미지나 사물을 관찰하거나 사료를 읽도록 유도하는 안내와 관련된 질문을 제공하는 것은 전시를 기획한 큐레이터에게는 그들이 고심하면서 선택한 사진, 이미지, 문서, 유물들을 통해 관람자와 소통하는 창구이다. 나아가 관람자를 단순히 교육 대상자로 객체화하는 것이 아니라 적극적인 역사 해석자와 의미 생성자로서 보는, 관람자에 대한 시각의 전환을 의미한다. 전시와 체험을 굳이 구분하면서 간단한 안내와 질문에 인색할 필요가 있을까?

이러한 아쉬움에 대해 박물관 관계자는 그것은 역사관과 함께 조성된 체험관에서 하면 된다고 말한다. 이 체험관에서는 교사들이 요구한 "④ 학생들의 흥미를 끌 수 있는 간단한 전시실 활동과 스탬프 찍기, QR코드 애플리케이션 수집, 퍼즐 맞추기 등의 활동"을 제공하고 있다. 체험관은 현재는 과거와 다르다는 점을 인식하게 할 수 있게, 또 부모님이나 조부모님이 '나 때는 말야'라고 하면서 자녀들과 소통할 수 있게 디지털 기기를 이용한 다양한 상호작용적 체험을 제공하고 있다. 그러나 체험관에서는 사료의 진본성(authenticity)이 주는 아우라를 느낄 수도, 또 사료를 증거로 역사적으로 추론하는 것도, 역사적 패턴을 읽는 것도. 역사적 맥락 속에서 사람들의 경험이나 이야기를 이해하는 것도 어렵다.

'역사관이 협소하기 때문에' 체험은 체험관에서 하라고 하지만 '체험은 체험관'에서 '역사 전시는 역사관'에서라는 이분법적 구분은 체험을 넘어 '상호작용적 전시'(Ciolfi, 2002)를 강조하는 최근 박물관의 패러다임 변화와도 거

---

3 National Archives, "The Amistad Case", https://www.archives.gov/education/lessons/amistad#toc-teaching-activities

리가 멀다.

세계 많은 박물관이 전시와 체험을 복합적으로 제공하고 있다. 특히 체험은 어린이만을 위한 것이 아니라 가족을 위한 것, 어린이와 성인 모두를 위한 것이어야 한다. 박물관 역사 전시가 학교 역사와 크게 다른 점은 어린이와 어른 모두 전시물을 보면서 과거인의 경험을 이해하고 그들의 감정에 대해 상상하는 인지적 및 정서적 체험을 제공한다는 것이다. 특히 역사관은 다양한 기법을 통해 '해석으로서 역사'뿐 아니라 '과거인과 정서적 유대를 유도하는 유산'을 복합적으로 전시하고 있다. 이러한 역사관은 체험관과 다른 경험을 가능하게 한다. 그러므로 역사관에서 디지털 키오스크 화면을 보기 위해 기계적인 조작을 하는 것 이상의, 인지적이고 정서적인 소통과 참여를 유도할 수 있는 교육적 장치의 부재는 아쉬움을 키운다.

큐레이터는 심혈을 기울여 전시를 개발했지만 어린이나 청소년 관람객은 흘깃 보고 자신이 알 수 있는 모든 것을 알았다고 생각하는 경향이 있다 (Turner-Bisset, 2004: 33). 게다가 학교에서 현대사를 학습한 경험이 있는 관람객은 이미 알고 있는 현대사 서사와 지식을 성찰하고 확장하기보다는 그것을 더욱 확고하게 만드는 방식으로 선택적으로 관람하기도 한다. 그러한 점은 역사관에서 부모가 어린이에게 들려주는 이야기 속에서도 알 수 있다. 그러다 보니 큐레이터가 야심차게 선보인 교과서의 서사와 전혀 다른 서사 및 새로운 전시물은 '아는 사람들'에게만 보인다. 예를 들면 일제강점기를 재현하는 전시 서사는 근대적 발달과 식민지적 억압성을 기초로 하면서 식민지인과 식민주의자의 복잡한 양가적 관계를 보여준다. 즉, 일제강점기에 양반의 특권적 삶이 해체되었지만 식민지적 억압은 양반만이 아니라 조선인 전체의 어깨를 짓눌렀다는 점을 보여주고, 선거에 조선인도 참여할 수 있었지만 결국은 일본인과 조선인이 들어가는 투표소 입구를 '구분'함으로써 '차별'했다는 점을 알려주며, 근대적인 경제발전 속에서 노동자의 의식이

그림 8-7 경성부의회 의원 선거 투표소로 들어가는 사람들
* 대한민국역사박물관에서 2021년 7월 29일 필자 촬영

성장하여 노동쟁의를 벌이는 모습을 보여주는 한편, 일제에 의해 강제 동원되었던 식민지인의 삶을 보여준다. 그러나 이러한 전시 서사를 뒷받침하는 매력적인 전시물은 '아는 사람'들에게만 제공되는 유희일 뿐, 일반 관람객에게 그 매력을 발산하지 못한다. 대표적인 예가 경성부회의원 선거 사진(**그림 8-7**)이다. 이 사진에서 조선인과 일본인 출입구가 구분되었던 점은 아는 사람들에게만 보인다. 이 사진을 휙 보고 지나치지 않게, 자세히 뜯어볼 수 있는 간단한 안내 하나를 넣어 그 자료의 의미를 해석해 보게 한다면 그 사진을 전시한 큐레이터와 관람자의 소통 폭은 커졌을 것이다. 관찰하면서 찾기나 비교하면서 대답하기, 그리고 디지털 매체를 활용한 퀴즈 정도의 활동이라도 제공했다면 박물관이 새로 개편하면서 공을 들여 선정한 전시물과 전시 서사가 생동하는 힘을 발휘하지 않았을까? 전시물을 직접 관찰하고, 읽고, 분석하며 과거 사건이나 인물에 대해 역사를 서술하거나 토론하면서 인지적인 지각 능력을 확장하는 마인즈온(minds-on) 체험의 기회를 적극적으로 제공하지는 않은 점도 아쉬움을 만든다.

4. 논쟁적 역사의 재현 가능성과 민감한 역사·유산에 대한 교육적·사회심리적 접근의 필요성

한국 현대사에는 학문적 경계를 넘어 정치적·사회적으로 논쟁이 되는 사건과 인물들이 많다. 그 사건들과 인물들에 대한 서로 다른 해석은 서로 다른 서사로 나타나기도 한다. 대한민국역사박물관은 그러한 정치적 및 사회적으로 논쟁이 되는 현대사의 사건, 인물, 서사들을 직접적으로 다루어야 하는 부담을 안고 있다.

역사 교과서 국정화 국면에서 독일사 연구자들이 독일의 정치교육에서 강조했던 보이텔스바흐 합의[4]의 원칙을 한국 역사교육에도 적용하자는 주장을 펼쳤다. 특히 한국의 현대사가 학문적으로나 사회적으로 많은 논쟁의 대상이 되고 있는 만큼 현대사에서 보이텔스바흐 합의의 원칙을 적용하여 역사가들이 논쟁을 벌이고 있는 사건에 대해서는 역사 수업에서도 논쟁으로 다루어야 한다고 주장했다. 그렇다면 역사관은 그 문제를 어떻게 해결하려고 했을까? 역사관 개편에 참여했던 큐레이터에게 논쟁이 되는 역사적 사건은 어떻게 재현했는가 물어보았다. 그는 역사학계가 논쟁하는 사건을 논쟁하는 것으로 재현하라고 하는데, 그렇게 하는 것이 이상적일 수 있지만, 현실적으로는 쉽지 않다고 했다. 여러 층위의 정치적인 고려가 필요한 문제

---

4   독일의 보이텔스바흐 합의는 1976년 서독의 보수 및 진보 정치교육학자들이 토론 끝에 합의한 정치교육 지침이다. 그 합의 내용은 다음과 같다. 첫째, 학생들에게 교사의 입장이나 견해를 강압적으로 주입해서는 안 된다(강제성의 금지 원칙), 둘째, 정치와 학문에서 논쟁하는 쟁점은 학교 수업에서도 논쟁적으로 다룬다(논쟁성의 원칙), 셋째, 학생이 자신의 정치적 상황과 이해관계에 따라 영향력을 행사할 수 있는 수단과 방법을 찾을 수 있어야 한다(정치적 행위 능력 함양의 원칙) 등이다(pmg 지식엔진연구소, "보이텔스바흐 합의" https://terms.naver.com/entry.naver?docId=3385821&cid=43667&categoryId=43667).

이기 때문이다. 그러면서 '통설'에 입각하여 재현했다고 강조했다.

원론적으로 역사는 논쟁적이다. 학교에서도 토론을 장려한다. 그러나 정치적으로나 사회적으로 매우 민감한 현대사의 쟁점에 대해 논쟁하는 것은 교사나 학생 모두 쉽지 않다. 또한 논쟁으로 다루어야 할 논쟁적 주제나 사건을 선택하는 문제도 간단하지 않다. 실제 서로 다른 역사적 해석이 팽팽하게 맞서는 경우가 있는가 하면, 학계에서 지배적으로 받아들이고 있는 해석과 소수의 해석이 불균형적 구도의 논쟁으로 나타나기도 한다. 어떤 경우를 논쟁적으로 다루어야 할까?

일본의 히로시마 평화기념자료관에서는 난징대학살과 관련하여 피해 규모, 사망자 수에 대한 일본과 중국의 논쟁을 설명하고 있다. 그런데 일본 내에는 학살 자체가 없었으며 중국 정부의 날조로 인한 거짓이라고 주장하는 부정파도 있다. 일본 극우세력의 주장이다. 이러한 주장들도 논쟁의 하나의 축으로 설정해야 할 것인가? 학문적 연구를 통해 규명된 측면에만 국한하여 논쟁해야 할까? 아니면 학문의 울타리를 넘어 정치적이고 사회적인 논쟁, 국가 간 및 민족 간 역사 갈등까지 논쟁의 형식으로 다루어야 할까? 논쟁으로 재현하기 위한 논쟁적 사건을 선택하는 문제도, 그것을 논쟁으로, 전시로 구현하는 문제도 연구의 천착이 필요하다.

역사관은 '민감한 과거(sensitive past)', 혹은 다루기 '어려운 혹은 불편한 과거(difficult past)'를 재현하고 있다. '민감한 과거' 혹은 '어려운 과거'란 국가를 비롯한 공권력이나 특정한 민족, 인종, 때로는 확고한 사회적 지위를 차지하고 있는 특정 집단의 폭력, 혹은 국가 간이나 집단 간의 물리적 충돌과 관련되는 사건으로서, 그 사건의 해석이 오늘날 그 사건과 관련된 당사자들의 삶에 직간접적으로 영향을 미치기 때문에 그 사건을 다루는 것이 정치적으로나 심리적으로 매우 어렵거나 민감하다는 점을 표현하는 개념이다.

민감한 과거 혹은 어려운 과거는 국가의 탄생과 역경의 위대한 극복, 오늘날에 이르는 정치적 및 경제적 번영이라는 국가 서사에 일관성 있게 포함되기 어려운, 오히려 그러한 국가적 서사와 "조화되지 않는(dissonant)" (Tunbridge and Ashwroth, 1996) 집단이나 개인의 기억 및 유산에 주목한다. 어떤 사람들은 아프고 고통스러운 과거의 기억을 유산화하여 위로하고 기념해 주길 원하지만 다른 사람들은 미래를 위한 새로운 출발을 위해 그 기억을 지워버리고 관련된 유산을 폐기하기를 바란다(이현경, 2018). 오늘날 의미는 있지만 긍정적인 공동체 정체성에 균열을 일으키는 과거의 기억을 유산화하는 과정에서 갈등이 발생하는 것이다(이현경, 2018).

역사관은 결코 단순하지 않은, 현대의 역사적 굴곡과 이해 당사자들의 유산화 과정을 둘러싼 갈등을 민감하게 담아내야 한다. 역사관은 이러한 과거를 국가적 서사와 개인의 기억(편지, 일기, 증언) 및 유산을 함께 다룸으로써 역사를 불협화음으로 재현하고 있다. 전시 해설에서는 '역사적 거리'[5]를 두면서 국가적인 발전과 한계, 정책의 공과 과를 서술하는 한편, 집단과 개인의 '기억'과 '유산'을 통해 감정의 공간을 제공한다. 즉, 전시 해설에서는 사건 관련 당사자들의 시각이나 경험에 대해 정서적 동질감이나 거부감을 강요하지 않는 방식을 취하고, 감정은 개인의 기억이나 유산과의 상호작용 과정에서 표출될 수 있게 한다. 일본군 '위안부'의 이야기, 베트남 전쟁에 참전했던 병사들의 이야기나 외환위기 당시의 증언 등, 직접 경험한 사람들이 자신의 이야기를 들려주는 장을 마련하고, 그들의 기증품을 '유산화'하여 그들과 인간적인 교감을 나누도록 한다. 이때 역사관이 관람자에게 '허용'하는

---

5 이 글에서 역사적 거리는 "역사 서술이 독자가 역사 설명에 있는 사람들의 시각이나 경험에 대해 동질감을 느끼고 관심을 기울이게(care) 만드는 정도"를 표시하는 용어로 사용한다(Jimenez, 2019: 202).

혹은 관람자가 함께 느끼도록 '기획'한 감정은 주로 피해자의 감정이다. 피해자가 느꼈던 '슬픔', '외로움', '억울함'이나 국가나 가족을 위해 희생했던 사람들의 '고단함' 혹은 '뿌듯함' 등이다.

긍정적인 집단기억을 흔들어 혼란을 유발하고, 나아가 '우리'에 대한 수치심을 느끼게 하지만 '우리가 믿었던' 공권력의 폭력을 비판하고 반성을 촉구하는 전시도 보인다. 6·25 전쟁 당시 '우리' 국군과 미군의 폭력을 그림으로 재현한 것이 대표적인 예이다. 이러한 전시는 기억의 붐(memory boom)과 함께 달라지는 박물관의 역할을 보여준다.

종래 박물관은 권위적인 지식의 보고로서의 제한적인 범위 내에서의 역할에 만족해 왔다. 그러나 최근 들어 좀 더 적극적이고 중요한 '사회문화적 행위자'로 변모하면서 그 영향력을 확대하고 있다. 특히 다루기 어려운 과거와 마주하는 것이 상처를 심화하는가, 혹은 치유하는가에 대한 논쟁과 관련하여 박물관들이 건설적인 역할을 할 수 있다는 기대감이 높아지고 있다(Reynolds and Blair, 2018). 박물관의 치유의 역할에 대한 긍정적인 공감대가 형성되면서 박물관이 다루기 어려운 과거를 한층 편안하게 또는 자기 긍정적 내러티브로 재현하는 움직임이 확대되고 있다(Reynolds and Blair, 2018). 나아가 어려운 과거와 마주하는 것이 우려했던 것보다 '긍정적인 정체성 형성'에 저해가 되지 않는다는 믿음이 커지면서 "어려운 과거가 더 이상 어렵지 않다"는 주장도 나오고 있다(Macdonald, 2015). 기억의 붐과 박물관의 역할에 대한 시각의 변화가 대한민국역사박물관의 역사관 개편에도 반영된 것으로 보인다.

그런데 앞서 서술했듯이 초등학교 교사들은 "③ 학생들이 민간인 학살, 보도연맹 등 역사적인 사건을 정서적 부담 없이 접근할 수 있도록 연출해 달라고 부탁했다. 특히 해외 전시 사례를 들며 전시물의 높낮이와 각도 등을 조절하여 초등학생에게 부담이 될 내용을 선별하는 방식을 제안하기도 했다".

그림 8-8 전쟁이 남긴 상처
* 대한민국역사박물관에서 2021년 7월 29일 필자 촬영

박물관은 그러한 요구를 화가의 눈을 통해 사건을 재현하되 직접적인 학살을 보여주지는 않는 방식과 그림들을 상대적으로 높이 설치하는 방식으로 반영했다(**그림 8-8**). 그런데 집단기억의 균열을 염려해서인지, 아니면 청소년들이 '우리 남한'에 대해 부정적인 정체성을 갖게 될 것을 두려워해서인지, 보도연맹 사건을 비롯한 몇몇 사건에 대한 설명에서는 폭력의 '가해자'를 명확하게 드러내지 않고 있다. 만약 관람자들이 그림만 보고 지나가거나, 설명을 꼼꼼하게 읽으면서 가해자를 찾으려고 하지 않는다면 모두 '우리'가 아닌 '그들'의 폭력이라고 여길 수도 있다. 가해자가 명확하지 않기 때문에 가해자에 대한 '분노'보다는 피해자가 느꼈을 '슬픔'을 느끼게 된다.

역사가와 역사 교사들은 공권력이 자행한 폭력을 교육에서 다루어야 한다는 당위적 주장에 공감한다. 그러나 한국의 청소년이 자신이 속한 국가나 집단이 가해자로서 자행한 폭력을 어떻게 보는지에 대한 연구나 학교나 박물관이 그러한 폭력을 교육적으로 어떻게 다루어야 하는지에 대한 연구가 거의 없는 상태이다. 이러한 가운데 역사관은 그것의 재현에 나섰다. 그 사건들을 드러내서 재현하는 것에 대한 '부담감' 때문이었을까? 가해의 주체는 '모호'하게 표현하고 있으며, 그 사건들이 왜 일어났는지에 대한 설명은 생략하고 있다.

몇몇 해외 연구는 역사 수업에서 교사나 학생이 자신이 속한 공동체가 가해자로 표현되는 시각에 대해서 감정적인 어려움을 겪는다고 했다(McCully et al., 2002; Jimenez, 2019). 일부 학생들은 자신이 속한 공동체 안의 가해자와 자신 사이에 거리를 두면서 죄책감과 수치심을 피하려 한다는 연구도 있다(Goldberg, 2017; Jimenez, 2019). 한국적 맥락에서는 청소년들은 어떨까? 연구를 진행하여 재현에 따르는 불안함과 부담감을 해소할 필요가 있다.

기억에 기초한 개인의 증언은 '인간적'인 공감을 자극하여 그 사건에 대해 관심을 갖게 한다. 그런데 개인의 증언은 역사적 거리를 두면서 역사적 맥락에서 그 사건을 비판적으로 분석하기 어렵게 한다. 특히 "기억의 저장소인 유산은 이성적 주장이나 분석적 검토보다는 감정과 숭배와 직접적으로 조우한다"(Grever et al., 2012: 878). 이에 따라 해외 역사교육계는 "개인의 기억과 유산에 대한 감정적 연결과 이성적인 역사적 사고의 조화를 추구하는 것을 중요한 과제"로 인식한다(Grever et al., 2012: McCully et al., 2002). 그런데 최근 감정에 대한 연구들은 사고 과정이 감정적이며 동시에 인지적이고 감정과 인지를 분리할 수 없는 과정으로 본다. 최근에 감정연구에서는 "감정이 인지 습관처럼 작동한다"는 주장을 일반적으로 받아들이고 있다(레디, 2016: 91). 즉 어떤 사람이 지금 보거나 들은 것이 정확하게 무엇인지 이해하기 전에, 즉 뇌가 의식하기 전에 이전의 경험에 기초하여 지금 보고 있는 것이 좋은지 혹은 싫은지를 판단한다는 것이다. 이러한 견해를 받아들인다면 박물관의 전시가 자극하는 특정한 감정은 특정한 인지적 판단을 유도하는 것과 다르지 않다. 그렇다면 과거를 역사, 기억, 유산의 복합으로 재현하고 있는 박물관에서는 감정과 관련하여 교육적으로 어떤 고려를 해야 할까? 연구가 필요하다. 미국 웨스트 바턴 루즈(West Baton Rouge) 박물관 관장인 줄리아 로즈(Julia Rose)는 기념관교육론(commmemorative museum of pedagogy)의 필요성을 강조했다. 기념관교육론이란 어려운 역사에 대한 학습자의 윤리적 반응을 고려하여 어려운 역사를 가르치는 방법으로서, 억압받고 희생

되고 종속된 경험이 있는 개인과 집단을 윤리적이고 역사적으로 재현하는 방법이다(Rose, 2006). 해외에서는 로즈의 방법론 이외에도 민감하고 어려운 역사를 박물관에서 재현하는 방법이나 학교에서 가르치는 방법에 대한 연구가 활발하다. 그러나 한국에서 그러한 연구는 매우 드물다. 그러한 역사를 다루어야 한다거나 가르쳐야 한다는 등의 당위성을 주장하고는 있지만, 어떻게 교육적으로 다루어야 할 것인가에 대한 세밀한 논의는 부족한 상태이다.

한국의 청소년들이 국가 서사를 어떻게 기억하고 있는지, 그들이 다양한 매체를 통해 접한 공권력 폭력의 역사를 자신이 아는 국가 서사와 어떤 방식으로 엮어 이야기하는지, 혹은 공권력이 자행한 폭력의 역사에 심리적으로나 감정적으로 어떻게 반응하는지, 또 폭력이 자신의 가족이나 공동체에 여전히 상처로 남아 있는 청소년들은 그 사건을 어떻게 기억하고 또 공공의 장에서 어떻게 다루기를 원하는지 등에 대한 연구가 부족한 상태에서 역사관의 과감한 재현을 교육적 시각에서 어떻게 평가해야 할지 난감하기만 하다. 앞으로 대한민국역사박물관이 역사교육적 시각에서 민감한 과거, 어려운 혹은 불편한 과거를 어떻게 재현하고 교육해야 하는지에 대한 연구를 진행하고 그 연구에 기초하여 현재 혹은 미래의 역사관 개편에 반영하기를 기대한다.

5. 맺음말: 전시에서 감정의 문제

박물관은 사람들이 '보고', '생각하고', '움직이고', '만지고', '느끼고', '대화' 하는 장소이다. 대한민국역사박물관의 역사관은 어떻게 사람들이 보고 생각하고 움직이고 느끼고 대화하게 하는가? 역사관은 스크린터치 디지털 키오스크를 통해 보고 들을 수 있게 한다. 그러한 기기를 통해 관람객은 스크린터치의 자극과 반응의 유희를 즐길 수 있다. 그러나 기기를 작동하는 것 이상의 움직임은 제한적이다. 몸을 움직여 체험하는 기회는 없다. 게다가 보고 듣고 움직이는 활동이 '생각'으로 연결되는지 여부는 전적으로 개인의 능력에 달려 있다. 관람객의 사고를 자극하는 장치를 설치하는 것까지는 전시에서 고려하지 않았기 때문이다.

역사관이 상정한 관람객의 현대사 지식의 수준은 매우 높다. 이러한 점은 전시물의 선정과 전시 기법에서만이 아니라 전시물 해설에서도 나타난다. 전시 개편을 위한 교사 간담회에서 "기존 전시 설명은 전문적인 용어로 되어 있어 학생들 입장에서는 가독성이 떨어질 수 있으니, 되도록 쉬운 언어로 대체하면 좋겠다는 의견도 나왔다". 그러나 역사관은 여전히 학술용어나 고문어 혹은 한자를 번역이나 해설 없이 제시하여 어린이나 청소년의 접근성이 제한되고 있다. 매우 불친절한 전시라는 점을 박물관 측에서도 인정한다. 많은 박물관들이 어른과 어린이를 구분하지 않고 많은 관람객과 소통하기 위해 전시물 해설 방식을 관람객 친화적으로 바꾸고 있다. 대한민국역사박물관의 역사관에도 고고한 역사가의 언어와 문법을 관람객 친화적인 방식으로 수정하는 날이 오기를 바란다.

일반적으로 박물관 전시는 관람자가 시각, 청각, 촉각 등의 감각을 활용하여 생각하고 느끼게 하여 과거에 대한 '이해'에 도달할 수 있게 한다. 현재와 거의 무관한 먼 과거를 다루는 박물관일 경우 역사적 거리를 두면서도 유물이나 유적, 사건과 인물에 대해 치밀하게 검토하고 비판적으로 분석할 수 있는 기회를 주는 것은 상대적으로 용이하다. 그러나 현재 사람들의 삶과 밀접하게 연관된 인물과 사건을 다루는 현대사 박물관에서는 윤리적으로, 감정적으로, 이념적으로 역사적 거리를 두면서 과거를 재현하기 쉽지 않다.

역사관에서 극화된 이야기, 증언 등은 감정적으로나 윤리적으로 역사적 거리를 두기보다는 오히려 적극적으로 감정적으로 공감하고 윤리적으로 판단하도록 유도한다. '살아 있는 사람들', '경험한 사람들'의 이야기를 통해 관람객이 그들과 감정이입하게 하는 것이다. 그 감정이입은 현재의 사회문화적 맥락에서 일상적으로 허용되는 이해와 감정의 범위에서 이루어지는 것으로서 역사적 감정이입, 즉 사료에 기초하여 과거인의 경험을 사회문화적 맥락에서 추론하고 이해하는 역사적 감정이입과는 다르다.

　　감정은 전시 기획에서 고려해야 할 중요한 요소이다. 그러므로 현대사 박물관의 전시 기획의 주요 쟁점 가운데에는 관람자에게 어떤 감정을 허용하고 강화할 것이며 어떤 감정을 배제하고 축소할 것인가, 어떤 이념이나 사상적 시각에서 사건과 인물을 재현할 것이며, 어떤 윤리적 판단을 허용할 것인가 등도 포함된다. 이 문제에 대한 판단은 오늘날 사회문화적으로 그리고 정치적으로 허용된 범위에서 이루어진다. 박물관들은 주로 피해자가 느끼는 '슬픔'의 감정은 느끼도록 유도하지만 가해자에 대한 '분노'나 '두려움', 가해자로서의 '부끄러움' 등의 감정은 제어하려고 한다. 역사관도 증언이나 영상, 오디오 등 시각과 청각을 함께 자극하는 전시물을 통해 피해자의 슬픔을 느낄 수 있도록 하고 있지만 가해자에 대한 분노나 두려움 등의 감정을 자극할 수 있는 전시물은 사진이나 이미지, 기록 등 평면적인 것으로 제시하고 있다. 그러나 체험관에서는 '함께 걷는 광장', '긴급통화', '소중한 한 표', '스펙 쌓기', '나는 수험생' 등의 체험에서 특정 집단이나 사람에 대한 분노나 사회구조에 대한 답답함이나 긴장감 등의 감정을 디지털 매체와 상호작용하면서 직접적으로 느끼도록 하고 있다. 이러한 감정은 어떤 역할을 할까?

　　최근 몇몇 심리학적 연구들은 감정적으로 반응할 수 있는 능력이 윤리적 판단 능력 향상에 도움이 된다고 주장한다. 그런데 어떤 감정적 반응이 윤리적 판단과 사회적 행동을 독려하는 데 도움이 될까? 슬픔? 분노나 두려움? 답답함?

피해자의 고통의 경험과 슬픔의 감정에 공감하도록 하는 것은 가해자에 대해 분노를 느끼게 하는 것과 다른 사회적 효과를 가져올 수 있다. 피해자에게 공감하는 것과 가해자에게 분노하는 것, 어떤 것이 사회정의를 위한 윤리적인 판단과 사회적 참여를 독려하는 동력이 될 수 있을까? 어쩌면 슬픔의 감정을 느끼게 하는 것보다 분노의 감정을 느끼게 하는 것이 다시는 그러한 일이 일어나지 않도록 하는 데 사회적·정치적·문화적 정의를 실현하는 데 도움이 되지 않을까?(Waston, 2016: 84). 그렇다면 박물관이 사회정의를 추구하는 사회적 행위자로서 적극적으로 행동하기 위해서는 관람객이 가해자에 대해 분노를 느끼도록 전시와 체험을 좀 더 적극적으로 개발해야 할까? 이에 대해 세일라 왓슨(Sheila Watson)은 연구가 필요하다고 말한다(Watson, 2016: 84). 아직까지 관람객이 박물관을 방문하면서 느꼈던 감정이 관람객에게나 사회적으로 어떤 영향을 주는지에 대한 연구는 거의 없기 때문이다. 왓슨은 감정적 반응 정도는 문화에 따라 다르게 나타나며 젠더에 따라서도 다르게 나타난다고 하면서 이러한 변수도 함께 고려하여 연구할 필요가 있다고 덧붙였다. 그런데 몇몇 박물관 방문객 연구에서는 감정적 반응조차도 감정적 인지 능력(emotional intelligence)과 관련된다는 점을 강조하며, 그러한 감정적 반응이 반듯이 종래 방문객들이 알고 있던 서사와 그 서사에 대한 감정을 변화시키지는 않으며 오히려 강화하는 방식으로 일어나기도 한다고 분석했다(Smith, 2014).

미국과 다른, 한국의 사회문화적 맥락에서 과거 사람들의 경험에 대해 감정적으로 반응하게 하는 것이 사회정의를 위한 '올바른' 윤리적 판단과 사회적 참여를 독려하는 데 도움이 될까? 이를 위해 역사 수업에서 혹은 박물관에서 어떤 감정을 느끼게 해야 할까? 단순히 감정적 반응을 이끌어내야 한다고 주장할 것이 아니라, 그 효과에 대한 연구를 선행할 필요가 있다.

감정은 행동을 취하게 하는 촉매제의 역할을 할 수 있다. 그렇다면 오늘날과 같이 다양한 디지털 소셜 미디어를 통해 진실처럼 보이는 '가짜' 뉴스가 난무하고 감정과 이념에 기반한 인정투쟁이 인간의 존엄성과 자율성을 위협하는 상황에서 박물관 전시는 감정의 요소를 어떻게 다루어야 할까? 특정한 사건에 대해 감정적으로 반응하게 하는 방법과 자료를 관찰하고 분석하면서 복잡한 진실에 다가가게 하는 방법, 그 두 가지를 복합적인 과정으로 경험할 수 있게 할 필요가 있다.

박물관의 과거 재현과 체험에서 감정은 주요한 구성 요소이다. 역사 이해에서도 감정을 배제할 수는 없다. 다만 진실과 거짓을 구분하는 데 치밀한 조사와 비판적 사고보다는 확증편향이 중요하게 작용하는 오늘날, 박물관 전시는 감정을 어떻게 다룰 것인가에 대해 연구할 필요가 있다.

9장

사회적 불평등과 '모두'를 위한 역사교육

1. 머리말

2015 개정 교육과정은 역량기반 교육과정이다. 2015 개정 국가 교육과정 당시 '역량'은 1997년부터 진행한 경제협력개발기구(OECD)의 DeSeCo 프로젝트(2003)[1]가 제공한 역량기반 평가의 틀과 연결되었다. DeSeCo 프로젝트에서 정의한 역량은 "단순한 지식과 기능 이상의 것"으로 "특정한 맥락에서 기능과 태도를 포함한 심리사회적 자원들을 끌어내고 동원하여 여러 복잡한 요구들을 충족할 수 있는 능력이다"(OECD, 2005: 4~5). 종래 학습 내용이자 목표로서 지식, 기능, 태도를 구분하여 규정하고 가르치던 틀을 파격적으로 깨고 전체론적인 접근 방법(holistic approach)에서 역량을 정의한 것이다. DeSeCo에서는 특히 핵심역량(key competencies)을 정의했는데, 이는 모든 사람들이 특정한 하나가 아니라, 여러 맥락에서 적용할 수 있는, 사람들에게 공통적으로 필요한 역량이다. 표 9-1과 같이 그 핵심역량은 크게 세 가지 범주로 정의했다.

표 9-1에서 DeSeCo에서 역량이 필요한 까닭을 설명할 때 제시한 현재와 미래 사회의 변화 방향은 크게 기술발달과 사회의 다원화라는 두 축이다. 역량은 주로 기술 활용, 갈등 해결, 프로젝트 설계와 같은 직업 생활과 관련된 것이다. 2000년대 초에 진행한 프로젝트이기 때문인지 DeSeCo 프로젝트가 제시한 사회의 변화 방향이나 그에 관련해 필요한 역량 설명은 2020년대의 사회적 문제의식과 거리가 있어 보인다. OECD도 이미 설명했듯이 원래 역량이라는 개념은 "예전에는 전적으로 경제 분야에서 기업과 고용주의

---

1 DeSeCo 는 Definition and Selection of Competencies의 약자이며, 이 프로젝트 보고서는 2003년에 발표되었다. Rychen and Salganik(eds.), *Key competencies for a successful life and a well-functioning society*(2003).

표 9-1 DeSeCo 핵심역량의 범주, 필요성, 세부 역량

핵심역량 범주	필요성	세부 역량
도구를 상호작용적으로 사용하기	• 기술발달을 따라갈 필요 • 자신의 고유한 목적에 따라 도구들을 사용할 필요 • 세계에서 적극적인 대화를 실행할 필요	• 언어, 상징, 텍스트들 상호작용적으로 사용하기 • 지식과 정보를 상호작용적으로 사용하기 • 기술(technology)을 상호작용적으로 사용하기
자주적으로 행동하기	• 다원적 사회에서 다양성을 다루기 • 감정이입의 중요성 • 사회적 자본의 중요성	• 다른 사람들과 관계 잘 맺기 • 팀에서 협력하고 일하기 • 갈등을 조정하고 해결하기
이질적인 사람들로 구성된 집단에서 기능하기	• 복잡한 세계에서 자신의 정체성을 인식하고 목적을 실행할 필요 • 권리를 행사하고 책임을 질 필요 • 자신의 환경과 그것의 기능을 이해할 필요	• 큰 그림 속에서 행동하기 • 삶의 계획과 개인 프로젝트를 설계하고 실행하기 • 권리, 관심, 한계, 필요를 정의하고 평가하기

자료: OECD(2005).

시각에서는 노동자의 능력을 함양하고 평가하기 위해 사용"했던 것이다.[2] 그런데 "1990년대 경제와 노동 분야를 넘어 좀 더 넓은 사회적 관점에서 지식, 기능, 능력 등이 중요"해졌다고 보면서 "역량을 다른 각도에서 강조"하고자 했다.[3] 소경희(2009)는 이러한 OECD의 역량 교육 취지를 받아들이며 역량 함양 교육을 직업 교육보다 넓은 인문주의적 접근 또는 역량기반 자유교육(liberal education)의 틀에서 해석하고 적용할 것을 제안했다. 역량 함양 교육의 태생보다는 그것의 변용을 중요하게 본 것이다. 그렇다면 한국에서 DeSeCo의 핵심역량을 적용하여 2015 개정 교육과정을 개발할 때 인문주의적 접근을 추구했는가? 그리고 점점 심화하는 사회적 불평등 문제, 인종·민족·젠더 등 사회적 갈등 문제, 환경 문제는 물론 디지털 전환 이후에 나타나

---

2 OECE Definition and Selection of Competencies(2001), http://www.oecd.org/education/skills-beyond-school/definitionandselectionofcompetenciesdeseco.htm(검색일: 2021.4.30).

3 같은 웹사이트.

는 새로운 사회 문제들을 DeSeCo에서 제시한 역량 함양을 통해 해결할 수 있는가? 2015 개정 교육과정 개발 전에는 역량을 정의하고 교육과정에 반영하는 데 급급한 나머지, 역량기반 교육의 사회적 정당성에 대한 논의는 거의 생략했다. 2015 개정 교육과정을 개발하는 과정에서 신자유주의 이데올로기의 문제를 지적하기도 했지만, 크게 문제시되지 않았다. DeSeCo는 인간 자본이 경제 분야뿐 아니라 정치, 사회 모든 분야에서 개인과 사회의 '성공'에 중요하다고 설명하면서 핵심역량의 함양을 주장했다. 그러나 한국에서 DeSeCo 프로젝트의 역량기반 교육을 적용한 배경에는 '지식기반 사회로의 전환'이라는 인식이 컸다(송경오·박민정, 2007). 지식기반 사회 담론에서는 지식을 많이 아는 것보다는 새로운 지식을 창출하는 능력이 중요하다고 주장한다. 실제 정보통신기술의 발달로 언제 어디서나 인터넷에 쉽게 접속하여 어떤 지식이든 찾을 수 있는 시대가 도래하면서 종래처럼 지식을 주입하고 축적하는 교육은 의미를 상실하는 것처럼 보인다. 2010년대 한국의 교육과정 전공자들은 역량기반 교육이 교육을 교과 지식의 암기와 축적으로 보는 관행을 획기적으로 변화시키고 실생활과 직접적으로 연결하는 데 기여할 것이라고 기대했다(소경희, 2009; 김경자 외, 2015).

그런데 종래와 같은 방식으로 명제적 지식을 가르치고 또 기억하게 하는 교육의 문제는 20세기 내내 비판받아 왔다. 역사교육계도 이미 1960년대부터 연도, 인물의 이름이나 사건의 내용을 암기하는 교육의 문제를 비판하면서 '역사의식'이나 '역사적 사고력' 교육을 강조해 왔다. 그렇다면 역량기반 교육은 종래의 사고력 교육과 어떻게 다른가? 2015 개정 당시 역량기반 교육과정을 이끌고 갔던 총론 측에서는 그 질문에 대한 명확한 대답을 내놓지 못했다. 다만 OECD의 많은 회원국들이 DeSeCo의 핵심역량 교육을 21세기 교육 혁신의 기반으로 삼고 있는 추세를 따라가는 것이 중요하다고 인식했기 때문에(서경혜, 2021), '미래 사회가 요구하는 핵심역량'을 함양할 수 있는 교육과정으로 개발하고자 했다. 2015 개정 교육과정에서 교육부는 창의융합형 인재를 미래형 인재로 천명했고, 이러한 인재 양성을 위해 핵심역량을 지식정보처리, 자기 관리, 창의적 사고, 공동체, 의사소통, 심미적 감성 등, 여섯 가지로 제시했다(교육부, 2015: 2). 그러나 이러한 역량이라는 것이 종래 교육 목표와 어떻게 다른지 설득력 있는 설명을 내놓지도 못했고 그러한 역량 함양을 위해 교육과정은 어떻게 재구조화되어야 하는지에 대해 실현 가능한 방안을 제시하지 못했다. 나아가 2015 개정 교육과정을 역량기반 교육과정으로 개발한 이후에도 학교의 교사들은 역량의 개념을 제대로 이해하지 못하여 수업에 적용하지도 못했다. 한국교육과정평가원에서 실시한 역량 함양 교육 실태 조사 결과는 DeSeCo의 핵심역량 교육을 한국의 교육 현장에 적용하는 데는 성공적이지 못했다는 점을 보여준다(이주연 외, 2017; 이주연, 2018; 최수진, 2018).

2022 개정 교육과정도 역량기반 교육과정을 전제로 한다. 그런데 이때 역량기반 교육과정은 OECD가 DeSeCo를 비판적으로 분석한 후 새롭게 제시한 Education 2030 프로젝트에 기초한다(OECD, 2018a). Education 2030에서 역량을 어떻게 다르게 정의했는가에 대해서는 국내에 이미 자세히 소개했다(이상은·소경희, 2019). 그런데 DeSeCo나 Education 2030에서 역량기반 교육이 사회적 형평성(equity)을 추구하는 데 기여할 것이라고 했던 주장에 대해서, 그 구체적인 논리가 무엇인지에 대해서는 검토한 적이 없다.

오늘날 전 세계적인 쟁점 중 하나가 바로 사회적 불평등 문제이다. 교육은 사회적 불평등 해소와 사회적 형평성 혹은 공정성 추구에 어떻게 기여할 수 있는가? 일반적으로 교육 기회의 평등 차원에서 이 문제를 논의해 왔다. 그런데 교과교육은 사회적 불평등을 해소할 수 있는 교육, 즉 '모두를 위한 교육'을 어떻게 추구할 수 있는가? 이 문제와 관련하여 OECD가 추진하는 교육 개혁의 방향을 한번 검토해 볼 필요가 있다. 한국의 교육부가 OECD

교육 개혁의 방향을 주시하면서 교육과정 개정을 추진하고 있기 때문이다.

이 장에서는 2015 개정 교육과정에 변형하여 적용했던 OECD의 DeSeCo 프로젝트의 역량기반 평가 틀, 역량기반 교육을 비판했던 영국의 사회학자 마이클 영(Michael Young)과 존 뮬러(John Muller)의 '힘 있는 지식 기반 교육과정(powerful knowledge-based curriculum)' 이론, 그리고 OECD의 Education 2030의 역량기반 교육 개혁에서 '형평성' 문제를 어떻게 다루는지 살펴보고 형평성이라는 측면에서 볼 때 역사는 무엇을 가르쳐야 하는지 논한다.

2. 형평성과 공정성의 의미

사회적 불평등(inequality)의 심화에 따라 형평성(equity)이 전 세계적인 쟁점이 되고 있다.[4] 세계적으로 형평성에 대해 고민하는 사람들은 특정한 조건이나 배경의 사람이 일반적인 다른 사람들에 비해 기회나 도구, 지원을 받기 어려운 상황을 문제 삼는다. 한국 사회에서도 지난 몇 년 동안 불평등과 공정성(fairness)이 중요한 화두였다. 한국에서 쟁점이 된 공정성은 특별한 지위에 있거나 조건을 가진 사람이 자신의 지위나 조건을 이용하여 그렇지 않은 사람에 비해 특혜를 받는 것, 기회를 쉽게 얻거나 도구와 지원을 더 많이 받는 것을 비판한 것과 관련된다.

형평성과 공정성의 사전적 의미를 살펴보자. 사전들에서는 equity는 형평성으로도 번역하고 공정성으로도 번역한다. 시사상식사전에서는 equity를 형평성으로 번역하고 "공평성으로 표현되는 것으로 아리스토텔레스에

---

4   이 장에서는 한국적 맥락의 소통을 고려하여 'equity'를 '형평성'으로 번역하고 'fairness'를 '공정성'으로 번역한다.

따르면 사회관계에서 가치의 적절하고 마땅한 분배로 이루어진 공정한 평등을 의미"한다고 설명했다. "이러한 의미에서 사회적 형평성은 사회적으로 동일한 경우에는 동일하게 취급하고(수평적 형평), 서로 다른 경우에는 서로 다르게 취급하는 것(수직적 형평)이다. 여기에는 정당한 불평등이나 합리적 차별의 개념이 내포되어 있으며, 특히 수직적 형평에 초점을 두고 있다"(pmg 지식엔진연구소, 2021). 이 설명에 의하면 결국 형평성은 단순히 평등성이 아니라 공정한 평등성을 의미한다. 공정은 획일적 평등이 아니라 개인이나 집단별 사회적 조건의 차이를 인식하고 그 조건을 차별적으로 조정하여 조건을 동등하게 만드는 것이다. 이러한 측면에서 『HRD 용어사전』에서는 equity를 공정성이라고 번역하고 "집단 혹은 사회의 조직적 생활 과정에서 여러 인격에 대한 대우 또는 복리후생의 배분 등을 기준에 따라 공평하게 하는 것을 말한다"라고 정의한다[(사)한국기업교육학회, 2010]. 공정성은 평등성이 아니라 형평성을 전제로 한 공평성을 의미한다.

평등은 모든 개인이나 집단이 동일한 정도의 도구와 지원을 받는 것이다. '불평등'은 여러 측면에서 정의할 수 있다. 그러나 제도적으로 동일한 기회, 도구, 지원 등을 받지 못하는 것도 불평등이지만, 제도적으로 기회, 도구, 자원 등의 지원을 동일하게 받을 수 있다고 해도 개인들이 처한 조건 때문에 동일하게 제공받은 기회, 도구, 자원이 무의미할 수 있다. 예를 들면 시각장애인이나 청각장애인은 비장애인과 다른 특별한 지원이 더 필요하다. 그들을 위한 특별한 지원이 없으면 그들은 비장애인과 동일한 기회를 갖기 어렵다. 이러한 경우 사회적 논의를 기초로 제도를 변경하여 그들에게 특별한 기회를 제공하기도 한다.

기회 자체가 평등하게 제공되지 않는다고 보고, 기회의 평등한 접근을 위해 경우에 따라서는 기회나 지원의 정도를 불평등하게 제공해야 한다는 개념이 형평성이다. 형평성은 불평등성을 확인하고 해결하는 맞춤형 수단을 의미한다. 형평성의 추구는 사회정의나 공정성을 추구하는 방법이기도 하다. 정의는 현실적인 불평등성을 확인하고 모든 사람에게 수단과 기회를 평등하게 제공할 수 있게 사회구조나 체제를 수정하는 것이다.

주지하듯이 근대 교육의 가장 중요한 목적 중 하나는 평등한 기회를 제공하여 교육적 불평등과 관련된 문제를 해결하는 것이었다. 교육의 기회를 제대로 갖지 못해서 생기는 가난의 대물림을 끊고 교육을 통해 사회적 이동을 좀 더 원활하게 하려는 것이었다. 그렇다면 현재 교육은 그러한 목적을 향해 가고 있는가? 최근 사회학자, 철학자들이 이러한 질문을 하고 있다. 현재 교육과정이 사회적 평등에 제대로 기여하지 못하고 있다고 인식한 것이다. 이러한 문제를 심각하게 받아들이면서 OECD도 사회적 형평성을 위한 교육을 추구하고 있다.

3. 형평성과 교육과정 이론

1) OECD의 DeSeco 프로젝트에서 역량과 사회적 형평성

OECD의 DeSeco 프로젝트에서는 "오늘날 역량이 왜 중요한가?"라는 질문을 하고 우선 전 지구화(globalization)와 현대화(modernization)라는 큰 변화 속에서 사회들의 경제적 성장과 지속 가능한 환경의 조화, 그리고 경제 번영과 사회적 형평성의 조화를 꾀해야 하는 상황에 직면해 있다는 점을 설명했다(OECD, 2005). 이러한 상황에서 변화하는 기술을 빠르게 습득해야 할 뿐 아니라 많은 양의 정보를 이해해야 하기 때문에 좁은 의미의 기능(skill)을 습득하는 것 이상의 능력이 필요하다는 것이다(OECD, 2005). DeSeCo 프로젝트에서는 **그림 9-1**에서 볼 수 있듯이 경제, 정치, 사회, 보건과 환경 등

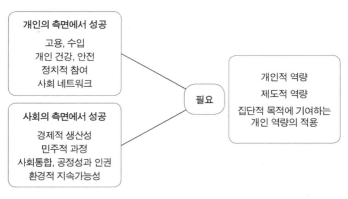

그림 9-1 DeSeCo 프로젝트의 개인적 및 집단적 목적과 역량
자료: OECD(2005: 6).

의 측면에서 개인과 사회의 성공을 정의했다. 경제적 번영이나 사회통합, 민주주의 발전 등의 측면만이 아니라 사회적 형평성의 측면에서도 역량이 필요하다는 내용도 확인할 수 있다.

　그런데 DeSeCo 프로젝트에서도 "신자유주의에 입각한 자본주의 세계에서 경쟁의 원천은 노동자의 기능을 바탕으로 한 고생산성"이므로 교육을 이러한 경제 생산성에 기여할 수 있는 방향으로 개혁해야 한다고 주장했다(OECD, 2005: 4). DeSeCo 프로젝트는 사회적 형평성보다는 교육의 사회경제적 유용성과 효율성에 무게중심을 두었다. 이에 따라 DeSeCo 프로젝트는 신자유주의를 이념적 배경으로 하고 '인간 자본론(human capital theory)'을 이론적 기초로 삼았기 때문에 과도한 경쟁을 촉구하고 인간을 도구화하거나 서열화할 수 있다는 비판도 받았다.

　황규호(2017)도 지적했듯이 DeSeCo에서 추구한 역량기반 교육 자체의 목적은 교육의 실용성과 책무성이다. 역량기반 교육은 교육의 실용성을 강조하면서 사회생활에 활용할 수 있는 역량 함양의 필요성을 역설했다. 그리고 교육의 실용성과 교사의 책무성을 강화하기 위해 학교와 교사가 사회적 요구에 부합하게 교육을 실행했는지 여부를 평가할 수 있도록 했다.

DeSeCo 프로젝트를 설명하면서 OECD는 역량이 "민주적 제도에서 개인의 참여를 확대하고, 사회통합과 정의를 실현하며, 전 지구적으로 심화되고 있는 기회의 불평등과 개인의 주변화를 막는 균형추로서 인권과 자주성(autonomy)을 강화하는 데 기여할 수 있다"라고 천명했다(OECD, 2005). 인간 자본과 사회 자본의 개발과 유지를 통해 사회의 번영을 지속하고, 사회적 결속력을 강화하며, 평화를 유지하고, 상호 의존성의 심화로 인해 커지는 세계적 갈등과 긴장을 관리할 수 있다고 본 것이다(OECD, 2005). 역량을 사회문제 해결의 만능적인 처방으로 보았다. 그런데 역량 함양 교육이 구체적으로 어떻게 사회적 불평등 문제를 해결하고 사회적 형평성을 추구할 수 있는가에 대해서는 직접적으로나 논리적으로 설득력 있게 설명하지는 않았다. 오히려 DeSeCo식의 역량 함양은 결국 사회경제적 엘리트의 시각에서 필요한 인력을 양성하는 교육이 되지는 않을까 우려할 수밖에 없다.

2) '힘 있는 지식' 기반 교육과정 이론

사회적 불평등의 해소와 사회적 형평성을 추구하기 위해 교육과정을 어떻게 개발해야 하는가에 대해 심층적인 고민을 한 이론가에 영국의 사회학자인 마이클 영(Michael F. D. Young)과 존 뮬러(John Muller)가 있다. 영은 대표적인 역량기반 교육과정 비판자이다. 그는 1900년대 말 이후 '지식으로의 전환'을 주장하면서 '힘 있는 지식' 이론을 구축하기 시작했다. 그런데 영은 1970년대에는 진보주의 교육 이론을 선도했던 학자이다. 이 시기 사회과학자들은 왜 노동자 계급의 아이들이 일반적인 교육과정에서 학업성취도가 낮은지, 또 실패하면서 중도하차 하게 되는지, 어떻게 하면 그들이 일반 교육과정에서 기준(standards)에 도달할 수 있을지 등의 문제에 고민했다. 이들은 아이들이 '실패'하는 까닭이 '아이들이나 그들의 가정에 있는 것이 아니라, 그들이 배운 것에 있는 것에 있는 것은 아닐까? 즉 아이들이 능력이 있음에도 교육, 특히 교육과정에 결함이 있어서 아이들이 학업성취 정도가 낮거나 중도에 낙오하는 것은 아닐까?' 등의 질문을 했다.

특히 교과과정과 학교가 '지식'으로 간주한 것에 결함이 있는 것은 아닐까? 만약 학교에서 '실력이 낮다고 평가한 학생들'이 실제로 실력이 없는 것이 아니라 학교들이 인식하지 못한 다른 능력을 가지고 있다면? 학생들이 부모를 통해서나 '일상'생활에서 접하는 지식이 학교에서 지식이라고 가르치는 것만큼 가치가 있는 것이라면? 1970년대 진보주의 좌파 지식인들은 그러한 질문을 하면서 학교에서 가르치는 지식의 문제를 비판했다(Wilby, 2019). 그들 가운데에는 피에르 브루디외나 바질 번스타인, 그리고 번스타인의 제자였던 마이클 영이 있었다. 영은 부르디외나 번스타인보다도 더 과격하게 당시 학문적 교과지식 중심 교육을 비판했다. 영은 학교 지식은 지배계급, 즉 힘 있는 자의 지식을 가르친다고 비판했다. 즉, 학교의 지식은 노동자 계층 어린이들을 실패하게 만들어 공장에서 온순하게 일하도록 힘 있는 자들이 고안한 것이라고 주장했다. 이러한 영의 주장에 당시 '반문화/대항문화(counterculture)'운동을 주도했던 젊은 교사들이 공감했고, 이후 중등학교에서 환경 연구, 미디어 연구 등의 통합적 과목이 현저하게 증가했다(Wilby, 2019). 당시 우파 비판자들은 이러한 교육의 변화를 하향평준화로 보았다. 당시 영이 출판했던 『지식과 통제(Knowledge and Control)』(1971)가 진보주의 교육 운동의 이론적 기초가 되었다.

그러던 영이 1990년대 말 이후 학교에서 학문적인 체계적 지식을 가르쳐야 한다고 주장하기 시작했다. 그의 지적 여정이 크게 변한 것이다. 그러한 변화의 결과를 2008년 『지식의 재소환: 교육 사회학에서 사회적 구성주의에서 사회적 사실주의로(Bringing Knowledge Back in, From Social Constructivism to Social Realism in the Sociology of Education)』에 담았다. 이 책에서 그는 지식의 사회적 사실주의를 주장했다. 상대주의자였던 그가 사실주의로 전향한 것이다.[5]

2000년대 영은 교육의 실용성을 강조하는 교육과정 이론을 비판하면서 사회적 사실주의 시각에서 '지식으로의 전환'을 주장했다. 사회적 사실주의는 종래 실증적 절대주의와 상대주의의 이분법적 구분을 오류로 보면서 지식을 연구 대상으로 삼았다. 특히 구성주의, 탈구조주의 그리고 포스트모던적 접근의 대안을 지식에서 찾으려 했다. 이때의 지식은 생활 속의 경험을 넘어 대안을 상상하는 데 도움이 되는 체계적이고 전문적인 지식이다. 사회적 사실주의는 지식은 잠정적이고, 사회적으로 생산되는 것이지만 그 지식은 누가 그 지식을 생산하는가 혹은 누가 그 지식으로부터 이익을 취하는가가 아니라 그 지식의 진실성과 설명력으로 평가할 수 있다고 주장한다. 즉, 지식이 사회적 이해관계나 그와 관련된 권력의 역동성과 무관할 때 지식으

---

5 영은 자신의 지적 여정이 달라지게 된 이유를 두 가지로 설명했다(Wilby, 2019). 하나는 부모로서의 경험이고 다른 하나는 남아프리카 민주주의 개혁에 관여했던 경험이다. 그는 큰딸이 중등학교에 들어가기 전에는 사립학교에 대해 전형적인 좌파 입장을 견지하고 있었다. 그러나 부모로서 자녀를 어떤 학교에 보내야 하는가라는 질문에 직면하면서 좋은 교육을 받을 수 있는, 중산층 자녀들이 어느 정도 있는 학교에 가는 것이 아이에게 유일한 기회라는 사실을 받아들이게 되었다고 했다. 저소득층 학생들이 많은 학교에서는 학생들의 문화적 경험과 연결되는 다른 교육과정을 운영하는 경향이 있기 때문에 결국 그러한 교육과정으로는 자신의 자녀가 받기를 원하는 교육을 받을 수 없다고 판단한 것이다. 또 다른 이유는 남아프리카에서의 경험이었다. 1990년대 그는 남아프리카 사람과 결혼해 민주화운동의 자문 역할을 하게 되었다. 남아프리카의 민주화운동 진영에서는 아파르트헤이트의 분위기를 풍기는 어떤 것도 원하지 않았는데, 학문적 교과로 구성된 교육과정도 아파르트헤이트의 분위기가 풍기는 것으로 보았다. 그들은 학생들이 '사회에서 활동적인 구성원이 되기'와 같은 '결과 기반(outcome-based)' 교육과정을 추구했다. 그러면서 교사들이 학문을 떠나 스스로 지식을 창조하기를 기대했다. 그러나 교사들은 그 정도의 자질을 갖추고 있지 못했기 때문에 결국 남아프리카의 교육 개혁은 재앙이었다고 회고했다.

로서의 정당성을 갖는다고 보는 것이다. 요컨대 영은 누구의 지식인가라는 질문에서 어떤 지식인가라는 질문으로 연구의 초점을 변경했다(Morgan, Hoadley and Barrett, 2018: 1).

영은 "전문가의 연구와 교육 공동체들을 기반으로 한 교육과정을 고용주의 즉각적인 실용적 관심이나 고용 가능성을 판단하는 일반적인 기준으로 교체하는 것에 대해 신중해야 한다"라고 경고했다(Young, 2008: 89; Reiss, 2017: 6에서 인용). 그리고 다시 지식 교육으로 돌아가야 한다고 주장했다. 영은 자신이 말하는 지식은 종래의 지식과 좀 다르다고 말했다. 종래 학교가 '힘을 가진 자의 지식(knowledge of power)'을 가르쳐왔다면 이제는 '힘 있는 지식'을 가르쳐야 한다는 것이다. 전자가 권력의 배분에 관심이 없고 오히려 권력을 유지하는 데 관심을 가졌다면, 후자는 사회정의를 구현하는 데 관심이 있다는 것이다. 영은 '힘을 가진 자'의 지식은 지식의 생산·획득·사용에 대한 불평등한 접근을 통해 형성되었고, 종래 학교는 학생이 권력을 가질 수 있도록 학문적 교과교육과 전문직 준비에 매진했다고 비판했다. 그러나 '힘 있는 지식'은 사회 불평등을 해소하는 데 기여할 수 있다고 하면서 학교는 이러한 지식을 가르쳐야 한다고 주장했다. 불평등 사회의 불평등을 재연하려는 모든 경향 속에서 학교는 적어도 원칙적으로 '모든' 학생이 지식에 접근할 수 있게 할 수 있는 유일한 기관이기 때문이다. 학교는 다수 집단과 소수 집단을 구분하지 않고 '모두를 위한 교육(education for all)'을 제공한다. 영은 학교의 주요 기능은 모든 학생들이 자신의 경험을 뛰어넘는 지식을 습득할 수 있도록 하는 것이라고 했다(Reiss, 2017). 영과 뮬러는 미래를 위한 교육 시나리오를 **표 9-2**처럼 세 가지로 제시하여 자신들이 주장하는 힘 있는 지식과 그 지식에 기반한 교육과정을 설명했다.

영은 '시나리오 1'과 '시나리오 2'는 학습해야 할 것이 다르다는 점에서만 차이가 있을 뿐 두 가지는 구조적으로는 일치한다고 보았다. 시나리오 1이

표 9-2 영과 뮬러의 세 가지 교육 시나리오

시나리오		특징
시나리오 1의 특징	• 전통적인 교과 기반 교육과정. • 지식은 주어진 것.	• 학교 교과들의 구분 • 학교 교과 간의 고정적이고 변하지 않는 경계. 이때 각 교과의 본질과 내용은 주어진 것. • 학교 지식과 상식 간의 고정적이고 변하지 않는 경계. • 교과와 내용 기반 조건에서 교육과정의 내용의 약정.
시나리오 2의 특징	• 진보주의 • 전통적인 경계를 허무는 급진주의적 교육과정. • 지식은 목적을 이루기 위한 도구로서 가치가 있음. • 학습을 일반적인 기능과 정보의 측면에서 정의. • 학생들은 집단에서(groups of children) 거의 모든 것을 인터넷을 통해 스스로 학습할 수 있음.	• 학교 교과들의 통합. • 학교 교과들 사이의, 그리고 학교 지식과 상식 사이의 느슨한 경계. • 일반적으로 기능과 활동 기반 조건에서 교육과정 내용의 약정.
시나리오 3의 특징	• 힘 있는 지식 기반 교육과정	• 학교 교과들의 구분. • 학교 교과들 간의 안정적 그리고 고정하지 않은 경계. 이때 교과들의 본질과 내용은 지식의 변화/진보에 따라 변하는 것으로 이해. 또한 학교 지식과 상식 간의 안정적이지만 고정적이지 않은 경계 • 내용, 개념, 기능, 활동들과 관련된 교과 조건에서 교육과정 내용의 선정.

자료: Young and Muller(2010); Chapman(2021).

교과 내용을 학습해야 할 것으로 본다면 시나리오 2는 기능과 정보를 학습해야 할 것으로 본다. 이러한 점은 다르지만 학문을 '아는 방법'으로 만드는 인식론적 개념을 고려하지 않는 점이나, 교육이 정보와 일반적인 과정적 기능(processing skills)의 합으로 구성된다고 보는 방식은 공통적이라는 것이다(Chapman, 2021). 영은 이 두 가지 방식이 모두 '힘 있는 지식'에 소홀했다는 점에서 부적절하다고 평가했다.

시나리오 1에서는 미국의 에드워드 히슈(Edward D. Hirsch)가 말하는 문화적 리터러시(cultural literacy, 1988)로서 많은 보수적인 지식인과 정치인들이 "학생들이 지식이 부족하다"고 할 때 바로 그 지식을 가르쳐야 한다고 주장한다(Chapman, 2021: 6). 예를 들면 대통령, 왕, 제도, 사건 등에 대한 지식이다. 시나리오 2는 진보주의와 구성주의에 기초한다. 진보주의는 사회적·교육적 위계를 주어진 것, 변하지 않는 것으로 보는 주장을 거부한다. 그래서 민주화 운동과 연계되는 것으로 보았지만 현재는 그렇지 않은 방향으로 나아가고 있다고 비판했다(Chapman, 2021). 시나리오 2의 진보주의 교육은 아이들의 자연스러운 발달과 지식의 상대주의 관점을 강조하는데 영은 이러한 교육이 학교 안 지식과 학교 밖 지식의 경계를 모호하게 하는 인식론적 부재를 초래했다고 비판했다(심성보, 2020). 학교 안의 지식이 학생들이 일상에서 접하고 경험으로 습득하는 정보를 비판적으로 분석할 수 있는 개념과 방법적 지식 등을 가르쳐야 하는데, 오히려 학교가 학교 안의 지식과 일상에서 접하는 정보들을 구별할 수 없게 하고 있다는 것이다.

영은 시나리오 1과 시나리오 2의 대안으로 '힘 있는 지식에 기반한 교육과정'을 제안하고 있다. 영이 말하는 힘 있는 지식[6]은 첫째, "경험을 통해 습득하는 '상식'과 다르다". 상식은 우리의 일상생활에서 필수적일 뿐 아니라 항상 특정한 맥락에 묶여 있다. 상식은 개인이 삶에서 경험하면서 습득하고 또 경험하면서 수정한다. 예를 들면 "미국인은…", "꽃을 잘 키우기 위해서는 … 해야 한다", "환경 문제는 … 때문이다", "모든 인간은 돈과 권력을 좋아한다" 등과 같이 자신이 경험한 것을 토대로 특정한 현상이나 사회, 인간에 대해 일반화하여 상식을 만들고 그러한 상식에 비추어 사회생활을 하는 것이다. 이러한 상식을 배울 것이라면 굳이 학교에 갈 필요가 없다. 학교는 생활에서 얻는 경험의 한계를 극복하는 데 도움을 주어야 하는데, 시나리오 2

---

6 Young(2021); Young and Muller(2010); Chapman(2021)에 기초하여 정리한 내용이다.

의 경우는 상식과 학교 지식 사이의 경계가 느슨할 뿐 아니라 오히려 학교에서 상식을 학습하라고 한다. 둘째, "힘 있는 지식은 '체계적'이다". 학문의 개념들은 우리가 개별 사례들을 개별 사례로 아는 것에 그치지 않고 사례들을 상호 연결하여 법칙이나 패턴을 생성하거나 현상을 해석하는 데 기초가 된다. 학문 혹은 교과에서 말하는 지식의 체계적 시스템은 특정 맥락에 얽매이는 상식을 뛰어넘어 세상을 통찰할 수 있는 기반을 제공한다. 이러한 의미에서 힘 있는 지식은 여러 개별 사례들을 연결하는 '개념적 지식'이라고 할 수 있다. 셋째, "힘 있는 지식은 '전문적'이다". 힘 있는 지식은 학문적인 인식론 집단이 독특한 분야에서 탐구의 중심을 명확하게 정의하여 생산한 것이다. 따라서 구체적인 것을 엮을 수 있는 개념적이고 이론적인 틀을 제공한다. 넷째, "힘 있는 지식은 객관적이고 신뢰할 수 있다". 지식의 객관성은 동료 검토(peer review)라는 시스템과 학문 공동체 안에서 지식 생산에 작용하는 주관성을 과정적으로 통제하는 방법을 통해 확보할 수 있다. 그러나 그 지식도 도전받을 수 있고 변할 수 있다고 전제한다.

영은 학교가 가르쳐야 할 것은 일상생활에서 경험을 통해 획득할 수 있는 상식, 직업 세계에서 실무적으로 즉각적으로 적용할 수 있는 지식이 아니라, 전문적이고 개념적인 지식이라고 주장한다. 자본주의 국가에서 지식이 사회적으로 불평등하게 분배된다는 점을 인정하고, 그렇기 때문에 사회적인 불평등 구조를 해소하기 위해서는 학교가 학문적인 능력이 있는 학생뿐 아니라 모든 학생들에게 일상에서 획득하고 적용할 수 있는 상식이 아니라 체계적이고 개념적인 지식을 가르쳐야 한다는 것이다. 그리고 그것이 바로 학교가 사회적 형평성에 기여할 수 있는 방법이라고 본다. 학교 지식과 비학교 지식 사이의 파열이 여러 결과를 낳는데, 그 가운데 하나가 바로 일부 학생을 '능력이 부족한' 학생으로 분류하는 것이다. 영은 이렇게 '능력이 부족한 학생'이라고 분류하고 낙인 찍는 문제를 해결하기 위해 학생들을 학교의 교과 지식과 학교 밖의 지식 사이의 괴리가 없는 교육과정으로 학생들을 가르치기보다는 시간이 더 오래 걸리고 개별 학생에 대해 더 많은 관심을 쏟더라도 일부가 아니라 모든 학생에게 힘 있는 지식을 공통적으로 가르칠 필요가 있다고 주장한다. 학생들이 힘 있는 지식을 통해 과목 지식을 스스로 탐구할 수 있기 때문이다.

3) OECD Education 2030

OECD는 Education 2030 프로젝트에서는 DeSeCo 프로젝트에서 제시한 핵심역량을 적용하여 교육과정을 개발하고 교수학습을 실행하는 데 한계가 있다는 점을 성찰하고, 학생들이 갖추어야 할 역량을 새롭게 규정했다. 이를 실행하기 위해 새로운 학습 틀(OECD Conceptual Learning Framework 2030)을 제시했다. 그러자 역량기반 교육과정 도입을 주장했던 한국의 교육과정 전공자들도 서둘러서 OECD가 제시한 DeSeCo 프로젝트의 역량 개념과 실행 전략의 한계를 소개했다(이상은·소경희, 2019; 한혜정, 2020). 그런데 이들은 한국의 2015 개정 역량기반 교육과정의 실패 내지는 한계를 한국적 천착이나 이론적 숙고의 부족에서 찾지는 않고, DeSeCo 프로젝트에서 찾았다. DeSeCo에서 제시한 핵심역량은 개념 자체가 모호했을 뿐 아니라 주로 역량 평가 준거 개발에 초점을 둔 협소한 틀을 사용했고 역량 함양을 위한 학교 교육의 실천 전략이나 방법이 명확하지 않았다는 것이다(이상은·소경희, 2019; 한혜정, 2020).

2022 교육과정 개정에서도 역량 함양은 흔들리지 않는 기본 방향으로 전제되어 있다. 그런데 2022 교육과정을 개발하는 과정에서는 Education 2030에서 수정 제안한 역량 개념과 교육과정 개발 방법 및 학습 틀을 변형하여 적용하려고 한다. Education 2030이 역량이나 역량 발달을 위한 교육

과정 설계 원리를 각 나라에서, 또 학교 현장에 적용 가능한 좀 더 구체적이고 현실적인 틀에서 제시하고 있다고 보기 때문이다(이상은·소경희, 2019; 한혜정, 2020). 그러므로 Education 2030의 틀에 기초하면 2015 개정 교육과정을 적용하는 과정에서 교육 현장이 겪었던 혼란을 줄이면서 역량 함양 교육을 계속할 수 있을 것이라고 기대한다(이상은·소경희, 2019; 한혜정, 2020).

교육의 목적을 DeSeCo에서는 개인과 사회의 성공으로 제시했지만 Education 2030에서는 '웰빙(Well-being)'으로 제시했으며 사회의 변혁을 추구할 '변혁적 역량'을 제시했기 때문에, Education 2030은 DeSeCo가 비판받던 인간 자본론이나 신자유주의 이념에서 탈피한 것으로 해석한다. 그리고 변혁적 역량을 함양하는 방법으로 모든 학생에게 미래에 필요한 지식과 기능을 가르치고 태도와 가치를 배양하는 것을 제안했다. 교육과정 개발자들이 실제 역량기반 교육과정을 설계할 수 있게 역량을 구성하는 요소를 OECD 학습 나침반에서처럼 지식, 기능, 태도와 가치 등으로 구분하여 제시한 것이다(그림 9-2). 그러면서도 지식과 기능은 상호 연결된 것이고 상호 강화하는 역할을 한다는 점을 명확히 했다(OCED, 2018b: 1). 지식과 기능은 함께 이해되고 다양한 상황에서 함께 적용될 수 있다는 것이다. 이로써 현실적으로 존재하는 교과의 지식, 기능, 태도와 가치를 가르칠 수 있는 이론적 정당성을 확보할 수 있었다.

한국 교육과정 전공자들은 Education 2030을 적용하면서 '교육의 실용성', '일상과의 관련성'을 여전히 강조한다. 그러면서 역량교육을 "교과를 해당 교과에만 초점을 맞추어 가르치는 것이 아니라 삶과 사회와 연결하여 폭넓게 가르치자는 의미"라고 해석하고 교과에서 실생활로 전이 가능한 지식, 기능, 태도, 가치 등을 가르쳐야 한다고 주장한다(한혜정, 2020).

그런데 Education 2030에는 영과 뮬러의 힘 있는 지식 기반 교육과정 이론이 반영되어 있다. OECD는 『2030을 위한 지식(Knowledge for 2030)』(OECD,

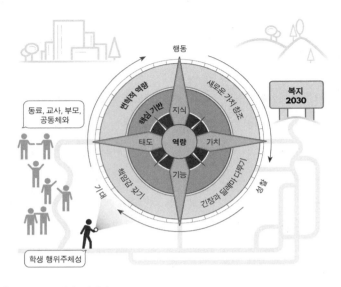

그림 9-2 OECD 학습 나침반

자료: OECD(2018b: 4)

2018b)을 설명하는 별도의 문서를 출판했는데 여기서 OECD(2018b)는 '전문 적인 학문적 지식 및 기능, 태도 교육'과 '학문들의 경계를 넘어 사고할 수 있 는 능력', 즉 학문적 지식과 간학문적 지식 및 기능 교육을 함께 추구해야 한 다고 주장했다. DeSeCo에서는 전체론적 방법과 간학문적 방법으로 역량 함 양을 추구했지만, Education 2030은 전문적인 학문적 방법과 간학문적 방법 을 동시에 추구하는 것으로 전향했다. 요컨대 Education 2030에서는 역량 함 양을 위해 학문적 지식, 간학문적 지식, 인식론적 지식 또는 학문에 대한 지식, 그리고 절차적 지식의 중요성을 함께 강조했다(OECD, 2018a: 5; 2018b: 5). 절 차적 지식은 역사교육계에서는 절차적 및 방법론적 지식이라고도 한다.

학문적 지식은 자료들로부터 지식을 구축하는 데 여전히 중요하다. 인식론적 지식 혹은 학문에 대한 지식, 즉 학생들이 자신의 학문적인 지식을 확장할 수 있게 하는 역사가나 수학자처럼 생각하기를 아는 것도 중요하다. 절차적 지식(procedural knowledge)도 중요한데 일부 절차적 지식은 영역 특정적이고 일부 절차적 지식은 영역을 가로질러 전이가 가능하다. 이러한 절차적 지식은 디자인 사고(design thinking)[7]나 시스템 사고(systems thinking)[8] 같이 실제적인 문제 해결을 통해 발달한다(OECD, 2018b: 5).

학문적 지식은 교과에서 학습하는 지식으로 교과 특정적인 개념이나 구체적인 내용이다. 간학문적 지식은 한 교과의 개념, 내용, 방법을 다른 교과의 그것들과 연결하거나 통합하여 적용하는 것이다. 인식론적 지식은 역사가처럼 사고하기와 같이, 한 학문의 전문가가 어떻게 일하고 사고하는가에 대해 이해하는 것으로, 인식론적 지식은 학생이 학습에 목적성을 갖게 하거나 자신의 학문적 지식을 확장하거나 학습한 것을 적용하는 방법을 이해하는 것이다. 일부 절차적 지식은 영역 특정적이지만 일부는 다른 영역에 전

---

7 'Design thinking'은 문제에 대한 실용적이고 창의적인 해결법 혹은 해결법을 창안하는 것이다. 특히 기업에서 문제 해결을 위해 혹은 제품에 대한 새로운 아이디어를 얻는 방법으로 활용된 디자인 사고는 문제 기반, 혹은 문제 중심 사고로 알려져 있으며, 현재의 문제를 인식하고 해결할 수 있는 대안들을 마련하는 것에 초점을 맞춘다.
예를 들면 한 기업에서 어떤 상품을 생산하기 위해서는 잠재적인 구매자를 이해하고 그들의 상황에 감정이입 하여 문제를 발견하는 것부터 시작한다. 문제를 확인한 후에는 해결을 위한 다양한 아이디어들을 내놓고 토론하며, 구매자의 문제를 해결할 수 있는 시제품들을 만들어 테스트하고, 최종적으로 문제를 확인하고 해결하여 제품을 생산하는 과정을 거칠 수 있는데, 이러한 문제 기반, 창의적 문제 해결법을 디자인 사고라고 한다. 이러한 디자인 사고는 제품 생산을 위한 특정한 절차에 기초하여 이루어진다. 현실의 직업 세계에서 요구되는 실용적인 절차적 지식이다.
8 시스템 사고도 기업에서 문제 해결 방법으로 거론한다. 문제 해결을 위해 부분적으로는 잡히지 않는 시스템의 전체적인 모습, 구조를 체계적으로 파악하는 방법을 의미한다.

이가 가능하다. 예를 들면 역사에서 가르치는 절차적 지식 가운데 특정한 것은 다른 영역에서도 적용할 수 있다는 것이다. Education 2030에서는 학문적 경계를 인정하고 학문적 지식의 중요성을 강조하면서도 교과 간에 느슨한 경계를 유지할 것을 요구한다. 영과 뮬러의 '힘 있는 지식'에서 말한 시나리오 3과 유사한 구조이다.

Education 2030(OECD, 2018b)에서는 영과 뮬러(Young and Muller, 2016)를 직접적으로 인용하여 지식이 어떻게 사회적 '형평성'을 추구할 수 있는지 설명했다. "형평성이란 모든 학생들이 질적으로 우수한 교육과정으로 교육을 받을 기회를 제공받음으로써 가장 기초적인 지식과 기능을 학습할 수 있는 것이며, 교육과정이 사회경제적 위치, 젠더, 민족적 뿌리나 지역의 차이를 근거로 장벽을 만들거나 기대치를 낮추지 않는 것을 의미한다"(OECD, 2018b: 7). 기초적인 학문적 지식을 학습해야만 전문적인 지식으로 발전시키거나 새로운 지식을 창조할 수 있는데, 누구나 전문적인 지식 발전과 새로운 지식 창조에 나설 수 있어야 하므로 기초적인 학문적 지식을 학습할 수 있는 기회가 학생들의 조건과 관계없이 누구에게나 열려 있어야 한다는 점을 강조한 것이다. DeSeCo에서는 역량을 사회통합과 정의, 불평등 해소, 인권과 개인의 자주성 등 사회 문제들을 모두 해결할 수 있는 만능으로 묘사했다. 그러나 구체적으로 불평등 해소를 위한 구체적인 전략을 제공하지는 않았다. 그런데 Education 2030은 영과 뮬러의 이론을 적극 수용하여 학문 기반 교과 교육이 사회적 형평성에 어떻게 기여할 수 있는지 설명했다. 일상의 경험에서 얻는 상식을 뛰어넘는, 오히려 상식을 성찰할 수 있는 전문적 지식 교육이 공정한 사회를 이루는 데 기여할 수 있을 것이라고 본 것이다.

우리는 도처에서 상식을 얻는다. 특히 휴대전화가 거의 모든 사람들의 필수품이 되면서 어디서든 필요할 경우 정보를 찾을 수 있다. 맛집에 대한 평가에서부터, 건강하게 걷는 법, 나아가 전문적인 개념어에 대한 설명까지 시공간을 초월하여 정보를 얻을 수 있다. 그런데 이러한 정보를 과연 신뢰할 수 있을까? 공신력 있는 정보 제공자를 찾아서 다시 한번 확인하게 된다. 그런데 때로 그러한 생각 없이 인터넷에 떠 있는 정보를 신뢰하기도 한다. 특히 '가짜' 뉴스를 비판적으로 검토하지 않고 믿기도 한다. 오늘날 이러한 문제를 해결하기 위해서는 학생들에게 무엇을 가르쳐야 할까? 일상생활에서 인터넷을 통해 접할 수 있는 '상식'이 아니라 그 상식을 점검하고 문제를 해결할 수 있는 역량을 함양해야 한다. 그 역량은 지식, 기능, 태도, 가치 중 어느 하나가 아니라 그것들이 모두 상호 결합되어 발휘될 수 있다.

4. 모두를 위한 역사교육

1) 역사교육에서 '힘 있는 지식', 실질적 지식과 인식론적 및 방법적 지식의 결합

영과 뮬러의 이론에 동의한다면 그들이 개념화한 '힘 있는 지식'을 일부 '소수'가 아니라 '모든' 학생에게 가르쳐야 한다. 그런데 역사에도 '힘 있는 지식'이 있는가? 역사교육에서 '힘을 가진 자의 지식'과 '힘 있는 지식'은 어떻게 구별할 수 있나? 주지하듯이 역사는 '승자의 이야기', '지배엘리트의 이야기'라는 오명을 갖고 있다. 승자의 이야기를 가르치는 것이 역사교육이라면 그것은 사회정의를 실현하는 데 기여할 수 없다. 승자의 이야기는 힘을 가진 자가 그 힘을 유지할 수 있도록 뒷받침한다. 미국의 사회과 교육 연구자인 키스 바튼(Kieth Barton)은 미국에서는 종래 백인 남성 중심 역사를 미국사로 가르쳐왔고 따라서 다문화·다인종 사회인 미국에서 그러한 역사교육은 사회정의와 조화에 기여할 수 없다고 선언했다(Barton, 2021).[9] 나아가 현재와 같은 방식으로 가르치는 일반적인 역사지식은 무용하다고까지 주장했다. 또한 그는 역사만의 고유한 사고 방법은 없다고 주장한다. 역사에서 가르치는 사고라는 것이 사회과학에서 가르치는 것과 다르지 않다고 보는 것이다(강선주, 2017). 요컨대 바튼은 역사 무용론을 주장한다. 그런데 그가 사회정의와 조화를 이루는 데 무용하다고 비판한 역사지식은 역사가들이 생산한 실질적인 지식에 초점이 맞추어져 있다. 이는 영이 비판한 시나리오 1의 역사지식이다. 영과 뮬러가 말하는 사회적 불평등 문제 해소에 기여할 수 있는 힘 있는 지식은 단순히 내용 목록이 아니라 "내적으로 역동적인 속성"(Muller and Young, 2019: 11)이 있는 지식으로서 역사가들이 생산해 놓은 실질적 지식과는 다르다.

앞에서 서술했듯이 영은 시나리오 1과 2가 학문을 '아는 방법'으로 만드는 인식론적 개념을 고려하지 않았다고 지적했다. 힘 있는 역사 지식에는 역사를 아는 방법으로 만드는 인식론적 지식과 가정적 기능 이상의 방법적 지식이 포함된다. 영은 역사를 아는 방법으로 만드는, '내적으로 역동적인 속성'을 지닌 역사지식을 영국의 역사교육 연구자 피터 리(Peter Lee)가 말한 역사 문해력(historical literacy)[10]에서 찾았다(Young, 2021). 영은 리가 학생이 개인적인 삶의 과정에서 접하고 습득하는 일상적인 역사를 비성찰적으로 이해하는 것과 역사 문해력을 구분할 필요가 있다고 주장한 점에 주목했다(Young, 2021). 영은 역사 문해력이 과거와 현재의 유사점과 차이점을 구별하는 데 도움이 되며, 모든 사람이, 특히 권력을 가진 자들이 과거의 실수로부터 배울 수 있게 해준다고 보았다(Young, 2021). 역사 문해력은 학문 공동체에서 그들의 토론과 연구를 통해 형성된 것이지만, 일상적인 역사, 즉 '상식'은 학

---

9 바튼의 주장은 다음 강연에 기초하여 정리했다. Kieth Barton, "History for Justice and Harmony: Knowledge, deliberation, and action"(HEIRNET Keynote Speech, 2021.6.3).

10 리의 역사 문해력, 2차 개념, 세이셔스의 역사적 사고 개념 등에 대해서는 이 책의 1장 참고.

생이 속한 공동체나 사회 계급의 경험 및 개인의 경험에 한정되는 경우가 많기 때문이다(Young, 2021). 역사 문해력을 여러 구체적인 것들을 연결하여 개념화하고 추상화하는 데 도움이 되는 역동적 지식이라고 본 것이다. 역사 문해력은 역사의 해석적 성격을 이해하고 새로운 역사지식을 생성하거나 역사가들이 생산해 놓은 지식을 분석하거나 활용하는 데 기초가 되는 인식론적 및 방법적 지식이다.

그런데 "과거의 실수로부터 배운다"고 할 때, 또 인간과 사회에 대해 통찰한다고 할 때, 그러한 배움과 통찰의 바탕에는 실질적 지식이 있다. 예를 들면 혁명, 노예, 근대, 식민지, 공화정, 제국 등의 역사적 개념이나, 미국 링컨의 노예 해방이나 영국의 식민주의 정책 등의 역사적 사건에 대한 지식, 고대와 근대 등의 시기 구분과 관련된 지식 등은 실생활의 쟁점을 탐구하는 단초로서 역할을 하기도 하고, 과거와 현재의 사건이나 현상을 추상화하거나 유추하여 소통하는 데 도움이 된다. 그러나 그 실질적 지식 자체를 기억하는 것만으로는 역사에서 교훈을 얻거나 역사적 통찰력이 신장될 것을 기대할 수는 없다. 이를 위해서는 실질적 지식의 타당성을 검토하고 다른 맥락에 전이하여 적용할 수 있는 인식론적·방법론적 지식이 필요하다.

Education 2030은 사회적 형평성을 위해 역사교육은 역사의 '기초적인 학문적 지식'을 '모든' 학생이 학습할 수 있게 해야 한다고 했는데, 역사의 기초적인 학문적 지식에는 인식론적 및 방법적 지식과 함께 실질적 지식이 포함된다. 네덜란드의 판 박스텔(Carla Van Boxtel)의 분류를 인용한다면 역사의 학문적 지식에는 ① "역사적 사실, 개념, 연대기에 대한 지식", ② "메타역사적 개념과 역사적 전략에 대한 지식", ③ "역사적 지식의 본질과 구성에 대한 지식", ④ "역사적 지식의 사용에 대한 지식" 등이 포함된다(Van Boxtel, 2021).[11] ① 역사적 사실, 개념, 연대기에 대한 지식에는 앞서 예시했던 세계사적 지식 이외의 한국사의 경우 사대, 노비와 같은 역사적 개념, 훈민정음의 창제나 병자호란과 같은 사건 등에 대한 지식도 포함한다. ② 메타역사적 개념은 영국의 리의 2차 개념, 피터 세이셔스(Peter Sexias)의 역사적 사고 개념이다. 원인과 결과, 변화와 계속 등의 개념들을 사용하여 역사적 사건이나 발전에 대해 질문하고 또 설명한다. 판 박스텔은 역사적 사고나 역사적 추론도 ②에 포함하여 설명했다. ③ '역사 지식의 본질과 구성에 대한 지식'은 역사 지식의 해석적 성격을 알고 적용하는 것이다. 필자는 '역사 지식의 본질과 구성에 대한 지식'에 역사의 해석적 성격 이외에 역사의 복잡성과 복합성에 대한 이해도 포함해야 한다고 생각한다. 역사 해석은 결코 단순하지 않으며 단순화했을 때 거짓이나 정치적 선동에 가까워질 수 있다는 점을 이해하는 것이 중요하기 때문이다. ④ '역사 지식의 사용에 대한 지식'이란 역사가 현재 사람들의 행동이나 정체성에 어떻게 영향을 미치는지 또 사회적으로 민감하고 논쟁이 되는 역사의 특징은 어떤 것인지 등에 대해 알고 일상에서 접하는 역사를 분석하거나 활용하는 것이다. 판 박스텔은 특히 이 지식이 학생의 행위주체성을 발휘하는 데 크게 도움이 된다고 했다. 크게 보았을 때, ①, ②, ③이 역사와 역사 탐구 방법의 이해와 적용에 필요한 지식이라면, ④는 역사 지식 사용의 윤리적 문제에 대한 이해와 그에 기초한 역사 지식의 사용을 추구한다. ④는 일상생활에서 부딪히는 현실적인 역사 논쟁을 정체성, 윤리 등의 측면에서 메타적으로 분석하는 데 활용할 수 있다. 이러한 지식들을 필자는 판 박스텔과 조금 다르게 구분한다. 첫째, '역사적 사실, 개념, 연대기에 대한 지식', 둘째, '역사 지식의 성격과 구성 방법에 대한 지식', 셋째, '메타역사적 개념과 그 적용에 대한 지식', 넷째, '역사 지식 사용에 대한 지식'이다. 둘째 역사 지식의 성격과 구성 방법에 대한 지식에는 사

---

11 판 박스텔의 이론은 다음 강연에 기초하여 정리했다. Carlva Van Boxtel, "Hisotrical Knolwedge as a resource for understanding past, present, and future"(HEIRNET Online, 2021).

료 읽기의 기초적인 방법이 포함된다. 이 지식에 판 바스텔이 역사적 전략이라고 표현했던 역사적 사고나 역사적 추론도 포함하는 것이 이러한 지식들을 개념적으로 좀 더 명확하게 이해하는데 도움이 될 것이라고 생각한다.

그런데 역사 지식이 사람들의 행동이나 정체성에 영향을 미치는 방식이 매우 다양할 뿐 아니라 복잡하며, 사회적으로 민감하고 논쟁이 되는 역사의 특징도 그 논쟁의 사회적 맥락과 그 사회의 역사문화를 떠나 간단하게 설명할 수 있는 것이 아니다. 따라서 역사 지식의 사용에 대한 지식은 체계적으로 설계된 수업에서 정교하게 다룰 필요가 있다. 역사 지식의 사용에 대한 너무 단순하고 간단한 이해는 학생이 역사 지식을 일상생활에서 활용하는데 오히려 독으로 작용할 수 있기 때문이다. 그러므로 '④ 역사 지식의 사용에 대한 지식'을 이해하고 적용하기 위해서는 메타역사적 개념과 그 적용에 대한 지식과 역사 지식의 성격과 구성 방법에 대한 지식, 즉, 역사 지식을 생성하는 방법에 대한 지식을 먼저 학습할 필요가 있다.

디지털 전환이라는 시대적 상황에서, '④ 역사적 지식의 사용에 대한 지식'을 가르치는 것은 더욱 중요해지고 있다. 오늘날 디지털 원주민인 교사와 학생들은 역사 지식을 사용하여 직접 역사문화 콘텐츠를 제작하고 그 콘텐츠를 소셜미디어를 통해 확산한다. 자신이 생산하여 유포한 역사문화 콘텐츠의 윤리적 문제에 대해서는 깊게 생각해 보지 않는다. 그러나 그러한 활동이 사회적으로 어떤 의미가 있는지, 혹은 어떤 사회적 책임이 따르는지를 알고 행동하는 것이 무엇보다 중요하기 때문에 역사 지식의 사용에 대한 지식을 가르치는 것은 앞으로 더욱 중요해질 것이다.

그런데 역사 지식의 사용에 대한 지식이 영이 말한 역사의 '힘 있는 지식'이라고 할 수 있을까? 만약 그것을 상식적인 수준에서 가르친다면 그것이 힘 있는 지식으로서 역할을 하기는 어렵다. 그 지식을 역사교육계가 체계적으로 연구한 지식으로 가르치는 것이 중요하고, 이를 위해서는 앞으로 역사 지식 사용에 대한 지식에 대한 연구가 심화될 필요가 있다. 그러한 연구를 통해 그것을 체계적이고 전문적인 지식으로 만드는 것이 상식적인 수준, 정치적이고 이념적인 수준의 논쟁을 뛰어넘어 힘 있는 지식을 활용하여 역사에 대해 토론하고 역사 논쟁을 성찰적이고 생산적으로 분석하게 할 수 있는 방법이다.

역사의 인식론적·방법적 지식은 OECD가 강조했던 '다른 맥락에 전이 가능한' 지식이다. 한국의 교육과정 전공자들이 요구했던 삶과 연결된 지식으로서 일상에서 즉각적인 소통과 문제 해결에 도움이 되는 지식이기도 하다. 나아가 단기적이고 즉각적인 사고를 넘어 거시적으로 시간의 틀에서 현재, 과거, 미래의 관계를 통찰하는 데 바탕이 되는 지식이다.

필자는 이미 여러 글에서 학생들이 역사와 과거를 동일시할 뿐 아니라, 역사 생산 과정에 대해 오개념을 가지고 있다는 점(강선주, 2011; 강선주 2017), 학생들이 인간과 사회에 대한 자신의 상식의 틀에서 과거에 대해 읽고 상상한다는 점을 경험적 연구들을 통해 밝혔다(강선주, 2017). 그리고 이 책의 5장 학생의 다양성에 대한 글과 6장 다중시각에 대한 글, 7장 공공역사에 대한 글에서 거리의 벽화나 TV, 인터넷 등이 역사를 고정불변의 절대적인 지식과 서사로 혹은 에피소드로 가르치면서 역사의 해석적인 성격을 장막으로 가려버리는데, 학생들은 그러한 매체로부터 무비판적으로 역사 지식을 획득한다는 점 등을 지적했다. 학생들의 상식에 기초한 일상적인 역사 읽기 방식이나 그들이 일상적으로 접하는 역사 지식의 성격을 고려한다면 학교 역사교육의 역할은 학생이 자신의 역사 상식을 성찰하고 탐구할 수 있게 지원하는 힘 있는 지식이어야 한다. 일상에서 무비판적으로 습득하는 역사 상식과 학문적 방법에 기초하여 탐구한 역사 지식의 차이는 학생의 역사적 통찰력의 차이, 과거와 현재의 관계를 거시적으로 조망할 수 있는 틀의 차이를 만들기 때문이다.

종래 한국의 초·중·고등학교 역사 교육과정이나 교과서는 역사의 인식론적 및 방법적 지식을 체계적이고 필수적으로 학습해야 할 내용으로 명확하게 제시하지는 않았다. 이에 따라 국제 중·고등학교나 특수목적고등학교, 사립학교들 등 몇몇 예외적인 학교에서 독특한 교육과정을 운영함으로써, 또 일반 중·고등학교에서 일부 교사들이 '소수'의 학생들에게만 간헐적으로 역사의 인식론적·방법적 지식을 가르쳤다. 최근에는 IB(international baccalaureate)를 채택하는 나라들이 전 세계적으로 늘어나고 있는 추세이고, 한국에서도 몇몇 학교들이 IB 교육과정을 적용하기 시작했다. IB 교육과정의 역사에서 가르치고 테스트하는 것이 바로 역사의 인식론적 및 방법적 지식의 적용을 통한 역사적 문제 해결이다. 이에 따라 IB 교육과정을 운영하는 학교들은 그러한 지식을 필수적으로 가르친다. 즉, 일부 학교만이 역사의 힘 있는 지식을 가르치는 것이다. 그러나 이제 그러한 인식론적 및 방법적 지식을 '모든' 학생에게 가르쳐서 모든 학생이 역사 지식을 생산하고 활용하는 기초적인 방법을 알고 삶에서 적용할 수 있게 해야 한다. 그것이 바로 역사교육이 사회적 불평등 해소에 기여하는 방법 중 하나이다. 다만 힘 있는 역사 지식을 구성할 때 '모든' 학생이 전문 역사가가 되려고 하지는 않는다는 점, 그리고 학생들마다 학습 속도에 차이가 있다는 점은 필수적으로 고려해야 할 사항이다.

2) 학생 삶에 의미 있는 역사

미국에서 역사의 인식론적 지식 및 방법적 지식의 학습을 강조해 온 학문적 접근법이 학생들의 관심과 거리가 멀다든가 혹은 학생의 삶과 관계가 없다는 비판을 받고 있다. 한국에서도 몇몇 연구자와 교사들은 샘 와인버그(Sam Wineburg)식의 역사가처럼 읽기 중심 역사교육을 비판한다. 그런데 학문적 접근법에서 역사교육을 추구하는 연구자들이 모두 와인버그식의 역사가처럼 읽기를 건조하게 반복하는 것에 찬성하는 것은 아니다. 와인버그도 그러한 역사가처럼 읽기가 민주 시민 양성의 토대가 된다고 강조하지만(Wineburg, 2018), 역사 수업을 역사가처럼 읽기로만 구성해야 한다고 생각하지는 않을 것이다. 나아가 역사가처럼 읽기가 영이 말한 힘 있는 지식이고, 또 민주 시민 양성에 핵심적인 지식이라고 해도, 학생들이 의미를 발견하지 못한다면, 아무리 많은 시간을 투여하여 그것을 가르치더라도 그것이 학습으로 연결되기 어렵다.

　와인버그처럼 인식론적 지식에 초점을 맞추어 학문적 접근법을 구상하는 연구자도 있지만, 학문적 접근법을 기본 틀로 하면서 학생의 삶과 연결할 수 있는 전략을 제시하는 연구자들도 많다. 필자는 후자의 방법을 취하는데 특히 실질적인 역사적 통찰력 함양을 위한 실질적인 전략을 세울 필요가 있다고 강조해 왔다.

　유럽의 여러 나라들에서도 학생들이 역사가 자신의 삶과 관련성이 떨어진다고 생각한다는 점, 그래서 역사에 관심을 갖지 않는 경향이 있다는 점을 확인하고 해결 방안을 모색하고 있다(Haydn and Harris, 2010; Miguel-Revitta, 2021). 미국의 경우에는 와인버그식 학문적 접근법과 거리가 먼 초등 사회과(social studies) 수업에서도 자신의 개인적 삶과 관련성이 떨어진다고 생각한다는 연구도 나왔다(Zhao and Hoge, 2005). 역사 학습과 학생 삶과의 관련성을 높이기 위한 유럽과 미국 연구자들의 처방은 크게 두 갈래에서 확인할 수 있다. 하나의 처방은 이주민이 증가하고 사회적 다양성과 다원화가 심화되는 상황을 인식하면서 본질주의적 시각의 국가사만이 아니라 지역사와 지구사를 다루고 소외되었던 집단의 역사를 포함하는 것이다. 이 책의 5장에서 살펴본 것처럼 미국의 엡스테인(Terri Epstein), 네덜란드의 그레버(Maria Grever), 영국의 헤이든(Terry Haydn), 캐나다의 세이셔스 등이 그러한 주장을 하고 있다. 판 박스텔은 한 걸음 더 나아가 다양성, 불평등, 권력, 기술 등 지속되는 세계적인 쟁점이나 사회적 문제와 연결하여 역사적 발전을 탐구하고 토론할 수 있게 하여 학생의 삶과 직접적으로 연결시키는 것도 중요하다고 보았다. 네덜란드는 초·중·고등학교가 역사를 10개의 시대 틀로 가르치는데 그 틀에서의 적용 가능하다고 설명했다. 그러나 모든 시대를 최근의 사회적 쟁점을 중심으로 구성하여 가르치는 것은 역사가 가르칠 수 있는 것을 제한할 수 있다. 그러므로 필자는 역사에서 사회적 쟁점을 유산화의 방식으로 다루기보다는 역사학계의 문제의식과 복합적으로 검토하면서 역사로 다루는 것이 일상에서 접하는 상식을 성찰하게 할 수 있는 방법이라고 생각한다.

다른 하나의 처방은 독일의 뤼젠 계열의 역사교육 연구자들이 내놓은 것이다. 역사의식이나 역사적 역량 교육을 통해 역사가 학생의 일상생활에서 접하는 역사, 즉, 역사문화와 상호작용할 수 있게 해야 한다는 주장으로 나타난다(Miguel-Ravilla, 2021). 독일 계통의 역사의식 이론과 역사적 역량 이론은 오스트리아, 벨기에, 스위스 등의 중앙유럽과 동유럽에 영향을 미치고 있다. 이 이론은 역사 탐구에 초점을 맞춘 영국계의 역사적 사고 이론에서 한 걸음 더 나아가 현실에서 역사 지식을 사용하는 방법을 가르치고, 역사 지식이 사용되는 방식을 메타적으로 분석하는 역량의 함양을 중요한 요소로 강조한다. 이러한 경향은 앞서 소개한 판 박스텔이 학문적 지식의 한 범주로 '④ 역사 지식 사용에 대한 지식'을 설정했던 것에서도 확인할 수 있다. 또한 일상에서 접하는 역사를 성찰하는 힘 있는 지식으로서 역사 문해력 논의와 연결된다.

앞서 설명한 두 가지 처방 가운데 하나만을 선택하는 것이 아니라 두 가지를 함께 실행할 때 역사가 학생의 삶과 관련성이 떨어지는 문제를 한층 의미 있게 해결할 수 있다. 나아가 그것이 '모든' 학생들을 위한 역사교육이 될 수 있다. 두 가지 처방이 역사의 학문적 시각에서 제시된 것이라고 생각할 수 있지만 실제 그 두 가지 처방에는 학생의 시각도 담겨 있다. 하나가 학생이 정체성 측면에서 의미를 찾게 하는 처방이라면 다른 하나는 학생이 실생활 속에서 역사와 직접적으로 상호작용할 수 있게 하는 처방이다.

실생활과 관련된 교육의 쟁점 중 하나는 진로 혹은 직업 준비 교육이다. DeSeCo의 핵심역량 교육은 직업 준비 교육이라는 비판을 받기도 했다. 앞에서 살펴보았듯이 영은 즉각적인 직업적 요구를 충족하기 위한 교육에 대해 비판적이다. 그런데 직업적 요구를 충족하는 교육과 실생활과 관련된 교육, 그 두 가지는 논리 만들기에 따라 구분되기도 하고 구분이 어렵기도 하다. 군이 구분하자면 전자가 직장 생활에서 요구되는 능력, 예를 들면 관계를 조정하는 능력과 일을 효율적으로 수행하는 데 필요한 기능 등에 좀 더 초점을 맞춘다면, 후자는 실생활에서 마주하게 되는 사회적 쟁점이나 현상을 좀 더 잘 분석하고 사회 문제를 해결하는 데 도움이 되는 지식이나 능력 함양에 초점을 맞춘다. 그러나 이 두 가지는 교육을 통해 단기적이고 즉각적인 효과를 내기를 기대한다는 점에서 공통적이다. 즉, 교육의 실용성을 강조한다. 이러한 즉각적이고 직접적인 효과를 목적으로 한다면 역사교육을 포함한 인문교육이 설 자리는 넓지 않다. 이러한 상황은 대학의 인문교육에서 먼저 감지되었다.

최근 들어 인문사회 및 기초과학 계열의 대학 학과들은 위기의식을 느끼고 있다. 청년들은 일자리를 찾기 위해 다양한 스펙을 쌓고, 자신의 적성보다는 취업을 우선순위에 두고 진로를 찾으며 주로 응용학문을 전공으로 선택한다. 이러한 과정에서 대학에서 소위 기초학문을 연구하는 학과들은 학생에게 외면받고 있다. 이러한 상황을 인식하면서 대학의 인문학과들도 변화를 꾀하고 있다. 역사의 경우 사학과 대신 역사콘텐츠학과로 변화를 시도하는 흐름을 관찰할 수 있다. 이러한 학과들은 순수 역사학이 아니라 현실

세계의 직업적 요구를 충족시킬 수 있는 '역사 관련' 그러나 '역사가 아닌 지식들'을 가르치며, 나아가 여러 학문 분야의 학문 융합적인 접근법으로 강좌를 운영하기도 한다. 이러한 상황 속에서 역사학과 역사학을 응용한 분야 사이의 간극이 넓어지고 있다.

이러한 사회 변화와 그에 부응하는 대학 역사학의 변화에 초·중·고등학교 역사교육은 어떤 식으로 반응하고 또 자극을 주어야 하는가? 희미해진 '교훈과 통찰력으로서 역사'의 유용성을 상기시켜 역사교육의 공공적 역할을 좀 더 강하게 주장해야 하는가? 아니면 실용적 학문과 교육에 대한 사회적 요구에 적극적으로 반응하면서 변화를 모색해야 하는가? '모두'를 위한 역사교육의 측면에서 해결책은 무엇인가?

사회 변화 속에서 2015 개정 교육과정 이후 고등학교에서 전문교과, 사회과에는 진로 선택 과목을 개설하여 고등학교 교육과정이 학생들의 고등학교 졸업 이후의 삶에 도움이 될 수 있도록 하고 있다. 진로선택 과목은 교육의 실용성을 강조하는 사회적 분위기 속에서 탄생했다. 이러한 과목을 역사교육계는 외면할 것인가? 아니면 활용할 것인가? 이러한 성격의 역사 선택 과목에서도 과목의 교육 목적은 역사의 '기초적인 학문적 지식', '힘 있는 지식' 교육을 심화하는 것에 두어야 한다. 그리고 역사 지식의 사용에 대한 지식을 학습하고 본격적으로 적용하여 일상에서 접하는 상식으로서의 역사를 분석하고 성찰해 볼 기회를 주어야 한다. 초·중·고등학교를 통해 학습해 온 역사의 기본적인 학문적·인식론적·방법적 지식을 실생활 맥락에서 적용해 볼 수 있게 하는 것이다. 역사뿐 아니라 다른 교과에서 학습한 지식들까지 간학문적으로 복합적으로 활용하여 '역량'을 배양하고 발휘할 기회로 삼는 것이다.

역사는 인간과 사회에 대한 이해를 확장하고 통찰력을 키워준다. 역사는 과거로부터 교훈을 끌어내어 현재 삶의 좌표를 제공할 수 있다. 그런데 실제 현재 역사교육이 통찰력을 키우고 교훈을 주는가? 무조건 역사를 가르친다고 역사적 통찰력이 커지는 것도 역사에서 교훈을 얻을 수 있는 것도 아니다. 특히 현재처럼 '위대한' 왕들의 업적과 왕조 교체 및 제도 정비 과정을 나열하고 기억하게 하는 방식으로는 교훈도 통찰력도 빈말에 지나지 않는다. 역사적 통찰력 함양을 통해 역사교육의 공공성을 강화하기 위해서는 역사교육이 변해야 한다. 과거와 현재의 큰 그림을 그리고, 인간과 사회 변화에 대해 장기적인 시각에서 통찰할 수 있으며, 또 현재 사회의 쟁점과 문제를 역사적 시각에서 분석하고 해결할 수 있게 역사교육을 재구조화해야 한다. 그 변화를 위해서는 학생이 역사의 힘 있는 지식을 학습하고, 그 지식을 학습했던 맥락과 '다른' 맥락, 즉 그것을 학습했던 특정 시기의 맥락이나 특정 주제에서 벗어나 다른 시기, 다른 주제에 그 지식을 적용하여 문제를 해결할 수 있는 기회를 제공하는 것이 필수적이다. 예를 들면 '조선시대 가족관계의 변화'라는 주제에서 변화와 계속의 메타역사적 개념을 학습하고 크고 작은 역사적 패턴을 짜보았다면 그러한 개념과 역사적 패턴 짜기의 방법을 다른 시대, 다른 주제를 탐구하는 데 사용할 수 있는 기회를 주는 것이다. 나아가 그러한 개념과 방법을 활용하여 학생이 일상에서 접하는 역사적 현상이나 역사물을 분석 또는 창조할 수 있게 해야 한다. 이렇게 할 때 역사의 실질적 지식을 기억하는 것에 그치지 않고, 삶과 연결된 역사를 탐구하는 교육, 역사적 통찰력을 함양하는 교육으로 나아갈 수 있다. 역사적 통찰력이 소수의 능력이 아니라 모든 학생의 것이 될 수 있도록, 그리고 모든 학생이 역사적 통찰력을 발휘하면서 실생활의 문제를 인식하고 해결할 수 있도록 하는 것이 바로 '모두를 위한 역사교육'이다.

5. 맺음말

이 장에서 OECD의 역량기반 교육과정 및 영과 뮬러의 지식 기반 교육과정
이 최근 전 세계적인 쟁점인 사회적 불평등과 공정성 문제에 대해 교육적으
로 어떤 처방을 내놓고 있는지 살펴보았다. OECD의 역량기반 교육과정 및
영과 뮬러의 지식 기반 교육과정을 살펴본 까닭은 사회적 불평등 문제를 교
육 개혁의 공통된 문제의식으로 삼았기 때문이다. 한국은 2000년대 초에
OECD가 진행한 DeSeCo 프로젝트에서 제시한 핵심역량 기반 교육과정의 이
론을 변형하여 2015 개정 교육과정을 마련했다. 그러나 그에 대한 비판은 컸
다. 그런데 2010년대 말 OECD는 DeSeCo 프로젝트를 비판적으로 분석하고
한계를 성찰하면서 Education 2030의 학습 틀을 다시 제시했다. 이 틀에서는
영과 뮬러의 지식 기반 교육과정 이론을 반영했다. 2000년대 초 DeSeCo 의 역
량기반 교육의 틀을 대폭 수정한 것이다. 최근 한국의 교육과정 전공자들은
Education 2030의 수정 틀을 기초로 교육과정 개정의 방향에 대해 논하고 있다.

사회적 형평성을 역사교육에 어떻게 담보할 것인가? 사회적 형평성이나
공정성에 역사교육은 어떻게 기여할 수 있는가? 사회적 공정성을 목적으로
역사교육을 수단화해야 한다고 주장하는 것이 아니라, 역사교육이 사회적
공정성에 기여할 수 있는가에 대해 질문하는 것이다.

영과 뮬러의 형평성에 대한 문제의식과 해결 방안으로 제시했던 시나리오
3은 필자가 줄곧 추구해 왔던 역사교육과 같은 궤도에 있다. 필자는 2010년
대 진행했던 초·중·고등학교 대상의 경험적 연구에 기초하여 학생들이 학
교 이외의 다양한 매체를 통해 역사 상식(선지식)을 획득하는데, 그 상식이
역사의 해석적 성격에 대한 이해를 방해하며 역사적 시야를 흐린다는 점을
지적해 왔다. 해결책으로 역사 상식을 성찰할 수 있는 기회를 제공하고 현
재와 다른 과거를 탐구하면서 세상을 보는 현재적 틀의 한계를 극복하며 나

아가 역사에서 정체성의 가변적이고 다중적 성격을 이해할 수 있게 하는 것의 중요성을 강조해 왔다. 그것을 한마디로 요약하면 '세상을 보는 틀과 성찰적 역사의식으로서 역사교육'이다.

학생 대상으로 경험적 연구를 하면서 초·중·고등학생 수백 명을 인터뷰했다. 다수의 학생은 새로운 역사 텍스트에 노출되어도 자신이 알고 있던 역사 상식에서 벗어나지 못했고, 역사 텍스트를 읽을 때 역사의 인식론적 및 방법적 개념이나 지식을 활용하지 못했다. 소수의 학생들만이 행위의 이유나 사건의 원인에 대해 질문했고, 현재와 다른 과거인의 관점을 과거의 맥락에서 읽으려고 했으며, 변화에 대해 질문하거나 분석하는 모습을 보였다. 매우 소수의 학생만이 텍스트를 꼼꼼히 읽으며 내용을 비교하여 모순을 발견했고, 글을 쓴 인물들의 관점에 대해 고려했다. 즉, 매우 소수의 학생만이 역사의 인식론적 및 방법적 지식을 활용하여 역사적 텍스트를 분석하거나 질문할 수 있었다. 그러나 그들은 자신이 역사의 인식론적 및 방법적 지식을 활용한다는 사실을 인식하지 못했다.

가장 놀라웠던 한 중학생은 역사적 사건들을 비교하면서 역사적 패턴을 짜고 사건들 사이의 관계나, 인간 행위들을 유추하여 역사적 통찰력을 발휘하여 설명했다. 학생이 역사의 해석적인 성격과 역사 해석의 복합적이고 복잡한 성격을 이해하고 역사적 통찰력을 발휘할 수 있다면, 그렇지 않은 학생과 다른 삶을 살까? 다른 사회적 삶을 살 것이라고 생각한다. 역사의 체계적인 학문적 지식, 해석적 성격은 그들이 거리에서 접하는 역사 상징물이나 게임에서 접하는 신화적 인물에 대해 질문할 수 있는 방법을 제공하며, 새로운 역사 해석을 접하면서 자신의 상식이나 정체성을 성찰하도록 자극한다. 또한 역사 해석의 복합적이고 복잡한 성격에 대한 이해는 역사를 이용한 정치적 선동에 비판적으로 접근할 수 있게 하며, 역사적 통찰력은 사회적인 변화를 큰 그림으로 이해하고 대처할 수 있는 안목을 키워준다.

소수가 아니라 모든 학생이 그러한 질문을 하고 성찰할 수 있으며, 비판적으로 접근하고 큰 그림으로 변화를 읽고 추동할 수 있게 하려면, 즉, 모든 학생이 적극적인 행위 주체로서 비판적 사고에 기초한 역사하기에 나설 수 있게 하려면 교육과정, 교과서, 그리고 수업을 통해 역사의 기본적인 학문적 지식, 힘 있는 지식을 가르쳐야 한다. 그렇지 않으면 역사는 일부 예외적인 학생들에게만 '힘'을 줄 수 있다. 그러한 역사하기가 소수 능력 있는 학생만의 것이 아니라 모든 학생의 것이 될 수 있게 하는 것, 모든 학생이 역사적 통찰력을 발휘하여 과거와 현재의 문제를 해결할 수 있게 하는 것이 모두를 위한 역사교육이다. 이를 위해서는 학생에 따라 학습의 속도나 학습의 방식이 다르다는 점을 인식하고 학생별 맞춤형 학습 방안, 적어도 학생들의 학습 속도나 방식을 고려하여 몇 개의 소집단으로 구분하여 소집단 맞춤형 학습 방안도 마련할 필요가 있다.

역사 교육과정이나 성취기준이 변해도 실제 수업은 변하지 않는 경향을 보인다. 교과서와 교사 교육의 관성 문제가 크다. 개선을 위한 역사교육인들의 노력이 필요하다. 최근 변하는 사회, 교육 이론, 역사학계의 변화한 역사의식과 역사교육계의 이론 등에 지속적으로 관심을 가지면서 교사 스스로 변화를 꾀하지 않는다면 역사적 통찰력은 소수 학생의 것이 될 수밖에 없으며, 우리가 의도하지 않았지만 다수의 학생을 일상의 경험과 상식의 틀에서 방향을 잡지 못하고 헤매게 할 수 있다.

역사라는 학문에 기초한 교육과 함께 역사와 다른 학문과의 협업적 융합을 추구하는 교육, 역사의 실질적 지식만이 아니라 인식론적·방법적 지식을 함께 가르치고 적용하게 하는 교육, 나아가 역사를 학생 자신의 삶이나 사회적 문제의식과 연결시키는 교육의 수혜자가 소수가 아니라 모두가 될 수 있게 해야 한다. 이를 위해서는 현재 실질적 지식 교육 중심의 한국 역사교육 문화와 체제는 반드시 변해야 한다.

지식의 범주		세부 지식 및 활동			
		3-4	5-6	7-9	10-12
역사적 탐구	역사적인 질문 생성	• 탐구할 과거의 사건, 인물, 유물, 유적·장소 등 선택하기 • 탐구를 위한 역사적 질문하기 • 큰 질문에 대답하기 위해 작은 세부 질문들 하기 ▸ 원인(이유나 동기)과 결과(영향)는? 인물이 문제라고 생각한 것과 해결 방안으로 고려한 것은? 유물을 만든 까닭은? 남아 있는 까닭은? 유물이 보여주는 사람들의 생활이나 생각은? 변한 것과 변하지 않고 계속된 것은? 등 • 세부 질문별로 잠정적으로 대답하기(가설 세우기)		• 탐구할 역사적 주제, 사건, 인물, 유물 등 선택하기 • 탐구하는 과거 특정한 시기의 기술, 사회관계·구조, 생활 모습, 가치 판단 기준 등이 오늘날과 어떻게 다른지 확인하기 • 역사적 개념, 메타역사적 개념, 역사 지식 등을 활용하여 역사적 문제 제기하기 • 큰 질문에 대답하기 위해 필요한 세부적인 질문하기 ▸ 원인(이유나 동기)과 결과(영향)는? 인물의 시각, 문제의식, 상황 인식은? 변한 것과 변하지 않고 계속된 것은? 사회구조적 제약은? 시대적 한계는? 등 • 당시 사회구조와 상황적 맥락을 고려하면서 세부 질문별로 역사적 가설 세우기	
	신뢰할 수 있는 자료(정보) 선택과 분석	• 역사 탐구 주제와 관련 자료(정보)를 찾기 • 자료를 제공하는 사람이나 기관이 해당 주제와 관련하여 얼마나 역사에 전문적인지 평가하기 • 자료들의 내용을 비교하면서 다른 점과 비슷한 점을 찾고, 신뢰할 수 있는 내용(정보)를 선택하기, 그 자료의 내용을 왜 신뢰할 수 있는지 설명하기 • 더 필요한 자료(정보)를 찾거나 찾은 자료의 내용에 기초하여 탐구 질문이나 가설을 수정하기		• 중요한 자료 선택하기: 역사 탐구 주제 및 가설과 관련되고 중요한 정보(자료)를 찾고 비교하면서 왜 중요한지 설명하기 • 신뢰할 수 있는 자료를 증거로 선택하기: 자료들의 내용을 비교 분석하면서 신뢰할 수 있는 정보(자료)를 찾아 세부 질문별로 가설을 입증하거나 혹은 가설을 부정하는 증거를 선택하기 • 더 필요한 자료(정보)를 찾거나 찾은 자료의 내용에 기초하여 탐구 질문 혹은 가설을 수정하기	
	역사적 추론	• 자료 내용에 기초하여 역사적 맥락 구성하기 ▸ 자료의 내용에서 오늘날과 다른 과거의 사회관계, 생활 방식, 과학기술, 법이나 도덕적 관념 등을 찾기 ▸ 자료의 내용에서 사건이 일어난, 인물이 행동한, 유물을 만들고 사용한 특수한 구체적인 상황을 찾아 설명하기 • 역사적 맥락에서 자료 분석 및 해석하기: 과거의 사회문화적 맥락과 상황 속에서 가능했을 만한 행위나 생각의 범위의 틀에서 세부적인 탐구 질문들 각각에 대답하는 내용을 자료에서 찾아 쓰기 • 역사적 맥락을 고려하면서 질문별로 대답하기: 오늘날과 다른 과거의 사회문화적 구조,		• 추론 과정에서 고려해야 할 역사적 맥락에 대해 토론하기 ▸ 자료의 내용에 기초하고 역사 지식을 활용하면서 탐구 주제에 대한 역사적 추론 과정에서 고려해야 할 사회구조, 과학기술, 법이나 제도, 도덕적 기준 등의 사회구조적 제약이나 시대적 한계에 대해 토론하기 ▸ 추론 과정에서 고려해야 할 특수한 구체적인 상황적 맥락이나 조건 등에 대해 이야기 나누기 ▸ 추론 과정에서 고려해야 할 자료의 종류, 특성, 자료에 나타나는 입장이나 시각 차이 등에 대해 토론하기	

지식의 범주	세부 지식 및 활동			
	3-4	5-6	7-9	10-12
	제도, 법, 사회적 관계, 당시 사람들이 당연하게 여겼던 사고방식이나 행동방식, 도덕적 기준 등을 고려하면서 자료의 내용을 이해하고 탐구 질문별로 대답하기 • 질문별 대답을 상호 연결하여 큰 탐구 질문에 대답하기		• 역사적 맥락에서 자료 분석 및 해석하기: 역사적 맥락과 구체적인 상황적 조건을 고려하면서 자료 내용을 근거로 질문별로 대답하기, 가설 검증하기 • 역사적 해석(설명) :질문별 대답들을 상호 연결하면서, 큰 탐구 질문에 대답하면서 근거와 증거에 기초하여 역사적인 해석(설명) 제시하기 • 역사적 한계 설명하기: 역사적 사건에 영향을 미친 과거와 현재의 과학기술의 발달 측면, 도덕적 판단 기준이나 사고방식 등, 구조적 요인 설명하기 • 역사적 의미 해석: 과거의 사건, 현상, 인물의 행위나 업적이 당시 사회에 미친 영향, 그리고 후대에 미친 영향에 대해 주장하기	
역사 쓰기 및 재현	• 역사적 맥락을 고려하면서 작은 질문들에 대한 답들을 어떤 순서로 배치할지 생각하여 서술할 내용을 구성하기 • 역사적 용어, 역사적 개념, 메타역사적 개념, 역사 지식 등을 활용하여 탐구한 주제를 종합적으로 정리하는 글 쓰기 • 그림, 만화, 전시 등 다양한 방식으로 역사 재현하기		• 작은 질문들에 대한 답들을 어떤 순서로 배치할지 생각하여 서술할 내용을 구성하기 • 역사적 용어, 역사적 개념, 메타역사적 개념, 역사 지식 등을 활용하여 탐구한 주제를 종합적으로 정리하는 글 쓰기 • 다양한 방식으로 재현하기	
역사 큰 그림 그리기	• 차이점과 유사점 설명: 유물, 유적, 이야기 속 인물의 행동, 그림 속 모습 등에서 과거와 현재의 차이점과 유사점 설명하기 • 사건들 관계 짓기: 사람의 행위, 사건들, 제도 등을 선후, 인과, 변화 등의 측면에서 상호 연관성 설명하기		• 역사적 패턴 짜기: 유물이나 유적, 사건들이나 현상들, 사회적 관계 등을 비교하여 통시적으로 변화와 계속, 횡시적으로 세계 여러 나라 역사적 발전의 유사한 패턴 설명하기 • 총괄의 개념 활용하여 역사적 상황이나 변화의 큰 그림 그리기 • 사건들이나 현상들, 사회적 관계 등을 횡시적 혹은 통시적으로 비교하여 역사 발전의 다양한 패턴 설명하기	
역사 지식 성찰 및 확장과 역사 토론		• 자신의 역사 지식 성찰 및 확장(메타적 사고): 잘못 알고 있었거나 부분적으로 알고 있었던 지식 확인하고 수정하기, 새로 알게 된 지식 확인하고 말해보기. • 역사 토론: 근거 혹은 증거에 기초하여 역사적 주장을 펼치고 토론하기 • 역사 토론 과정에 대한 성찰(메타적 사고): 주장들이 어떻게 다른지 분석하고 무엇이 주장을 서로 다르게 했는지 토론하기, 토론 과정에서 증거를 어떻게 활용했는지 말해보기, 토론 주제에 대한 사회적인 역사 논쟁, 미디어 보도 등이 역사 토론과 논쟁 과정에 어떻게 영향을 미쳤는지 말해보기, 사건이나 인물에 대한 나의 감정은 어떤 생각과 행위를 하도록 자극했는지 말해보기, 토론 과정에서 과거의 문화, 사건이나 인물 등에 대한 나의 지식, 생각, 감정, 관점 등에 어떤 변화가 있는지 말해보기		

지식의 범주	세부 지식 및 활동			
	3-4	5-6	7-9	10-12
역사적 성찰 및 문제해결, 역사적 통찰		• 역사적 성찰 및 역사적 문제 해결: 오늘날 역사적으로 탐구하면서 성찰해야 할 사회적 문제나 쟁점에 대해 말해보기, 역사 지식과 역사적 탐구 과정에 대한 지식을 활용하여 오늘날 사회 문제를 역사적으로 탐구하여 과거의 실수에 대해 비판하고 과거의 실수를 반복하지 않기 위해 어떻게 해야 하는지 토론하기 • 역사적 통찰: 과거의 사건이나 인물, 제도나 현상 등에 대해서 학습하거나 탐구한 내용이 인간, 사회, 공동체, 권력, 도덕과 윤리, 과학기술, 가족, 종교, 정치, 생업 등 인간의 삶에 대해 생각해 보게 하는 점에 대해 대화해 보기		

역사 지식의 사회적 활용			• 일상생활에서 접하는 역사물(사진, 드라마, 다큐멘터리, 시사 오락물, 영화, 게임, 벽화, 동상 등)에서 역사 분석하기
			  ▸ 허구과 역사 구분하기
			  ▸ 기록에 근거한 것과 기억에 근거한 것 구분하기
			
			• 일상생활에서 접하는 역사물(사진, 드라마, 다큐멘터리, 시사 오락물, 영화, 게임, 벽화, 동상, 소셜 미디어 등)에서 역사 활용 방식 분석하기
			  ▸ 역사를 활용한 목적과 역사를 활용한 효과는?
			  ▸ 기록과 기억을 활용하는 각각의 목적과 효과는?
			  ▸ 역사와 허구를 통합하는 목적, 방식, 효과는?
			
			• 일상생활에서 접하는 역사물(사진, 드라마, 다큐멘터리, 시사 오락물, 영화, 게임, 벽화, 동상, 소셜 미디어 등)에서 과거 특정한 사건을 다루는 시각 분석하기
			  ▸ 어떤 시각에서 사건이나 인물을 다루는가? 다른 시각에서 그 사건이나 인물을 다룬 것은 없는가?
			  ▸ 사용한 자료는 명시했는가? 어떤 자료들에 기초했는가? 자료들이나 자문은 신뢰할만한가? 다른 자료에 기초하여 그 사건이나 인물을 다룬 것은 있는가?
			  ▸ 추구하는 역사관이나 사회의식은? 같은 사건이나 인물을 다루면서 다른 역사관이나 사회의식을 추구하는 역사물은 있는가?	

지식의 범주	세부 지식 및 활동			
	3-4	5-6	7-9	10-12
			▶ 자극하는 감정과 사회적 행동은? ▶ 역사물에서 다룬 사건을 다른 각도에서, 다른 자료로, 다른 역사적 주체의 시각에서 다룬다면 어떤 다른 역사물을 만들 수 있는가? ● 역사 지식을 활용하여 역사물(사진, 드라마, 다큐멘터리, 시사 오락물, 영화, 게임, 벽화, 동상, 유튜브 등) 만들기 및 공개 　▶ 어떤 목적으로, 누구를 시청자(독자)로 상정할지 생각해 보기. 　▶ 어떤 자료에 기초하여, 어떤 시각에서, 어떤 역사의식에서, 어떤 점에 초점을 맞추어, 어떤 역사적 사실을 담고 어떤 점을 상상으로 구성할지, 어떤 감정에 호소할지, 왜 그렇게 할지 등 생각해 보기 　▶ 내가 만든 역사물을 공공의 장에 공개할 것인지 생각해 보기 　▶ 내가 만든 역사물을 공공의 장에 공개할 때 내게 어떤 영향을 미칠지 생각해 보기 　▶ 내가 만든 역사물을 공공의 장에 공개하는 것이 사회에 어떤 영향을 미칠지 생각해 보기	
메타역사적 개념	● 시간, 과거, 현재, 미래, 시대 ● 원인과 결과, 우연과 필연, 변화와 계속(차이점과 유사점 포함), 시각, 증거, 중요성, 역사적 주체 ● 연대기적 구조, 역사적 맥락		● 시간, 과거, 현재, 미래, 시대 ● 원인과 결과, 우연과 필연, 변화와 계속(차이점과 유사점 포함), 시각, 증거, 중요성, 역사적 주체 ● 연대기적 구조, 역사적 맥락 ● 총괄, 역사적 패턴	
역사 지식 활용 메타적 개념	● 신화, 전설, 기록, 유물, 유적, 문화재, 유산		● 신화, 전설, 기록, 유물, 유적, 문화재, 유산 ● 기억, 역사 콘텐츠	

▌찾아보기

█ 참고문헌

책을 펴내며

골린코프, 로베르타·캐시 허시-파섹. 2019. 『최고의 교육: 4차 산업혁명 시대 미래형 인재를 만
드는』. 김선아 옮김. 예문아카이브.
신종우. 2020.11.18. "[인공지능 시대 미래교육] 인공지능 시대, 미래교육의 다섯 가지 패러다임은?"
≪에듀인뉴스≫. https://www.eduinnews.co.kr/news/articleView.html?idxno=36889
트릴링, 버니·찰스 페델. 2012. 『21세기 핵심역량: 이 시대가 요구하는 핵심스킬』. 한국교육개발
원 옮김. 학지사.
한국정보통신기술협회. 2017. "디지털 전환". 『IT 용어사전』 https://terms.naver.com/entry.naver?
docId=3596818&cid=42346&categoryId=42346

1장. 사회 변화와 역사 교육과정

강선주 엮음. 2018. 『세계는 역사를 어떻게 교육하는가: 9개국의 역사 교육과정 분석』. 한울엠플
러스.
강선주. 2010. 「역사교육의 내용 선정과 조직 연구 현황과 과제」. ≪역사교육≫, 제113권, 71~
101쪽.
강선주. 2011a. 「5학년 역사 내용 구성 방안」. ≪역사교육≫, 제116권, 29~63쪽.
강선주. 2011b. 「4, 5학년생의 역사 개념과 초등 역사교과서 개발 방향: 경험적 연구에 기초하여」.
≪역사교육논집≫, 제47권, 361~398쪽.
강선주. 2015a. 「동아시아 담론과 비교법을 활용한 동아시아사 교육」. 『역사교육 새로 보기: 복
합의 시각』. 한울엠플러스.
강선주. 2015b. 「지구사와 세계사 교육」. 『역사교육 새로 보기: 복합의 시각』. 한울엠플러스.
강선주. 2015c. 「신문화사와 역사교육」. 『역사교육 새로 보기: 복합의 시각』. 한울엠플러스.
강선주. 2017. 『소통으로 만드는 역사교육: 역사 문서 읽기와 성찰적 역사의식』. 서울대학교출판
문화원.
강선주. 2018a. 「연대기적 서사 대 역사적 사고의 논쟁과 타협」. 강선주 엮음. 『세계는 역사를
어떻게 교육하는가: 9개국의 역사 교육과정 분석』. 한울엠플러스.
강선주. 2018b. 「'기준'으로서 역사교육과정」. ≪역사교육≫, 제120권.

강선주. 2018c. 「학생의 다양성과 역사교육」. ≪역사교육≫, 제148권, 1~34쪽.

강선주. 2018d. 「역사 교육과정 개발 방법」. ≪역사교육≫, 제146권, 89~128쪽.

강철구·안병직 엮음. 2011. 『서양사학과 유럽중심주의: 유럽중심주의 없는 서양사란 무엇인가』. 용의숲.

강화정. 2014. 「고등학생의 민주주의 이해 양상: 5·16과 5·18을 중심으로」. ≪역사와 세계≫, 제45권, 233~270쪽.

교육부. 2013a. 「교육과정 총론」. 제2013-7호, [별책 1].

교육부. 2013b. 「초·중등학교 교육과정 총론」. 교육부 고시 제2013-7호, [별책 1].

교육부. 2015. 「사회과 교육과정」. 교육부 고시 제2015-74호, [별책 7].

교육부. 2020. "현직 교사의 인공지능 융합교육 역량 강화를 위해 교육부, 시도교육청, 38개 교육대학원이 힘을 합치다". 교육부 보도자료(2020.1.29). https://www.moe.go.kr/boardCnts/view.do?boardID=294&lev=0&statusYN=W&s=moe&m=0204&opType=N&boardSeq=82398

권중달. 2003. 「한국 동양사에 있어서 연구 시각의 문제」. ≪한국사학사학보≫, 제7권, 93~130쪽.

김경자. 2014. 「국가 교육과정 무엇을 왜 개정하는가?」. 국가교육과정 무엇을 왜 개정하는가: 제1차 국가교육과정 전문가 포럼(2014.7.10).

김말선. 2019. 「중학교 역사수업에서 교사들의 성취기준 활용 양상과 영향 요인」. 부산대학교 대학원 박사논문.

김말선·남교민·김대현. 2016. 「2009 개정 교육과정 성취기준에 대한 중학교 역사교사들의 이해와 활용」. ≪학습자중심교과교육연구≫, 제16권 7호, 631~655쪽.

김민수. 2015. 「2009 교육과정 개정에 따른 고등학교 〈한국사〉 수업의 내용 구성」. ≪역사와 세계≫, 제47권, 285~327쪽.

김민수. 2020. "MZ세대(밀레니얼+Z세대)는 국어능력 부족… 부족한 능력 1위는?" ≪리크루트타임스≫(2020.10.7). http://www.recruittimes.co.kr/news/articleView.html?idxno=87508 (검색일: 2021.11.13).

김민정. 2014. 「역사과 교육과정 내용체제의 대강화와 성취기준 제시 방식에 대한 재검토」. ≪사회과교육연구≫, 제21권 3호, 1~13쪽.

김육훈. 2015. 「2015 역사과 교육과정 논의에 부쳐: 역사교육연대회의 공개토론회 결과」. ≪역사와 교육≫, 제12권, 270~282쪽.

김지영. 2021. "코로나 이후 '온라인 수업 지속' 원하는 학생 얼마나 될까?" 대덕넷(2021.10.20). https://www.hellodd.com/news/articleView.html?idxno=94630 (검색일: 2021.11.13).

김태웅. 2012. 「2009 개정 역사 교육과정을 둘러싼 의사 결정 구조의 난맥과 개발 과정의 허실」. ≪역사교육≫, 제124권, 59~91쪽.

김한종. 2015. 「교육과정 구성 논리로 본 2015 개정 역사 교육과정의 쟁점」. ≪역사교육연구≫,

제23권, 7~49쪽.

김한종·송상헌. 1997. 「중·고등학교 국사교육 목표의 설정 방안」. ≪역사교육≫, 제63권.

김항구·김한종. 1997. 「중·고등학교 국사교육 내용의 선정 방안」. ≪청람사학≫, 제1권, 13~55쪽.

김호동. 2012. 「'변방사'로 세계사 읽기: 중앙유라시아사를 위한 변명」. ≪역사학보≫, 제228권, 55~80쪽.

동아비즈니스포럼. 2019. "취향·경험을 탐닉하는 파워 신인류, Z세대만의 코드를 이해하라". ≪동아 비즈니스 리뷰≫, 269호(2019년 3월 Issue 2). https://dbr.donga.com/article/view/ 1202/article_no/9062

박원호. 2006. 「한국사연구의 동아시아적 맥락」. ≪역사학보≫, 제191권, 1~20쪽.

박원호. 2012. 「동아시아사로서의 한국사를 위한 마지막 제언」. ≪역사학보≫, 제216권, 33~56쪽.

박진동. 2018. 「역사교육으로 정의하는 핵심역량: 캐나다의 역량 중심 교육과정」. 강선주 엮음. 『세계는 역사를 어떻게 교육하는가: 9개국의 역사 교육과정 분석』. 한울엠플러스.

박진동·박주현·신항수. 2012. 「역사과 성취기준·성취수준 개발의 원리: 2009 개정 교육과정에 따른 성취기준·성취수준 개발 연구를 중심으로」. ≪역사교육≫, 제123권, 275~304쪽.

박평식. 2013. 「조선시대사 연구의 성과와 국사교육」. ≪역사교육≫, 제123권, 337~360쪽.

방지원. 2018. 「역사 지식과 탐구 기술: 호주의 절충」. 강선주 엮음. 『세계는 역사를 어떻게 교육하는가: 9개국의 역사 교육과정 분석』. 한울엠플러스.

백남진. 2014. 「교과 특수 역량에 기반한 성취기준 개발의 방향 탐색: 호주, 캐나다, 싱가포르 사회과 교육과정을 중심으로」. ≪교육과정연구≫, 제32권 4호, 163~195쪽.

백남진·온정덕. 2014. 「역량기반 교과 교육과정에서 기준과 수행의 의미」. ≪교육과정연구≫, 제32권 4호, 17~47쪽.

신항수 외. 2018. 「2015 개정 교육과정 총론에 따른 중학교 역사 교육과정 시안 개발 연구」. 교육부.

양정현. 2011. 「2007, 2011 역사과 교육과정 개정 논리와 계열성」. ≪역사교육≫, 제120권, 1~32쪽.

역사교육연구소. 2021a. 「세계사 교과서 뜯어보기」. 교육과정분석 토론회(2021.6.26).

역사교육연구소. 2021b. 「초등 역사 교육과정 상상하기 및 중등 한국사 교과서 뜯어보기」. 교육과정분석 토론회(2021.7.10).

역사교육연구회·역사교육학회·역사와교육학회·웅진사학회·한국역사교육학회. 2021. 「4차 산업혁명 시대의 초·중·고등학교 역사교육」. 5개 학회 연합학술대회(2021.6.5).

역사문제연구소 민중사반. 2013. 『민중사를 다시 말한다』. 역사비평사.

우덕찬. 2008. 「서아시아사·중앙아시아사 연구의 회고와 전망」. ≪역사학보≫, 제199권, 357~370쪽.

윤종배. 2018. 『역사수업의 길을 묻다: 30년차 교사의 성찰, 그리고 진화의 수업기록』. 휴머니스트.

윤종배·박중현·이성호·권효현. 2015. 「다시 세계사 교육의 길을 묻다」. ≪역사와 교육≫, 제12권.

이동수. 2010. 「지구시민의 정체성과 횡단성」. ≪21세기정치학회보≫, 제20권 3호, 181~199쪽.

이미림. 2017. 「〈나비의 전설〉에 나타난 유동하는 정체성과 유목적 사유」. ≪우리문학연구≫, 제55권, 327~350쪽.

이미미. 2018. 「역사기준: 미국의 다양성 속 공통성 지향」. 강선주 엮음. 『세계는 역사를 어떻게 교육하는가: 9개국의 역사 교육과정 분석』. 한울엠플러스.

이성규. 2015. 「동양사학회 오십년과 동양사학」. ≪동양사학연구≫, 제133권, 1~25쪽.

이영주. 2020. "학생이 꼽은 원격수업 장단점… '감염걱정 없지만, 집중력 감소'". 연합뉴스 (2020.9.13). https://www.yna.co.kr/view/AKR20200911146600061 (검색일: 2021.11.13)

이영효. 2015. 「역사교육의 내용」. 김한종·이영효·최상훈·강선주 지음. 『역사교육의 내용과 방법』. 책과함께.

이해영. 2013. 「역사수업에 대한 학생들의 흥미 연구」. ≪역사교육≫, 제127권, 65~99쪽.

이해영. 2014. 「역사의식 조사로 본 학생들의 가치판단 탐색」. ≪역사교육≫, 제131권, 131~166쪽.

이화진 외. 2017. 「미래 사회 변화 대비 정책 어젠다 발굴과 중장기 과제 개발」(RRO-2017-4). 한국교육과정평가원.

전국역사교사모임·역사교육연구소. 2021. 학생과 교사가 함께 만드는 역사과 선택과목 토론회. 교육과정분석 토론회(2021.7.3).

진재관 외. 2013. 「미래 사회 대비 국가 수준 교육과정 방향 탐색: 역사」(CRC 2013-21). 교육부.

진재관 외. 2015. 「2015 개정 교과 교육과정 시안 개발 연구 II: 역사과 교육과정」(CRC 2015-25-7). 교육부.

최상훈 외. 2014. 「문·이과 통합 역사과 교육과정 재구조화 연구」. 교육부.

한국교육과정평가원. 2018. 「교과 역량 함양을 위한 교수학습-평가 연계 교수학습 과정안 예시 자료집: 중학교 국어, 역사, 수학, 기술, 가정, 음악 교과를 중심으로」(ORM 2018-126).

한국서양사학회. 2009. 『유럽중심주의 세계사를 넘어 세계사들로』. 푸른역사.

한국역사교육학회. 2021. 「역사과 교육과정 개발의 새로운 탐색」. 한국역사교육학회 2021 춘계 전국학술대회(2021.4.24).

한혜정·이주연. 2017. 「학문중심 교육과정 및 이해중심 교육과정과의 비교를 통한 역량기반 교육과정 이해」. ≪교육과정연구≫, 제35권 3호, 203~221쪽.

호가스, 로빈 M.·엠레 소이야르. 2021. 『경험의 함정: 빠르게 변화하는 시대에 경험은 왜 강점이 아닌 약점이 되는가』. 정수영 옮김. 사이.

홍원표·이근호·이은영. 2010. 「외국의 역량기반 교육과정 현장적용 사례 연구: 호주와 뉴질랜드, 캐나다, 영국의 사례를 중심으로」(RRC 2010-2). 한국교육과정평가원.

Bain, Robert B. 2015. "Challenges of Teaching and Learning World History". in Douglas Northrop(ed.). *A Companion to World History*. Blackwell Publishing.

Barton, Keith. 2009. "The Denial of Desire: How to Make History Education Meaningless". in L. Symcox and A. Wilschut(eds.). *National History Standards: The Problems of the Canon and The Future of Teaching History.* Charlotte, NC: Information Age Publishing.

Cilliers, E. J. 2017. "The challenge of teaching generation Z". *International Journal of Social Sciences*, Special Issue Vol.3, No1, pp188~198.

Cooper, Hilary. 2015. "How can we plan for progression in primary school history?" *Revista de Estudios Sociales*, Vol.52, pp.16~31.

Foster, S. et al. 2008. "Usable Historical Pasts: A Study of Students' Frameworks of the Past: Full Research Report ESRC End of Award Report"(RES-000-22-1676). Swindon: ESRC

Howson, Jonathan. 2007. "Is it the Tuarts and then the Studors or the Other way Around? The Importance of Developing a Usable Big Picture of the Past". *Teaching History*, Vol. 127, pp.40~47.

Kelly, Frank S., Ted McCain and Ian Jukes(eds.). 2009. *Teaching the digital generation: No more cookie-cutter high schools.* Melbourne, Vic: Hawker Brownlow Education.

Kirvunja, Charles. 2014. "Theoretical perspective of how digital natives learn." *International Journal of Higher Education,* Vol.2, No.1, pp94~109.

Kitson, Alison and Chris Husbands. 2011. *Teaching and Learning History 11-18: Under-standing the Past.* London: Open University Press

Lee, Peter and Rosalyn Ashby. 2000. "Progression in Historical Understanding among Students Ages 7-14". in P. Stearns, P. Seixas and S. Wineburg(eds.). *Knowing, Teaching and Learning History: National and International Perspectives.* New York: New York University Press.

Lee, Peter and Rosalyn Ashby. 2001. "Empathy, Perspective Taking and Rational Understand-ing" in O. L. Davis Jr., Elizabeth Anne Yeager and Stuart J. Foster(eds.). *Historical Empathy and Perspective Taking in the Social Studies.* London: Rowman & Littlefield Publisher, INC.

Lee, Peter. 2017. "History Education and Historical Literacy". in Ian Davis(ed.). *Debates in History Teaching.* 2nd Edition. London: Routledge.

Prensky, Marc. 2001a. "Digital natives digital immigrants part 2: Do they really think differently?" *On The Horizon*, Vol.9, No.6, pp.3~16.

Prensky, Marc. 2001b. "Digital natives, digital immigrants part 1." *On The Horizon*, Vol.9, No.5, pp.3~6.

Rehingold, Howard. 2003. *Smart Mobs: The Next Social Revolution.* Basic Books; Revised ed. edition.

Rothman, Darla. 2016. "A Tsunami of learners called Generation Z." http://www.mdle.net/Journal/A_Tsunami_of_Learners_Called_Generation_Z.pdf

Seemiller, Corey and Meghan Grace. 2017. "Generation Z: Educating and engaging the next generation of students." Wiley Oline Library, American College personnel and Wiley Periodicals, Inc. https://onlinelibrary.wiley.com/doi/full/10.1002/abc.21293

Seixas, Peter and Tom Morton. 2013. *The Big Six: Historical Thinking Concepts.* Canada: Nelson Education.

Tapscott, Don. 2009. *Grown up digital: How the net generation is changing your world.* New York: McGraw-Hill

UNICEF. 2007. "A Human Rights-Based Approach to Education for All: A Framework for the Realization of Children's Right to Education and Rights within Education."

VanSledright, Bruce. 2011. *The Challenge of Rethinking History Education: On Practices, Theories, and Policy.* Abingdon: Taylor & Francis.

2장. 이주와 네트워크 시대 초등 사회과 역사

강대현. 2017. 「한국 사회과 교육과정의 변천과 양상: 교수요목기에서 2009 개정 교육과정까지」. ≪사회과교육≫, 제54권 1호, 63~89쪽.

강동구 홈페이지. https://www.gangdong.go.kr/site/contents/koRenew/html03/html00/html03/index02.html

강선주. 2017. 『소통으로 만드는 역사교육: 역사 문서 읽기와 성찰적 역사의식』. 서울대학교출판문화원.

강선주. 2018. 「초등 역사의 '통합'과 '분리', '민주시민을 위한 역사교육' 어떻게 해야 하는가?: 2015 개정 초등 사회과 역사 교육과정과 교과서 분석에 기초한 제언」. ≪역사교육≫, 제122권, 134~153쪽.

교육부. 2013. 「초·중등학교 교육과정 총론」. 교육부 고시 제2013-7호 [별책1] 붙임1.

교육부. 2015. 「초·중등학교 교육과정 총론」. 교육부고시 제2015-74호 [별책1] 붙임1.

교육부. 2018a. 「초·중등학교 교육과정 총론」. 교육부고시 제2018-162호 [별책1] 붙임1.

교육부. 2018b. 사회과 교육과정 교육부 고시 2018-162호 [별책 7].

교육부. 2020. 『사회 5-1』.

구정화 외. 2014. 「문·이과 통합 사회과 교육과정 재구조화 연구」. 교육부.

김광운 외. 2011. 「2011년 역사과 교육과정 개정을 위한 시안 개발 연구」. 교육과학기술부.

김기중. 2019.6.7. "국립국어원, 다문화가정, 한국어 부족한 학생 위한 교재 출간." ≪서울신문≫.

http://seoul.co.kr/news/newsView.php?id=20190607500098 (검색일: 2019.11.11).

김다원. 2018.「지역화교육을 위한 초등 사회과 지역교과서 내용 구성 논의」. 한국지역지리학회
　　지≫, 제24권 4호, 557~573쪽.

김동호. 2018.7.3. "文대통령 '정부수립 100주년 사업, 역사적 자긍심 근거될 것'". ≪뉴스웍스≫.
　　http://www.newsworks.co.kr/news/articleView.html?idxno=197994 (검색일: 2019.11.1).

김민영. 2018.4.26. "[청소년통계] 초중고교 다문화학생 10만 명 첫 돌파." ≪아시아경제≫.
　　https://www.asiae.co.kr/article/2018042610233700547 (검색일: 2019.11.1).

김민지. 2015.「다문화가정 자녀의 문화적 정체성 형성과정에 관한 연구」. ≪디아스포라연구≫,
　　제9권 2호, 197~231쪽.

김봉석. 2015.「융복합 시대의 지리적 관점을 조망하는 역사교육의 모색: 을축년 대홍수에 따른
　　잠실의 지형경관 변화를 중심으로」. ≪사회과교육≫, 제54권 1호, 91~108쪽.

김상환. 2014.7.5. "학문의 경계와 융합: 두 문화의 합류를 위하여, 문화의 안과 밖 강연시리즈."
　　열린 연단: 문화의 안과 밖. https://openlectures.naver.com/contents?contentsId=48463
　　&rid=248 (검색일: 2019.11.15).

김용신. 2013.「글로벌 시민교육에서 사회과 환경확대 논리에 대한 비판과 확장해석」. ≪국제지
　　역연구≫, 제17권 3호, 3~18쪽.

김자영. 2017.「나는 누구인가?: 한 다문화가정 소년의 자아정체성에 관한 사례 연구」. ≪다문화
　　교육연구≫, 제10권 2호, 125~145쪽.

김정인. 2017.「사회과통합형 초등 역사교육 모색」. ≪역사교육연구≫, 제27권, 183~233쪽.

김정호 외. 2005.「사회과 교육과정 개정(시안) 연구개발」(CRC 2005-9). 한국교육과정평가원.

김주원. 2003.「지방자치단체 정체성 확립방안: 원주 생명문화·도시를 중심으로」. ≪한국지방자
　　치학회보≫, 제15권 3호, 209~235쪽.

남궁욱. 2009.4.18. "'성공의 역사' 강조… MB식 역사 세우기 시작됐다." ≪중앙일보≫. https://
　　news.joins.com/article/3575400 (검색일: 2019.11.20).

네이버 국어사전. "융합". https://ko.dict.naver.com/#/entry/koko/36b8cd3ccd8e41acbd905f85
　　5660bf75

모경환 외. 2015.「2015 개정 교과 교육과정 시안 개발 연구 I, 사회과 교육과정」(CRC 2015-23).
　　한국교육과정평가원.

박병기 외. 2021.「포스트코로나 대비 미래지향적 사회교과군 교육과정 구성 방안 연구」. 교육부.

박상준. 2007.「다문화주의적 관점에서 초등 사회과의 전통문화 관련 내용의 분석」. ≪교육종합
　　연구≫, 제5권 2호, 79~99호.

박재구. 2019.4.26. "이재정 경기도교육감 '포용·공존 지향하는 다문화 교육 적극 지원할 것'". ≪국
　　민일보≫. http://news.kmib.co.kr/article/view.asp?arcid=0924074926&code=11131412
　　&cp=nv (검색일: 2019.12.19).

박철희. 2007. 「다문화 교육의 관점에 기초한 초등 사회·도덕 교과서 내용에 대한 비판적 고찰」. ≪교육사회학연구≫, 제17권 1호, 109~129쪽.

백은진. 2015. 「무엇을 위한 역사교육이어야 하는가?: 국가교육과정, 정부의 역사교육 정책, '국가주의' 비판 담론에 대한 분석」. ≪역사교육연구≫, 제22권, 287~324쪽.

심형준. 2019.10.19. "다문화 학생 경기도에만 3만 3천명으로 24.4% 밀집⋯ 교육대책 시급". ≪파이낸셜뉴스≫. http://www.fnnews.com/news/201910192151319992 (검색일: 2019.11.1).

윤옥경. 2007. 「지역화 교과서 분석을 통한 지역 학습 내용 구성 방안: 「사회과 탐구: 서울의 생활」을 중심으로」. ≪한국지역지리학회지≫, 제13권 2호, 220~233쪽.

은지용·이간용·최병택·한춘희. 2015. 「2015 개정 초등 사회과 교육과정 시안의 기본 방향과 주요 특징 및 변화 양상」. ≪사회과교육≫, 제54권 4호, 65~83쪽.

이규평 외. 2018. 『우리 고장의 생활: 강서구, 북구, 사상구』. 부산광역시 북부교육지원청(2018-23).

이민경. 2015. 「중국 출신 고학력 결혼이주여성들의 자녀교육을 통해서 본 정체성 재구성: 대구·경북 지역 이주여성을 중심으로」. ≪한국교육학연구≫, 제21권 2호, 147~171쪽.

임기환. 2016. 초등학교 역사과 내용 구성에서 인물사, 생활사, 문화사 구성의 가능성 탐색: 2015 개정 초등사회과 교육과정 역사영역을 중심으로」. ≪역사교육연구≫, 제26권, 7~46쪽.

장문석. 2011. 『민족주의』. 책세상.

장의선. 2019. 「지리교육의 5대 빅아이디어를 적용한 초등 사회과 지리 영역의 내용 체계 개발」. ≪대한지리학회지≫, 제54권 2호, 251~269쪽.

전재호. 2019. 「2000년대 한국의 극단적 민족주의에 관한 비판적 연구: '국수주의 역사학'의 존립 기반을 중심으로」. ≪정치사상연구≫, 제25권 1호, 67~94쪽.

정요근. 2018. 박근혜 정부의 비호 아래 진행된 국수주의 유사 역사의 세력 확장. ≪내일을 여는 역사≫, 제70권, 106~122쪽.

조용수. 2010.8.10. "융합 학문에 대한 잘못된 생각." ≪매일경제≫. https://www.mk.co.kr/opinion/contributors/view/2010/08/431551/ (검색일: 2019.11.16).

존슨, 앤드루. 2012. 『세계는 어떻게 움직이는가: 세계화를 보는 열한 가지 생각』. 이가람 옮김. 동녘.

차조일 외. 2021. 「2022 개정 사회교과군 교육과정 재구조화 연구」. 교육부.

최대희. 2018. 「초등교과서에 투영된 '차이' 중심 다문화교육」. ≪다문화와 디아스포라연구≫, 제12권, 1~31쪽.

최상훈·양호환·신성곤·오정현·방대광. 2014. 「문·이과 통합 역사과 교육과정 재구조화 연구」. 교육부.

홍학희. 2003. 「여성 인식의 측면에서 본 허균(許筠)의 개혁 사상」. ≪한국고전여성문학연구≫, 제6권, 291~330쪽.

황은희. 2015. 「2015 개정 초등 사회과(역사 영역) 교육과정 고찰: 주제 중심의 통합적 구성? 초등 역사교육에 대한 고민 부재!」. ≪역사교육연구≫, 제23권, 51~86쪽.

황은희. 2018. 「초등 역사 교육과정과 교과서 내용 검토: 2007 개정교육과정부터 2015 개정교육
　　과정까지」. ≪역사교육≫, 제147권, 157~201쪽.

Kang, Sun Joo(강선주). 2019. "Reconstructing Heritage in History Education(유산의 재구성과
　　역사교육)". 이주의 시대, 역사 및 유산 교육의 현재와 미래. 경인교육대학교 대학혁신
　　지원사업-국제협력연구지원사업 후원 국제학술대회(2019.11.7).

PMG지식엔진연구소. 2018.7.9. "Z세대". 박문각. https://terms.naver.com/entry.naver?docId=
　　74871&cid=43667&categoryId=43667

Castells, Manuel. 2010. *Power of Identity v. 2: The Information Age - Economy, Society and
　　Culture*. 2nd ed. Oxford: Wiley-Blackwell.

Tomlinson, John. 1999. *Globalization and Culture*. Chicago: University of Chicago Press.

3장. 문화재·문화유산 교육과 역사교육

강만길. 1974. 「「사관: 서술체제의 검토」 특집: 국사 교과서의 제문제」. ≪창작과 비평≫, 제9권
　　2호.

강선주. 2013. 「역사교육계의 역사의식 이론과 학생들의 역사의식 조사 연구에 대한 검토」. ≪역
　　사교육논집≫, 제51권, 129~165쪽.

강우철. 1971. 「역사교육의 추이」. ≪역사교육≫, 제14권.

강우철. 1974. 『역사의 교육』. 교학사.

강우철. 1978. 「역사교육과 역사의식」. ≪역사교육≫, 제24권.

고범석·염미경. 2005. 「제주유배문화유산의 교육적 활용을 위하여」. ≪교육과학연구≫, 제7권
　　1호.

교육부. 2018. 「초·중등학교 교육과정 총론」. 교육부 고시 제2018-162호 [별책1] 붙임1.

김도한. 2011. 「오산지역 문화재를 활용한 역사교육 프로그램 개발」. 한신대학교 교육대학원 석
　　사학위 논문.

김용구. 2018. 「문화유산교육의 전개과정과 지역문화유산교육의 부상」, ≪문화재≫, 제51권 2호,
　　154~169쪽.

김용덕. 1972. 「민족사와 역사의식」. ≪기독교 사상≫, 제18권 6호.

김용섭. 1975. 「우리나라 근대역사학의 성립」. 이우성·강만길 엮음. 『한국의 역사인식』 하. 창
　　작과 비평사.

김원. 2012. 「'한국적인 것'의 전유를 둘러싼 경쟁: 민족중흥, 내재적 발전 그리고 대중문화의 혼

적」. ≪사회와 역사≫, 제93권, 185~235쪽.

김주현. 2006. 「1960년대 '한국적인 것'의 담론 지형과 신세대 의식」. ≪상허학보≫, 제16권, 379~410쪽.

두산백과. 2020a. "문화유산"[cultural heritage, 文化遺産]. https://terms.naver.com/entry.nhn? docId=1095649&cid=40942&categoryId=33495 (검색일: 2020.5.13).

두산백과. 2020b. "문화재" https://terms.naver.com/entry.nhn?docId=1095654&cid=40942&categoryId=33495 (검색일: 2020.6.1).

류호철. 2016. 「역사교육 소재로서 문화유산의 가치와 교육적 활용방향: 고등학생 대상 문화유산 교육 사례를 통해」. ≪동아시아고대학≫, 제42권, 127~147쪽.

문교부. 1963a. 『초등학교 교육과정』. 문교부령 제119호 별책.

문교부. 1963b. 『중학교 교육과정』. 문교부령 제120호.

문교부. 1973a. 『국민학교 교육과정』. 문교부령 제310호.

문교부. 1973b. 「제3절 국사과」. 『중학교 교육과정』. 문교부령 제325호.

문교부. 1974. 『사회 4-2』.

문화공보부 문화재관리국. 1978. 『호국선현의 유적』.

문화재청. 2007. 「문화재활용 가이드북」.

문화재청. 문화재보호법(시행 2019년 12월 25일)(법률 제16057호, 2018년 12월 24일, 일부개정) http://www.law.go.kr/lsInfoP.do?lsId=001607#0000 (검색일: 2020.5.13).

박상혜. 2018a. 「상상적 접근 질문을 통한 문화재 교육 방안: 중학교 역사교과서 문화재 내용 분석을 바탕으로」. ≪교육문화연구≫, 제24권 3호, 385~310쪽.

박상혜. 2018b. 「맥락적 이해를 통한 문화재 교육 방안: 중학교 역사 교과서 문화재 내용 분석을 바탕으로」. ≪역사와 교육≫, 제27권, 267~312쪽.

박평식. 2013. 「조선시대사 연구의 성과와 국사교육」. ≪역사교육≫, 제125권, 337~360쪽.

백영경. 2019. 「공동체적인 삶과 '유산'(Heritage)의 의미에 대한 사회과학적 연구: 제주 마을의 사례를 중심으로」. ≪문화와 융합≫, 제41권 2호, 1017~1050쪽.

송춘영. 1990. 「국사교육에 있어서 향토사 교재의 지도 방안」. ≪역사교육논집≫, 제13권.

오명석. 1998. 「1960~70년대의 문화정책과 민족문화담론」. ≪비교문화연구≫, 제4권, 121~152쪽.

오세탁. 1997. 「문화재보호법과 그 문제점」. ≪문화재≫, 제30권, 31~44쪽.

오인택. 2014. 「탑과 문화재의 지식 구조와 교육 방안: 문화재 교육의 이론화 시론」. ≪문화예술교육연구≫, 제9권 1호, 125~146쪽.

유네스코와 유산. 2020. https://heritage.unesco.or.kr/ (검색일: 2020.6.1).

유승훈. 2003. 「일제시기 문화재보호법의 '중점보호주의'와 '포괄적 법제'에 관하여」. ≪역사민속학≫, 제17권.

윤병석. 1978. 「한국사와 역사의식」. ≪역사교육≫, 제24권, 155~163쪽.

윤종영. 2001. 「국사교육강화정책」. ≪문명연지≫, 제2권 1호, 273~296쪽.

은정태. 2005. 「박정희 시대 성역화사업의 추이와 성격」. ≪역사문제연구≫, 제15권, 241~277쪽.

이병희. 2002. 「향토사 교육의 현황」. ≪청람사학≫, 제5권, 105~131쪽.

이봉규. 2017. 「박정희 정권기 역사교육학계의 민족주체성 인식과 국사교육 강화」. ≪역사문제연구≫, 제21권 1호, 13~53쪽.

이신철. 2006. 「국사교과서 정치도구화의 역사: 이승만·박정희 독재정권을 중심으로」. ≪역사교육≫, 제97권, 177~209쪽.

이예선. 2009. 「고등학교 국사수업에서 세계문화유산 활용 방안 모색: 공주와 부여지역을 중심으로」. ≪역사와 역사교육≫, 제18권, 101~120쪽.

이우성. 1971. 「1979~80년도 한국 사학계의 회고와 전망」. ≪역사학보≫, 제49권.

이존희. 1974. 「국사교육과 가치목표」. ≪사회과교육≫, 제7권, 13~24쪽.

이해영. 2011. 「국사 교과서 문화재에 대한 학생들의 반응과 교과서 서술의 방향」. ≪사회과교육연구≫, 제18권 4호, 79~92쪽.

이현경. 2018. 「'불편문화유산(difficult heritage)'의 개념 및 역할에 대한 고찰」, ≪도시연구≫, 제20권, 163~192쪽.

이현경·손오달·이나연. 2019. 「문화재에서 문화유산으로: 한국의 문화재 개념 및 역할에 대한 역사적 고찰 및 비판」. ≪문화정책논총≫, 제33권 3호, 5~29쪽.

장신. 2016. 「해제_『중·고등학교 한국사 교육 개선을 위한 기본 방향』」. ≪역사문제연구≫, 제35권.

장영민. 2007. 「박정희 정권의 국사교육 강화 정책에 관한 연구」. ≪인문학연구≫, 제34권 2호, 447~489쪽.

전영준. 2018. 「역사적 사고력 신장을 위한 중등 역사수업의 문화재교육」. ≪역사와 실학≫, 제66권, 423~449쪽.

전재호. 2012. 「박정희 정권의 '호국 영웅 만들기'와 전통문화유산정책」. ≪역사비평≫, 제99권, 113~140쪽.

정덕용. 2009. 「불교문화재를 활용한 지역사 학습 방안」. ≪역사와 역사교육≫, 제19권, 151~182쪽.

정미란. 2016. 「초등학생이 중요하다고 생각하는 문화재와 그 이유」. ≪역사와 교육≫, 제14권, 75~138쪽.

정수진. 2004. 「무형문화재 제도의 성립, 그 역사성의 재고」. ≪한국민속학≫, 제40권, 475~508쪽.

정수진. 2007. 「근대 국민국가와 문화재의 창출」. ≪한국민속학≫, 제46권, 343~373쪽.

정수진. 2013. 「무형문화재에서 무형문화유산으로: 글로벌 시대의 문화 표상」. ≪동아시아문화 연구≫, 제53권, 91~116쪽.

정유진. 2012. 「박정희 정부기 문화재정책과 민속신앙: 국사당과 밤성부군당을 중심으로」. ≪역 사민속학≫, 제39권, 175~213쪽.

조상제·김명철. 1998. 「교육과정의 운영과 향토사교육」. ≪역사교육≫, 제68권, 129~134쪽.

조성운. 2018. 「제3차 국사과 교육과정의 성립과 국사교과서 개편」. 2018년도 역사와 교육 학 회·역사교과서연구소 정기 학술대회(2018.6.23). 제3차 교육과정과 국사교과서 서술, 13~32쪽.

조예진. 2014. 「문화유산을 활용한 역사 수업 방안 연구: 한국 근현대 문화유산을 중심으로」. ≪사 학지≫, 제48권, 93~140쪽.

조정현·윤동환. 2004. 「하회탈춤 전통의 재창조와 안동문화의 이미지 변화」. ≪비교민속학≫, 제29권, 339~378쪽.

최완기. 1976. 「국사교육의 강화방침과 국민학교 국사교육」. ≪사회과교육≫, 제9권, 79~86쪽.

최용규 외. 2006. 「초·중학교 문화재교육 활성화 방안 연구」. 한국교원대학교 사회과학교육연구 소(2006.5).

최용규. 2005. 「초등 사회과교육 60년 : 변천과 전망」. ≪사회과교육연구≫, 제12권 1호, 229~ 256쪽.

최재희. 1971. 「주체의식과 역사교육」. ≪역사교육교육≫, 제14권, 143~148쪽.

최종호. 2011. 「문화재교육의 프로그래밍 방법론에 관한 연구」. ≪박물관학보≫, 제21권, 97~ 122쪽.

한국민족문화대백과. 2020. "문화재"[cultural properties, 文化財]. 한국학중앙연구원. https://terms. naver.com/entry.nhn?docId=554890&cid=46660&categoryId=46660 (검색일: 2020.6.3).

한면희. 1979. 「사회과 교육과정의 새로운 전망」. ≪사회과교육≫, 제12권, 20~24쪽.

홉스봄, 에릭 외. 2004. 『만들어진 전통』. 박지향·장문석 옮김. 휴머니스트.

Hardy, Dennis. 1988. "Historical geography and heritage studies". *Area*, Vol.20, No.4, pp.333~338.

Harvey, David. C. 2001. "Heritage Pasts and Heritage Presents: Temporality, Meaning and Scope of Heritage Studies, *International Journal of Heritage Studies*, Vol.7, No.4, pp.319~338.

Hobsbawm, Eric and Terence Ranger(eds.). 1983. *The Invention of Tradition*. Cambridge University Press.

Kapferer, Bruce. 1988. *Legends of People, Myths of State: Violence, Intolerance, and Political Culture in Sri Lanka and Australia*. Smithonian Institution Press.

Lowenthal, David. 1998. "Fabricating Heritage". *History and Memory.* Vol.10, No.1, pp.5~24.

Tunbridge, J. E. and G. J. Ashworth. 1996. *Dissonant Heritage: The Management of the Past as a Resource in Conflict.* Chichester: Wiley.

4장. 학생의 역사 정체성과 역사교육의 내용

강선주. 2006. 「다문화 사회에서 민주시민교육으로서 역사교육의 접근 방향」. ≪민주시민교육 웹진≫.

강선주. 2017. 『소통으로 만드는 역사교육: 역사 문서 읽기와 성찰적 역사의식』. 서울대학교출판 문화원.

강선주. 2018. 「역사 교육과정 개발 방법: 역사교육 개선의 방향 설정과 역사교육 연구 성과 활용 방안을 중심으로」. ≪역사교육≫, 제146권, 89~128쪽.

교육부 교육기회보장과. 2018. 「2018년 다문화교육 지원 계획」.

김기봉. 2011. 「[역사비평] 세계화시대 다문화사회를 위한 역사교육」. ≪철학과 현실≫, 제89호, 145~155쪽.

김남태. 2018.10.16. "금산군 남이초, 베트남어 특성화 교육으로 글로벌 경쟁력 키워." ≪아시아뉴스 통신≫. https://www.anewsa.com/detail.php?number=1395734 (검색일: 2018.12.22).

김민영. 2018.4.26. "청소년통계: 초중고교 다문화학생 10만 명 첫 돌파." ≪아시아경제≫ http://view.asiae.co.kr/news/view.htm?idxno=2018042610233700547 (검색일: 2018.12.22).

김선미. 2012. 「역사수업을 통한 다문화교육 실행 방안 탐색」. ≪역사교육논집≫, 제49호, 133~161쪽.

박재영. 2016. 「다문화 역사교육을 위한 교재개발과 내용구성: 사례연구를 중심으로」. 중앙대학교 문화콘텐츠기술연구원 학술대회.

박중현. 2008. 「역사 화해를 위한 '다원주의 역사 수업' 가능성 모색: 야스쿠니 수업을 중심으로」. ≪동북아역사논총≫, 제21권, 51~85쪽.

이병련. 2015. 「역사교육에서의 다원적 관점 이론」. ≪사총≫, 제84권, 183~223쪽.

이병련. 2016. 「독일 역사수업에서의 다원적 관점」. ≪독일연구≫, 제32권, 71~107쪽.

이상훈. 2017.12.5. "「전교조 경기지부 '안산·시흥 교육국제화특구 계획 중단해야'". ≪경기신문≫. https://www.kgnews.co.kr/news/article.html?no=500399 (검색일: 2018.12.22).

최용규·이광원. 2011. 「초등학교 다문화 역사교육의 방안 탐색」. ≪사회과교육연구≫, 제18권 1호, 65~80쪽.

Arendt, Hannah. 1993. *Between past and future, Eight exercises in political thought*(1st ed.,

1961). New York: Penguin Group.

Barton, Keith and Alan W. Mccully. 2005. "History, Identity, and the School Curricula in Northern Ireland: An Empirical Study of Secondary Students' Ideas and Perspectives". *Journal of Curriculum Studies*, Vol.37, No.1, pp.85~116.

Barton, Keith and Linda S. Levstik. 1998. ""It was'nt Good Part of History": National Identity and Students' Explanations of Historical Significance". *Teachers College Record*, Vol.99, No.3, pp.478~513.

Barton, Keith and Linda S. Levstik. 2004. "Empathy as Caring". *Teaching History for the Common Good,* New York: Routledge.

Barton, Keith. 2009. "The Denial of Desire: How to Make History Education Meaningless". in L. Symcox and A. Wilschut(eds.). *National History Standards: The Problems of the Canon and The Future of Teaching History.* Charlotte, NC: Information Age Publishing.

Barton, Keith. 2012. "School History as a Resource for Constructing Identities: Implications of Research from the United States, Northern Ireland, and New Zealand". in M. Carretero, M. Asensio and M. Rodríguez-Moneo(eds.). *History Education and the Construction of National Identities: International Review of History Education.* Charlotte NC: Information Age Publishing.

Berger, S. 2012. "De-Nationalizing History Teaching and Nationalizing it Differently! Some Reflections on How to Defuse the Negative Potential of National(ist) History Teaching". in M. Carretero, M. Asensio, and M. Rodríguez-Moneo(eds.). *History Education and the Construction of National Identities: International Review of History Education.* Charlotte, NC: Information Age Publishing.

Carretero, Mario, Mikel Asensio and María Rodríguez-Moneo(eds.). 2012a. *History Education and the Construction of National Identities, International Review of History Education.* Charlotte, NC: Information Age Publishing.

Carretero, Mario, Mikel Asensio and María Rodríguez-Moneo. 2012b. "Students' Historical Narratives and Concepts about the Nation". in M. Carretero, M. Asensio and M. Rodríguez-Moneo(eds.). *History Education and the Construction of National Identities: International Review of History Education.* Charlotte, NC: Information Age Publishing.

Carretero, Mario. 2011. *Constructing Patriotism, Teaching of History and historical Memory in Globalized World.* Charlotte, NC: Information Age Publishing.

Epstein, Terrie. 1998. "Deconstructing Differences in African-American and European-American Adolescents' Perspectives on U.S. History". *Curriculum Inquiry,* Vol.28, No.4, pp.397~423.

Epstein, Terrie. 2000. "Adolescents' Perspectives on Racial Diversity in US History: Case Studies from an Urban Classroom". *American Educational Research Journal*, Vol.37, No.1, pp.185~214.

Epstein, Terrie. 2006. "The Effects of Family, Community and School Discourses on Children's and Adolescents' Interpretations on United States History". *International Journal of Historical Learning, Teaching and Research*, Vol.6, No.1.

Grever, Maria and Siep Stuurman(eds.). 2007. *Beyond the Canon: History for the Twenty-first Century*. New York: Palgrave Macmillan.

Grever, Maria, Ben Pelzer and Terry Haydn. 2011. "High School Students' Views on History". *Journal of Curriculum Studies*, Vol.43, No.2, pp.207~229.

Grever, Maria, Terry Haydn and Kees Ribbens. 2008. "Identity and School History: The Perspective of Young People from the Netherlands and England". *British Journal of Educational Studies*, Vol.56, No.1, pp.76~94.

Grever, Maria. 2012. "Dilemmas of Common and Plural History: Reflections on History Education and Heritage in a Globalizing World". in M. Carretero, M. Asensio and M. Rodríguez-Moneo(eds.). *History Education and the Construction of National Identities: International Review of History Education*. Charlotte, NC: Information Age Publishing.

Hawkey, Kate and Jayne Prior. 2011. "History, Memory Cultures and Meaning in the Classroom". *Journal of Curriculum Studies*, Vol. 43, No.2, pp.231~247.

Howson, Jonathan. 2007. "Is it the Tuarts and then the Studors or the Other Way Round? The Importance of Developing a Usable Big Picture of the Past", *Teaching History*, Vol.127.

Lee, Peter. 2011. "History Education and Historical Literacy". in Ian Davis(ed.). *Debates in History Education*. New York: Routledge.

Lévesque, Stephane. 2008. *Thinking Historically*. Toronto: Toronto University Press.

Levstik, Linda S. 2000. "Articulating the Silences: Teachers' and Adolescents' Conceptions of Historical Significance". in P. N. Stearns, P. Seixas and S. Wineburg(eds.). *Knowing, Teaching, and Learning History: National and International Perspectives*. New York: New York University Press.

Lopez, Cesar and Mario Carretero. 2012. "Commentary: Identity Construction and the Goals of History Education". in M. Carretero, M. Asensio and M. Rodríguez-Moneo(eds.). *History Education and the Construction of National Identities: International Review of History Education*. Charlotte, NC: Information Age Publishing.

Rüsen, Jörn. 2005. *History: Narration, Interpretation, Orientation*. New York: Berghahn Books.

Rüsen, Jörn. 2017. "The Limits of Multiperspectivity: Relativism and Leitkultur". *Public History Weekly*. DOI: dx.doi.org/10.1515/phw-2017-10076.

Savenije, Geerte, Carla Van Boxtel and Maria Grever. 2014. "Sensitive 'Heritage' of Slavery in a Multicultural Classroom: Pupils' Ideas Regarding Significance". *British Journal of Educational Studies*, Vol.62, No.2, pp.127~148.

Seixas, Peter. 1993. "Historical Understanding among Adolescents in a Multicultural Setting". *Curriculum Inquiry*, Vol.23, No.3, pp.301~327.

Seixas, Peter. 1994. "Students' Understanding of Historical Significance". *Theory and Research in Social Education*, Vol.22, No.3, pp.281~304.

Seixas, Peter. 2007. "Who Needs a Canon". in Maria Grever and Siep Stuurman(eds.). *Beyond the Canon: History for the Twenty-first Century*. New York: Palgrave Macmillan.

Seixas, Peter. 2016. "Are Heritage Education and Critical Historical Thinking Compatible?" in Carla Van Boxtel, Maria Grever and Stephan Klein(eds.). *Sensitive Pasts: Questioning Heritage in Education*. New York·Oxford: Berghahn Books.

Seixas, Peter. 2017. "Historical Consciousness and Historical Thinking". in M. Carretero, S. Berger and M. Grever(eds.). *Palgrave Handbook of Research in Historical Culture and Education*. London: Palgrave Macmillan.

Van Boxtel, Carla, Maria Grever and Stephan Klein(eds.). 2016. *Sensitive Pasts: Questioning Heritage in Education*. New York·Oxford: Berghahn Books.

Vansledright, Bruce A. 2004. "What Does it Mean to Think Historically and How Do You Teach It?", *Social Education*, Vol.68, No.3.

Virta, Arja. 2007. "Historical Literacy: Thinking, Reading and Understanding History". *Journal of Research in Teacher Education*, Vol.14, No.4, pp.11~25.

Wansink, Bjorn, Sanne Akkerman, Itzél Zuiker and Theo Wubbels. 2018. "Where Does Teaching Multiperspectivity in History Education Begin and End? An Analysis of the Uses of Temporality". *Theory and Research in Social Education*, Vol.46, No.4, pp.495~527.

Watson, Sheila. 2016. "Why Do Emotions Matter in Museums and Heritage Sites?" in C. V. Boxtel, M. Grever and S. Klein(eds.). *Sensitive Pasts: Questioning Heritage in Education*. New York·Oxford: Berghahn Books.

Wineburg, Sam. 2007. "Unnatural and Essential: the Nature of Historical Thinking". *Teaching History*, Vol.129.

강선주. 2015. 「한국사와 세계사 통합」. 『역사교육 새로 보기: 복합의 시각』. 한울엠플러스.

강선주. 2017. 『소통으로 만드는 역사교육: 역사 문서 읽기와 성찰적 역사의식』. 서울대학교출판문화원.

강선주. 2018a. 「초등역사의 '통합'과 '분리', '민주시민을 위한 역사교육' 어떻게 해야 하는가?: 2015 개정 초등사회과 역사 교육과정과 교과서 분석에 기초한 제언」. ≪역사교육≫, 제122권, 134~153쪽.

강선주. 2018b. 「학생의 다양성과 역사교육: 학생의 역사 정체성 및 역사의식, '다원적 역사'에 대한 해외 연구 검토」. ≪역사교육≫, 제148권, 1~34쪽.

강선주. 2022. 「영국의 영국적 가치 교육 논쟁: 시민 내셔널리즘 혹은 인종 제국주의?」. 강선주 엮음. 『사회갈등과 역사교육』. 한울엠플러스.

국립국어원 표준국어대사전. 2020. "윤리". https://stdict.korean.go.kr/search/searchResult.do?pageSize=10&searchKeyword=%EC%9C%A4%EB%A6%AC

김말선. 2019. 「중학교 역사수업에서 교사들의 성취기준 활용 양상과 영향 요인」. 부산대학교 대학원 박사논문.

두산백과. 2020a. "도덕". https://terms.naver.com/entry.naver?docId=1082767&cid=40942&categoryId=31532

두산백과. 2020b. "규범". https://terms.naver.com/entry.naver?docId=1068559&cid=40942&categoryId=31532

뤼젠, 외른. 2010. 「집단중심주의를 넘어 보편사로: 문제와 도전」. 조지형·김용우 엮음. 『지구사의 도전: 어떻게 유럽중심주의를 넘어설 것인가』. 서해문집.

박중현. 2008. 「역사 화해를 위한 '다원주의 역사 수업' 가능성 모색: 야스쿠니 수업을 중심으로」. ≪동북아역사논총≫, 제21호, 51~85쪽.

이병련. 2015. 「역사교육에서 다원적 관점 이론」. ≪사총≫, 제84권, 183~223쪽.

조지형·김용우 엮음. 2010. 『지구사의 도전: 어떻게 유럽중심주의를 넘어설 것인가』. 서해문집.

스즈키, 테라 모리스. 2006. 『우리 안의 과거: 과거는 미디어를 통해 어떻게 기억되고 역사화되는가?』 김경원 옮김. 휴머니스트.

한국교육과정평가원. 2018. 「교과 역량 함양을 위한 교수학습-평가 연계 교수학습 과정안 예시 자료집: 중학교 국어, 역사, 수학, 기술, 가정, 음악 교과를 중심으로」. 연구자료(ORM 2018-126).

西尾幹二 外. 2001. 『新しい歴史教科書』.

Bennett, Sue. 2004. "The Use of Multiperspectivity When Teaching History in Secondary and Upper Secondary Schools: an Example of the United Kingdom". *Mutliperspectivity in Teaching and Learning History*. The Council of Europe, Seminars in Nicosia, Cyprus, November 24-27, 2004.

Carretero, Mario, Mikel Asensio and María Rodríguez-Moneo(eds.). 2012. *History Education and the Construction of National Identities: International Review of History Education*. Charlotte, NC: Information Age Publishing.

Carretero, Mario, Stefan Berger and Maria Grever(eds.). 2017. *Palgrave Handbook of Research in Historical Culture and Education*. London: Palgrave Macmillan.

Committee of Ministers. 2001. "Recommendation Rec(2001)15 of the Committee of Minsters to Members States on History Teaching in Twentiy-First Century Europe"(Council of Europe, 2001). https://search.coe.int/cm/Pages/result_details.aspx?ObjectID=090000 16805e2c31

Davis, Ian.(ed.). 2011. *Debates in History Education*. New York: Routledge.

EUROCLIO. 2017. "A Multiperspective Understanding of the Past: the Elephant in the Room of Diverse Societies?". Symposium in Conjunction with the Institute for Historical Justice and Reconciliation(the OHJR) and the Anna Lindh Foundation(2017.7.14).

Grever, Maria. 2012. "Dilemmas of Common and Plural History: Reflections on History Education and Heritage in a Globalizing World". in M. Carretero, M. Asensio and M. Rodriguez-Moneo(eds.). *History Education and the Construction of National Identities: International Review of History Education*. Charlotte, NC: Information Age Publishing.

Lee, Peter. 2011. "History Education and Historical Literacy". Ian Davis(ed.). *Debates in History Education*. New York: Routledge.

Low-Beer, Aan. 1997. *The Council of Europe and School History*. Strasbourg: Council of Europe.

McCully, Alan and Jacqueline Reilly. 2017. "History Teaching to Promote Positive Community Relations in Northern Ireland: Tensions Between Pedagogy, Social Psychological Theory and Professional Practice in Two Recent Projects". in Charis Psaltis, Mario Carretero and Sabina Čehajić-Clancy(eds.). *History Education and Conflict Transformation: Social Psychological Theories, History Teaching and Reconciliation*. Cham, Switzerland: Palgrave Macmillan.

McCully, Alan. 2012. "History Teaching, Conflict and the Legacy of the Past". *Education, Citizenship and Social Justice*, Vol.7, No.2, pp.145~159.

Nordgren, Kenneth. 2019. "Boundaries of Historical Consciousness: a Western Cultural

Achievement or an Anthropological Universal?" *Journal of Curriculum Studies*, Vol. 51, No.5, pp.779~797.

Psaltis, Charis, Mario Carretero and Sabina Čehajić-Clancy(eds.). 2017. *History Education and Conflict Transformation: Social Psychological Theories, History Teaching and Reconciliation.* Cham, Switzerland: Palgrave Macmillan.

Rüsen, Jörn. 2004. "Historical Consciousness: Narrative Structure, Moral Function, and Ontogenetic Development". in P. Seixas(ed.). *Theorizing Historical Consciousness.* Toronto: University of Toronto Press.

Rüsen, Jörn. 2017. "The Limits of Multiperspectivity–Relativism and Leitkultur". *Public History Weekly.* DOI: dx.doi.org/10.1515/phw-2017-10076.

Seixas, Peter(ed.). 2004. *Theorizing Historical Consciousness.* Toronto: University of Toronto Press.

Seixas, Peter. 2017. "Historical Consciousness and Historical Thinking". in Mario Carretero, Stefan Berger and Maria Grever(eds.). *Palgrave Handbook of Research in Historical Culture and Education.* London: Palgrave Macmillan.

Stradling, Robert. 2003. *Multiperspectivity in History Teaching: A Guide for Teachers.* Council of Europe.

teachinghistory.org. "Multiperspectivity: what is, and why use it?" https://teachinghistory.org/teaching-materials/ask-a-master-teacher/23610 (검색일: 2020.3.5).

VanSledright, Bruce A. 2004. "What Does it Mean to Think Historically and How Do You Teach It?" *Social Education*, Vol.68, No.3.

Wansink, Bjorn, Sanne Akkerman, Itzél Zuiker and Theo Wubbels. 2018. "Where Does Teaching Multiperspectivity in History Education Begin and End? An Analysis of the Uses of Temporality". *Theory & Research in Social Education.* Vol.46, No.4, pp.495~527.

Wineburg, Sam. 2007. "Unnatural and Essential: the Nature of Historical Thinking". *Teaching History*, Vol.129.

6장. 디지털 공공역사와 박물관 전시를 통한 역사교육

강선주. 2005. 「생활사 교육의 내력과 방향: 초등학교 사회과 교육과정 역사 영역의 내용 구성을 중심으로」. ≪역사교육≫, 제95권, 143~176쪽.

강선주. 2011. 「5학년 역사 내용 구성 방안」. ≪역사교육≫, 제117권, 29~63쪽.

강선주. 2012. 「역사교육과 박물관 역사 전시의 만남」. ≪역사교육연구≫, 제16권, 7~35쪽.

강선주. 2017. 『소통으로 만드는 역사교육: 역사 문서 읽기와 성찰적 역사의식』. 서울대학교출판
 문화원.

강선주. 2018. 「학생의 다양성과 역사교육: 학생의 역사 정체성 및 역사의식, '다원적 역사'에 대
 한 해외 연구 검토」. ≪역사교육≫, 제148권, 1~34쪽.

고원. 2010. 「인터넷을 통한 역사지식의 개방과 유통」. ≪역사와 문화≫, 제19권, 187~207쪽.

김유진·이종경. 2015. 「교류사의 관점에서 중국 도자기 다시 보기」. ≪역사교육≫, 제134권,
 189~217쪽.

김재원. 2018. 「소셜 미디어(Social Media)에서의 한국사 콘텐츠 생산과 판매: 팟캐스트(Podcast)
 와 유튜브(YouTube)를 중심으로」. ≪한국사연구≫, 제183권, 1~35쪽.

김정인. 2019. 「역사소비시대, 대중역사에서 시민역사로」. ≪역사학보≫, 제241권, 1~33쪽.

나인호. 2018. 「시민을 위한 역사교육으로서 독일의 공공역사(Public history)」. ≪역사교육논집≫,
 제69권, 73~100쪽.

마자, 사라. 2019. 『역사에 대해 생각하기: 오늘날 역사학에 던지는 질문들』. 박원용 옮김. 책과
 함께.

박순준·최연주·하세봉. 2008. 「역사소비를 위한 역사교육의 프레임 전환」. ≪역사와 경계≫,
 제68권, 1~51쪽.

박준성. 1991. 「대중역사교육의 전개와 과제」. ≪역사와 현실≫, 제6권, 194~254쪽.

방지원. 2011. 「초등 역사교육에서 생활사 내용구성」. ≪역사교육≫, 제119권, 1~27쪽.

백영서. 2010. 「사회 인문학의 지평을 열며: 그 출발점인 '공공성의 역사학'」. ≪동방학지≫,
 제149권, 1~26쪽.

송호정. 2014. 「최근 '한국 상고사' 논쟁의 위험성에 대하여」. ≪내일을 여는 역사≫, 제56권,
 133~145쪽.

송호정. 2016. 「최근 한국 상고사 논쟁의 본질과 그 대응」. ≪역사와 현실≫, 제100권, 17~55쪽.

양정현. 2011. 「기억·망각·이미지: TV 사극을 통한 중등학생의 역사 정보 기억와 이미지 형성」.
 ≪역사교육연구≫, 제13권, 166~211쪽.

오항녕. 2016. 「역사 대중화와 역사학: 역사의 향유와 모독 사이」. ≪역사와 현실≫, 제100권,
 91~128쪽.

윤택림. 2020. 「개인적 서술에서 공공의 기억으로: 구술사와 공공역사」. ≪구술사연구≫, 제11권
 1호, 9~45쪽.

이다운. 2018. 「대중영화의 역사적 사건 재현에 대한 고찰: 〈택시운전사〉, 〈1987〉, 〈군함도〉를
 중심으로」. ≪어문연구≫, 제96권, 281~308쪽.

이동기. 2016a. 「공공역사: 개념, 역사, 전망」. ≪독일연구≫, 제31권, 119~141쪽.

이동기. 2016b. "역사는 너무나 중요하기에: '역사의 대중화', '대중의 역사화'를 넘어 국제 역사학

계 화두로 떠오른 '공공역사'". ≪한겨레21≫. http://h21.hani.co.kr/arti/world/world_general/41677.html (검색일: 2020.7.16).

이이화·이덕일·윤관백·최세정·김용진·하원호. 2013. 「역사는 누가 읽는가?」. ≪내일을 여는 역사≫, 제50권, 99~139쪽.

이학로. 2011. 「다원화 시대의 동아시아 역사교육을 위한 미디어 다큐멘터리 자료의 분석과 활용방안」. ≪중국사연구≫, 제74권, 321~380쪽.

이한영. 2020. "'진짜' 정성으로 먹고사는 역사 덕후의 세상". ≪우리문화신문≫(2020.6.18). https://koya-culture.com/mobile/article.html?no=124771 (검색일: 2020.7.6).

전국역사교사모임 엮음. 1992. 『사료로 보는 우리역사: 민중의 생활과 항쟁·전근대편』. 돌베개.

정병설. 2011. 「길 잃은 역사대중화: 이덕일의 『사도세자의 고백』에 대한 비판」. ≪역사비평≫, 제94권, 329~360쪽.

정용재. 2020. "공공역사, 학계를 벗어나 모두의 역사 실천을 품다". ≪고대신문≫(2020.1.25). http://www.kunews.ac.kr/news/articleView.html?idxno=31208. (검색일: 2020.7.6).

조희정. 2019. 「네트워크 사회의 개인권력과 디지털 노마드 개념에 대한 연구」. ≪시민사회와 NGO≫, 제17권 1호, 41~71쪽.

주은우. 2018. 「극영화의 역사 (다시) 쓰기: 〈국제시장〉과 〈포레스트 검프〉의 경우」. ≪사회와 역사≫, 제120권, 195~234쪽.

한국생활사박물관 편찬위원회. 2000~2005. 『한국생활사 박물관』1~12권. 사계절.

≪헤럴드경제≫. 2019.4.4. "초등생 75%, 매주 유튜브 동영상 봐⋯ 시청규칙 등 정해야"(2019.4.4). http://news.heraldcorp.com/view.php?ud=20190404000422 (검색일: 2020.6.21).

Andrea, Alfred J. 1991. "On Public History". *The Historian,* Vol.53, No.2, pp.381~386.

Apostolidou, Eleni. 2020. "Misinformation, Trivialization, and Plagiarism". *Public History Weekly,* Vol.8, No.2, DOI: dx.doi.org/10.1515/phw-2020-14894 (검색일: 2020.7.1).

Benson, Susan, Stephen Brier and Roy Rosenzweig. 1986. "Introduction". in Roy Rosenweig, Susan Porter Benson, Stephen Brier(eds). *Presenting the Past: Essays on History and the Public,* vx-xxiv, Philadelphia: Temple University Press.

Demantowsky, Marko. 2015. "Public History: Sublation of a German Debate?" *Public History Weekly,* Vol.3, No.2, DOI: dx.doi.org/10.1515/phw-2015-3292 (검색일: 2020.7.1).

Demantowsky, Marko. 2018. "What is Public History?" in Marko Demantowsky(ed.). *Public History and School: International Perspective.* Berlin/Boston: Walter De Gruyter & Co KG.

Gardner, James. 2004. "Contested Terrain: History, Museum, and the Public". *The Public*

Historian, Vol. 26, No. 4, pp. 11~21.

Haydn, Terry and Kees Ribbens. 2017. "Social Media, New Technologies and History Educaton". in Mario Carretero, Stefan Berger and Maria Grever(eds.). *Palgrave Handbook of Research in Historical Culture and Education.* UK: Palgrave Macmillan.

Moynihan, Kenneth J. 1996. "Can the Scholars' History be the Public's History?" *Proceedings of the American Antiquarian Society,* Vol. 105, No. 2, pp. 301~313.

Noiret, Serge. 2014. "Internationalizing Public History". *Public History Weekly,* Vol. 2, No. 34. DOI: dx.doi.org/10.1515/phw-2014-2647 (검색일: 2020.7.1).

Peters, Michael A. 2017. "Education in a Post-Truth World". *Educational Philosophy and Theory,* Vol. 49, No. 6, pp. 563~566, DOI: 10.1080/00131857.2016.1264114 (검색일: 2020.7.1).

Rothman, Darla. 2016. "A Tsunami of learners called Generation Z". http://www.mdle.net/ Journal/A_Tsunami_of_Learners_Called_Generation_Z.pdf

Salisbury, Karen. 1982. "Is There a Future in the Study of the Past?" in John Lippincott, Karen Salisbury and Francis J. O'Donnell(eds.). "Public History: Four Perspectives". *The History Teachers,* Vol. 16, No. 1, pp. 63~75.

Schwabe, Astrid. 2020. "Digital Public History in Teaching-Learning Contexts". *Public History Weekly,* Vol. 8, No. 4, DOI: dx.doi.org/10.1515/phw-2020-15964 (검색일: 2020.7.6).

Wineburg, Sam, Susan Mosborg, Dan Porat and Ariel Duncan. 2007. "Common Belief and the Cultural Curriculum: An Intergenerational Study of Historical Consciousness". *American Educational Research Journal,* Vol. 44, No. 1, pp. 40~76.

Wineburg, Sam. 2018. *Why Learn History(When It's Already on Your Phone).* Chicago; University of Chicago Press.

Wojdon, Joanna. 2020. "Public Historians and Their Professional Identity". *Public History Weekly,* Vol. 8, No. 4. DOI: dx.doi.org/10.1515/phw-2020-15676 (검색일: 2020.7.6).

7장. 학교연계 박물관 역사교육

강승호. 2010. 「중·고등학교 국사 교과서의 사회사 서술과 사회사 수업 사례: 조선시대 신분제도를 중심으로」. ≪역사와교육≫, 제10권, 273~291쪽.

강인애. 2012. 「학교와 박물관 연계 활성화를 위한 이론적 분석: STEAM교육과 창의적 체험활동을 중심으로」. ≪박물관교육연구≫, 제8권, 1~15쪽.

강인애·장진혜·구민경. 2017. 「플립트 뮤지엄(Flipped Museum) 교육 프로그램 개발 및 적용 연구」. ≪조형교육≫, 제61권, 1~36쪽.

고지훈. 2014. 「학교연계 박물관교육에 있어서 아웃-리치 프로그램(Out-reach Program)의 현황
　　과 CIPP 평가모형 기반의 문제점 분석」. ≪박물관교육연구≫, 제11권, 33~61쪽.

국립중앙박물관. "고려국조가 새겨진 청동 거울". https://www.museum.go.kr/site/main/relic/
　　search/view?relicId=1268 (검색일: 2021.2.1).

국립중앙박물관. 2019. 「2019 교육 프로그램 자료집」.

국립중앙박물관. 2020. "국립중앙박물관, 초등학교와 온라인 원격 교육 진행". 국립중앙박물관
　　보도자료(2020.4.16). https://www.museum.go.kr/site/main/archive/post/article_16791
　　(검색일: 2020.2.5).

박은순. 2019. 「조선시대의 실경산수화의 유형과 변모」. 우리 강산을 그리다: 화가의 시선, 조선
　　시대 실경산수화 특별전 연계 강연회.

박혜인. 2019. 「학교연계 박물관교육에서 자기주도학습 과정에 관한 질적 연구」. 한양대학교 대
　　학원 박사학위 논문.

방대광. 2014. 「중학교 역사 교과서의 '실학' 서술」. ≪역사와 실학≫, 제54권, 277~313쪽.

배기동. 2019. 「박물관과 학교의 경계를 허물고 아이들이 스스로 성장할 수 있는 플랫폼을 만들
　　어라」. ≪박물관교육연구≫, 제21권, 1~4쪽.

오인택. 2003. 「역사적 사고력 배양을 위한 박물관 학습 방안: 초등학생의 복천박물관 견학을 중
　　심으로」. ≪지역과 역사≫, 제13권.

원지연. 2010. 「초등 역사교육에서 그림사료를 활용한 생활사 학습 방안」. 청주교육대학교 석사
　　학위 논문.

이정락·최외출. 2019. 「인터뷰 연구에서 텍스트 네트워크 분석방법의 적용 사례: 새마을지도자
　　인터뷰 분석을 중심으로」. ≪사회경제와 정책연구≫, 제9권 2호, 145~172쪽.

이정원. 2012. 「지역 박물관과 연계한 학교 교육: 국립전주박물관의 사례를 중심으로」. ≪박물관
　　교육연구≫, 제8호, 17~27쪽.

이정은·최고운. 2020. 「박물관교육 연구 동향에 관한 분석: 2014년부터 2019년까지의 연구 논문
　　을 중심으로」. ≪문화정책논총≫, 제34권 1호, 129~157쪽.

이화선·구사회. 2016. 「동아시아의 해시계와 문화교류 연구: 조선의 〈앙부일구(仰釜日晷)〉와 원
　　의 〈앙의(仰儀)〉를 중심으로」. ≪문화와 융합≫, 제38권 4호, 115~144쪽.

임기환·김옥진. 2012. 「초등 사회과 역사영역 교육과정과 연계한 박물관교육 프로그램 구성 방
　　안: 국립중앙박물관, 국립고궁박물관의 사례를 중심으로」. ≪한국초등교육≫, 제23권
　　2호, 111~138쪽.

조희진. 2011. 「박물관-학교-지역 박물관 연계 교육 프로그램의 운영과 활용: '국립민속박물관,
　　『박물관에서 배우는 사회교과』(2003~2008)'를 중심으로」. ≪민속학연구≫, 제28권,
　　159~192쪽.

최석영. 2007. 「학교 교과과정에서 박물관 활용: 왜 중요하고 어떻게 할 것인가」. ≪역사와 역사교육≫, 제14권, 1~15쪽.

최종호. 2017. 「초등학교연계박물관교육 프로그래밍의 이론과 실제: 3·4학년군을 위한 학교연계박물관교육 수업안 설계를 중심으로」. ≪박물관학보≫, 제33권, 305~322쪽.

8장. 역사와 유산, 이성과 감정의 복합 전시

강선주. 2015. 「박물관과 역사교육」. 『역사교육 새로 보기: 복합의 시각』. 한울엠플러스.

강선주. 2020. 「'다중시각의 역사수업', 개념과 가치 충돌의 해결 방안」. ≪역사교육≫, 제154권, 87~120쪽.

교육부. 2015. [별책 1], 총론(제2015-74호).

김성보. 2013. 「성찰이 결여된 '역사인식 보수대연합'의 공간, 대한민국역사박물관」. ≪역사비평≫, 제103권, 132~160쪽.

김수진. 2020. 「상설전시실 개편, 무엇이 어떻게 달라질까?」. ≪역사공감≫, 제20-2호, Vol. 28.

양정심. 2013. 「반쪽의 역사 보여주기: 대한민국역사박물관 제2전시실(1945~1960)」. ≪역사비평≫, 제103권, 180~198쪽.

레디, 윌리엄 M. 2016. 『감정의 항해: 감정 이론, 감정사史, 프랑스혁명』. 김학이 옮김. 문학과지성사.

윤해동. 2014. 「미래와 역사 사이: 대한민국역사박물관 설립과 그 성격」. ≪한국민족운동사연구≫, 제79권, 277~310쪽.

이명주. 2020. 「근현대사 교실: 소중한 제언들이 모여 자라는 박물관」. ≪역사공감≫, 제20-2호, Vol. 28.

이용석. 2020. 「대한민국역사박물관, 새로운 변화의 시작: 상설전시실 '역사관' 개편을 중심으로」. ≪현대사와 박물관≫, 제3권, 62~79쪽.

이현경. 2018. 「불편문화유산(difficult heritage)의 개념 및 역할에 대한 고찰」. ≪도시연구≫, 제20권, 163~192쪽.

최일선·강선주·김민정. 2021. 「국립박물관 어린이박물관 관람객 행동 연구」. 국립중앙박물관.

pmg 지식엔진연구소. 2016. "보이텔스바흐 합의". https://terms.naver.com/entry.naver?docId= 3385821&cid=43667&categoryId=43667

Barton, Keith. 2009. "The Denial of Desire: How to Make History Education Meaningless". in L. Symcox and A. Wilschut(eds.). *National History Standards: The Problems of the Canon and The Future of Teaching History*. Charlotte, NC: Information Age Publishing.

Ciolf, Luigina. 2002. "Designing Interactive Museum Exhibits: Enhancing visitor curiosity through augmented artefacts". Eleventh European Conference on Cognitive Ergonomics, Catania(Italy).

Goldberg, Tsafrir. 2017. "Between trauma and perpetration: psychoanalytical and social psychological perspectives on difficult histories in the Israeli context". *Theory & Research in Social Education*, Vol.45, No.3, pp.349~377.

Grever, Maria et al. 2012. "Negotiating historical distance: Or, how to deal with the past as a foreign country in heritage education". *Paedagogica Historica*, Vol.48, No.6, pp.873~887.

Jimenez, Jeremy. 2019. "I need to hear a good ending: How students cope with historical violence". in Magdalena H. Gross and Luke Terra(eds.). *Teaching and learning the difficult past: comparative perspectives*. Routledge. pp.201~215.

Macdonald, Sharon. 2015. "Is 'Difficult Heritage' Still 'Difficult'?" *Museum International*, Vol.67, No.1-4, pp.6~22.

McCully, A. et al. 2002. "Don't worry Mr. Timble, we can handle it: balancing the rational emotional in the teaching of contentious topics". *Teaching History*, Vol.105, pp.6~12.

National Archives. "The Amistad Case". https://www.archives.gov/education/lessons/amistad# toc-teaching-activities

Reynolds, Chris and William Blair. 2018. "Museums and 'Difficult Pasts': Northern Ireland's 1968". *Museum International*, Vol.70, No.3-4, pp.12~25.

Rose, Julia. 2006. "Rethinking representations of slave life a historical plantation museums: towards a commemorative museums pedagogy". A Dissertation, Submitted to the Graduate Faculty of the Louisiana State University and Agricultural and Mechanical College in partial fulfillment of the requirements for the degree of Doctor of Philosophy.

Smith, Laurajane. 2014. "Visitor Emotion, Affect, and Registers of Engagement at museums and Heritage Sites". *Conservation Science in Cultural Heritage,* Vol.14, No.2, pp.125~132.

Tunbridge, J. and Ashworth, G. J. 1996. *Dissonant Heritage: The Management of the Past as a Resource in Conflict*. Chichester: Wiley.

Turner-Bisset, Rosie. 2004. *Creative teaching history in the primary classroom*. David Fulton Publisher.

Watson, Sheila. 2016. "Why do emotions matter in museum and heritage sites?" in Carla Van Boxtel, Maria Grever and Stephan Klen(eds). *Sensitive pasts: questioning heritage in education*. Berghahn Books. pp.76~91.

강선주. 2011. 「4, 5학년생의 역사 개념과 초등 역사교과서 개발 방향: 경험적 연구에 기초하여」. ≪역사교육논집≫, 제47권, 361~398쪽.

강선주. 2017. 『소통으로 만드는 역사교육: 역사 문서 읽기와 성찰적 역사의식』. 서울대학교출판문화원.

(사)한국기업교육학회. 2010. https://terms.naver.com/entry.naver?docId=2177925&cid=51072&categoryId=51072

서경혜. 2021. 「역량기반 교육과정의 딜레마」. ≪교육과정연구≫, 제38권 4호, 5~31쪽.

소경희. 2009. 「역량기반 교육의 교육과정사적 기반 및 자유교육적 성격 탐색」. ≪교육과정연구≫, 제27권 1호, 1~20쪽.

송경오·박민정. 2007. 「역량기반 교육개혁의 특징과 적용가능성 탐색」. ≪한국교육≫, 제34권 4호, 155~182쪽.

심성보. 2020. 『교육과정에서 왜 지식이 중요한가?: 지식의 소환을 위한 비판적·사회적 사실주의 담론』. 살림터.

이상은·소경희. 2019. 「미래지향적 교육과정 설계를 위한 OECD 역량교육의 틀 변화 동향 분석: 'Education 2030'을 중심으로」. ≪교육과정연구≫, 제37권 1호, 140~161쪽.

이승미 외. 2019. 「2015 개정 교과 교육과정의 역량 및 기능 체계화 연구」. 한국교육과정평가원 정책연구. 교육부 용역 2029-7.

이주연. 2018. 「역량기반 교육과정 연구학교 교원의 경험 분석」. ≪교육과정평가연구≫, 제21권 4호, 1~20쪽.

이주연·이근호·이병천·가은아. 2017. 「역량기반 학교 교육과정의 실천 사례 특징 분석: 교육과정 연구학교를 중심으로」. ≪교육과정평가연구≫, 제20권 1호, 1~30쪽.

최수진. 2018. 「국내 고등학교의 역량기반 교육과정 실행 모습과 과제」. ≪교육과정연구≫, 제36권 1호, 169~196쪽.

한혜정. 2020. 「역량 중심 교육과정의 의미와 특징, 그에 따른 교과 교육과정 설계 방향」. 2020 국가교육과정포럼 역량기반 교과교육과정 포럼(1차): 역량 중심 교과교육과정 설계 방향 탐색(2020.10.16).

황규호. 2017. 「일반역량 교육 논의의 쟁점 분석」. ≪교육과정연구≫, 제35권 3호, 247~271쪽.

Barton, Kieth. 2021.6.3. "History for Justice and Harmony: Knowledge, deliberation, and action". HEIRNET Keynote Speech.

Chapman Arthur. 2021. "Introduction: Historical knowing and the 'knowledge turn'". in Arthur Chapman(ed.). *Knowing history in schools: poweful knowledge and the powers of knowledge*. ICL Press.

Haydn, Terry and Richard Harris. 2010. "Pupil perspectives on the purposes and benefits of studying history in high school: A view from the UK". *Journal of Curriculum Studies*, Vol.42, No.2, pp.241~261.

https://discovery.ucl.ac.uk/id/eprint/1571912/

Miguel-Ravilla, Diego. 2021. "What is history education good for? A comparative analysis of students' conceptions about the relevance of history". *Journal of Curriculum Studies*.

Morgan, J. et al. 2018. "Introduction". in John Morgan, Ursula Hoadley and Brian Barrett (eds.). Social realist perspectives on *knowledge, curriculum and equity*. Routledge. pp1~16.

Muller, Johan and Michael Young. 2019. "Knowledge, power and powerful knowledge re-visited". *The Curriculum Journal*, Vol.20, No.2, pp.196~214.

OECD. 2005. "The definition and selection of key competencies". OECD.

OECD. 2018a. "The future of education and skills: Education 2030". OECD position paper.

OECD. 2018b. "Knowledge for 2030, OECD future of education and skills 2030, Conceptual learning framework".

OECE Definition and Selection of Competencies. 2001. http://www.oecd.org/education/skills-beyond-school/definitionandselectionofcompetenciesdeseco.htm (검색일: 2021.4.30).

Reiss, Michael J. 2017. "The curriculum arguments of Michael Young and John White". in David Guile, David Lambert and Michael J. Reiss(eds.). *Sociology, Curriculum Studies and Professional Knowledge: New Perspectives on the Work of Michael Young*. Routledge: Abingdon, UK. retrieved from. pp.121~131.

Rychen, D.S. and L.H. Salganik(eds.). 2003. *Key competencies for a successful life and a well-functioning society*.

Van Boxtel, Carla. 2021. "Historical Knowledge as a resource for understanding past, present, and future". in HEIRNET Online. https://www.youtube.com/watch?v=WtnPdHCnipE&t=1714s

Wilby, Peter. 2019. "The counterculture class warrior who turned to Gove: Teaching knowledge, Michael FD Young wrote in his influential 70s book, is a ruling-class construct. Not any more, it seems". *The Guardian*.

Wineburg, Sam. 2018. *Why learn history, when it's already on your phone*. University of Chicago press.

Young Michael. 2021. "Powerful Knowledge or the powers of Knowledge: a dialogue with history educators". in Arthur Chapman(ed.). *Knowing history in schools: powerful knowledge and the powers of knowledge*. ICL Press

Young, Michael and Johan Muller. 2010. "Three educational scenarios for the future: Lessons from the sociology of knowledge". *European Journal of Education*, Vol.45, No.1, pp.11~27.

Young, Michael and Johan Muller. 2013. "On the powers of powerful knowledge". *Review of Education*, Vol.1, No.3, pp.229~250.

Young, Michael and Johan Muller. 2016. *Curriculum and the Specialisation of Knowledge: Studies in the sociology of education*. Abingdon: Routledge.

Young, Michael. 2008. *Bringing Knowledge Back In: From social constructivism to social realism in the sociology of education*. Abingdon: Routledge.

Young, Michael. 2009. "'Education, globalisation and the 'voice of knowledge'". *Journal of Education and Work*, Vol.22, No.3, pp.193~204. https://doi.org/10.1080/136390809 02957848.

Zhao, Yali and John D. Hoge. 2005. "What elementary students and teachers say about social studies". *The Social Studies*, Vol.96, No.5, pp.216~221.

▌원전 출처

이 책의 1장부터 8장까지는 2018~2021년 동안 학술지에 게재한 글을 수정·보완한 것으로, 그 출처는 다음과 같다.

1장 「역사교육과정 개발 방법: 역사교육 개선의 방향 설정과 역사교육 연구 성과 활용 방안을 중심으로」, ≪역사교육≫, 제146권(2018).

2장 「사회변화의 측면에서 본 2015 개정 초등 사회과 교육과정 역사 영역의 한계와 개선 방향: 내용 조직 원칙을 중심으로」, ≪교원교육≫, 제36권 1호(2020).

3장 「역사교육과 문화재 교육, '민족'을 위한 연합에서 '민족'의 탈각, 역사와 문화재의 구분으로」, ≪역사교육연구≫, 제37권(2020).

4장 「학생의 다양성과 역사교육: 학생의 역사 정체성 및 역사의식, '다원적 역사'에 대한 해외 연구 검토」, ≪역사교육≫, 제148권(2018).

5장 「'다중시각의 역사수업', 개념과 가치 충돌의 해결 방안」, ≪역사교육≫, 제154권(2020).

6장 「공공역사와 역사교육: 제도적 역사교육 기관으로서 박물관의 책임과 역사 전시 방향」, ≪현대사와 박물관≫, 제3권(2020).

7장 「박물관 주도 학교연계 박물관 역사교육의 내용 선정 및 구성의 틀: 국립중앙박물관을 중심으로」, ≪역사교육≫, 제157권(2021).

8장 「'클릭'과 '이야기' 그러나 사고 자극 장치의 부재: 역사교육 시각에서 본 대한민국역사박물관 역사관」, ≪현대사와 박물관≫, 제4권(2021).

지은이

/

강선주

서울대학교 역사교육과를 졸업하고 미국 인디애나대학교에서 박사학위를 받았다. 중학교 교사로 재직한 경험이 있으며, 현재 경인교육대학교 사회과교육과 교수로 재직 중이다. 주된 관심 분야는 역사 교육, 문화유산 교육, 박물관 교육 등이다.

저서로 『소통으로 만드는 역사교육』(2017), 『역사교육 새로 보기』(2015)가 있으며, 『마주보는 세계사 교실』(2007), 『세계사를 보는 눈』(2018) 등 아동·청소년을 위한 역사서를 쓰기도 했다. 공저로 『사회갈등과 역사교육』(2022), 『세계는 역사를 어떻게 교육하는가』(2018), 『기억과 전쟁』(2009), 『지구화 시대의 새로운 세계사』(2008), 『역사교육의 내용과 방법』(2007) 등이 있으며, 『글로벌 히스토리란 무엇인가』(2010)를 번역했다. *The Teaching of the History of One's Own Country*(2020), *Palgrave Handbook of Research in Historical Culture and Education*(2017), *Identity, Trauma, Sensitive and Controversial Issues in the Teaching of History*(2015)를 해외 학자와 함께 펴냈다.

한울아카데미 2350

디지털 시대, 역사·박물관 교육

ⓒ 강선주, 2022

지은이 | 강선주
펴낸이 | 김종수
펴낸곳 | 한울엠플러스(주)
편집책임 | 신순남
편집 | 정은선

초판 1쇄 인쇄 | 2022년 1월 28일
초판 1쇄 발행 | 2022년 2월 15일

주소 | 10881 경기도 파주시 광인사길 153 한울시소빌딩 3층
전화 | 031-955-0655
팩스 | 031-955-0656
홈페이지 | www.hanulmplus.kr
등록번호 | 제406-2015-000143호

Printed in Korea.
ISBN 978-89-460-7350-0 93370 (양장)
ISBN 978-89-460-8152-9 93370 (무선)

※ 책값은 겉표지에 표시되어 있습니다.
※ 무선 제본 책을 교재로 사용하시려면 본사로 연락해 주시기 바랍니다.

한울 엠플러스의 책

사회갈등과 역사교육

- 강선주 엮음
- 강선주·고유경·구난희·김한종·남한호·박구병·박소영·윤세병·
  정재윤·홍용진 지음
- 2022년 2월 25일 발행 | 신국판 | 392면

각국의 사회갈등은 역사교육에서 어떻게 '재현'되고 '해결'되는가?

각 나라마다 사회갈등의 쟁점과 맥락이 다양하고, 사회 체제와 이념은 물론 역사문화도 매우 다르다. 역사교육은 각 나라의 고유한 체제, 이념, 문화 등과 상호작용을 하며 이루어진다. 그러므로 한 나라의 해결 방법을 이상화하여 다른 나라에 그대로 적용하는 것은 결코 '좋은' 방법이 될 수 없다. 마찬가지로 한 나라가 사회적 논쟁을 억압하거나 역사를 독점하는 양태가 다른 나라에서 그대로 일어날 수 있다고 가정하는 것도 '성급한 일반화'의 오류로 이어질 수 있다.

이 책은 다른 나라의 사례를 통해 사회갈등이나 역사 논쟁 문제에 해법을 제시하고자 기획한 것이 아니다. 다만 다양한 사례를 통해 각 나라마다 다른 사회갈등과 그와 관련된 역사 및 시민 교육 논쟁을 소개함으로써 사회적 다양성이 심화되는 오늘날 학교에서 어떻게 역사를 교육해야 할지 생각하고 토론해 보는 기회를 제공하고자 한다.

한율엠플러스의 책

역사가 당신을 강하게 만든다

전략형 인재를 위한 역사 다시 읽기

- 최중경 지음
- 2020년 11월 5일 발행 ㅣ 신국판 ㅣ 240면

실패한 역사를 전략적 관점에서 재해석하고,

왜곡된 역사교육 현실을 비판한 역사 에세이

강한 나라는 실패한 역사를 밑거름 삼는 역사교육에서 시작된다. 이 책은 시험에 대비한 암기 위주의 우리 역사교육의 문제점을 꼬집으면서, 역사교육의 내용과 방식을 혁신해야 한다고 주장한다. 저자는 이 책에서 역사적으로 중요했던 18가지 사례를 들어 제시하면서, 논쟁거리가 되고 있는 역사적 사건에 대해 토론하고 서로 의견을 나눔으로써 사고의 폭을 넓히고 세상을 보는 시야를 확장해야 한다고 강조한다.

특히 500년 왕조였던 조선의 시스템에 대해 강도 높게 비판한다. 이 책은 조선은 건국이념부터 잘못 설정되었던 탓에 시대의 흐름을 읽지 못했고, 현세를 살아가는 우리에게 매우 큰 부담을 주었다고 분석한다. 이 책에서 저자는 실패한 역사를 선악의 논리로 호도하지 말고 힘의 논리로 냉철하게 비평함으로써 스스로를 성찰할 때라야 진정한 역사 발전을 이룰 수 있다고 역설한다.

2019 대한민국학술원 우수학술도서

교육은 왜 교육하지 않는가

교육 낭비의 사회학

- 프랭크 푸레디 지음
- 박형신·이혜경 옮김
- 2019년 2월 20일 발행 | 신국판 | 336면

교육을 도구적 수단으로 삼는 관행에서 탈피하고
지식 중심 교육으로 돌아갈 것을 제안하다

오늘날 교육은 경제발전에 잠재적으로 기여한다는 점에서 높이 평가받고 있지만, 더 이상 교육 자체를 중요하게 여기지는 않는다. 영국의 사회학자 프랭크 푸레디는 교육이 제대로 교육하기 위한 방안을 교육 그 자체에서 찾는다. 그는 이 책에서 학교의 역할을 사회화, 동기부여, 실용성 등에 한정하는 이론들을 반박하고 교육을 정치적 또는 사회적 어젠다에 종속시키려는 경향을 비판하며 교육은 그 자체로 중요하다고 강조한다.

푸레디는 교육이 다른 목적을 달성하기 위한 수단으로 활용되어온 여러 사례와 그 폐해를 꼬집어 비난하는 한편, 학습 자체의 가치와 무관하게 이루어지고 있는 교과과정 및 교육 논쟁의 공허함을 꿰뚫어본다. 또한 고대 그리스인들에서부터 현대의 비평가들에 이르기까지 여러 사상가들의 이론을 바탕으로 학교가 우리에게 무엇을 해주어야 하는지를 설명한다.

세계는 역사를 어떻게 교육하는가

9개국의 역사 교육과정 분석

- 강선주 엮음
- 강선주·고유경·구난희·박소영·박진동·방지원·윤세병·이미미·홍용진 지음
- 2018년 3월 5일 발행 ┃ 신국판 ┃ 352면

세계의 역사 교육과정에서
한국이 나아가야 할 방향을 찾다

최근 여러 나라에서 교육의 격차 문제를 해소해 국가 경쟁력을 강화하려는 움직임이 나타나고 있다. 표준화된 교육과정 체제를 통해 교육의 질을 관리하고자 하면서 역사적인 논쟁이 시작되고 있는 것이다. 그렇다면 역사를 어떻게 가르칠 것인지 논쟁할 수 있는지가 성숙한 민주주의를 의미하는 걸까? 이 책에서는 논쟁을 어떻게 해결하는지를 통해 민주주의가 성숙한 사회인지 아닌지 알 수 있다고 설명한다. 이와 함께 9개국의 역사 교육과정을 바탕으로 각 나라가 역사 논쟁을 어떻게 해결하고 있는지 알아본다.

『세계는 역사를 어떻게 교육하는가』에서는 세계의 역사 교육과정을 분석해 한국의 역사 교육과정이 나아가야 할 방향을 제시한다. 역사교육에서 함양해야 할 정체성, 자국사와 세계사의 관계 설정, 역사적 역량을 정의하고 가르치는 문제 등에 대해 고민하고 논쟁하며 각 나라가 이 문제를 어떻게 해결하고 있는지 분석한다. 또한 여러 나라의 문서 체계, 목적, 내용을 검토하고, 한국 역사교육계에서 가르쳐야 한다고 강조해왔던 역사적 사고와 최근에 논의되기 시작한 역사적 역량을 외국에서는 어떻게 정의하고 가르치는지 살펴본다.